宋明理學的科學詮釋

國家講座教授
黃光國　著
文化中國研究中心
長庚大學、東華大學

本書為科技部專題研究計畫（MOST 111-2410-H-002-207-MY3）部分研究成果
謹此致謝

目次 Contents

作者簡介

黃光國

文化中國研究中心創辦人，中華本土社會科學會（思源學會）榮譽理事長，臺灣大學榮譽教授、教育部國家講座教授，曾在國際期刊及專書中發表論文 140 篇，為世界頂尖 2%科學家（2% top scientists of the world）之一，曾任亞洲社會心理學會會長、亞洲本土及文化心理學會會長。新冠疫情發生後，綜合歷年研究心得撰寫「中西會通四聖諦」書系。

◘ 相關著作

1. 《儒家思想與東亞現代化》。巨流圖書公司，1988。
2. 《知識與行動：中華文化傳統的社會心理詮釋》。心理出版社，1995。
3. 《儒家關係主義：哲學反思、理論建構與實徵研究》。心理出版社，2009。
4. 《心理學的科學革命方案》。心理出版社，2011。
5. *Foundations of Chinese Psychology: Confucian Social Relations*. Springer, 2012.

6.《盡己與天良：破解韋伯的迷陣》。心理出版社，2015。
7.《社會科學的理路》（第四版思源版）。心理出版社，2018。
8.《內聖與外王：儒家思想的完成與開展》。心理出版社，2018。
9. *Culture inclusive Theories: An Epistemological Strategy*. Cambridge University Press, 2019.
10.《宋明理學的科學詮釋》。心理出版社，2023。

自序

1980 年代，在楊國樞教授的號召之下，我開始投入華人心理學本土化運動。《儒家關係主義：哲學反思、理論建構與實徵研究》（黃光國，2009）一書的英文版，以 *Foundation of Chinese Psychology: Confucian Social Relations* 之名出版之後，我開始和瑞典戈登堡大學教授 Carl M. Allwood 在國際學術期刊《社會知識學》（*Social Epistemology*）上，長期反覆辯論如何解決非西方國家發展本土心理學所遭遇到的各項難題，當時我已很清楚地意識到：我最重要的使命是發展華人本土社會科學，建立牟宗三（1988）所謂儒家人文主義的學術傳統，而不僅止於華人本土心理學。但是直到《內聖與外王：儒家思想的完成與開展》（黃光國，2018）一書出版之前，我從來沒有想像到自己竟然會寫一本書，題為《宋明理學的科學詮釋》！

「三統並建」的宏願

在牟宗三（1982）的〈儒家學術之發展及其使命〉一文中，他將儒學的發展分為三個大時代（three epochs）：

1. 先秦儒學：以孔、孟、荀為代表。
2. 宋明理學：以周、張、程、朱、陸、王為代表。
3. 當代新儒家：由熊十力先生開出，以唐（君毅）、牟（宗三）、徐（復觀）為代表。

在《歷史哲學》一書中，牟宗三（1988）說他畢生研究中國文化，目的在於重建中國文化，開出中國文化的新形態。他認為唯有道統、學統、政統三統並建，儒家式人文主義徹底透出，才能開出中國文化的新形態。他說：

> 道統之肯定，此即肯定道德宗教之價值，護住孔子所開闢之人生宇宙之本源。
>
> 學統之開出，此即轉出「知性本體」以融納希臘傳統，開出學術之獨立性。
>
> 政統之繼續，此即由認識政體之發展而肯定民主政治為必然。

道統是道德宗教，學統核心是科學，政統就是民主政治。牟宗三認為：道統是一種比科學知識更具綱維性的聖賢之學，是立國之本、是文化創造的源泉、是政統和學統的生命和價值之源；政統和學統是道德的客觀實現，失去了道統，政統和學統就會步步下降、日趨墮落；而失去政統與學統，道統也會日益枯萎和退縮。他以為，三統之建立就是「儒家人文主義」的真正完成，也就是儒家真正轉進第三期之發展。

牟宗三說他畢生所做的學術工作，旨在肯定儒家的「道統」，至於「吸納希臘傳統」，開出獨立之「學統」，則他力有未逮，有待後人繼續努力。放置在本書的論述脈絡中來看，所謂「吸納希臘傳統」，開出獨立之「學統」，就是用本書第一部分所主張的知識論策略，建立華人本土科學的自主學術傳統。

▣ 朱子的宇宙觀

基於這樣的見解，《內聖與外王》（黃光國，2018）一書取了一個野心十足的副標題「儒家思想的完成與開展」，我深信只要依照這樣的知識論策略，建構出普適性的「自我」與「關係」的形式性理論，一定可以解決儒家第三期發展所遭遇到的各項難題。當時我雖然已經開始閱讀朱子的相關著作，但是卻一直無法理解：為什麼他要把陳摶繪製的河圖洛書放在《周易本義》的卷首？

2019 年春節過後，新冠疫情爆發，我開始處在一種長期自我隔離的狀態中。我非常了解：人類歷史上每次遭遇到如此慘重的疫情，都在醞釀著一種重大的文明變遷，因此決定趁這個時機，回顧自己一生的研究成果，撰寫「中西會通四聖諦」。

這時候，我的學生吳胤承送給我的一本《易學：人生的羅盤》，幫了我非常大的忙：當我搞懂河圖洛書，再回頭看朱子思想，感覺就像孔恩當年突然看懂亞里斯多德的物理學，而下定決心撰寫《科學革命的結構》那樣（Kuhn, 1962）！原來我不懂朱子的宇宙觀，所以談儒學第二期的發展，有如隔靴搔癢；一旦以河圖洛書所蘊涵的「陰陽氣化宇宙觀」作為背景視域，再來看朱子思想，就有豁然貫通、不吐不快的感覺！

人生的許多際遇說來是十分神奇的，這時我的另一位學生朱高正，當年邀請我為他編撰的《近思錄通解》寫序，又發生了奇妙作用。我對北宋四子的思想產生了概略印象，取出重讀，才讓我真正了解到：當年朱子為什麼要和呂祖謙合編《近思錄》，編完後，又加上邵雍的思想，獨立編撰《周易本義》和《四書章句集注》。我因此決定將原本執行科技部的研究計畫「傳承儒家的科學進路」，大幅度調整成為這本《宋明理學的科學詮釋》。

▣ 儒學第三期發展

孔子晚年作《易傳十翼》，子貢感嘆：「夫子之言性與天道，不可得而聞也」；從本書的角度來看，儒學第二期發展，朱子最重要的任務，就是釐清儒門弟子「不可得而聞」的「性與天道」，所以他著《周易本義》，將河圖洛書至於卷首，用以說明：「仁義禮智」的「仁道」和「元亨利貞」的「天道」相貫通；解釋《易》卦時的「寂然不動，感而遂通」，則可以說明他「心統性情」的修養論、「窮理致知」的知識論，以及「敬義挾持」的實踐論。

在中、西文化不斷交匯的今日，儒學第三期發展的任務，是吸納西方文明之悠長，以科學哲學作為基礎，釐清朱子的價值世界，說明儒家的「仁道」係以普遍的「人性」作為基礎，在變易的多元世界中，有其不易的韌性，不僅可以與西方的個人主義相抗衡，而且可以用來發展儒家人文主義的學術傳統，完成牟宗三（1988）「三統並建」的未了心願。

2021 年 8 月 1 日，史學泰斗余英時辭世，中國大陸學術界盛讚他是「中國學術第一人」，跟他關係「亦師亦友」的龔忠武發表了兩篇長文，公開批評他是「海外買辦學人」。我從 1980 年代起，就是余英時的「粉絲」，藏有他的許多著作，當時覺得奇怪：一個真正的「史學泰斗」，身後怎麼會有如此兩極化的評價？取出他的著作仔細閱讀，才發現他的著作特長是考據詳實，卻藏有三大「罩門」，不能進入朱子的「價值世界」，我因此在香港《亞洲週刊》及《中國評論》發表了一系列文章，批評余英時的《歷史與思想》，並撰成本書第十二章〈「道統」與「政統」：儒家的民本主義〉。

◘「寂然不動，感而遂通」

在本書即將完稿之時，與我素昧平生的張易生，突然拿他所寫的《周易符號詮釋學》來找我，請我為他作序。我仔細拜讀他的大作，發現我雖然同意他的主要論點，但卻完全無法理解他所擅長的「象數之學」。跟他數度長談，最後還是替他寫了一篇序，題為〈王弼與胡賽爾：兩種現象詮釋學〉。

在撰寫這篇序言時，我一再回想以往遭遇，置於本書第一章，說明〈傳承儒家的科學進路〉之「通靈」經驗，包括：在夏威夷大學求學時代，結識林雲大師，並將他對我的指點寫成〈玄密之渡〉；1994 年，我回到夏威夷撰寫《知識與行動：中華文化傳統的社會心理詮釋》一書期間，摯友趙子儀以蓍草誠心替我求得「遯」卦，開啟我研讀《周易》的動機；2021 年，陳雪麗引導我到護國九天宮，儒道文化協會的師友請到朱子降鸞，寫出了一篇令我難以置信的鸞文，後來陳雪麗又提供我一篇周敦頤降鸞手寫的鸞文，我特別將這兩篇鸞文附於本書之後，供學術界討論，並進行反思。

對於這些事件的「真實性」（actuality），我一向秉持「知之為知之，不知為不知」的原則，認為它們是修持「寂然不動，感而遂通」而可能達到的一種心靈境界，也是一種可能為人所經驗到的「事實」（factuality）。它們的「實在性」（reality），並非康德所謂「通靈者之夢」可以解釋（Kant, 1766/1989）。這是《易經》文化中所謂的「天人合一」，和西方近代文明講求的「主／客對立」，正好成為明顯對比。

為了要建立儒家人文主義的學術傳統（學統），我們應當牢牢記住費耶本德在《反對方法》一書中所提倡的「增生原則」和「韌性原則」（Feyerabend, 2010），尊重並容忍在人類歷史上所發展出來的各種文化系統，並且要磨鍊自己，能夠在這幾種偉大的文化傳統中，自由進出、從事創作。對於自己的研究成果則要記住高達美在《真理與方法》一書中所提倡的辯證詮釋學：提倡任何一種文化系統的人，必須注意對手從不同立場提出的挑戰，並且敢於挺身而出，為自己主張的文化系統，跟對手展開論辯。「真理愈辯愈明」，唯有經得起論辯與批判的文化系統，才有持續發展的生命力，以及生生不息的創造力。

國家講座教授

黃光國

導論：完成朱子的未了心願

本書題為《宋明理學的科學詮釋》。從2019年春節過後新冠疫情的閉關期間，我回顧過去將近半世紀推動社會科學本土化的心得，撰寫「中西會通四聖諦」的一系列著作，本書為該書系兩本終極著作之一。

◘ 中西會通四聖諦

這個書系的第一本書，題為《超越與實在：牟宗三的科學觀》，該書前半部的析論指出：牟宗三為了完成自己的哲學思想體系，刻意對康德知識論中的核心概念作出有系統的扭曲。這種「系統性的偏誤」很可能使本土社會科學研究者無法理解科學哲學的演化系譜；並使港臺新儒家的發展承受難以為繼之「苦」。後半部則析論中國「有機論」科學與西方「機械論」科學的根本差異。

這本《超越與實在：牟宗三的科學觀》是「中西會通四聖諦：苦、集、滅、道」書系的第一部。第二部《科學哲學的演化系譜》將重新組織並改寫第四版思源版的《社會科學的理路》，每一章後面添加一節「文化反思」，說明該章在社會科學本土化中的應用。這是「集」，希望能夠匯集西方科學哲學之精華，為華人學術社群所用。

第三部《余英時的歷史與思想》，則從他的意識形態、背景視域逐步分析，再以本書系的內容作為對照架構，嚴厲批判這位史學泰斗的學術思想。這本書以「余英時治學的三大罩門」作為切入點，認為這三大罩門是現代中國知識分子的歷史宿命，唯有徹底批判並「滅」渡之，我們才能消除學術「自我殖民」的「共業」，走出華人自主社會科學之「道」。

第四部包含兩本書，一本是《玄奘與榮格：自性的探索》，另一本是

《宋明理學的科學詮釋》。這是我以科學哲學作為基礎，依照我所發展的知識論策略，建構「含攝文化的理論」（Hwang, 2019），並整合歷年的研究心得，走出的本土社會科學研究之「道」。

⊡ 朱子未了的心願

朱熹是儒學第二期發展最重要的集大成者。他畢生治學努力的方向，就是要將儒家思想打造成內容一致、首尾一貫的客觀知識體系。然而，由於客觀條件的限制，他其實無法達成自己的心願。因此，這篇〈導讀〉將以費孝通的世紀反思作為切入點，回顧儒學在中國歷史上的重要發展，特別聚焦在朱子編著《四書章句集注》並發展理學思想體系對於中華文化發展的重大影響。然而，由於朱子學內部的缺欠，到了清朝末年，西方殖民帝國主義的強力入侵，導致中國知識分子普遍的「反傳統」心態。甚至港臺新儒家對朱子學的定位也聚訟紛紜，莫衷一是。本書內容就是要藉西方文明之優長，彌補朱子學之不足，以完成朱子當年未了的心願，並為華人社會科學的學術傳統奠下紮實的根基。

第一節　費孝通的世紀反思

費孝通（1910-2005）是江蘇吳江人，也是最早揚名於國際的第一代華人社會學家。他曾提出「差序格局」的理念，用以描述二十世紀初期中國農村的社會結構（費孝通，1948）。他認為：西方個人主義社會中的個人，像是一枝枝的木柴，他們的社會組織將他們綁在一起，成為一捆捆的木柴。中國社會的結構好像是一塊石頭丟在水面上所發生的一圈圈推出去的波紋。每個人都是他社會影響所推出去的圈子的中心，而跟圈子所推及的波紋發生聯繫。這個像蜘蛛網的網絡，有一個中心，就是「自己」。「這個富於伸縮性的網絡，隨時隨地都是以『自己』作為中心，這並不是個人主義，而是自我主義」，「我們所有的是自我主義，是一切價值以『己』作為中心的主義」。

◘ 封鎖民族的「知識牢獄」？

費氏有關「差序格局」的概念雖然指出了中西文明的根本差異，而經常為華人社會學家所引用，究其本質不過是一種比喻而已，並不是「含攝文化的理論」。它反映出十九世紀末期，西方人類學者對於非西方文化的基本心態。

費孝通早年到英國留學時，受教於著名的波蘭裔人類學家馬林諾斯基（B. Malinowski, 1884-1942）。馬氏是功能學派的大師，要求學生進入田野從事民族誌（ethnography）研究工作時，必須採取實證主義「主／客對立」的態度，考慮社會及文化建構具有滿足個人的基本需求的那些功能，不必探討文化理念的實質意義。

這種觀點跟另一位人類學家Redcliffe-Brown所主張的「結構功能主義」（structural functionalism）正好相反。後者強調：必須考量社會建制跟整體社會運作之間的關係。馬林諾斯基的研究策略或許可以用來研究原始社會，但要用它來研究底蘊深厚的華人文化，就顯得有所不足。

在文化大革命期間，費氏曾經被打入牛棚，不能繼續從事學術研究工作。1979 年中共採取「改革開放」政策，費氏受到重用，一度出任政協主席，在大陸致力於發展經濟的時代，他宣稱自己所作的學術工作是「志在富民」，晚年則一再強調中國社會學者必須要有「文化自覺」。

他逝世之後，周飛舟（2017，頁 147）寫的一篇文章，很清楚地指出他晚年思想的轉向。1984 年，費孝通寫過一篇〈武夷曲〉，稱自己對理學和朱子「自幼即沒有好感」。在 1989 年寫的另一篇散文〈秦淮風味小吃〉中，費孝通還語帶諷刺地說：

> 試想程朱理學極盛時代，那種道貌岸然的儒巾怎能咫尺之間就毫不躊躇跨入金粉天地？……時過境遷，最高學府成了百貨商場。言義不言利的儒家傳統，在這裡受到了歷史的嘲笑。……我倒很願意當

> 前的知識分子有機會的都去看一看，這個曾一度封鎖我們民族的知識牢獄。（費孝通，2009，頁 271-274）

1989 是在「改革開放」之後十年。在那個時代，費孝通還保有本書第一章所說的「五四意識形態」，認為「言義不言利」的「儒家傳統」是「曾一度封鎖我們民族的知識牢獄」，也因此為傳統書院改成「百貨商場」喝采叫好。可是，到了 2003 年，他對儒家文化傳統的態度，卻有了一百八十度的大轉變。

⊡ 社會學的「機制」和「結構」

在〈試談擴展社會學的傳統界限〉一文中，宋明理學反倒成為費孝通心中社會學擴展界限的關鍵：

> 理學堪稱中國文化的精華和集大成者，實際上是探索中國人精神、心理和行為的一把不可多得的鑰匙。……理學的東西，說穿了就是直接談怎樣和人交往、如何對待人、如何治理人、如何塑造人的道理，這些東西，其實就是今天社會學所講的「機制」和「結構」，它直接決定著社會運行機制和社會結構。
>
> 我們今天的社會學，還沒有找到一種跟「理學進行交流的手段」。理學講的「修身」、「推己及人」、「格物致知」等，就含有一種完全不同於西方實證主義、科學主義的特殊的方法論的意義，它是通過人的深層心靈的感知和覺悟，直接獲得某些認識，這種認知方式，我們的祖先實踐了幾千年，但和今天人們的思想方法銜接，差不多失傳了。（費孝通，2003，頁 461-463）

費孝通早年受到「五四意識形態」的影響，迷信「實證主義」式的「科學主義」；改革開放後「復出」，仍然認為：儒家文化傳統是「封鎖我們民族的知識牢獄」。到了晚年，才清楚看出：儒家文化傳統的重要性，而呼籲中國知識分子要有「文化自覺」。他同時了解到：要找出中國社會運行的「機制」和「結構」，必須要有「一種完全不同於西方實證主義、科學主義的方法論」。

費孝通晚年的反省，已經指出中國本土社會科學發展的大方向。儒家思想發展到宋明理學，確實已經成為「中國文化的精華和集大成者，它也是探索中國人精神、心理和行為的一把鑰匙」。理學所講的「關係論」，就是在談「怎樣和人交往、如何對待人、如何治理人、如何塑造人的過程」，這就是中國人在其生活世界中所談的「仁、義、禮、智、信」，「這些東西，其實就是今天社會學所講的『機制』和『結構』，它直接決定著社會運行機制和社會結構」。

本書的主要目的，就是要以科學哲學的演化系譜作為基礎，重新詮釋宋明理學（或「道學」）的演化系譜，找出「探索中國人精神、心理和行為」的那把鑰匙，為華人本土社會科學的發展，奠立紮實的根基。我們可以從儒家思想發展的宏觀角度，先說明何謂「道學」（或理學）的演化系譜。

第二節　朱子的未竟之志與西方的崛起

佛教在漢明帝（28-75）時代傳入中國，魏晉南北朝時期，政局紊亂，戰亂頻仍，社會動盪不安，佛、老盛行，到了開元貞觀年間，禪宗的發展，使佛家思想和中華文化傳統互相結合，發展成漢傳大乘佛教，塑造出「儒、釋、道」三教合一的東亞文明。

到了宋代，宋太祖（927-976）偃兵息武，重用讀書人，奠下儒學復興的契機。朱熹是儒學第二期發展最重要的核心人物。在道教傳奇人物陳摶《龍圖易》的影響之下，他綜合北宋四子對於大易哲學的「易理派」詮釋，以及邵雍（1012-1077）的「象數派」思想，而發展出自己的理學思想體系，同時以之作為基礎，編訂《四書章句集注》。

回 《四書》的正統地位

我們可以先從歷史發展的角度，說明朱熹編注《四書》的重要意義。儒家經典，最早見於《莊子・天運》，孔子對老聃說：「丘治《詩》、《書》、《禮》、《樂》、《易》、《春秋》六經，自以為久矣。」這「六經」，是先秦儒家教學的材料，俗稱「六藝」。

西漢後期，其中《樂經》已經佚失，其他五種著作俗稱「五經」，立有「五經博士」，並收納弟子員。到了東漢，《後漢書》和《三國志》已經有「七經」的記載，但卻沒有說明其內容。唐代以《禮記》、《儀禮》、《周禮》取代《禮經》，並將《左傳》、《公羊傳》、《穀梁傳》列為《春秋》三傳，改「五經」為「九經」，立於學官，用於開科取士。

到了宋代，九經再加上《論語》、《孝經》、《爾雅》，為十三經，其內容已經十分龐雜。《大學》和《中庸》原本是《禮記》中的兩篇文章，朱熹將之取出，又將《孟子》從「子」部取出，使其列於「經」部，跟《論語》一起合稱「四書」，並加以注釋。

宋亡於元之後，元仁宗（1852-1320）接受其儒師王約「興科舉」的建議，於皇慶2年（1313年）下詔，以朱熹的《四書章句集注》為所有參加科舉考試者的指定用書，並以朱熹和其他宋儒注釋的《五經》作為漢人科舉考試增釋科目的指定用書，確立了儒家思想的正統地位，對中國後來的歷史發展造成了重大的影響。

回 「良知理性」的分裂

任何人做一件事，必然有他的意圖，也可能有他自己意想不到的後果（unintended consequence）。朱熹之所以會作出這樣的調整，主要是因應外在政治和社會環境的變遷：先秦儒學以《詩》、《書》及六藝教授弟子；漢代古今文經學側重「三綱五常」；到了魏晉南北朝，政治動盪，社會不安，佛、老盛行。魏晉清談源自易、老、莊三玄；隋唐佛學則是以譯經及自造的經典作為基礎。在這樣的時代衝擊之下，朱熹主張通過「道問學」的途徑，來達成「尊德性」的目標；希望通過「窮事物之理」，來尋求「理」的客觀準則，以建立「理學」，所以決定以「四書」取代「五經」，將先秦儒家思想打造成首尾一貫的「文化系統」，其重點則在於培養儒家的「士」。

然而，朱熹對於儒家經典的注釋，以及他以「語錄體」的方式，陳述自己的理學思想，卻很難讓人以「文化系統」的整全方式，來理解儒家思想的內在理路。結果北宋以來，程朱一系的儒家學者試圖說清楚儒家的文化傳統，發展出以「道問學」作為中心的「理學」。陸王一系的儒者卻認為他們論述過於支離瑣碎，而主張「知行合一」，發展出以「尊德性」為主的「心學」，中國人對「良知理性」的理解，也從此分裂為二。

▣ 西方的崛起

在同一時期，西方文明也邁入快速發展的時代。古羅馬帝國是實施奴隸制的多神教國家，基督教原本是讓奴隸獲得「精神救贖」的宗教。313 年，君士坦丁大帝頒布「米蘭敕令」，承認基督教的合法地位，並遷都君士坦丁堡。392 年，迪奧多西一世訂基督教為羅馬國教。到了 395 年，羅馬帝國分裂為東、西羅馬。由於北方蠻族的不斷入侵，以及人民起義，476 年，西羅馬帝國滅亡，並分裂成許多封建王國。

西元第七世紀，阿拉伯人勢力崛起，佔領耶路撒冷。1453 年，鄂圖曼土耳其帝國佔領君士坦丁堡，東羅馬帝國滅亡。從西羅馬帝國滅亡到東羅馬帝國覆滅將近一千年之間，信仰基督教的歐洲處於「黑暗時期」（dark age），和同一時期的非洲並沒有太大差異。到了十一世紀，十字軍東征，前後八次（1096-1291），將希臘傳統帶回到基督教世界，兩者互相結合，導致後來十四世紀歐洲的文藝復興運動。

西方文藝復興運動發生之後，現代科學開始萌芽。到了十七世紀啟蒙運動發生，歐洲科學更是快速發展，伴隨著產業的發展，歐洲國家開始對外殖民；十八世紀發生工業革命，到了十九世紀，資本主義興起，西方國家紛紛採取帝國主義的策略，往外擴張，尋找市場，掠奪資源，並將許多非西方國家納為殖民地。

第三節　反傳統的意識形態

中國自從第一次鴉片戰爭（1839-1842）失敗之後，開始進入「百年羞辱」（century of humiliation）的時期，對於西方列強所發動的侵略戰爭，幾乎毫無抵抗能力。尤其是在 1894 年發生的甲午戰爭，清廷竟然敗於明治維新之後的日本，不得不簽訂馬關條約，把臺灣和澎湖割讓給日本。日本在經過一個世代的勵精圖強，不僅打敗中國，更在中國的領土上，發動「日俄戰爭」（1904-1905），打敗俄國，迫使俄羅斯帝國不得不將它在滿州的權益讓給日本，人為刀俎，我為魚肉，任憑宰割，使得中國知識分子信心全失。

▣ 全盤反傳統主義

1916 年，袁世凱陰謀恢復帝制，通令全國尊孔讀經，激起了一波「新文化運動」。到了 1919 年，第一次世界大戰結束，在巴黎召開的和平會議上，中國代表對日本妥協，把德國在山東的權益轉讓給日本。消息傳來，輿論大譁，北京學生立即上街頭抗議，新文化運動也迅速轉變為一場以「內除國賊，外抗強權」作為主要訴求的愛國運動。

在新文化運動期間，中國知識界其實已經處在一種文化危機的狀態中。在社會達爾文主義的前提之下，為了掃除政治和社會上的弊端，參與新文化運動的許多知識菁英企圖用「西方文化」來反對「傳統文化」。在當時的政治和社會氛圍之下，大多數青年將西方的「德先生」和「賽先生」當作新偶像頂禮膜拜，新文化運動越演越烈，「吃人的禮教」、「打倒孔家店」變成喧騰一時的口號。儘管新文化運動的主要領導人物並未全面否定傳統，新文化運動實際上卻演變成為「全盤反傳統主義」（林毓生，1972/1983）。

五四時期，許多中國知識分子不了解歐洲啟蒙運動的根本精神，是從各種不同角度，反思中世紀時期基督教的宗教形上學，而用當時西方流行的「實證主義」或「科學主義」，跟著反《易經》的形上學，完全不了解《易經》和《聖經》在中、西文化系統的重要位置。當時主張「新文化運動」的知識分子，以錢玄同為首，掀起了一陣「疑古」的風潮。在「科學主義」風行的時代氛圍裡，他自稱「疑古玄同」，對於史書上的記載都要抱持懷疑的態度，細加考究，更不要談史前的傳說。當時主張「全盤西化論」的知識分子還發生了一則著名的故事。

◘ 胡適「截斷眾流」

胡適（1891-1962）是安徽績溪人，14 歲進澄衷學堂。翌年考取中國公學。兩年後，入中國新公學，兼任英文教員。1910 年，留學美國，入康乃爾大學，選讀農科。五年後，改入哥倫比亞大學哲學系，師從主張「實用主義」的杜威（John Dewey, 1859-1952）。

1917 年 9 月，27 歲的胡適由哥倫比亞大學學成回國，受蔡元培之邀，出任北京大學教授，主講西洋哲學史、英國文學、中國哲學史。胡適留洋七年，又是哲學大師杜威的高足，講授西洋學問，沒人敢說什麼，但是他教中國哲學，情況就不一樣了。

胡適回國後，用了一年的工夫，將他的博士論文〈先秦名學史〉，改寫成《中國哲學史》上卷，但是這本書的下卷，卻是終其一生，未見完成。

以這樣的背景視域講中國哲學，當然會引起北大學生的非議。在他之前，北大講授中國哲學史的教師是陳漢章。他有「兩足書櫃」之稱，上課時通常是引經據典，從伏羲、黃帝、神農、堯、舜、禹，一路講到商朝的《洪範》。胡適在講他的《中國哲學史》（卷上）的時候，卻採用「截斷眾流」的方法，將遠古時期「一半神話，一半正史」的記載，一律摒棄不談。在開篇〈中國哲學結胎的時代〉中，以《詩經》作為說明材料，從西周覆滅前的周宣王講起。

◘ 傅斯年仗義相助

如此一來，號稱有五千年的中國史就給截掉了一半。消息傳出後，許多師生斥之為「胡說」，有些態度激烈的學生甚至鼓動鬧事，準備把這位「胡說」的年輕教授趕走。當時傅斯年在北大學生中頗有領袖威望，有人邀請他一起前往聽課，傅斯年在課堂上幾次向胡適發問，而認可了胡適的回答，風潮才逐漸平息。後來胡適回憶這段經過：

> 那時北大中國哲學系的學生都感覺一個新的留學生叫做胡適之的，居然大膽的想絞斷中國的哲學史；因為原來講哲學史的先生們，講了兩年才講到商朝，而胡適之一來就把商朝以前的歷史割斷，從西周晚年東周說起。這一班學生們都說這是思想造反；這樣的人怎麼配來講授呢？那時候，孟真在學校中已經是一個力量。那些學生們就請他去聽聽我的課，看看是不是應該趕走。他聽了幾天以後，就告訴同學們說：「這個人書雖然讀得不多，但他走的這一條路是對的。你們不能鬧。」我這個二十幾歲的留學生，在北京大學教書，面對著一般思想成熟的學生，沒有引起風波；過了十幾年以後，才曉得是孟真暗地裡做了我的保護人。（胡適，1986）

傅斯年（1896-1950）是山東聊城人，幼年喪父，由祖父及母親撫育成人。1909 年就讀天津府立中學堂。1911 年，與聊城鄉紳丁理臣長女丁馥翠結婚；1913 年考入北京大學預科，四年考試三次全班第一。1916 年進入北京大學。傅氏身材魁梧，性格豪放，有領袖氣質，這件事過後，與胡適成為莫逆之交。

然而，傅斯年之所以出面支持胡適，是受到當時學術風潮的影響，並不是他對這個問題有什麼真知灼見。當時中國學術盛行的是以「實證主義」作為中心思想的「科學主義」（Kwok, 1965/1987）。胡適到美國師從杜威的

「實驗主義」，用他自己的話來說，所謂的科學精神就是「大膽的假設，小心的求證」，一切都要「拿證據來」，拿不出證據來，就是「不科學」的，就不值一提。傅斯年判斷：「這個人書雖然讀得不多，但他走得這一條路是對的」，所以決定出面，「仗義相挺」。「這一條路」就是「科學主義」或「實證主義」的道路。可是，「這一條路」也讓胡適的《中國哲學史》寫不出下冊，不能對中國哲學的「知識型」作出完整的論述。

◘ 反形上學的風潮

在五四時期的「新文化運動」中，隨著「科學主義」旋風而掀起的「全盤反傳統主義」，把「五常」當作是儒家思想的代表，把它們等同於西方啟蒙時期所排斥的「形而上學」概念，應當一律予以拒斥。舉例言之，五四運動的學生領袖傅斯年在「五四運動」爆發後的第二年，即 1920 年，便去歐洲，在倫敦大學學院研習三年半後，轉赴柏林大學遊學。在六年半的時間中，他大部分時間都在研讀包括實驗心理學在內的自然科學。在柏林大學後期才開始閱讀比較語言學並學習東方語言。

1926 年 10 月，傅斯年得知北伐成功而回國，並接受中山大學之聘，於 1927 年任該校文科學長（文學院院長），並兼中國文學和史學兩系之主任。1928 年，他積極籌畫並負責創建了著名的中央研究院歷史語言研究所。史語所成立之初，傅斯年就以該所籌備處的名義，撰寫了《歷史語言研究所工作之旨趣》，明確指出：「歷史學不是著史；著史每多多少少帶點古世中世的意味，且每取倫理家的手段，做文章家的本事。近代的歷史學只是史料學，利用自然科學供給我們的一切工具，整理一切可逢著的史料，所以近代史學所達到的範疇，自地質學以至目下新聞紙，而史學外的達爾文論證是歷史方法之大成。」依此而提出了歷史學與語言學研究的三個標準：

1. 凡能直接研究材料，便進步；凡間接的研究前人所研究或前人所創造之系統，而不繁豐細密的參照所包含的事實，便退步。
2. 凡一種學問能擴張他所研究的材料便進步，不能的便退步。

3. 凡一種學問能擴充他做研究時應用工具的，則進步，不能的，則退步。實驗學家之相競如斗室一般，不得其器，不成其事，語言學和歷史學亦復如此。

▣「仁義禮智」的機制

在三條標準中，傅氏特別強調：「一分材料出一分貨，十分材料出十分貨，沒有材料便不出貨。」「我們不是讀書的人，我們只是上窮碧落下黃泉，動手動腳找東西！」

最後，傅斯年振臂高呼：

1. 把這些傳統的或自造的「仁義禮智」和其他主觀，同歷史學和語言學混在一起的人，絕對不是我們的同志！
2. 要把歷史學、語言學建設得和生物學、地質學等同樣，乃是我們的同志！
3. 我們要科學的東方學之正統在中國！

從傅氏鎖定的三個標準以及他所強調的「上窮碧落下黃泉，動手動腳找東西」，已經可以看出：傅氏是個極端的「實證主義者」。歷史學和語言學是否可能「建設得和生物學、地質學等同樣」，是個最值得嚴肅探究的問題。依照本書的分析，孟子的「仁義禮智」或「五常」，是儒家社會中人際互動最重要的「機制」。如果歷史學和語言學硬要將之排除在外，史語所怎麼可能建立「科學的東方學之正統」？

第四節　朱子的價值世界

2021 年 8 月 1 日，史學泰斗余英時在睡夢中以 91 歲的高齡辭世後，海內外學術圈一片哀悼之聲，大陸學術界稱讚他是「中國學術第一人」，跟他有「亦師亦友」關係的龔忠武，卻在網站上發表文章，批判他是「海外買辦學人」。我原本是余院士的「粉絲」之一，從 1980 年代起便陸續拜讀過他的

許多著作。余老辭世後，再仔細讀他的著作，才發現：他的成名作《歷史與思想》（余英時，1976）在研究方法上犯有非常嚴重的謬誤，因而發表了一系列的文章批評他。

其實，他晚年完成上下兩巨冊《朱熹的歷史世界》（余英時，2003b），也犯有同樣的謬誤，該書出版後，引起了學術界的廣泛質疑。後來余院士擷取《朱熹的歷史世界》上冊的〈緒說〉，改寫成一本《宋明理學與政治文化》（余英時，2008d），由吉林出版集團刊行；書後附有三篇極長的〈附錄〉，回應陳來、劉述先、楊儒賓三位教授的評論，在全書265頁的篇幅中，竟然有50頁，幾乎占掉全書的五分之一！

◘「道統」秩序解體了？

在我看來，他們三位其實是用不同的學術語言，在談同樣的問題。但是余老對他們三人的回應卻大不相同：對於時任北京大學國學院院長陳來所寫的〈從「思想世界」到「歷史世界」〉（陳來，2003），他只是大略帶過，未做評論；對於長期在臺灣中央研究院研究宋明理學的劉述先教授，他還能依照一般學術論辯的規範，有來有往，寫了兩篇文章。第一篇文章〈「抽離」、「回轉」與「內聖外王」〉（余英時，2008a），不直接回答劉教授的詰難，反倒以相當長的篇幅，說明他對「內聖外王連續體」的看法。劉教授不服氣，又寫了一篇〈對於余英時教授的回應〉（劉述先，2004），余院士不得不再寫一文〈試說儒家的整體規劃〉（余英時，2008c），作為附錄三。

然而，針對臺灣清華大學教授楊儒賓的評論，余院士似乎忘掉了「喜怒哀樂之未發」的「中庸」修養工夫，他一反平素「溫文爾雅」的作風，用尖酸刻薄的語氣，寫了一篇長達26頁的文章〈我摧毀了朱熹的價值世界嗎？〉（余英時，2008b），鉅細靡遺地逐一反駁楊教授的論點。正因為余老寫這篇文章的時候動了「三昧真火」，它反倒可以讓我們看清楚余院士對儒家的真正心態。

我認為，我們有必要以《宋明理學的科學詮釋》作為對照，檢視余院士研究取向的癥結所在，然後才有可能對雙方的學術爭議做出較為公允的論斷。

《朱熹的歷史世界》上冊中，余英時以35頁的篇幅，討論〈道學、道統與「政治文化」〉。該文開宗明義地說：「朱熹是『道統』論說的正式建立者和道學的集大成者，因此他的歷史世界只能以『道統』與道學為中心，『政治文化』最多不過居於邊緣的地位」（余英時，2003a，頁33），我完全同意這樣的論點，我寫《宋明理學的科學詮釋》，也是基於同樣的立場。

余英時以25頁的篇幅敘說這三個概念之間的關係。在我看來，這是該書中寫得最為精彩的部分。可是，余院士據此而做出的結論，卻令人不敢恭維：

> 通過上面的檢討，我們大致可說：在宋代理學家的理解中，「道體」構成了「道統」的精神內核，而上古「道統」的出現則為「道體」可以「散為萬事」，化成人間秩序，提供了「歷史的見證」。從現代的史學觀點看，這個上古「道統」系譜，自然徹頭徹尾是一種虛構，只能歸於所謂的「托古改制」一類。「言必稱堯、舜」是儒家的老傳統，孟子已然（《孟子・滕文公上》）。宋代理學家則有系統地發展了這一傾向。但是從理學家的著作和語錄來判斷，他們似乎確實相信宇宙間有一個「能為萬象主」的「道體」，也相信上古三代曾存在過一個「道統」秩序。換句話說，「道體」與「道統」是他們的真實信仰或基本預設；離開了這一信仰或預設，他們關於人間世界的意義系統便解體了。

▣「行之不著，習矣不察」的道統

我完全反對余院士的這個論點。從我開始研究儒家思想以來，我並不認為「道統」系譜是一種「虛構」。從來沒有人認為我是「理學家」，我一直相信：儒家「道統」源自於人類心智的深層結構，它的演化系譜有清楚的脈絡可循。《儒家思想與東亞現代化》一書已經指出：儒家道統的核心是《中庸》第二十章所說的「仁、義、禮」倫理體系（黃光國，1988）；《儒家關係主義：哲學反思、理論建構與實徵研究》（黃光國，2009）的英文版，以 *Foundations of Chinese Psychology: Confucan Social Relations* 之名出版以後（Hwang, 2012），我開始在國際學術期刊上旗幟鮮明地主張「文化系統」的研究取向（Hwang, 2015a, 2015b, 2019）；《內聖與外王：儒家思想的完成與開展》指出，儒家思想發展的大方向，就是將其建構成客觀的知識體系（黃光國，2018）。當我們發展出一套知識論策略，知道如何將儒家思想建構成「含攝文化的理論」之後，它就能夠獲得進一步的開展，所以現在要寫《宋明理學的科學詮釋》。余院士說：

> 朱、陸兩人代表了南宋禮學的兩大宗派，對於「道體」的理解截然不同，但關於「道」已大行於堯、舜、三代的傳說則同樣深信不疑。這恰足說明「道體」、「道統」是理學家的共同信仰或基本預設，不限於一二人，朱熹一派不過在建立「道統」系譜這件事上更認真罷了。盡人皆知，理想化的古史已為現代考古學與史學所徹底摧破，上古「道統」無論作為信仰或預設顯然失去了存在的基礎。（余英時，2008c，頁 59）

余院士這段引文的結論說：「上古『道統』無論作為信仰或預設顯然失去了存在的基礎」，我完全無法同意。相反的，我過去幾十年的研究顯示：只要我們知道如何將儒家文化傳統建構成「含攝文化的理論」，我們便可以清楚看出：儒家「道統」之核心的「仁道」，依然鮮活地存在於華人的日常生活裡。《宋明理學的科學詮釋》一書第七章〈「義理」：「仁道」的演化系譜〉不僅說明儒家「仁道」的演化系譜，而且析論它們在現代華人社會中的作用，是支撐住華人生活世界的「先驗性形式架構」（transcendental formal structure），也是東亞儒家社會跟其他文明的根本差異所在。不過大多數人對於「四德」、「五常」與「恕道」的運作，都是如孟子所說：「行之而不著焉，習矣而不察焉，終身由之而不知其道者，眾也！」（《孟子・盡心上》），如是而已。

▣ 不懂《易經》的史學泰斗

然而，為什麼博學多聞如余院士者，竟然看不出這一點呢？在〈道學、道統與「政治文化」〉一文中，余英時說：

> 朱熹他既以「伏羲為道之祖」，又引《中庸》「祖述」之語，那麼「道統」究竟是始於伏羲呢？還是堯、舜呢？其實這一分歧點並非承自朱熹，不應由他負責。前面我們已經看到，朱熹曾屢次將伏羲定為「道統」的始建者，這與他對「道體」的認識有關，因為既以「太極」為「道體」，自不能不以《易・繫辭》為根據，而敷衍所謂伏羲氏「始作八卦」之說。（余英時，2003a，頁 65）

在〈余英時治學的三大「罩門」〉一文中（黃光國，2021），我很坦率的指出：余院士治學的罩門之一，是他不懂《易經》。從他在這段引文中的用字遣詞，我們又獲得一些佐證，可以支持此一批評。本書第三章〈《易》理：自然主義的宇宙觀〉指出：《易經》的起源，確實是史學家難以考據的「傳說」。五四時期許多以主張「科學」自命的「新」知識分子，因為視之為「神話」或「傳說」，堅持它們不是「正史」的一部分。胡適的《中國哲學史》寫了一半，再也難以為繼，問題便是出自於此。

五代末期，道教傳奇人物陳摶將傳說中的「河圖」、「洛書」繪成「易圖」，號稱《龍圖易》。朱熹 48 歲時完成的《周易本義》，將陳摶的「易圖」、「河圖」、「洛書」至於卷首。從「文化系統」的觀點來看，朱子這樣做的主要原因，是要使他所要闡明的「道統」，構成一套內容可以為人所理解的思想體系。體系中的每一部分或元素，都能成為彼此自洽的「詮釋學迴圈」（hermeneutic circle）。用本書第二章〈傳承儒家的詮釋學進路〉來看，朱子這樣做的理由，是要重新「詮釋」所謂伏羲氏「始作八卦」，使其能夠成為完整的「文化系統」，這絕不是如余院士所說的「以《易·繫辭》為根據，而『敷衍』所謂伏羲氏「始作八卦」之說」。余院士在此之所以用「敷衍」一詞，顯示他根本不懂《易》理或《易經》的文化系統。

▣ 中國知識分子的「共業」

我批評余院士不懂《易》理，還有一個更為清楚的例證。在〈道學、道統與「政治文化」〉一文的啟頭部分，余院士振振有詞地說：

> 概括地說，現代哲學史家研究道學，正如金岳霖（1992）所說，首先「是把歐洲哲學的問題當作普通的哲學問題」，其次則是將道學「當作發現於中國的哲學」（見他為馮友蘭《中國哲學史》所寫的〈審查報告〉）。至於各家對道學的解釋之間的重大分歧，則是由於研究者所採取的歐洲哲學系統，人各不同。在這一去取標準之下，哲學史家的研究必然集中在道家關於「道體」的種種論辯，因為這是唯一通得過「哲學」尺度檢查的部分。我們不妨說：「道體」是道學的最抽象的一幅，而道學則是整個宋代儒學中最具創新的部分。哲學史家對於「道體」的現代詮釋，雖然加深了我們對於中國哲學傳統的理解，但就宋代儒學的全體而言，至少已經歷了兩度抽離的過程：首先是將道學從儒學中抽離出來，其次再將「道體」從道學中抽離出來。（余英時，2003a，頁 33）

這段引文必須從兩個層面來加以分析。首先要談的是所謂「兩度抽離」的過程。對於河圖、洛書稍有理解的人都知道：陳摶繪製「易圖」的方式，是用「八卦」的符號系統來說明宇宙天地間萬事萬物的生成與運行。由「伏羲易」發展出「文王易」，其關注焦點，在於用《易經》的卦象來預卜人間事物的吉凶。這些道理，本書第三章〈《易》理：自然主義的宇宙觀〉裡有相當仔細的闡述。用現代西方的概念來說，陳希夷將河圖、洛書繪成「易圖」，勉強可以說是一種「建構」；宋代理學家對於「道體」的說明，則是一種「詮釋」，根本不是余院士所說的什麼「兩度抽離」。

然則，號稱「中國學術第一人」的余院士，為什麼會犯這樣的謬誤呢？在我來看，這是 1905 年清廷廢止科舉之後，中國知識分子的「共業」，這是前述引文第一個層面的問題，也是金岳霖為馮友蘭《中國哲學史》寫〈審查報告〉時所說的「把歐洲哲學的問題當作普通的哲學問題」，以之作為「哲學」的尺度，來檢驗各哲學史家對於「道體」的解釋，因為這是唯一通得過「哲學」尺度檢查的部分。各哲學史家如此，號稱「中國學術第一人」的余院士亦未能「免俗」，所以也犯了同樣的謬誤。

▣ 余英時的迷陣

余院士聊堪告慰的是：把歐洲哲學問題當作是普遍的哲學問題，既然是中國知識分子的「共業」，大多數的哲學家或是哲學史家也犯有同樣的謬誤。本文開宗明義指出：港臺新儒家代表人物牟宗三在其著作中沒有嚴格區分中、西文化系統的差異，反倒用「西哲化中哲」的方式析論儒家文化傳統，致使新儒家的發展蒙受「難以為繼」之苦，其問題即在於此。劉述先（1993）在講〈「理一分殊」的現代解釋〉時，將中、西兩種文化系統混為一談，也犯有同樣的問題。

〈余英時的「迷陣」與牟宗三的「偏誤」〉（黃光國，2022）一文指出：牟宗三的著作採取「中哲化西哲」的論述方式，讓一般讀者感到艱澀難懂，可是只要掌握住他的思路，仍然不會偏離儒家道統的大方向。相反的，余院士的文筆流暢，他又喜歡旁徵博引，材料豐富，推理嚴謹，讀起來很有說服力。可是，他的著作宛如一層大迷陣，一入其中，再也無法看清中華文化的面貌。為什麼呢？

針對劉述先等人的質疑，余院士在他的三篇回應文中，一再強調：他堅信儒家所謂的「內聖」與「外王」是密不可分的「連續體」：

> 「內聖」雖必須從個人修養開始，並且也為個人提供了一個「安身立命」的精神領域，但卻不能及此而止，在個人層面上獲得完成。這是因為儒家的「內聖」基本上是一個公共性或群體性的觀念，必須從「小我」一步步推廣，最後及於「大我」的全體。所以子貢用「博施於民而能濟眾」來界定「仁」的功用，孔子不但加以認可，而且指出：若能如此則已不只是「仁」，簡直到了「聖」的地步。這一由己及人直至「博施濟眾」的過程，也就是「外王化」的過程。

由於余院士對「內聖外王連續體」的解釋跟一般儒家學者對內聖外王的理解頗不相同，他在三篇回應文中反覆闡述自己的論點。在〈試說儒家的整體規劃〉中，再度引用程頤的一句名言：

> 君子之道，貴乎有成，有濟物之用，而未及乎物，猶無有也。（《程氏粹言‧人物篇》）

這段引文中的「物」字，即是指「人」。余氏鄭重其事地說：

> 程頤所發揮的便是上引孔子論「修己以安人」及「博施濟眾」兩節的深義。如果納入「內聖外王」的概念架構中，這是說個人所說的「內聖」在未能進入「外王化」的歷程之前，不但不能說是「有成」，甚至也不能稱之為「有」。「內聖外王」為一不可分的連續體在這句話中固然表達的非常明確，而「未及乎物，猶無有也」八個字更證實了儒家「內聖」的群體取向與公共取向，雖「修己」者也不得據為己有。前面已指出，這是因為「士」或「君子」的「修己」並不是僅僅為了開拓自我的精神資源，而首先是為了如何去建立並實踐「安人」、「立人」、「達人」以至「安百姓」、「博施

濟眾」等等超個人的理想。（余英時，2008c，頁 261）

▣ 混接的謬誤

從分析二元說（analytical dualism）的觀點來看，余氏所謂的「內聖外王連續體」其實是「社會與文化的交互作用」（socio-cultural interaction, S-C）（Archer, 1995），是特定的儒者在其所處時空中，對於儒家文化理念的實踐，而不是儒家的「文化系統」（cultural system, CS）。舉例言之，余院士本人對於包括宋明理學在內的儒家經典非常嫻熟，他引經據點的文采，在當前華人學術界中真的是罕有人能出其右。所以他在獲頒唐獎後，可以很豪氣地對媒體宣稱：「我到哪裡，哪裡就是中國！」

在這個語境下，他所謂的「中國」，顯然是指「文化中國」。用他自己的概念來說，這時候的史學泰斗余英時，顯然是一種「內聖外王連續體」，而不是「文化系統」。在余院士之外，顯然還有一種獨立的「文化系統」存在。否則在余院士魂歸道山之後，「文化中國」豈不是也跟他一起及身而絕了？

余院士把「文化系統」和「內聖外王連續體」混為一談，只研究「內聖外王連續體」，對「文化系統」避而不談，這種作法其實已經犯了「分析二元說」所謂「混接的謬誤」（fallacy of conflation），這是從他的成名作《歷史與思想》開始，始終一貫的謬誤。可是因為他成名太早，聲名太盛，即使有人公開指出他的錯誤，他也堅持己見，絕不妥協。

▣ 「遮蔽」朱子的價值世界

余院士承認有儒家文化系統的存在，他稱之為「儒家的整體規劃」，並且用英文稱之為 the Confucius project。但是他卻認為：儒家的文化系統「已經隱入歷史」。在〈我摧毀了朱熹的價值世界嗎？〉一文中，他明確地表示：

> 至少從二十世紀開始，我們的生活世界中早已找不到什麼「朱熹的價值世界」；大概它已「退藏於密」，回到那個「淨潔空闊底世界」去了。朱熹的「價值世界」一出世便命運多舛，想「摧毀」工作的人，接著便是明代的王陽明，幾乎完成了使命。即使在它銷聲匿跡多年以後，現代還有人通過哲學理論中 DNA 的測驗，宣布這世界的創建人不過是儒家的一個「別子」。這些都是人人看得見的事實。（余英時，2008b，頁 234）

這段引文中，「通過哲學理論中 DNA 的測驗」，宣布朱子理學是儒家「別子」的人，是新儒家代表人物牟宗三。余院士所說的「淨潔空闊底世界」則是出自朱子在說明「理／氣」關係時，講過的一段話：

> 或問先有理後有氣之說。曰：「不消如此說。而今知得他合下是先有理，後有氣邪？後有理先有氣邪？皆不可得而推究。然以意度之，則疑此氣是依傍這理行。及此氣之聚，則理亦在焉。蓋氣，則能凝結造作，理卻無情意，無計度，無造作。只此氣凝聚處，理便在其中。且如天地間人物草木禽獸，其生也，莫不有種，定不會無種了，白地生出一個物事；這個都是氣。若理，則只是個淨潔空闊底世界，無形迹；他卻不會造作。氣則能醞釀凝聚生物也。但有此氣，則理便在其中。」（《朱子語類‧卷一‧理氣上‧太極天地上》）

在我看來，余院士之所以用如此尖酸刻薄的語氣，揶揄朱子所說的那個「淨潔空闊底世界」，是因為他既不懂《易》理，又不信「天理」，他對朱子理學的基本立場是：

> 儒學在現代的處境中已失去了這種全面安排秩序的資格，所以「內聖外王」作為社會建構的一種設計，僅可供「發思古之幽情」，今天已不再有現實的意義了。因此我說，傳統儒學相當於羅爾斯（John Rawls）所謂「合理的全面哲學學說」（a reasonable comprehensive philosophical doctrine）；在思想與信仰多元化的現代民主社會中，它雖依然有其文化空間，但已不可能成為支配公共秩序的唯一原則了。（余英時，2008c，頁 256-257）

在〈試說儒家的整體規劃〉中，余院士還特別註明：他曾經發表英文論文，清楚表述他的這個主張。正是因為余英時對儒學的態度十分明確，所以楊儒賓教授才會批評《朱熹的歷史世界》：

> 它開闢了極少人踐履過的歷史世界，但也摧毀了朱子一生想努力建立的價值世界；它具體化了，使得理學有血有肉；但也狹隘化了，使得理學淪為綑綁在歷史時空下的封閉性體系，此書帶來的解蔽與遮蔽的效果同樣的偉大。（楊儒賓，2003，頁 140）

⊡ 對余院士的挑戰

從本文的論述脈絡來看，這是相當公允的評論。余院士憑他周密詳實的的考據工夫，用他的生花妙筆，詳細論述王安石、朱熹、陸九淵等人在宋代政治舞臺上的關係，所以說「它具體化了，使得理學有血有肉」；但是他卻不談朱子一心想建構的理學思想體系。所以說它「也狹隘化了，使得理學淪為綑綁在歷史時空下的封閉性體系」。因為這本書避而不談朱子理學超越時空的永恆價值，所以說「此書帶來的解蔽與遮蔽的效果同樣的偉大」。

然而，楊教授平實而且公允的評論卻碰觸到余院士的敏感神經。余院士認為：

> 他在字面上確實肯定了本書為政治史、文化史的研究，並大度地承認了本書所取得的成績。但他的全文無處不明說或暗示：我的歷史研究徹頭徹尾地是對莊嚴神聖的理學殿堂進行拆基工作。（余英時，2008b，頁 232）

余院士對於這樣的「明說或暗示」雖然十分惱火，他嚴詞反駁楊教授的評論：

> 承他抬舉，我居然可以躋身於中國的葉適、王廷相、戴震和日本的伊藤仁齋、荻生徂徠等人的行列，成為所謂「東亞近世反朱學的潮流」中的一員。我雖然因此不免有點飄飄然，但可惜我完全不知道其中幾個時代全不相接的中國人怎樣「裡通外國」，形成了一個不斷的「潮流」，更不知道我自己由誰介紹，參加了他們的「潮流」。（余英時，2008b，頁 232）

余院士很坦率地說明他對楊教授評論大動肝火的原因：

> 「摧毀了朱子的價值世界」這項罪名實在太大；弄得不好，可以得到與少正卯同樣的下場。我不得不稍稍申辯一兩句。關於「價值世界」與「歷史世界」的問題，留待後面再說。本節只準備談兩點：第一、我是不是蓄意摧毀朱熹的歷史世界？這一點關係我是否能從「死刑」減為「終生監禁」或「有期徒刑」，非同小可。第二、法官根據刑法哪一條對我判如此重罪？借用法官自己的話，即「此中有必說」。（余英時，2008b，頁 232）

余院士是怎麼說的呢？他直截了當地承認：

> 我根本沒有觸動宋代理學體系的本身，更沒有任何企圖對所謂「心性形上學」另提出一套有系統的新說，因為這是完全在本書的範圍以外。（余英時，2008b，頁 232）

▣ 余英時「劃地自限」

楊儒賓（2003）批評他：「余先生兩個世界的分別恰好捅了哲學與理學研究上的大馬蜂窩」（頁 135）；「余先生的論點明顯的挑戰理學的大論述，但也要接受理學大論述的挑戰」（頁 139），余院士的回應是：

> 楊先生指名要我「接受理學大論述的挑戰」，這似乎表示他的評文有某種代表性。經過慎重考慮之後，我決定寫此文相答。這是因為「大論述」第一代和第二代的創建者都是我非常尊重的學術前輩；而且我和第二代諸公之間確有很深的淵源。我雖不能在思想上追隨他們，但敬重之心並不稍減。第三代之中更有不少是我的朋友，並未因學術異同而略生芥蒂。所以我從來不願把自己看做是「大論述」的思想敵人。此文仍是專答楊先生一人之作，並不以整個「大論述」為回應的對象。（余英時，2008b，頁 235）

余院士是非常聰明的人。他知道楊教授所談的「理學大論述」主要是指「港、臺新儒家」所作的研究。余院士說：新儒家「第三代之中更有不少是我的朋友，並未因學術異同而略生芥蒂」，這話並不真切。劉述先自認為是第三代新儒家，據我所知，他至少曾經三次寫文章公開批評余院士的研究。學者寫論文批評另一位同行的研究成果是非常嚴肅的事，如果這樣的行動都可以說是「未因學術異同而略生芥蒂」，請問：什麼才叫「心生芥蒂」？

然而，余院士堅持：「哲學」和「史學」是兩個不同的研究範疇，彼此之間應當互相尊重，「井水不犯河水」：

> 我確實認為「內聖」與「外王」分家，成為獨立的研究對象是理學「哲學化」的結果。哲學在中國成為一門獨立的學科已將百年，根據西方哲學的範疇研究中國思想，也取得了豐富的成績。這是公認的事實。但從純哲學的角度觀察理學，必然會將焦距集中在它的形上學、宇宙論、倫理學諸方面，太極、天理、心、性、理、氣等概念自然成為研究的重心所在。在哲學史領域內，這是完全正當的運作，無人會提出異議。但《朱熹的歷史世界》所研究的是宋代士大夫的政治文化，……至於理學各家的形上學、宇宙論系統的內部結構、性質、意義等等凡屬哲學範圍之內者，我一概不置一詞，以謹守「不知為不知」之戒。所以我這部書中有明顯的史學預設，但絕無哲學的預設。（余英時，2008b，頁 235）

我在〈余英時治學的三大「罩門」〉（黃光國，2021）一文中指出：余英時治學的最大罩門，在於「劃地自限」。他宣稱自己的研究範圍是「思想史」，對思想史之外的議題，他「一概不置一詞」。在他看來，這是謹守「不知為不知」之戒。然而，避而不談「理學各家的形上學、宇宙論系統」，能夠對宋明理學的思想史做出公正客觀的學術論斷嗎？

> 孔子不肯多談的「性與天道」在宋代得到空前的新發展，這是理學家對儒家「內聖」之學的重大貢獻，也是中國哲學史或思想史上最顯精彩的一章。他認為：「這一突出的成就不但沒有改變孔子所創始的儒家整體規劃的基本結構」，「述先兄和他所代表的當代新儒家，是通過宋、明心性之學來重現中國哲學的智慧，這是走所謂『歷史地建立哲學』（“doing philosophy historically”）一條路」，「儒家的整體規劃今天已隱入歷史，怎樣重新發掘內聖的資源而賦予它以現代的意義，正是哲學家如述先兄的任務，沒有我說話的餘地。」（余英時，2008c，頁 253）

◘ 本書的理路

我完全反對這樣的論點。我認為：「儒家的整體規劃」並沒有像余院士一樣宣稱的「走入歷史」。在我看來，港臺新儒家「中哲化西哲」的整體研究取向是有偏誤的，這正是我寫「中西會通四聖諦」書系的主要原因，這本《宋明理學的科學詮釋》的目的，就是要通過宋、明心性之學，來重建中國哲學的智慧，絕不只是如余院士所說的要「歷史地建立哲學」。

牟宗三（1968a，1968b，1969）曾經將「理」區分為「形構之理」（principle of formation）和「存在之理」（principle of existence）。本書主張「文化系統」的研究取向，認為中、西兩種「文化系統」，各有其「存在之理」與「形構之理」。西方文化中最重要的「存在之理」，是個人主義；其「形構之理」的精華，則是科學哲學。在東方文化中，最重要的「形構之理」，是《易經》中卦爻組成的「氣、數、象、理」；最重要的「存在之理」，則是儒家解釋《周易》所發展出來的「仁道」之理。

儒學在中國歷史上的發展可分為三個大階段：第一階段是先秦儒學，第二階段是宋明理學，第三階段則是在西方文化衝擊之下，所發展出來的港臺新儒家。它最重要的任務是要建立「儒家人文主義」的「學統」，為華人本土社會的發展奠立紮實的基礎。朱子是儒學第二期發展的集大成者，朱子理學對於近代中國歷史的發展有其大的影響。

從本書系的立場來看，儒學發展的大方向，是從先秦儒家重視形而上的「道」，發展成為宋明儒者所重視的「理」，也就是徐復觀（1988）所謂的「形而中學」，其目的是要將自身建構成客觀的知識體系，以方便一般人學習，並從事「轉識成智」的工作，同時避免使它像明末「心學」那樣，流為眾說紛紜的主觀詮釋，而重蹈歷史的覆轍。

從這個角度來看，朱子理學可以說是走在儒學第二期發展的正確道路上。令人遺憾的是，朱子雖然有心將其理學打造成「內容自洽、前後一貫」的思想體系，但他採取「宇宙論的進路」並無法將自身論述清楚。他的《四書章句集注》雖然成為科舉考試的「正統」讀物，影響中國近代歷史的發展將近一千年，鴉片戰爭之後，依然成為「五四意識形態」的主要批判對象。

基於此一見解，這本《宋明理學的科學詮釋》將聚焦於朱子，以朱子理學作為研究對象，其內容包括四大部分。

▣ 本書的內容與結構

第一部分「分析儒家文化系統的知識論策略」包含兩章：分別討論傳承儒家的「科學進路」和「詮釋學進路」。第二部分「朱子理學溯源」，包含三章，第三章談《易》理的發展，以及儒家詮釋《易經》，形成一種自然主義的哲學；第四章說明，北宋時期呈現以「天理」作為核心思想的理學運動，旨在追求「道」的客觀化和世俗化；第五章析論：朱子理學以「理一分殊」作為核心，旨在將儒學改造成一種具連續性的新知識型。

第三部分「中西文化的會通」包含兩章，第六章「物理」，以西方的「形構之理」，建構普世性的「關係」與「自我」的形式性理論；第七章「義理」，以這些理論模型作為架構，說明儒家「道統」之核心價值的「仁道」在歷史上的演化。第四部分「性理的探索」包含四章，第八章回顧中、西文化對於「自性」的研究；第九章從朱子理學主張的「性即理」，析論其「心統性情」的修養論；另外兩章分別討論「窮理致知」的知識論、「敬義挾持」的實踐論。

第五部分「內聖外王的理想與現實」包含三章，第十二章說明：儒家「道統」與「政統」合而為一，旨在落實「民本主義」的理想；第十三、四兩章則以本書的整體研究取向，說明傳承儒家的哲學進路和實踐進路的優缺點及其侷限。

第一部分

分析儒家文化系統的知識論策略

第一章　傳承儒家的科學進路

本書第一部分題為「分析儒家文化系統的知識論策略」，其中包含兩章，分別討論傳承儒家的科學進路與詮釋學進路。本章第一、二兩節將先以西方科學哲學的演化系譜作為基礎，說明何謂「多重哲學典範」的文化分析策略，以及「批判實在論」的知識工作；然後以英國社會學家亞契兒（Margaret Archer）主張的「分析二元說」，說明德國社會學大師韋伯（Max Weber）對儒教的研究犯了「混接的謬誤」及「歐洲中心主義的謬誤」。

孔子和朱子兩人所完成的知識工作，說明他們是推動儒學第一、二期發展的靈魂人物及集大成者，第三、四兩節將先以西方古典詮釋學，說明以往學者對儒家文化系統的詮釋。

本書系所謂的科學進路，不只是指西方主流的科學，同時也包含中國傳統有機論的科學（Needham, 1969/1978），因此第五節將以王弼解釋《周易》的方法和胡塞爾的詮釋現象學互作比較。從中、西兩種文化系統發展的角度來看，五代末期陳摶繪製《龍圖易》，說明河圖、洛書的運作，對於闡明傳統中國「陰陽氣化宇宙觀」的貢獻，並不亞於二十世紀初期維也納學圈（Vienna Circle）與「邏輯實證論」者致力於尋求以「完美的語言」（邏輯）描繪「世界的邏輯結構」。明乎此，華人學者才有可能走出「雙重邊緣化」的困境。

第一節　多重哲學典範的文化分析策略

我一向認為：如果我們沒有把一些科學哲學的經典名著譯成中文，它們就沒有進入中文世界，一般人很難用它們作為學術研究或論辯的材料。要使

「科學」在華人的文化中生根，不僅要有人像唐代高僧翻譯佛經那樣，將西方科學哲學的經典名著逐一譯成中文；而且要有人能夠撰寫專著，析論各家科學哲學之間的辯證性發展。因此哲學雖然不是我的專業，我不揣淺陋，以將近十年的工夫，撰成《社會科學的理路》（黃光國，2001）一書，析論二十世紀發展出來的各種科學哲學主要典範之間的關聯。

這本《社會科學的理路》分為兩大部分，前半部所討論的「科學哲學」，主要是側重於「自然科學的哲學」，尤其強調由「實證主義」到「後實證主義」的轉變；後半部則在論述「社會科學的哲學」，包括結構主義、詮釋學和批判理論。由於包括心理學在內的許多門社會學科，都同時兼具「自然科學」和「社會科學」的雙重性格，非西方國家的社會科學工作者要想在自己的研究領域上有所創發，非得要先了解這兩種「科學」的哲學基礎不可。

然而，倘若我們把科學哲學看作為一種「文化系統」，這兩種「科學」哲學各自成為一種「副系統」，各副系統之下，又各自包含若干「子系統」，各個子系統之間，並非彼此獨立，而是存有某種辯證性的演化關係。我們要想使用「多重哲學典範」，解決社會科學本土化運動中所遭遇的各項難題，最好先了解科學哲學各個子系統之間的演化系譜（evolutionary pedigree）。

◘ 文化分析的知識論策略

在《社會科學的理路》（第四版思源版）第一章（黃光國，2018a）中，我提出了圖 1-1，說明我建構「含攝文化的理論」（culture-inclusive theories）所使用的「知識論策略」（epistemological strategy）。上方的建構實在論先區分「生活世界」和「科學微世界」；下方的批判實在論告訴我們：如何以科學哲學作為基礎，建構科學微世界，分析生活世界中的文化傳統，其中心思想則為「結構主義」。

在該書第四篇「結構主義」中，我提到李維史陀「人類學的結構主義」、皮亞傑「心理學的結構主義」和傅科以「知識型」（episteme）作為

圖 1-1　文化分析的知識論策略

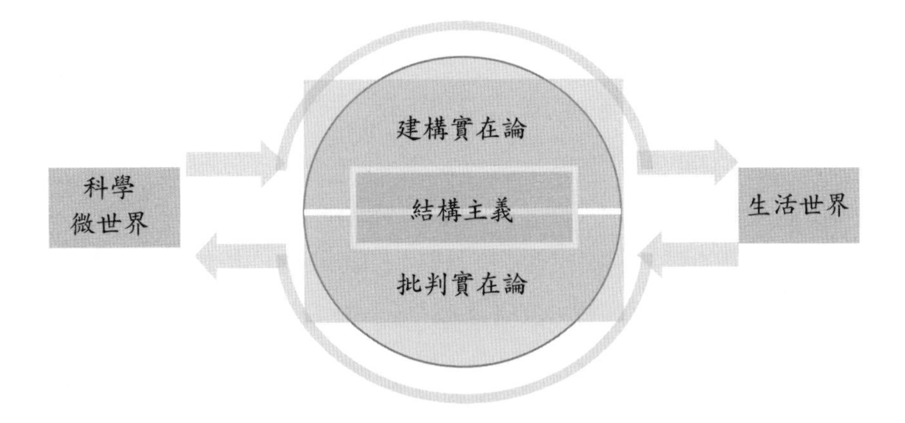

中心思想的「後結構主義」。皮亞傑（Jean Piaget, 1896-1980）的發生認識論（genetic epistemology）引進了生物學的重要概念（Piaget, 1971/1989, 1972/1981），他認為：智力就是認識主體經由與客體的互動，而獲得對外界的適應能力。在生命與思維之間存在著一種連續性（continuity），包括人在內的任何生命有機體，都會經由與外界的互動，而適應環境，不論在生物領域或認識領域都是一樣。

皮亞傑認為：任何生物體都必須不斷地「適應」變化的環境；人類的智能也是生物體在其演化過程中所採取的一種「適應」形式。生物有機體適應環境的方式，是用物質材料在宇宙建造，使其環境結構化；智力則是用精神材料進行新的創造，使世界結構化，目的都是在適應環境。

⊡ 知識型的主體

由兒童到成人，某些智力結構是不斷地在形成和變化，但組織（organization）與適應（adaptation）這兩個最基本的生物功能，卻是穩定而很少發生變化的。所謂「適應」，是業已結構化的有機體不斷地與其周圍環境協調，將其環境因素整合進有機體之中，轉化成為自身的一部分，達到有機體與環境之間的平衡，而有利於有機體的自我保存。

有機體適應環境的方法有兩種，第一種是生物體自己本身不變，把環境因素整合到生物體的結構之中，叫作「同化」（assimilation）；第二種是生物體以改變自己來應付環境，隨著環境的變化，有機體自身也發生了變化，叫作「順化」（accommodation）。

智力活動亦復如是。一方面，智力活動不斷地將外部現實結構化，並將其歸併到認識主體的智力結構或圖式（scheme, schema）中去，這是主體對環境的一種同化。另一方面，智力又會不斷地改變和更換這些結構與圖式，以使它們適應新環境，這也是一種順化。只有在同化與順化達到平衡，智力圖式的結構變成一個穩固的系統時，這個適應過程才告完成。

皮亞傑（Piaget, 1972/1981）所關注的焦點是作為「個別的主體」如何獲得其知識。但是他的理論同時也蘊涵了一個重要的概念：「知識型的主體」（epistemic subjectivity）。所謂「知識型的主體」是指：同一時代認識水平所公認的知識內容，也是同一時代所有主體共同認知的核心，它可以用有系統的著作來加以論述，並不會因為個別主體認知的差異而成立或不成立。

由於中、西兩種文化系統有其本質上的差異，在中華文化中成長的華人知識分子到西方留學的時候，大多不能以自己既有的認知系統去「同化」源自西方文化的知識體系，而必須努力改變既有的認知系統，去「順化」或「容受」西方的知識系統。華人留學生在西方國家經過一段時間的調整和適應之後，可能對他專攻的知識有一定程度的掌握，但這只能成就他的「個別主體」，幫助他適應留學國的環境，如果他回國服務，也很難形成皮亞傑所謂的「知識型的主體」。

▣ 知識型的演化

「知識型的主體」的概念，源自於皮亞傑的「結構主義」。在《結構主義》一書中，皮亞傑（Piaget, 1968/1984）指出：結構主義的理想是希望使知識具有內在可理解性。人們在任何一門學科所獲致的成就，都可以用一種結構的方式呈現出來。這樣的結構包含三項特性：整體性（wholeness）、轉換性（transformation）和自體調整性（self-regulation）。結構本身是自足的，理解一個結構，不需要藉助於與其自身無關的任何因素。

在西方文化裡，哲學是一切學術的根本，科學哲學可以說是西方文明的精華。以「結構主義」的概念來看西方科學哲學的發展，在它不同的發展階段，每種科學哲學的典範都構成一種自足的子結構，由這個子結構，可能辯證性地發展出另一種典範，這就是所謂的「轉換」（transformation）。後者能以子結構的名義加入一個更大的結構之中，使其更為豐富。但子結構仍然會保存其原有的規律，所以它跟其他子結構之間，構成聯盟關係，而不是歸併關係，這就是所謂的「自體調整」。

傅科（Michel Foucault, 1926-1984）最重要著作《詞與物》，其英文版題目是「事物的秩序：人文科學的考古學」（*The Order of Things: An Archaeology of the Human Sciences*）（Foucault, 1966/1970），書中提出了一個重要的核心理念：西方文化中的「知識型」，是隨著時代的變化而不斷演進的。在傅科的著作中，他分辨出：「文藝復興知識型」（Renaissance episteme）、「經典秩序型」（classical order）和「現代經驗科學」（modern empirical science）。值得強調的是：傅科研究的題材是「人文科學」（human sciences），而不是科學哲學。

▣ 批判實在論

要了解科學哲學的演化系譜，最好是用回溯法，而不是用歷史鋪陳法。因為將各種科學哲學依其演化的先後順序逐一鋪陳，往往不容易看出它未來發展的方向；相反的，用科學哲學既有的成就，回溯其過往的發展軌跡，我們就比較容易看出其演化的脈絡。

圖 1-1 顯示：我所使用的「文化系統的分析策略」，是以「批判實在論」作為「科學微世界」中理論建構的基礎。「批判實在論」（Critical Realism）是印度裔哲學家巴斯卡（Roy Bhaskar, 1944-2014）所提出來的（Bhaskar,

1975, 1978）。巴斯卡的父親是印度人，母親是英國人，原本修習經濟，在準備博士論文階段，發現西方的經濟學理論並不足以解釋非西方國家的經濟發展，而深刻感受到：這根本不是經濟學的問題，而是理論建構的哲學問題。因此改行攻讀哲學，並提出「批判實在論」的科學哲學。

巴斯卡將其知識論稱為「先驗實在論」（Bhaskar, 1975）。他之所以明確標示「先驗」一詞的主要理由，在於支持此一學說的論證方式，乃是「先驗論證」。所謂「先驗論證」，是「從一個已經發生的現象，推論到一個持久性的結構」，或是「從實際上的某一個事物，推論到更根本的、更深處的、奠定該事物之可能的某一事物」。用巴斯卡本人的話來說，所謂「先驗論證」乃是一種「追溯論證」（retroactive argument），是「從某現象的描述、回溯到產生該現象之某事物（或某條件）的描述」（Bhaskar, 1975, pp. 30-36）。

◘ 科學發展的步驟

在〈科學發現的邏輯〉中，巴斯卡曾經提出一張圖（見圖 1-2），說明科學發現的三步驟（Bhaskar, 1975, pp. 144-146）。古典經驗論的傳統（包含實證主義）僅止於第一步，新康德學派的傳統看到第二步的必要，但它卻沒有像先驗實在論那樣，旗幟鮮明地說清楚第三步所蘊涵的意義。

從「批判實在論」的這三個步驟可以看出：科學哲學的發展曾經經歷過三次大的典範轉移：「古典經驗論」（classical empiricism）以休謨（David Hume, 1771-1776）作為代表。這一派的思想家認為：知識的終極對象是原子事實（automatic facts），這些事實構成我們觀察到的每一事件，它們的結合能夠窮盡我們認識自然所必要的客觀內容。「知識」和「世界」兩者表面的許多點，有同構的對應關係（isomorphic correspondence）。

由古典經驗論的背景分歧出的是「實證主義」。實證主義者採取了「極端經驗論」的立場，認為藉由感官經驗所獲得的事實（empirical facts），就是唯一的「實在」（reality），科學家不必在「經驗現象」背後，追尋任何

圖 1-2　科學哲學的典範轉移

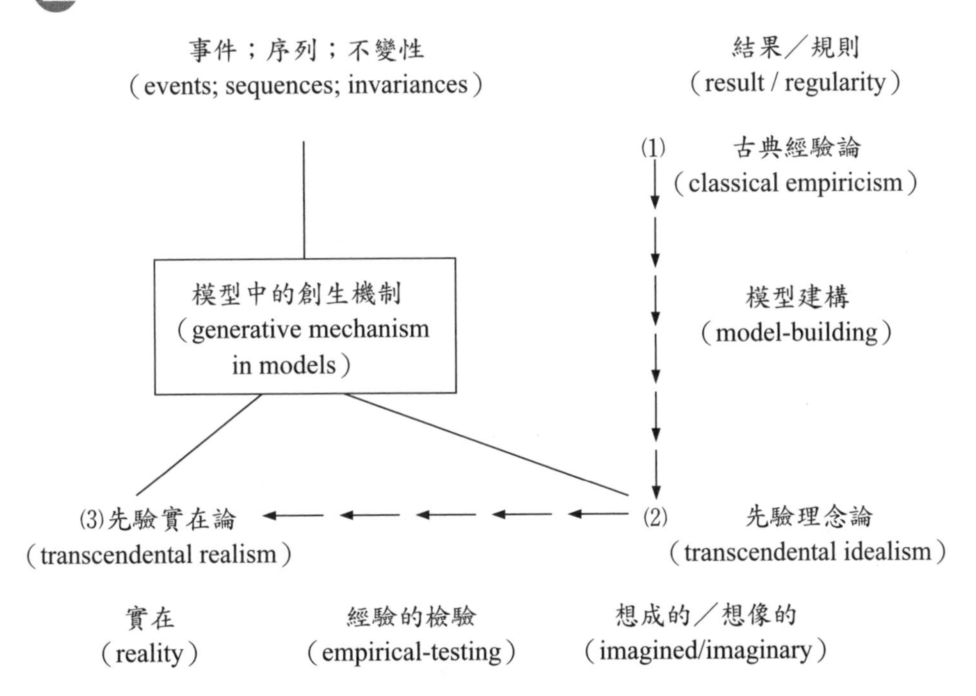

註：引自 Bhaskar（1975, p. 174）。

造成此一現象的原因或理由。實證主義者的這種「本體論」立場，讓他們相信：科學方法「證實」過的知識就是「真理」，因此他們在「方法論」上主張「實證論」，邏輯實證論者更旗幟鮮明地主張：「一個命題的意義，就是證實它的方法」（Schlick, 1936/1972）。

◻ 先驗理念論

和「實證主義」立場相反的，是康德提出的「先驗理念論」（transcendental idealism），以及大多數「後實證主義」者所衍生出的各種不同版本。依照這一派的觀點，科學研究的對象是實在的（real），其「本體」（noumenon）卻是「超越」（transcendent）而不可及的，永遠不可為人所知。人類感官能知覺到的，僅是表徵「實在」的現象而已（見圖 1-3）。由於實在的「物自身」（thing-in-itself）永不可及，科學家從事科學活動的目標，是要用他創造的想像力（creative imagination），以「先驗理念」（transcendental ideas）建構理論，描述自然秩序或模型。這種目標是人為的建構，它們雖然可能獨立於特定的個人，但卻不能獨立於人類的活動，所以必須經得起科學學術社群用各種不同的「實徵研究方法」（empirical research methods）來加以檢驗。

圖 1-3　「實證論」和「實在論」的知識工作

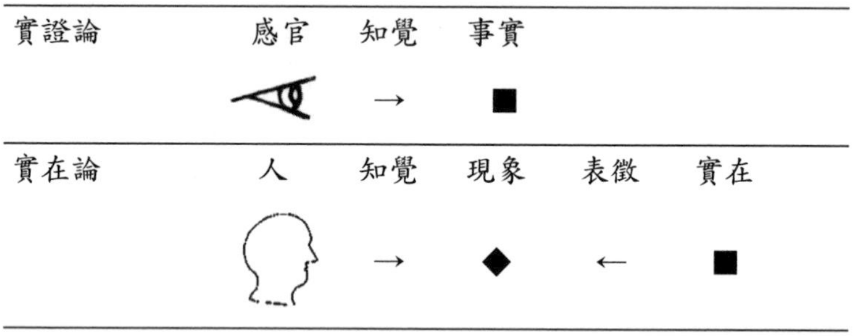

實證論	感官	知覺	事實		
		→	■		
實在論	人	知覺	現象	表徵	實在
		→	◆	←	■

正是因為：科學研究對象的本體（即「物自身」）是超越而永不可及的，科學家所建構的理論僅是「接近真理」而已，不代表「真理」，它必須經得起科學社群的成員用各種不同的方法來加以「否證」（Popper, 1963/1986），因此它的方法論立場是「否證論」，而不是「實證論」。

▣「創生機制」

第三種立場是「批判實在論」者所主張的「先驗實在論」（transcendental realism）。它的本體論雖然也採取「實在論」的立場，但它卻認為：科學研究的對象，既不是「現象」（經驗主義），也不是人類強加於現象之上的建構（理念論），而是持續存在並獨立運作於我們的知識之外的實在結構（real structure）。科學活動的目標在於找出產生現象的結構性「創生機制」（generative mechanism），這種知識是在科學活動中產生出來的。依照這種觀點，科學既不是自然的一種「表象」（epiphenomenon），自然也不是人類製作出來的產品。「知識」和「世界」兩者都是有結構、可分化，並且不斷在變異之中的；後者獨立於前者而存在。

康德的知識論稱為「先驗理念論」（transcendental idealism）和「經驗實在論」（empirical realism）（Kant, 1783/2008）。圖 1-2 中的「先驗理念論」和「先驗實在論」都是從康德的知識論衍生出來的，因此可以稱之為「新康德主義」，在該圖中則以三角形的兩邊聯繫在一起。自然科學的哲學之所以會分化出「後實證主義」的「先驗理念論」和「後現代」哲學的「先驗實在論」，則是巴斯卡回顧波柏「進化認識論」所遭受到的批評，整合其後科學哲學的發展，然後自己提出的創見。

第二節　儒家文化系統的分析

由於西方主流心理學既無意願、也無能力建構理論來說明非西方文化，我針對非西方國家發展本土心理學所遭遇到的困難（Allwood, 2018），而擬定了一套建構「含攝文化之理論」（culture-inclusive theories）的知識論策略（Hwang, 2019），它包含兩個步驟：第一，先以巴斯卡（Bhaskar, 1975, 1978）的「批判實在論」作為基礎，建構一系列有關「自我」與「社會互動」的普適性形式理論；第二，再以這一系列形式理論作為架構，分析某一特定的文化傳統（見本書第七章）。

回 分析二元說

在《內聖與外王：儒家思想的完成與開展》（黃光國，2018b）一書中，我曾經回顧過去歷年所建構的普適性形式理論，並將其精要列於本書第六章之中。要以這些形式理論為架構，分析某一特定的文化傳統，我們還必須特別注意，英國 University of Warwick 社會學教授亞契兒（Margaret Archer）所提出的「分析二元說」（analytical dualism）（Archer, 1995, 1996）。

對於建構含攝文化的理論一事，我非常贊同她所提出的文化與結構的實在論（cultural and structural realism）。亞契兒強調：不可將「分析二元說」跟哲學上的二元論混為一談。這並非主張：社會結構、文化和施為者是可以拆分的實體，而是說：研究者應當在分析上將它們當作是可分離的。這種分析上的區分，將迫使研究者考量社會結構與文化之間的實質差異，檢視它們之間的交互作用，以了解社會生活中物質利益與文化理念之間的相對區辨（Archer, 1996, p. xi）。

亞契兒指出：由於社會結構的分析單位像角色、組織、機構等等比較容易區辨，相較之下，許多社會學理論傾向於以直覺的方式掌握文化而不加以分析（Archer, 1996）。文化概念的粗糙可以溯源自早期人類學對於「文化整合的迷思」（the myth of cultural integration）。這種迷思促成了一種觀點，以為文化（在社會—文化的層次上）是由整個社群所共享的，結果在建構社會理論時，反倒（在文化系統的層次上）將文化的意義忽略掉（Archer, 2005）。

如果將文化和施為者混為一談，而不在文化的那一「部分」和「人」之間作分析性的區辨，這種「混接的謬誤」（fallacy of conflation）不僅會妨礙兩者交互作用的分析，而且無法解釋社會變遷所必要的文化內在動力，結果會使人誤認為：社會變遷的動力是來自外部（Archer, 2005, p. 19）。因此，她認為：我們必須在文化系統（cultural system, CS）和社會—文化的交互作用（socio-cultural interaction, S-C）之間作出分析性的區分。

▣ 韋伯的迷陣

在儒家思想研究的領域裡，最值得我們注意的案例，是德國社會學大師韋伯（Max Weber, 1864-1920）對儒家倫理所作的論斷。韋伯在學術上畢生用力所在，是在闡釋西方文明中資本主義發生的原因。他的成名作《基督新教倫理與資本主義精神》指出：十四世紀文藝復興運動發生後，理性主義在宗教、科學、法律、政治等各個領域中的興起，是西方工業資本主義產生的原因，而基督新倫理則是促成資本主義發生的精神因素（Weber, 1958）。

為了解釋二十世紀以前中國不發生資本主義的原因，他在《中國的宗教：儒家與道家》一書中，逐一檢視傳統中國社會裡的貨幣制度、城市與商會、家產制國家與科層政治、親屬組織、法律，並深入探討儒家及道家思想在傳統中國社會中的體現（Weber, 1951）。他最後的結論是：以儒家倫理為核心所構成的「中國意索」（Chinese ethos），有礙於資本主義的發展。

韋伯對儒家倫理的論斷成為西方社會科學界研究中國文化的圭臬。在韋伯之後的半個世紀以來，西方社會科學界大多同意：儒家思想有礙於中國的現代化。《盡己與天良：破解韋伯的迷陣》一書指出：韋伯的《中國的宗教》一書布下了一座學術迷陣，吸引了許多追隨者（黃光國，2015），並在西方學術界形成所謂的「韋伯學派」，認為中國要想現代化，必須要放棄儒家文化傳統，全面學習西方文化。到了 1970 年代，有些西方漢學家對於儒家思想（尤其是宋明理學）開始作出不同的評價。今天我們要想破解韋伯的迷陣，不能僅止於零零星星的指出其論述的錯誤之處，必須針對他的研究方法作徹底的批判。

◘ 混接的謬誤

韋伯不懂中文，他也沒有到過中國。他所用的研究方法打破了時間的限制，任意擷取西方漢學家、傳教士、冒險家、旅客在中國歷史上不同時間點寫成的材料，來描述儒家和道家的「理念型」（ideal type）。用分析二元說的角度來看，這種作法是把「文化系統」和「社會與文化的交互作用」混為一談，犯了所謂「混接的謬誤」（Archer, 2005）。

除此之外，韋伯的研究方法還有一個更嚴重的問題。在〈全球化下的儒家倫理：社會學觀點的考察〉一文中，林端（2002）指出：韋伯從事比較社會學研究的目的，是要彰顯西方現代社會文化的獨特性。在他看來，作為一種宗教的心志倫理，西方基督新教有其歷史上的獨特性。為了彰顯這種獨特性，他首先使用「恩寵特殊主義 vs. 恩寵普遍主義」這一組對比的概念，比較基督新教倫理與天主教倫理之間的不同；再用類似的二元對立的方式，比較基督新教倫理與儒家倫理。

韋伯認為：屬於喀爾文教派（Calvinism）的清教徒（Puritanism）極力強調「上帝預選說」（doctrine of predestination），他們認為：人類的宗教的稟賦是先天不平等的，只有得到上帝「恩寵」的少數選民，死後得以上天堂。在人與「超越的上帝」之間存有一條無法逾越的鴻溝，沒人知道自己是不是上帝的選民，任何中介，包括教會、禮拜儀式或神職人員，都無法幫助他獲得上帝的眷顧。為了追求永遠的救贖，他必須保持前後一致的人格，實踐禁慾主義，以自律的生活方式，堅守倫理原則，並增加上帝的榮耀。宗教動機的心志倫理，變成整個人生的核心，進而擴大成為社會倫理與經濟倫理，有利於現代工業資本主義的發展。

相對之下，中世紀的天主教徒可以透過教會、神父與聖禮來接近上帝，教會壟斷性地照顧信徒，他們只要定期上教堂，依照繁複的宗教儀式行聖禮，就可以得救，並不須要發展出一種講求原則、內在自律、人格統一化的心志倫理。這樣的宗教心態適合於人際關係扮演重要角色的傳統經濟型態，但卻無法促成現代工業資本主義的發展。

◻ 歐洲中心主義的謬誤

為了彰顯基督新教倫理的獨特性，在作過文化內的比較之後，韋伯又進一步以之與非西方文化的宗教倫理互相對比，以證成他的主要論旨，其中儒家倫理是他最重要的對比對象。然而，以清教徒倫理跟儒家倫理作文化間的比較，卻比文化內的比較複雜得多。韋伯發現：他無法用單一的比較點來概括這兩種宗教倫理的差異，而必須設定許多比較點，來突顯兩者之間的不同。韋伯本人以及他的學生 W. Schluchter 曾經將清教徒倫理與儒家倫理的比較列如表 1-1（引自林端，2002，頁 186-187）。

表 1-1　韋伯對清教徒倫理與儒家倫理所作的對比

對比點＼宗教倫理	清教徒理論（喀爾文教派的倫理）	儒家（儒教）倫理
救贖的基礎	神中心的	宇宙中心的
救贖的方法	禁慾的	神秘的
救贖的手段	精神的	巫術的
理性主義的類型	宰制現世的理性主義（由內向外）	適應現世的理性主義（由外向內）
理想的人	職業人（人作為一個工具、專家）	文化人（君子不器）
非理性的根源	超越現世的上帝的裁判	巫術
理性化的階段	最後的階段（世界的除魅化）	巫術性宗教的階段
神人關係	鴻溝與緊張	沒有緊張
道德的立場	克服對內道德與對外道德的二元主義	對內道德與對外道德的二元主義
與其他人的關係	物化與非個人關係化（不考慮個人）	個人關係化（考慮個人）
與傳統的關係	理性主義對抗傳統主義	立基在鬼神崇拜上的傳統主義
社會倫理的基礎	非個人關係主義（把鄰人當成陌生人看待）	有機的個人關係主義〔恭順（孝道）的義務以及五倫〕
生活方式	市民階層的生活方式	非系統化個別義務的結合
人格	統一人格的整體特質	沒有統一的人格（生活是一連串的事件）
社會行動	物化與非個人關係化	個人關係化
政治與經濟組織的特色	抽象的超個人的目的團體（公社與企業）	政經團體都在宗教團體的束縛之下
商業規範的特色	理性法律與理性的協議	傳統至上、地方習慣以及官吏個人的具體恩德

註：引自林端（2002，頁 186-187）。

從韋伯的研究旨趣以及表 1-1 的對比，我們可以看出：韋伯真正的關懷所在，是基督新教倫理。他以對基督新教倫理的分析作為參考架構，來考察儒家倫理的作法，其實已經犯上「歐洲中心主義」（Eurocentrism）或「西方中心主義」的謬誤。林端（2002，頁 168）指出：由於韋伯的文化分析，經常混淆「文化內」與「文化間」的分析，其分析結果無可避免地會造成一種「規範性的歐洲中心主義」（normative Eurocentrism），背離它原本具有的「啟發性的歐洲中心主義」（heuristic Eurocentrism）（Schluchter, 1986/2013），結果非西方社會的發展，往往被等同於西方社會發展階段的前期，予人以一種落後於西方當代社會發展的錯誤印象。

回「文化系統」與「社會—文化的交互作用」

從分析二元說的觀點來看，要想破解韋伯的迷陣，我們必須把儒家當作一個文化系統來加以分析，而不是把清教徒倫理當作一個文化系統，從其中找出許多比較點，來分析儒家思想。針對文化的分析，亞契兒提出了以下三個重要的命題（Archer, 1995, 1996）。

第一，文化理念的性質在於：它們是實在的

亞契兒認為：在任何時間點上存在，而且包含有各種可知之理念的文化體系，可能為真，也可能為假，但它們都是人類實在的產品（Archer & Elder-Vass, 2012, p. 95）。「文化體系是由曾經存在之知識菁英（existing intelligibilia）的著作全集所構成的，這些東西可以為人們所掌握、辨讀、理解，並知曉」。依這個定義來看，「知識菁英在建構一種文化系統的時候，他們所有的理念都必須以通行的語言表達出來（或者原則上是可翻譯的），這是它們可以為人所知的先決條件（Archer, 1998, p. 504）。

第二，理念的分享是視情況而定的。「文化系統」和「社會—文化的交互作用」並不相同

在社會—文化交互作用的層次，在某一時間點上，社會秩序或社會秩序的某一部分會特別重視某些理念。至於哪些理念會受到重視而為哪一群人所分享，則是取決於誰堅持或提倡那些理念、他們為支持這些理念所創造或促成的利益，以及他們提倡這些理念時所遭受到的反對等等因素。

文化並不限於某一時間為某一部分社會秩序所禁制的理念，因為它們通常都只代表文化理念的一小部分。當其他個人或群體擷取那些較不受重視的理念來挑戰現狀，便可能在社會—文化交互作用的層次上發生分歧（Archer & Elden-Vass, 2012, p. 95）。

第三，（文化層次的）「理念」以及（社會—文化層次的）「群體」之交互作用，可以解釋文化的精緻化（cultural elaboration）

Archer 與 Elder-Vass（2012, p. 95）認為：不論是對文化或社會結構，其理論研究都應當包含「歷時性」（diachronic）和「共時性」的分析（synchronic analysis）。前者是要檢視：為什麼某些理念在某些時間變得盛行、誰提倡它們、這些理念在過去和現在曾經遭受到哪些挑戰；後者的目的則是要了解文化型態（morphostasis），而不是它在時間上的衍生（morphogenesis）或轉化。

從分析二元說來看，今天我們要以「科學進路」傳承儒家文化傳統，不僅要能夠說明儒家的文化型態，而且要能夠從文化衍生學的觀點，說明儒家思想在歷史上的演變。

第三節　孔子與朱子：儒學發展的集大成者

德國哲學家雅斯培在他所著的《歷史的根源和目標》一書中指出：在西元前 800 年至前 200 年之間的六百年，是人類文明發展的「軸樞時期」。在

這段期間，世界上幾乎是彼此互相隔絕的地區，分別出現了許多思想家，由四位偉大的聖哲分別將其整合成獨立而且完整的思想體系，他們是：蘇格拉底、耶穌、孔子和佛陀。

◘ 春秋戰國時代

所謂「軸樞時期」在中國，是從西元前 771 年西周滅亡，周平王遷都洛邑，到西元前 221 年秦始皇統一中國，正是中國歷史上的春秋戰國時代，也是中國古代社會發生重大變革的時期。這個時期又可以分作兩個階段：第一個階段由西元前 772 年東周成立起，到西元前 403 年韓、趙、魏三家分晉為止，稱為「春秋時代」；第二個階段由西元前 403 年至前 221 年，歷史上稱為「戰國時代」。從周平王東遷之後，王室勢力衰微，周天子成為虛有其名的「共主」，齊桓公、晉文公、宋襄公、楚莊王、秦穆公相繼稱霸，他們「挾天子以令諸侯」，而諸侯又相互兼併，「篡盜之人，列為侯王，詐譎之國，興立為強」，「遂相吞滅，併大兼小，暴師經歲，流血滿野」。政治上的動亂，造成倫理道德和社會秩序的瓦解，「父子不相親，兄弟不相安，夫婦離散，莫保其命」，甚至出現了「臣弒其君，子弒其父」的現象。

在經濟方面，由於戰爭的需要，諸侯大多採取加重稅賦的辦法，來增加稅收。農民因為財政上的困窘，不得不將土地出售給出得起價格的人。傳統的自給自足式「井田制度」開始崩潰，公田逐漸被私田所取代，土地也一步步地為諸侯和貴族所兼併。一部分農民因為擁有自己的土地而變為自耕農，有些農民則被迫「離制而棄本」，流為雇工、工匠或商人，結果是「稼穡之民少，商賈之民多」。由於當時各諸侯國內有統一的區域政治，各國的工商產業卻不盡相同，各地之間產業的相互依賴性以及旅行上相對的便利性，促成了工商業的繁榮，社會上也開始出現了一些殷商大賈。

◘ 「士」的崛起

在激烈的政治和經濟變動之下，從商周時期所建立的社會階層，也發生了大幅度的改變。許倬雲曾將《左傳》中記載的春秋戰國人物，分為三大社會階層團體：公子集團，卿大夫集團、士集團。他的統計分析顯示：在春秋早期，公子集團在政治上扮演了重要的角色，他們或者襄理國政，或者統帥軍隊，或者從事外交，甚或篡奪君位。及至春秋中期，公子集團地位日益下降，卿大夫集團的勢力逐漸上升，而成為新興的政治中心。卿大夫集團和公子集團一樣，大多出身自少數幾個炎胄大家族。到了春秋末期，情況丕變。諸侯為了壯大自己的實力，不得不大量起用和自己沒有血緣關係的幹才，授予「士」的地位，而「爭相養士」。對於才能卓越之士，諸侯卿相往往不惜「執賓主之禮」，「賢下士，喜賓客以相傾」。結果出身庶人的「士集團」人數激增，迅速取代了卿大夫集團，並在政治舞臺上扮演了重要角色。

「士」本為封建貴族中地位最低的一個階級，原本是由貴族子弟所擔任。封建社會秩序解體之後，庶人也開始有出仕的機會。然而，庶人要想出身為士，卻必須先接受教育，憑藉本身的知識才幹，才能躋身晉入「士」的階級。在商周時期，「學在官府」，到了春秋末期，民眾受教育的需求大增，私人講學之風因此興起，造成當時「百家爭鳴」，「處士橫議」的局面。

◘ 孔子的時代與生平

孔子便是生活在這個激烈變動的時代裡。孔子的先祖微子是殷紂王的庶兄。周武王伐紂克殷時，微子持其祭器，退於軍門，周公乃命微子代殷後，封之於宋。後來宋國發生戰亂，孔氏子木金父被迫去宋投魯，成為魯國人。木金父之孫任魯國臧孫氏采地防邑之宰，故稱孔防叔。防叔之孫叔梁紇，即孔子之父，孔武有力，作戰勇猛，曾替魯襄公兩次對外作戰，建立戰功，而名聞諸侯。他「與顏氏女野合，而生孔子」。

周室東遷以後，文物喪失殆盡，唯有孔子故居魯國，因為是周公舊封，「猶秉周禮」，保存有較完整的西周典章制度；連一般縉紳先生都懂得一些詩、書、禮、樂。孔子的父親叔梁紇當過魯國的陬邑大夫，於孔子 3 歲時身故，由母親將孔子撫養成人。孔子的母親顏氏以禮殯為專業，所以他在幼年時就會「陳俎豆，設禮容」。青年時因為家境貧寒，當過魯國貴族季氏的「會計」（委吏），「牧童」（乘田），對下階層民眾的生活有深入的了解。

成年後，立志向學。他自己極其好學，既「學無常師」，又「不恥下問」，因此對西周傳統文化了解極深，常以周公思想的傳承者自居。他看到當時「禮崩樂壞、諸侯僭越」的情形，不免感到憂心忡忡。中年後，魯國發生內亂，他逃到齊國，開始收徒講學，名聲漸著。後來，魯國亂平，又回到魯國，在季氏的支持下，先後擔任過中都宰、司空、大司寇等職，並「行攝相事」。但從政期間極短，「與聞國政三月」，便因為「墮三都」不成，而被迫去職。晚年，曾與弟子周遊列國，希望有諸侯能接受他的政治學說，但始終未受到重用。

◘ 商周文化的集大成者

孔子是一個懷有強烈淑世精神的教育家。他畢生志業是想重建商周早期的封建社會秩序。因此，他曾經下過相當大的工夫，蒐集自唐、虞、夏、商、周以來，魯、周、宋、杞各國的文獻材料。傳說中，他曾經定《禮》、《樂》，刪《詩》、《書》，並根據魯史作《春秋》，記載由魯隱公元年（西元前722年）至魯哀公14年（西元前481年），共二百四十二年之事。晚年他又精研《易經》，與門人一起為〈十翼〉作贊。這些文獻都成為他平常傳授給學生的教材。孔子自謙他「述而不作」，其實他不只是整理古籍，而且也做了許多古文化的詮釋工作。有人稱讚他是中國商周封建文化的「集大成者」，誠非過譽。

◘ 「性」與「天道」

《內聖與外王：儒家思想的完成與開展》一書指出：儒家思想的主要內容包括「天道觀」、「關係論」、「心性論」和「修養論」（黃光國，2018b）。孔子在提出以「仁」作為核心的思想體系之後，周遊列國十四年，終不為諸侯所用。68 歲回到魯國之後，開始與門人注釋《易經》，希望將他以「仁」為主的「關係論」，建立在形上學的基礎之上。但是這方面的工作尚未完成，他就去世了。所以子貢說：「夫子之文章，可得而聞也；夫子之言性與天道，不可得而聞也」（《論語・公冶長》）。

「天道」是指儒家的「天道觀」，孔子平常不談，所以弟子們也「不可得而聞」。然而，孔子本人有沒有想要了解「天道」呢？這個問題的答案是肯定的。在那個時代，知識精英「知天」的方法，是巫覡之士藉由《周易》解卦；陰陽家則試圖用陰陽五行之說來闡明宇宙秩序。孔子晚年與其門人作〈十翼〉，可以〈繫卦〉為界，分成兩半，彖辭、象辭、繫辭各分上下兩篇，說明《周易》的「義理」；〈說卦〉、〈序卦〉、〈雜卦〉及〈文言〉則是說明卜卦的「象數」。從《易》學發展的角度來看，他這方面的工作，只是「啟其端」而已，所以弟子們會慨嘆：「不可得而聞也。」

孔子平日不談的「性」，則在日後發展成為「心性論」。在孔子之後，曾參作《大學》，子思寫《中庸》都想說清楚這三者之間的關係。孟子則進一步針對「心性」的問題，跟當時的學者展開辯論。但儒家的「心性論」並沒有獲得根本的解決。秦始皇統一中國之後，採用宰相李斯的建議，焚書坑儒，相關議題的討論也因而中斷。

回「經書」與「緯書」

到了漢代，漢武帝接受董仲舒的建議，「罷黜百家，獨尊儒術」，董仲舒又將孟子所說的「四端」之心，擴充成為「三綱」、「五常」。「三綱」之說使「儒道」異化成為「儒術」；「五常」之說則使儒家的「關係論」趨向完善。董仲舒深受漢代流行的「陰陽五行」之說影響，他想把儒家的「關係論」建立在「陰陽五行」的形上學基礎之上，但他這方面的論述並沒有被後世儒者普遍接受。

兩漢時期，儒家學者以「經書」闡明《周易》的「義理」；道家和陰陽家則以「緯書」闡明「象數之學」，或以陰陽五行說明宇宙秩序，「義理派」和「象數派」之間，形成了一種「系出同源卻又對立」的緊張關係。有一些道士和陰陽家窮其畢生之力，精研宇宙秩序的某些面向，發展出中國傳統的天文、地理、曆法、醫藥、建築……等知識系統，英國學者李約瑟（J. Needham, 1900-1995）稱之為「有機論」的科學（organic science）（Needham, 1969/1978），但更多的陰陽家卻淪為民間的巫覡之士，他們寫的「緯書」也呈現出品質參差、珠礫並存的現象（馮友蘭，1992）。有些「緯書」甚至和西漢末年流行的「讖書」合流，「緯讖」不分，同樣成為知識精英排斥的對象。

佛教在漢明帝時代傳入中國，開元貞觀年間，禪宗的發展，使佛家思想和儒家文化傳統互相結合，發展成漢傳大乘佛教，唐朝滅亡之後，中國歷史進入五代十國的動亂時期，政治不穩，兵連禍結，人民生活朝不保夕，精神空虛，只好求助於和尚、道士、陰陽家，知識精英因而偏好研究「三玄」思想。

▣ 朱子的時代使命

北宋時期，宋太祖為了避免重蹈唐代藩鎮之亂的覆轍，採取「偃武修文」的政策，重用讀書人，奠下儒學復興的契機。仁宗、英宗、神宗、哲宗四朝百年，政治相對穩定，社會民生富庶，學術方面也出現思想家輩出的盛況。然而，「藝術家皇帝」宋徽宗（1082-1135）晚年，重用蔡京、童貫，內政不修，對外失策，導致「靖康之變」，北宋亡國，士族南逃。

五代末年，道教奇人陳摶（希夷）將傳說中的河圖、洛書繪成《龍圖易》，以陰陽五行的思想，將「文王卦」和「伏羲卦」結合在一起，作整體性的詮釋，重新說明先秦儒家立「人道」於「天道」的思想，對北宋五子的思想產生了重大的影響。

在這樣的時代環境中成長，培養出朱熹非常鮮明的文化自覺。他從青年時期就了解到：自己最重要的使命，是要為儒學打造出一套「內容自洽、前後一貫」的思想體系，來跟當時盛行的「三玄」競爭。他在學術創造力達到巔峰的壯年時期，以陳摶《龍圖易》所蘊含的「陰陽氣化宇宙觀」作為基礎，綜合北宋五子思想的精粹，撰成《周易本義》，同時又根據自己的理學思想，重新詮釋先秦儒學的精華，撰成《四書章句集注》，成為儒學及第二期發展的集大成者。

第四節　儒家文化系統的詮釋

二次大戰後，臺灣學術界在國際上擁有一席之地而受到國際學術界普遍關注的學派，唯有「新儒家」而已。在《道德的理想主義》一書中，新儒家的代表人物牟宗三（1982）認為：對於形塑中國人「普遍的精神實體」而言，影響最大的，莫過於儒家文化傳統，他將儒學思想的發展分為三個大時代：(1)先秦儒學：以孔、孟、荀為代表；(2)宋明理學：以周、張、程、朱、陸、王為代表；(3)當代新儒家：由熊十力先生開出，以唐（君毅）、牟（宗三）、徐（復觀）為代表。

▣ 詮釋學的發展階段

從西方詮釋學的角度來看，上述發展過程的每一代儒家學者，都在從自己所處時代的背景視域，對上一代儒者的思想重作解釋，使它符合當代人的要求。我們可以從西方詮釋學的傳統，來說明今天為什麼要對宋明理學再作「科學的詮釋」。

詮釋學（hermeneutics）一詞源於希臘神話中的神祇赫密斯（Hermes），他是天神宙斯的使者，負責傳遞宙斯的訊息，並「主動地詮釋」宙斯的意思。基於這項特殊的任務，Hermes 之名遂成為「詮釋學」的字源。

詮釋學發展的歷史大略可分為三個階段。在第一個階段，詮釋學指的是詮釋《聖經》的原則，認為詮釋《聖經》應該以原文為主。但光靠原文，往往無法對《聖經》作出詮釋，因此詮釋者必須從原文裡去找尋其「隱藏的」意義。

第二個階段的詮釋學，是指施萊爾馬赫（Friedrich E. D. Schleiermacher, 1768-1834）的心理主義與狄爾泰（Wilhelm Dilthey, 1833-1911）的歷史主義的詮釋學。他們共同的思想基礎是客觀主義。兩人都主張：詮釋者應擺脫自己的偏見，而進入被理解對象本身的立場。所謂被理解的對象就是指「文本」，它是一定歷史的產物，文本的作者必然具有一定的歷史侷限性。因此，理解對象就是力求使自己擺脫時代的限制，設身處地，像文本的作者那樣，用那個時代的方式來進行思維。

第三個階段的詮釋學是指海德格（M. Heidegger, 1889-1976）與高達美（Haus-Georg Gadamer, 1900-2002）的詮釋學。他們把詮釋學從方法論轉向本體論（ontology），從而使詮釋學成為一門真正的哲學理論。海德格是胡塞爾的學生，他對胡塞爾的思想既有創造性的繼承，又有批判性的揚棄。高達美則綜合兩人之長，創造出「辯證詮釋學」，他們兩人的詮釋學，對於區分「哲學的詮釋」和「科學的詮釋」有十分重要的意涵，下一章將作詳盡的討論。本文將先介紹施萊爾馬赫和狄爾泰兩人的思想。

◘ 施萊爾馬赫的心理主義

施萊爾馬赫是為詮釋學奠定系統性原則和方法論的第一個思想家。他認為：「解釋」不只是要考慮解釋者與被解釋者（即原文）之間的關係，而且要考慮解釋之前的一切歷史因素，環繞著這一解釋的現實條件，以及解釋可能產生的一切後果。作為一個總體，解釋者所提出的「解釋」，已經不是單純地表示他的「主觀看法」，也不是單純地說明解釋者與被解釋者的關係，而是包含了解釋總活動之內和之外的一切因素；以及上述複雜因素往縱橫方向的發展過程，使解釋成為認識世界本質的決定性契機。

施萊爾馬赫在深入論述詮釋學的理論與方法時，特別強調「語言」所起的神秘作用。他認為：語言是使共同性思想成為可能的中介。每一個言詞都與「語言總體性」和原作者的「整體思想」存在著雙重的關係。因此，對原文的理解不但必須對語言進行「語法上的解釋」，還要對原作者「思想中的事實」進行「心理學上的解釋」。此外，施萊爾馬赫也強調：使用語言之「共同體」的存在，以及其決定性的意義。他認為：為了使言談成為溝通的手段，首先必須存在一個使用語言的「共同體」；這個共同體就是人類世界，就是活生生的社會，以及與之相繫的「周在」。在這個共同體內使用語言，就決定了語言本身的性質；語言無法離開這個共同體。反過來說，共同體的存在也同樣取決於語言的通行，因為正是語言才把這個共同體聯繫在一起，成為可以相互溝通的整體。

施萊爾馬赫認為：「人」是語言及其性質賴以生存和發展的「場所」。人是應用語言的主體和客體：作為主體時，人使用各種語言，以表達其思想；作為客體時，人接受各種語言，以吸收和消化語言中所負載的思想，並受到語言的刺激，而作出各種思維過程，以及各種行動反應。作為語言的主體及客體，此一地位正表明了人作為「語言之場所」的意義。

◘ 狄爾泰的歷史主義

狄爾泰對詮釋學的主要貢獻，是立基於其歷史哲學之上的。他像孔德（A. Comte, 1798-1857）那樣，試圖尋求人文科學的認識論基礎，但他卻極力反對孔德的實證論傾向，而致力於在歷史研究中發現人文科學的基本邏輯。他繼承了施萊爾馬赫的思想，並將詮釋學的範疇擴大到人文科學的領域中。

狄爾泰企圖為精神科學尋求一貫而完整的形而上學基礎，並在歷史經驗中尋求它賴以生存和發展的理性力量。他認為：人的精神生活必須通過「歷史性」來表現其特徵。精神活動是在主體中進行，但它所要達成的目標，卻是要建立一個在客觀對象中展現出來的本質。作為精神世界的主體和創造者，不同的人具有不同的理解能力，這種能力是隨著歷史的發展和個人經驗的豐富程度而不斷發生變化的。在個體的精神活動中具體化的這種「理解」，是在歷史中沉澱下來的「文化」和不同主體的「創造力」相互作用的「合力」或「結果」。換句話說，在客觀的精神活動中所呈現出來的「現象」，是主體之「精神活動客觀化」的表現，也是在歷史中運動著的「精神實在性」與

「主體」交互作用的表現。事實上，所謂「文化」，就是歷史上各個精神主體反覆分析、推敲和綜合之後所得的理論體系，是「歷史化」之「主體精神」的一種創造物。因此，對文化中各種作品的理解，是「我」對「你」的精神活動的滲透和發展。作為在不同歷史條件下活動的精神主體，「我」和「你」具有完全不同的文化經歷和精神活動能力，吸收和消化過極為不同範圍的「文化原野」的「果實」。「我」對「你」的理解，就是不同主體之「精神世界」的「對話」活動，也是不同文化的相互滲透。

◘ 西方詮釋學的文化反思

狄爾泰認為：現在的人要了解過去的人，就必須理解以往的人的生活方式。歷史上的作品之所以會成為現代人的研究對象，主要是因為歷史上不同階段的人可以通過其作品，告訴現代人以往的生活方式。換言之，歷史上的作品，乃是以往之生活方式的信號轉換品，是過去文化的翻印本，是在當時歷史文化脈絡中，原文作者的精神活動所展示出來的信息圖。現代的人之所以可能解釋原文，在於「歷史的連貫性」能夠為處於不同文化發展階段的人，帶來某種邏輯的同一性。理解原文作品所表現的生活方式，就是認識在歷史中活動著的人，就是解析在文化發展中作為精神活動之主體的人。

從施萊爾馬赫的「心理主義」詮釋學來看，牟宗三（1982）所說儒學發展三個大時代中的每一個世代，都存在於一個使用語言的「共同體」之中，共同體內使用的語言，決定了語言本身的性質。能夠使用同樣語言的「共同體」，形成了皮亞傑所謂「知識型的主體」（見本文第一節）。

再從狄爾泰「歷史主義」的詮釋學來看，在同一時代的「共同體」中，作為精神世界的主體和創造者，每一個人的理解能力都是隨著歷史發展和個人經驗而不斷變化的，它是在歷史中活動的「精神實在性」與「主體」交互作用的結果。

就儒家思想在中國歷史上三個階段的發展來看，先秦儒學繼承了《易經》的詮釋系統，宋明理學很明顯地是受到「三玄」的思想影響；當代新儒家則是西方文化衝擊下的產物，每個階段主導的「精神實在」皆有所不同。明乎此，我們才能看出「港臺新儒家」的侷限，以謀求儒家文化的進一步發展。

第五節　《易經》符號詮釋學

這裡我們必須特別注意：西方的詮釋學源自於對《聖經》的解釋，這跟《易經》的詮釋完全不同。前者是以文字作為基礎，八卦則是代表自然現「象」的符號系統。孔子作〈十翼〉時，其實已經談到八卦的解釋方法：《周易・繫辭下》稱：「古者包犧氏之王天下也，仰則觀象於天，俯則觀法於地，觀鳥獸之文，與地之宜，近取諸身，遠取諸物，於是始作八卦，以通神明之德，以類萬物之情。」這段引言先談八卦的起源，「以通神明之德，以類萬物之情」，則是說明《易》思維的特色。《周易・繫辭上》第十章更進一步說：「易無思也，無為也，寂然不動，感而遂通天下之故。」

▣ 王弼與胡塞爾

張易生（2022）認為，綜合上述說法，可以形成《易經符號詮釋學》的四大步驟：寂然不動、感而遂通、以類萬物之情、以通神明之德；這和胡塞爾現象學方法論的四大步驟：懸宕、本質還原、本質直觀、先驗統整，大致是互相對應的。

在我來看，這真是石破天驚之論！馮友蘭（1992）在他所著的《中國哲學史》中指出，傳統中國哲學所談的「方法論」大多是談修養方法，幾乎沒有西方的「方法論」。如果張易生之說可以成立，則《易經符號詮釋學》其實就是傳統中國文化中最重要的方法論。這道理其實並不難理解：《易經》本來就是卜筮之書，華人社會中求卜之人必然是遇到生活中困惑難解之事，才會去求神問卜。這時候，卜卦師必須綜合求卜人主訴的問題（言）、卜得的卦象（象）、他問卜的意圖（意），作出雙方能夠接受的建議。這難道不就是現代諮商心理學或臨床心理學中典型的助人情境嗎？

本書第三章將會提到，王弼（226-249）是中國歷史上罕見的奇才，少年早慧，家學淵源。在世僅有二十三年，卻完成《道德經注》、《周易注》等重要著作，以《老子》解釋《易經》成為儒學發展史上「義理派」的奠基者，「老莊宗」的創始人。我撰寫本書時，研讀相關著作，深為其說所吸引，因此趁這個機緣，說明王弼對於《易經》符號詮釋學的觀點，並以之與胡塞爾的現象學相互比較如下。

寂然不動

《周易》「復」卦的彖辭是：「復，……其見天地之心乎？」王弼對該卦彖辭的注釋：「復者，反本之謂也。天地以本為心者也。凡動息則靜，靜非對動者也；語息則默，默非對語者也。然則天地雖大，富有萬物，雷動風行，運化萬變，寂然至無是其本矣。故動息地中，乃天地之心見也。若其以有為心，則異類未獲其存矣。」

這段話說得非常明白，在《周易》裡，「寂然不動」的意思就是「返回本心」。依照《易經》的陰陽變化宇宙觀，「天地雖大，富有萬物，雷動風行，運化萬變」，然而，「天地以心為本」，只要返回本心，動息地中，寂然至無，則「天地之心見也」。相反的，如果「以有為心」，心有所恃，則難免排除異已，「異類未獲其存矣」！

乍看之下，這種「寂然不動」的「返回本心」跟胡塞爾現象學方法論的第一步驟「懸宕」似乎十分相似，因為現象學詮釋法也要求詮釋者必須摒除一切的前見，排除所有的意識形態，從各種不同的面向，儘量客觀的描述他所觀察到的客體。然而，在西方文化「主／客對立」的大前提下，現象學詮釋法與《易經》的符號詮釋法仍然有其根本的不同，必須放置在其整體脈絡中，詳予析論。

感而遂通

王弼在《周易略例》上說：「夫象者，出意者也；言者，明象者也。盡意莫若象，盡象莫若言。言生於象，故可尋言以觀象；象生於意，故可尋象以觀意。意以象盡，象以言著。故言者所以明象，得象而忘言；象者，所以存意，得意而忘象。」

王弼的這段名言，非常鮮活地描述了求卜者向占卜師求卜的過程。「夫象者，出意者也」；這句話中的「象」，意指占卜所得的卦象。「言者，明象者也」，是說占卜師對卦象的詮釋。「言生於象」的「象」，既是「卦象」，也可以是雙方互動時所表現出來的各種「徵象」。在占卜的過程中，雙方都會「尋象以觀意」；因為占卜師的詮釋旨在「明象」，所以說「得象而忘言」；對卦象的詮釋旨在釐清求卜者的心意，所以說「得意而忘象」。唯有如此，雙方才能真正的「感而遂通」。

由此可見，王弼的《易經》詮釋的「感而遂通」必須以「卦象」和雙方互動的整體「徵象」作為基礎，這跟胡塞爾詮釋學第二步驟，以「語言」描述該一對象的不同面向以便作「本質還原」，又有根本差異，差異之處在於「文王卦」本質上是一種「類思維」。

以類萬物之情

《周易》六十四卦其實就是把天地間的萬事萬物分成六十四類，並以各卦之彖辭來「類萬物之情」。在王弼所著的《周易略例》中，他說：「夫彖者何也？統論一卦之體，明其所由之主者也。」他進一步說明彖辭之通義：

> 夫眾不能治眾，治眾者，至寡者也。夫動不能制動，制天下之動者，貞夫一者也。故眾之所以得咸存者，主必致一也；動之所以得咸運者，原必無二也。物無妄然，必由其理。統之有宗，會之有元，故繁而不亂，眾而不惑。……故自統而尋之，物雖眾，則知可

以執一御也；由本以觀之，義雖博，則知可以一名舉也。（〈明象〉）

王弼認為：「物無妄然，必由其理」。唯有「統之有宗，會之有元」，才能夠「繁而不亂，眾而不惑」。《周易》六十四卦的每一卦，六爻之中，必有一爻為其他各爻之主，彖辭的作用就是「執一以治眾」、「以靜制動」。這就是他所主張的「由本以觀之，義雖博，則知可以一名舉也」。這跟胡塞爾現象學的第三步驟，以「本質直觀」的方法找出足以表徵該一對象之中軸，在詮釋的程序方面雖當相當，但其實際的行動都卻截然不同，其間差異在於《易經》詮釋學的第四步驟。

以通神明之德

胡塞爾是極端經驗主義者（radical empiricist），他所謂的「本質直觀」，有賴於詮釋者所做的「先驗判斷」（transcendental judgement）。這和王弼的《易經》詮釋所謂的「以通神明之德，以類萬物之情」顯然是對應的。王弼注《老子》第三十八章說：

是以天地雖廣，以無為心。聖王雖大，以虛為主。……故滅其私而無其身，則四海莫不瞻，遠近莫不至。殊其己而有其心，則一體不能自全，肌骨不能相容。

由此可見，王弼對「寂然不動，感而遂通」的解釋，很可能受到《老子》的影響，認為唯有「滅其私而無其身」，才能「通神明之德」，真正做到「四海莫不瞻，遠近莫不至」的「聖王」境界。相反的，如果占卜師抱持一種「主／客」對立的心態，將求卜人視為「客體」，兩人之間關係是一種「工具性關係」，「殊其己而有其心」，他跟他者之間的關係，必然像「一體不能自全，肌骨不能相容」，彼此之間，當然很難「感而遂通」。

第六節　傳統中國的「形構之理」

這樣的對比突顯出中國傳統「天人合一」文化和西方「主／客對立」文明之間的根本差異。西方文化的起源，是以拼音文字對《聖經》作詮釋，中國文化的起源，卻是以八卦象徵宇宙中的八項自然物，即：天、地、風、雷、水、火、山、澤。巫覡解卦，是用文字說明「卦象」，但中國文字本身就是「象形」文字。

▣「存在之理」與「形構之理」

在《宋明儒學的問題與發展》一書中，牟宗三（2003）以「西哲化中哲」的方式，從各種不同的面向，討論「實現之理與形構之理的區別」（頁107-118），最後他說：

> 以上所說，暫綜結如下：宋儒所講道德性的天理、實理，當通到寂感真幾時，我們即名曰宇宙「實現之理」；而凡順定義一路所講的理，不管對這理是如何講法，是唯名論的，還是唯實論的，是經驗的、描述的，還是先天的、預定的，我們總名之曰邏輯的「形構之理」。（頁114）

「實現之理」（principle of actualization）又名「存在之理」，它跟「形構之理」之間的區分，對於了解中、西文明的差異，有非常重要的意義，必須在此細加析論。本書系將中、西文化視為兩種截然不同的「文化系統」，中國的文化系統源自於《易經》，西方文化系統源自於《聖經》和希臘哲學，這兩種文化系統各有其「存在之理」與「形構之理」。牟宗三說：「宋儒所講道德性的天理、實理，當通到寂感真幾時，我們即名曰宇宙『實現之理』。」牟氏所謂「通到寂感真幾時」，其實就是《周易》詮釋學中所說的

「寂然不動，感而遂通」。

牟氏說：宋明理學是一種「存在之理」，這是正確的。然而，中國傳統文化並非沒有「形構之理」。中國文化中的「形構之理」，就是陰陽氣化宇宙觀中的「象數之學」和陰陽五行。我們必須再次強調：孔子當年作〈十翼〉解釋《周易》，十篇文章中以〈繫辭〉為界，前半部講每一「卦象」的「義理」，後半部就是在講「象數之學」。

▣ 全盤反傳統主義

這是非常淺顯的道理，可是卻很不容易為現代的中國人所理解。舉例言之，在《中國古代社會研究》中，關於陰陽八卦的起源，郭沫若（1978）認為：

> 八卦的根柢我們很鮮明地可以看出是古代生殖器崇拜的孑遺。畫一以像男根，分而為二以像女陰，所以由此而演出男女、父母、陰陽、剛柔、天地的觀念。（頁 23）

這種解釋並非完全沒有道理，郭沫若認為：《易》卦中陽爻「⚊」與陰爻「⚋」的圖形結構，表現出古代原始社會的生殖器崇拜。陽爻「⚊」的直立形象象徵男性的生殖器，分而為二的陰爻「⚋」則象徵女陰，陰陽八卦的一個來源是對生殖器的崇拜，另一個來源，郭沫若（1978）認為是古人對數字的著迷：

> 古人數字的觀念以三為最多，三為最神秘（三光、三才、三綱、三寶、三元、三品、三官大帝、三身、三世、三位一體、三種神氣等等）。由一陰一陽的一劃錯綜重疊而成三，剛好可以得出八種不同的方式。這和洛書的由一二三四五六七八九配合而成的魔術方程一樣。這種偶然的發現，而且十二分的湊巧，在古人看來是怎樣的神

奇，怎樣的神秘哟！於是乎河圖洛書的傳說便一樣的生了出來。八卦就這樣得著二重的秘密性：一重是生殖器的秘密，二重是數學的秘密。數學的程度逐漸進化，曉得三三相重，八八便可以得到六十四種不同的方式了，於是乎數學的秘密更加濃重起來；一百九十二片長磚（陽爻）與三百八十四片短磚（陰爻）便一片一片地都發出神秘的聲音，秘密的天啟來了。這便是重卦，這便是繫辭，這便是周易之所以產生。它的父親是偶然的湊巧，它的母親是有意的附會。它的祖父不消說是愚昧的無知。

郭沫若（1978）在《中國古代社會研究》說：中國人對於《易經》推崇是「塚中枯骨本無鬼，是人造了一個鬼在枯骨裡面」，對於《易經》的起源，他的解釋是「它的父親是偶然的湊巧，它的母親是有意的附會。它的祖父不消說是愚昧的無知」，他將《易經》中的思想歸結為落後的「封建殘毒」。在這本書的〈自序〉中，他很清楚地說：「在封建思想之下摶挽了兩千年的我們，我們的眼睛每人都成了近視。有的甚至是害了白內障，成了明盲。已經盲了，自然無法挽回。還在近視的程度中，我們應該用近代的科學方法來及早療治。已經在科學發明了的時代，你難道得了眼病，還要去找尋窮鄉僻境的巫覡？」

郭沫若的這種論點充分反映出1930年代中國知識界中盛行的「五四意識形態」：他們對於所謂「近代的科學方法」只有浮泛的了解，而且又要以「反傳統」來彰顯自己思想的進步性，結果就演變成林毓生（1983）所說的「全盤反傳統主義」。用這樣的心態看自己的文化傳統，才真正是患了「文化視盲」，才需要「及早療治」。

▣ 走出「雙重邊緣化」的困境

相較之下，朱伯崑（1986）寫四巨冊的《易學哲學史》，其內容就平實得多。用本章第四節所提狄爾泰的歷史主義詮釋學來看，朱伯崑的這部巨著才是真正要「建立一個在客觀對象中展現出來的本質」，它是在歷史中沉澱下來的「文化」和作者的創造力相互作用的「合力」或「結果」，是作者反覆分析、推敲和綜合之後所得的理論體系，也是治療郭氏這類「文化視盲」的良方。

我雖然贊同朱氏的研究取向，可是本書的目的並不是要寫一本《易》學的哲學史。1992 年 2 月，在夏威夷「東西文化中心」舉辦的「文化反思研討會」上，余英時發表了〈中國知識分子邊緣化〉這篇論文。在論及「知識分子與文化邊緣化」時，他說：

> 十八世紀歐洲的啟蒙是一種「內明」，它上承文藝復興對於古典的推陳出新和宗教改革對於基督教的改造，再加上十六、七世紀的科學革命。中國「五四」後其所歌頌的「啟蒙」則是向西方去「借光」。這好像柏拉圖在《共和國》中關於「洞穴」的設譬：洞中的人一直在黑暗中，從來看不清本相。現在其中有一位哲學家走出了洞外，在光天化日之下看清了一切事務的本來面貌。他仍然回到洞中，但卻永遠沒有辦法把他所見的真實告訴洞中的人，使他們可以理解。哲學家為了改變洞中人的黑暗狀態，這時只有叫這些愚昧的人完全信仰他，跟著他指示的道路走。
>
> 中國知識分子接觸西方文化的時間極為短促，而且是以急迫的功利心理去「向西方尋找真理」的，所以根本沒有進入西方文化的中心。這一百年來，中國知識分子一方面自動撤退到中國文化的邊緣，另一方面又始終徘徊在西方文化的邊緣，好像大海上迷失了一葉孤舟，兩邊都靠不上岸。

本書題為《宋明理學的科學詮釋》，我撰寫本書（乃至於「中西會通四聖諦」）的目的，就是要幫助中國知識分子走出這種「雙重邊緣化」的困境。從本書的角度來看，五代末年陳摶繪製的《龍圖易》，以陰陽五行的數術作為基礎，將描繪宇宙秩序（天道）的「伏羲易」和預言人間事物（人道）的「文王易」結合成完整的「文化系統」，讓人們對「陰陽氣化宇宙觀」可以有客觀的理解。

第七節 《龍圖易》與世界的邏輯架構

從本書的立場來看，陳摶繪製的《龍圖易》將《易經》表述成完整的「文化系統」，對儒家文化的貢獻，並不亞於邏輯對於近代科學發展的貢獻。要說明這一點，必須先了解：十九世紀興起的實證主義，以及二十世紀初期，維也納學圈推廣的邏輯實證論在科學科學哲學演化系譜中的興衰歷程。

◘ 實證主義的興起

十九世紀，法國社會學家孔德首先提出「實證主義」（positivism）一詞，用以指稱關於科學和歷史的一種知識論和世界觀（Comte, 1908/1953）。

在知識論方面，實證主義採取了一種極端經驗論的立場，認為人類知識應當僅限於蒐集事實並找尋其間的相關，藉以對世界做出正確的描述（Comte, 1855/1974）。將形上學的猜測以及用不可見的實體來解釋自然，一律予以捨棄，才是正當的科學方法。

孔德將人類歷史的發展分為三個階段：在第一個神學階段，人類用不可見的神或靈魂來解釋自然事物；及至第二個形上學階段，人類開始用抽象或無法觀察到的原因來解釋自然；到了第三個科學階段，人類不再以解釋自然為滿足，而進一步企圖去描述、預測，甚至控制自然；「人的宗教」（Religion of Humanity）也將取代基督教。

◘ 統一科學運動

孔德的實證主義鼓舞了許多歐洲人。他的信徒們組成許多實證主義學會（positivist societies），推廣實證主義的思想（Pickering, 1993）。到了本世紀初，物理學家馬赫（Ernst Mach, 1838-1916）所提出的物理現象論（physical phenomenalism）主張：現象就是唯一的真實，知識的內容應當僅限於感官經驗。所謂「現象背後的真實」，都是人類想像出來的，是形上學的東西，應當排除在科學之外。科學的目的是要透過實驗，展露出支配事物之法則。一旦認識到經驗的優位（primacy of experience），並將「有意義的敘述」（meaningful statements）限定在經驗的範圍內，我們便沒有理由再去找尋支撐我們概念建構的某種更深層的「實在界」（洪謙，1990；Kolakowski, 1972/1988）。傳統認為心理學研究「內在世界」而物理學研究「外在世界」的區分，將變得毫無意義，科學才有統一的可能。

馬赫的思想，對歐洲學術界產生了深遠的影響。在 1907 年左右，數學家漢恩（H. Hahn）、社會學家紐拉特（O. Nenrath）、歷史學家克拉虎特（V. Kraft）等人，開始在維也納做不定期的聚會，討論科學哲學的問題，希望解決實證論應用在數學及理論物理上可能遭遇的困難。1922 年，石里克（M. Schlick）受邀到維也納講學，他領導並召開了一次研討會，組成了「維也納學圈」。1926 年，卡納普（R. Carnap）應邀到維也納大學任教，兩年後，維也納學圈組成「馬赫學社」（Ernst Mach Society），他本人則出版了《世界的邏輯架構》一書，成為「維也納學圈」的討論主題。翌年，「維也納學圈」出版《科學的世界觀：維也納學圈》，使其聲名大噪，贏得國際學術界的普遍注意。

▣ 世界的邏輯架構

在維也納學圈發展之初，維根斯坦（Ludwig Wittgenstein, 1889-1951）的第一本著作產生了相當大的影響。維根斯坦是奧地利人，有猶太血統。大學時代，開始對數學和邏輯產生濃厚興趣，曾受業於羅素（Bertrand Russell, 1872-1970），受羅素思想影響極大。當時實證論者最感困擾的問題之一是：數學知識一向是大家認為最精確、最有系統的一門學問，然而，我們應當如何用實證方法來實證數學知識？

羅素在其名著《數學原理》一書中，將數學化約成為恆真語句（tautology），認為：數學定義來自於約定俗成，數學的真假，取決於定義的互相涵攝；數學本身只有形式，沒有內容，所以不需要實證。

羅素和數學家弗萊格（Gottlob Frege, 1849-1925）首先把函數的概念從數學領域，擴展到語言分析領域。他們主張：一個命題的意義和構成此一命題之分命題的意義之間，也存在著函數關係。更清楚地說，一個命題的正確與否，是由該命題之分命題的正確與否所決定的。這裡所說的命題，包括用符號表示的邏輯命題或數學命題，也包括用文字表示的日常語言中的命題。

維根斯坦接受了這樣的觀點。他在《邏輯哲學論》中最重要的論點之一，是任何命題都可以經由邏輯分析，而成為基要命題的真值函數。「真值函數」是弗萊格和羅素最先提出的概念。在數學中，函數是表示兩個變量之間的關係。舉例來說，y＝f（x）的公式表示：y 是 x 的函數。在上述函數關係中，y 的函數值，是由自變量 x 的值所決定的。對於每一個 x 的定值，都有一個 y 與之對應。

為了用真值函數關係來分析日常語言，維根斯坦先將原子事實的存在或不存在區分為兩種：它們存在的狀態構成了正事實（positive fact）；它們不存在的狀態則是負事實（negative fact）。他認為：邏輯學家和自然科學家不同，他們的任務並不是要說明哪些事實存在、哪些不存在；或者證明哪些命題是正確的、哪些是錯誤的。邏輯學所研究的是所有可以想像出來的事實，這些事實一部分是現實中存在的「正事實」；另一部分在現實中並不存在，但在過去或將來卻可能存在的「負事實」。邏輯的任務就是研究事實存在與不存在的所有可能性，解釋並說明所有可能出現的事實：

> 邏輯研究的是每一種可能性。邏輯研究的對象是全部的可能性。（T2. 0121）

▣ 邏輯實證論之死

維根斯坦和他的追隨者認為：哲學中並無真正的問題，而只有語言上的困擾，他們刻意要構造一種完美的語言（即「邏輯」），因而在語言分析上投注大量精力，終於發展出由語意學、語法學、語用學所組成的記號學。這一派人士也因此而被稱為「語言分析派」，或逕呼「分析學派」、「語言哲學」等等。但「後實證主義」的代表人物波柏（Karl Popper, 1902-1994），卻抱持完全不同的看法。他認為：哲學中並不是只有語言問題，而是有真正的問題存在，例如：「我們透過感官是否能夠了解事情？」「知識是否由歸納而來？」「無限是否存在？」「道德律是否有效？」等等都是亟待解決的哲學問題（Magee, 1986）。

維根斯坦和波柏在年齡上雖然有所差距，卻是生活在同一世代。他們在學術上的針鋒相對，終於導致兩個人的正面衝突。1947 年，波柏應劍橋大學道德科學俱樂部之邀，前往發表主題演說。當時維根斯坦聲望正隆，維氏處世一向相當獨斷，他對該俱樂部又有極大的影響力，他預先指定題目，希望波柏從語言分析的角度，談「哲學的困惑」。但波柏不為所動，逕自另訂題目，論述哲學中的許多問題，跟維根斯坦的看法大相逕庭。當時維根斯坦極力主張：哲學的問題其實只是語言的問題而已；解決了語言的難題，哲學就沒有問題存在了。波柏大不以為然，於會中公開表示哲學問題極多，哲學問題並非僅是語言問題，因此與維根斯坦發生了激烈的爭論，維氏後來漸趨下風，終於大怒拂袖而去。

那一年，波柏 47 歲。剛開始在學術界嶄露頭角。到了二十世紀 60 年代，以波柏（Popper, 1963/1986, 1972/1989）的進化認識論為首的後實證主義，以及 Kuhn（1970）的科學革命論，開始在世界學術社群中風行，邏輯實證主義變成了一種陳舊的觀點。美國約翰・霍浦金斯大學（John Hopkins University）甚至舉辦了一次研討會，主題為「邏輯實證主義的遺產」（The legacy of Logical Positivism），正式宣布「實證主義」時代之終結（Achinstein &

Baker, 1969）。波柏在其自傳中討論「誰殺死了邏輯實證論」（who killed logical positivism）時（Popper, 1976），更引述巴斯摩（John Passmore）的話：「因此，邏輯實證論死了，或者說，就像過去曾有過的哲學運動一樣地死了」（logical positivism, then, is dead, or as dead as a philosophical movement even becomes.），並承認他自己就是劊子手。

▣「語言分析」之路

維根斯坦本人對於這個問題並非完全沒有反省。1929 年 6 月，維根斯坦以他的《邏輯哲學論》獲得劍橋大學博士學位，並獲聘為三一學院研究員，即和他的朋友蘭姆西（Frank Kamsey）以及經濟學家斯拉法（P. Sraffa）不斷討論《邏輯哲學論》中的相關議題。從 1936 年至 1947 年，他大部分時間蟄居在挪威的一間小屋裡，構思他的另一本著作《哲學探究》，這本書直到他 1951 年 4 月辭世兩年後，才正式出版（Wittgenstein, 1953）。

這本書一開始就在〈序言〉中承認：他前一本成名作中所謂的「邏輯」，其實只是一種理想的「人工語言」；並不是人們在其生活世界中所用的「自然語言」。邏輯這種「人工語言」只有描述的功用；相形之下，「自然語言」卻像是一只「工具箱」，具有各種不同的功能，人們可以用它來解決生活中各種不同的問題。

代表維根斯坦前期哲學的《邏輯哲學論》，和他後期的《哲學探究》，都是走「語言分析派」的道路。「道不同不相為謀」，所以維根斯坦才跟波柏進行 1947 年的那場著名論辯。

本章第一節提到，波柏的知識論立場是「實在論」，跟「實證論」的立場並不相同，他們所主張知識工作的差別，可以用圖 1-3 表示得更為清楚。嚴格說來，早期維根斯坦和當年維也納學圈所主張的「邏輯實證論」，其哲學立場並不是圖 1-3 中的「實證論」，而比較接近於「實在論」；他們跟傳統實在論者最大的不同，在於邏輯實證論者認為：現象背後唯一的「實在」，就是「世界的邏輯結構」，也就是可以稱得上是「理想語言」的「邏輯」。晚期維根斯坦在《哲學探究》中的主張，是一種「極端經驗主義」，比較接近「實證論」。

本章小結：中國人認識世界的架構

本書第一章的析論顯示：《易經》在中華文化發展的歷史過程裡，扮演了十分重要的角色：儒家學者解釋《周易》的「義理」，道士和陰陽家發展中國「有機論」的科學以及「象數之學」，都是以《易經》作為認識世界的參考架構。用圖 1-3「實證論」和「實在論」之知識工作的對比來看，陳摶繪製出《龍圖易》說明河圖、洛書的意義，其實是繪製出傳統中國人「認識世界的邏輯架構」，本書稱之為「陰陽氣化宇宙觀」。

本書第三章將說明這套「世界的邏輯架構」（宇宙觀），如何影響北宋五子的思想。第四章將進一步說明它對朱子理學的重大影響。該章的析論指出：朱子理學雖然是走「義理派」的道路，但是他的《周易本義》仍然將陳摶繪製的河圖、洛書置於卷首，意謂他對《四書》的注釋，依然是以陰陽氣化宇宙觀作為基礎。

本章第六、七兩節的析論顯示：「陰陽氣化宇宙觀」在中國近代史上的命運，正如「邏輯實證論」在科學哲學史上的遭遇，郭沫若主張：《易經》是附在「塚中枯骨」上的「鬼」，正如波柏宣布「邏輯實證論」之死。儘管如此，「凡存在過的，必留下痕跡」，《易經》對中國社會的影響，猶如「邏輯實證論」在科學哲學中的地位，歷久而彌新，不可能消散無蹤。

我們可以取一個實際的例子來說明這個論點：在《契接中西哲學之主流》一書中，王興國（2006）探索牟宗三哲學思想的淵源，發現牟氏於 24 歲時寫成《從周易方面研究中國之元學與道德哲學》，後來對《易經》哲學已了無興趣。本書認為：這是牟宗三無法對朱子理學的歷史定位作出合理判斷的主要原因（見本書第十四章）。然而，王興國（2006）同時指出：牟氏最後完成他自己的「本體宇宙論的直覺構造」或「道德的形上學」，仍「隱然埋伏了一個老中國易經哲學的架構」。

鑑於朱熹及牟宗三等前賢的經驗，本書雖然主張汲取西方文明的精華，以科學哲學的演化系譜作為基礎，建構「自我」與「社會互動」的形式性理論，然後再以這種普適性的理論作為參考架構，分析任何一種文化傳統，這樣的理論也應當蘊涵有陰陽氣化宇宙觀，將中國《易經》哲學埋伏於其中。關於這一點，本書第六章的結論將有較為仔細的析論。

總而言之，在西方文明弊病百出的今日，我相信：中國文化傳統中蘊含的宇宙觀將為人類的永續發展開闢出一條新的道路。

第二章　傳承儒家的詮釋學進路

本書雖然同意西方機械論的科學（mechanic science）是當前世界學術的主流；然而，本書並不認為：西方的科學是科學的唯一形式。因此，本書第一章〈傳承儒家的科學進路〉同時也討論中國傳統「有機論的科學」（organic science）（Needham, 1969/1978）。同時，由於胡塞爾的現象學採取「極端經驗主義」（radical empiricism）的立場，他認為自己主張的現象學，就是一種科學的方法，因此本書第一章以之與《易經》的符號詮釋學相提並論。

傳承儒家文化，除了科學進路之外，詮釋學的進路也非常重要。由於本書將引用傅偉勳（1986）所提倡的「創造的詮釋學」，以多重視角分析朱子理學。因此，第一節將先介紹他獨樹一幟的詮釋學。由於本書強調「文化系統」的研究取向（Hwang, 2015），第二節將接著介紹海德格的詮釋學，務期使本書對朱子理學的分析，能夠構成內部一致的「詮釋學循環」。由於朱子學的詮釋，涉及人文及社會科學的整合，第三節將採取高達美「辯證詮釋學」的立場，在撰寫到出版的過程前後，跟不同領域的學者不斷對話，務期使本書立論可以跟不同背景的學者達到「視域融合」。

第一節　傅偉勳「創造的詮釋學」

我國原本就有極為深厚的詮釋學傳統。在近代西方詮釋學的影響之下，我國哲學家傅偉勳（1933-1996）也曾經綜合中國文化及西方的詮釋學傳統，發展出一套獨樹一幟的「創造的詮釋學」。

傅偉勳曾經任教於美國天普大學（University of Temple）。從「歷史主義」的角度來看，他所發展出來的「創造的詮釋學」，不僅受到西方詮釋學的影響，而且受到科學哲學的廣泛影響。

▣ 五個辯證的層次

在西方詮釋學及哲學「知識型」的影響之下，傅偉勳發展出他自己的「創造的詮釋學」，並用它分析《道德經》。我們可以之作為例子，說明什麼叫做傳承儒家的「詮釋學進路」。

傅偉勳（1986）作為一般方法論的「創造的詮釋學」，共分五個辯證的層次，由低至高，不得隨意越等跳跨。這五個層次是：

1. 「實謂」層次：「原思想家（或原典）實際上說了什麼？」（“What *exactly* did the original thinker or text say?”）
2. 「意謂」層次：「原思想家想要表達什麼？」（“What did the original thinker *intend* to say?”）
3. 「蘊謂」層次：「原思想家可能要說什麼？」（“What *could* the original thinker have said?”, or “What *could* the original thinker’s sayings have implied?”）
4. 「當謂」層次：「原思想家（本來）應當說出什麼？」或「創造的詮釋學者應當為原思想家說出什麼？」（“What *should* the original thinker have said?”, or “What *should* the creative hermeneutician say on behalf of the original thinker?”）
5. 「必謂」層次：「原思想家現在必須說出什麼？」或「為了解決原思想家未能完成的思想課題，創造的詮釋學者現在必須踐行什麼？」（“What *must* the original thinker say now?”, or “What *must* the creative hermeneutician do now, in order to carry out the unfinished philosophical task of the original thinker?”）

◘ 創造詮釋的意義

以上五個層次之中，第一層次基本上涉及原典校勘、版本考證與比較等基本課題，只有此層算是具有所謂的「客觀性」。它是創造的詮釋學必須經過的起點，但絕非終點。「實謂」層次所獲致的任何嶄新的結論，多少會影響其他四層面的原有結論。第二層次是通過語意澄清、脈落分析、前後文表面矛盾的邏輯解消、原思想家時代背景的考察等等工夫，儘量「客觀忠實地」了解並詮釋原典，或原思想家的意思（meanings）或意向（intentions）。

在進行「意謂」層次的詮釋學探索時，詮釋者所需要的基本態度是具有同情的理解，德國哲學家狄爾泰稱之為「隨後體驗」（Nacherleben）。他曾經提出：「原來作家的體驗，形成作品的表現，後者的理解，則有類於鑑賞者或詮釋者的『隨後體驗』」。狄氏的用語，旨在強調為了「如實了解」原典或原思想家，儘量作出「客觀」的詮釋，詮釋者必須有「隨後體驗」的工夫，設法了解原思想家的生平傳記、時代背景、思想發展的歷程等等。

第三層次是研究思想史的理路線索，探討原思想家與後代繼承者之間的前後思維的聯貫性、歷史上重要的種種原典詮釋等等，通過「歷史傳統」的研究方式，了解原典或原思想家學說，可能有的思想蘊涵，以克服「意謂」層次上可能產生的片面詮釋，或詮釋者個人的主觀臆斷。

◘ 深層結構

第四層次的詮釋學者設法在原思想家教義的表面結構底下，掘發深層結構，據此批判地考察在「蘊謂」層次所找到的種種可能的意義（meaning）或蘊涵（implications），從中發現最有詮釋理據或強度的深層意義，或根本義理，這就需要他自己的詮釋學洞見（hermeneutic insight），而不再是「意謂」層次的表層分析，或平面而無深度的詮釋。

到了第五層次，創造的詮釋學家不但要說出原思想家的教義，還要批判並克服原思想家教義的侷限性或內在難題，解決前人所留下而未能完成的思想課題。創造的詮釋學之所以有其獨特的性格，即在於其哲理創造性（philosophical creativity）。

為了要「如實」了解原典章句的真正意思或涵義，必須儘量作「客觀」的語意分析。傅偉勳（1986，頁 21-27）認為：針對原典「意謂」的語意分析，大致說來，包括三種，即脈絡分析（contextual analysis）、邏輯分析（logical analysis）、層面（向度或次元）分析（dimensional analysis）。脈絡分析的主要功能，是要專就語句（字辭或句子）在各別不同的特定脈絡範圍，析出該語句的脈絡意義及蘊涵（contextual meaning and implication）。

就「脈絡分析」而言，傳統上一般人大多認為「每字每句都有固定意義」；但現代英美哲學界盛行的日常語言分析卻指出：每一字句在不同脈絡下會產生意義變化的情況。有時候，原思想家也不見得特別意識到，他原先使用的語句在某一特殊脈絡下已經產生了意義變化，所以詮釋者必須提高自己的脈絡敏感度（contextual sensibility），借用脈絡分析發現同一語句的脈絡意義。

▣「道體」與「道相」

就層面（dimensional，向度或次元）分析而言，傅偉勳（1985）曾經依「道」是否涉及應用層面，而分析出「道」的兩層涵義，即「道體」（Tao as Reality）與「道相」（Tao as Manifestation）。所謂「道體」是指「隱而不顯」、超越任何人為的形上學思辨的「道」本身；所謂「道相」，是老子經由日常觀察與生命體驗，而以形上學概念權且猜測或描述道體，所彰顯的樣相狀貌。

就超形上學的「常道」而言，本無所謂「道體」與「道相」的區分。但就老子形上學層面的可道之道而言，「道相」又可進而細分出的「五大層面」，即傅氏所謂的「道原」（Tao as Origin）、「道理」（Tao as Principle）、「道用」（Tao as Function）、「道德」（Tao as Virtue），以及「道術」（Tao as Technique）。

傅氏認為：《道德經》中所有的語句都可以分析並歸屬上述各大層面的其中之一。然而，層面分析仍然不是深層分析（in-depth analysis），它只能平面析解多層義涵（multidemisional meanings），卻無法探得原典思想表達的深層義蘊（deeper meanings and implications），即依思想的輕重深淺，重新安排多層義涵的高低。這就需要有思想史的方法訓練，探討思想史上已經產生過得許多原典詮釋進路，超越「意謂」層次的平面分析的侷限，了解到原典思想表達可能具有的詮釋學義理及蘊涵，再上一層，到「蘊謂」層次的分析。

◘「蘊謂」層次

「蘊謂」層次的首要工作，是通過思想史上已經有過的許多原典詮釋，歸納出幾個較有詮釋學分量（hermeneutic weight）的進路或觀點，希望能發現原典思想所表達的深層義理，以及依此義理可能重新安排出來的多層詮釋蘊涵。

《道德經》的古今注釋可謂汗牛充棟。在〈創造的詮釋學及其應用〉一文中，傅偉勳（1990）總結對於老子思想深層義理的古今看法，歸納出幾種重要的詮釋學進路：(1)莊子、王弼以來的傳統道家進路；(2)韓非子以來的法家進路；(3)聯貫到《孫子兵法》的兵家進路；(4)社會倫理思想進路；(5)道教進路。他引述高亨與池曦朝（1974）所作〈試談馬王堆漢墓中的帛書《老子》〉一文中的論點：

> 從先秦古籍有關的記載來看，《老子》傳本在戰國期間，可能就已有兩種：一種是《道經》在前，《德經》在後，這當是道家傳本。《老子》本書論述道德，總是把「道」擺在第一位，把「德」擺在第二位；莊子論述道德，也是把「道」擺在第一位，把「德」擺在第二位（例子很多，從略），便是明證。另一種是《德經》在前，《道經》在後，這當是法家傳本。《韓非子．解老》首先解《德

> 經》第一章，解《道經》第一章的文字放在全篇的後部，便是明證。大概是道、法兩家對於《老子》書各有所偏重。……道家重視書中的宇宙論和本體論，並認為「德」從屬於「道」，所以把《道經》放在前面。法家重視書中的人生論與政治論，而用法家眼光來理解《老子》的言論，所以把《德經》放在前面。兩家俱以自己不同的需要來對待《老子》。帛書《老子》的編法屬於法家傳本的一類。

《道經》在後、《德經》在前的帛書編法可以用來支持《老子》原屬法家、兵家之說，社會倫理思想進路，亦可屬於此一大類。但五大進路之中，在中國思想史上顯得最強有力的，應當是莊子以來的道家哲學進路，具有宗教色彩的道教進路，亦復屬於道家進路。道家哲學進路著重的是形而上學，而老子倫理學、人生哲學、政治社會思想乃至軍事思想，則皆建立在其形上學基礎之上。換句話說，包括道體與道原、道理、道用等三層道相的自然之道（The Way of Nature），構成包括道德與道術兩層道相的人事之道（The Way of Humanity）的哲理根基。此一詮釋進路始於莊子，經過王弼等人的魏晉玄學，以及中國大乘佛學，直至現代中國哲學的主流，如熊十力、唐君毅、牟宗三等當代新儒家，大多採取這個偏重形上學哲理的詮釋說法；今日專攻老子的中外學者，也多半循此說法。

◘「當謂」層次

對於原典在「當謂」層次所作的詮釋研究，可以析出原典語句的脈落意義與層面義涵；在「蘊謂」層次探索思想史上對於原典或原思想家作過的重要詮釋，可以獲致原典和原思想家的深層義理。到了「當謂」層次，要依據思想史的探討、中外哲學與詮釋學的方法論鑽研，以及自己多年來累積的詮釋學體驗與心得，進一步在種種詮釋進路所發現的深層義理中，進行批判比較考察，對於原典或原思想家的思想表達，建立一種具有獨創性的詮釋學洞見與判斷（a unique hermeneutic insight and judgement），設法發掘原思想體系表面結構（surface structure）底下的深層結構（deep structure）。我們一旦發掘出深層結構，當可超越諸般詮釋進路，判定原思想家的義理根基以及整個義理架構的本質，依此重新安排脈絡意義、層面義蘊等等的輕重高低，而為原思想家說出他應當（should）說出的話。

經由這樣的分析，傅氏認為：老子的哲學可以說是「整全的多層遠近觀」（holistic multiperspectivism）的一種表現方式，具有哲理的伸縮性與詮釋學的開放性。它經由日常經驗與觀察的層層深化，為了整全地洞視宇宙的奧秘與人生的真諦，而形成的高低遠近的各種形上學觀點。「道原」、「道理」與「道用」屬於描摹形上學層次之道相，所合成的自然之道；至於「道德」與「道術」則為依此自然之道，推衍出來的人事之道。「道德」原來亦是道本身的自然之德，所以又應屬自然之道；但因「德」字所重視的是人事方面發揮出來的效應功能，放在人道更可顯出此字的豐富蘊涵。整體而言，傅氏認為：老子所開拓出來的道家哲學，可以說是建立在「超形上學的自然主義」（transmetaphysical naturalism）基礎之上的「整全的多層遠近觀」。這是他在「當謂」層次所得到的結論。

回「必謂」層次

傅氏認為：在「當謂」層次，為原思想家說出他本應說出的話，為他澄清表面矛盾，發掘思想體系的深層結構，發現終極義理，藉以重新安排其思想體系中的多層義蘊，這是「創造的詮釋學」的一大重點，卻不是終點。創造的詮釋學之所以具有詮釋學的創造性（hermeneutic creativity），在於創造的詮釋學家自「當謂」層次上進到「必謂」層次的思維歷程中，必然會形成自我轉化（self-transformation），他的學問人格也從批判的繼承者（a critical inheritor），轉變成為創造的發展者（a creative developer）。

從科學哲學的演化系譜來看，傅偉勳的「創造的詮釋學」在「意謂」層次強調的「語意分析」，包括「脈絡分析」、「邏輯分析」、「層面分析」

等等，很明顯是受到「實證主義」時代語言分析哲學的影響。他在「蘊謂」層次所強調的「深層結構」、「表面結構」，很明顯的是受到（人類學的）「結構主義」之影響。至於「整全的多層遠近觀」主張跟不同哲學立場的人對話，以達到「視域融合」的境界，符合高達美「後現代」的辯證哲學思想。

第二節　海德格的「詮釋學循環」

《科學哲學的演化系譜》一書提到：西方詮釋學第三階段的代表人物是海德格和高達美。海德格是現象學大師胡塞爾的學生。在第一次大戰前實證主義反「形上學」的風潮之下，胡塞爾的現象學採取了「極端經驗主義」的立場，對於形上學的概念抱持「存而不論」的態度。海德格在弗萊堡大學擔任他的助教時，便認為這樣的立場違反了歐洲文化的傳統，沒有在「變遷」（Becoming）中找尋不變之「存在」（Being）。他因而刻意從「人」的立場，撰成他的著作《存在與時間》（Heidegger, 1927/1990）。

回 心境、理解、言說

在這本書中，海德格認為「人」跟其他的「存在物」是不一樣的，對於能說出自身存在意義的「人」，他刻意稱之為「親在」（Dasein），並列出親在開顯自己及其世界的三種方式，即心境、理解、言說。所謂「心境」（Befindlichkeit），包括「親在」發現他自己時的內在及外在情況。每一「親在」周圍的實際情形，海德格稱之為「現實性」（Faktizitat），它指的是「親在」存在於世必須面對的情況，包括被投擲性、共同存在、恐懼（怕）、憂慮（畏）等等。

「理解」是隨著心境的開顯而展示出來的。在理解中，同時會開顯出指向性，更清楚地說，理解可以指向自己，也可以指向世界；它會為「親在」的存在方式籌劃各種不同的可能性。理解朝向各種不同可能性籌劃的開展過程，海氏稱之為「詮釋」（die Ausbildung）。

「親在」在心境中藉籌劃與詮釋而理解自己及世界之後，就可以進一步以「言說」（Rede）表達出來。所謂「言說」，就是「可理解的清晰表達」，在詮釋及言說中所表達出來的就是意義（Sinn）。換言之，言說是詮釋和陳述的基礎；在心境中所理解到的整體關係，可以藉由言說而表達出來。

◘ 理解的「三重結構」

海德格認為：人在詮釋某一特定領域中的事物時，被詮釋的對象必須已經預先存在其「生活世界」之中。人必須透過三重「先設結構」（fore-structure），才能夠清楚地詮釋或理解某一對象，這可以說是理解或詮釋活動的預設條件（陳榮華，1992，頁 34-37；張汝倫，1988，頁 106-107）。這三重結構說明如下：

1. 先設所有（Vorhabe, fore-having）或譯為「前有」。人在有自我意識或反思意識之前，他已經置身於其「生活世界」之中。他的文化背景、風俗習慣、生活經驗，以及他生活時代的知識水平、物質條件、思想狀況等等，都是從他意識到自身的存在時，即已經為他所有，並成為不斷影響他、形成他的力量，這就是所謂的「前有」。「前有」像是宇宙間隱而不顯的神秘法則，它始終在發生作用，並決定「親在」的理解和詮釋，但卻永遠無法為人清楚地把握。「親在」對其世界的理解和詮釋，永遠無法超出「前有」的範圍；所以說「前有」規定了我們對世界的理解和詮釋。
2. 先設觀點（Vorsicht, fore-sight）又譯為「前見」。「前有」是內涵相當穩定，外延卻十分模糊的存在視域，它包含有無限多的可能性。當人要理解或詮釋其「生活世界」中的某一對象，他一定要根據某一個預先設定的立場或觀點，才能作「首度的切入」（first cut），使其鋪陳在吾人面前，這個預先設定的觀點，稱為「前見」。「前見」也是「先設所有」的一部分，唯有通過「前見」，才有可能闡明某一對象。

3. 先設概念（Vorgriff, fore-conception）又稱為「前設」。「前見」的功能是將人的注意力引向某一個問題領域，「前設」則是用一個結構性的概念模式來把握該一對象。「前有」、「前見」和「前設」是任何詮釋的基礎，這三者構成了理解的「先設結構」。

⊡「詮釋學循環」

從海德格的存在主義詮釋學來看，任何一個研究者，採用某一種特定的立場，對某一種特定文化傳統所作的詮釋，最後必然會構成一種「詮釋學循環」。他過去所有的學術訓練，代表了他對這個議題的「前見」。他針對自己感興趣的議題展開「首度的切入」之後，可以試圖用一個「結構性的概念模式」來把握該一議題，反映出他對此一議題的「先設概念」。依照海德格的觀點，「熟悉」和「理解」先於認識。在我們將某一個對象選出來，進行理性認識或理論認識之前，它已經存在於我們的「前有」之中，和我們的世界產生關聯。我們對它必須存有某種「前見」，才能對它進行認識；認識的結果又構成新的「前見」，構成了一種「詮釋學循環」。我們對它的認識也會透過這種不斷往復的循環，而變得愈來愈清楚。

從這個角度看來，人文學者對先秦儒家思想所作的詮釋，必須構成一種「詮釋學循環」，才有可能流傳久遠。同樣的，社會科學家以某種普世性的「自我」與「關係」的理論模型作為架構，對先秦儒家和宋明理學所作的詮釋，也必須要能夠構成一種「詮釋學循環」。然而，構成「詮釋學循環」只是「科學詮釋」的必要條件，而非其充分條件。一種「科學詮釋」，還必須經得起辯證的詮釋。

第三節　高達美的辯證詮釋學

高達美是海德格的學生。海德格認為：「前有」、「前見」和「前設」是理解的三重「先設結構」。高達美繼承了這樣的論點，但卻不在這三方面作結構上的劃分，而統稱之為「成見」或「視域」（horizon）。「視域」一詞的字面意義是「地平線」，其涵義為：個人必須在其歷史的存在中，展開理解活動。由歷史所形成的「地平線」，決定了他的理解視野。每一代的人，都必須從這樣的「地平線」上起步，他不可能超越這個視野去理解人生。

高達美認為：「理解」在本質上不是一個方法問題，而是人存在的方式，也是人對世界體驗的一部分。高達美在對歷史性的分析中，指出「以成見作為理解之條件」的深刻意義。他認為：「成見」是吾人歷史存在的濃縮物，它表現出每一存在者之歷史經驗最初的發展傾向，同時也表達了我們藉以理解世界的基本內容。「成見」是歷史傳統對人類理解能力的制約性因素。重新肯定「權威」和「傳統」的重要性，是詮釋學的基本出發點。理性和傳統，並不是相互對立的力量；理性只有以傳統力量作為中介物，才能發揮其作用。從積極的角度來看，傳統不但不會限制認識的自由發展，而且會為認識的進一步發展提供多種的可能性。

◙ 本體論的詮釋學

高達美像海德格一樣，批評現代性是屈從在「技術性思維」之下的。這種技術性思維是以對立於客體的「主體性」作為基礎，並把人類的主觀意識，以及根植於這種意識的理性確定性，當做是人類知識的最終參照點。笛卡兒以前的哲學家，例如：古希臘人，把思維看作是存在本身的一部分；他們並不把「主體性」當做起點，以之作為基礎，再建立知識的客觀性。他們所做的是一種辯證的考察，並嘗試讓那被理解的事物來引導自己。知識是他們參與於其中的某物，而不是他們後天獲得的財產；他們參與其中，讓自己被引導，甚至讓知識來占有自己。古希臘人以此方式去接近真理，邁向真理；這種思維方式，超越了現代人希望以「主／客」對立的思考模式建立確定性知識的限制。

嚴格說來，科學方法不可能揭示新的真理；它只能將隱含在方法中的真理透顯出來。真理之所以會被發現，並不是透過「方法」，而是透過「辯證」。唯有以不斷地提問作為回應事物的方式，才能趨近所要探究的事物。在「方法」中，進行探究的主體在主導著、監控著和操作著探究的方向；在「辯證」中，被探究的事物則提出問題，並要人對其作出回應。一個人只能以他所處的時空環境作為基礎，對事物作出回應。此時，探究者不需要針對其對象建構出「方法」，以便掌控對象。相反的，探究者突然發現：他自己是被「主題」所質問的存在者。高達美的詮釋學基本上是海德格式的，可是其中又包含有黑格爾（Friedrich Hegel, 1770-1831）的哲學思想，超越了海德格的觀點。當他談及「經驗」和「視域融合」的時候，特別強調這兩者在「理解」過程中動態的交互作用。

▣ 視域融合

他的詮釋學把「理解」和「詮釋」看作是人類在現實生活中從事創造世界之活動的「總經驗」。這種「總經驗」共同的精神基礎，就是「人的最基本感受」。哲學詮釋學的任務，就是向這種「人的最基本感受」回復、靠攏和回歸，以便在人的內心深處，形成精神活動的彈性結構，把過去、現在和將來的許多種可能性，組合成既具有延續性、又具有超時空性的一種「場域」，供人們的精神力量任意馳騁。人的精神可以在這裡進行新的創造，並作出新的發現。實際上，任何詮釋都不可能是重複的，任何詮釋都是在「人最基本感受」的基礎上，所作出的新創造和新發現。

當讀者帶著自己的歷史「視域」去理解某種歷史作品時，兩種不同的歷史「視域」必然會產生一種「張力」。讀者必須擺脫由其自身歷史存在所產生的「成見」，但又不能以自己的「成見」任意曲解其理解的對象。只有在詮釋者的「成見」和被詮釋者的「內容」融合在一起，並產生出意義時，才會出現真正的「理解」。這種過程，高達美稱之為「視域融合」（fusion of horizons）。

理解一部作品，本身就是詮釋者應用其成見，並改變其成見的一種活動。如果他想要完全理解作品，他一定要將作品和他所處的詮釋情境聯繫在一起。他在理解作品的同時，作品的「視域」也融入了他的「成見」，並擴大了他的「視野」。

第四節　哲學的詮釋與科學的詮釋

傅偉勳「創造的詮釋學」或許可以對《道德經》作出適當的詮釋。然而，要用它來傳承儒家文化傳統則尚有商榷的餘地。為什麼呢？

在《內聖與外王：儒家思想的完成與開展》一書中，我曾經指出：儒家思想的內容包含：天道觀、關係論、心性論、修養論等四大部分（黃光國，2018）。這四大部分在儒家思想史上的開展速度並不一致。「關係論」在董仲舒提出「五常」之說時，即已完成。「心性論」則是宋明儒者受到佛教思想的刺激之後，才獲得蓬勃的發展。

對宋明儒者影響極大的一本佛經是唐代開元貞觀年間出現的《六祖壇經》。這是中國人自己寫的佛經，其內容反映出當時「儒佛會通」的思想。傅偉勳（1985）也曾經用他的「創造的詮釋學」對《壇經》進行層面（向度或次元）分析，發現此經有以下十門義涵：超形上學的或不可言詮的「不二法門」；存在論或本體論意義的「實相門」；分別勝義與世俗的「二諦門」；設立「本心本性」的「心性門」；日常心念流轉意義的「心識門」；明心見性，頓悟妙修意義的「解脫門」；心念頓時或迷或悟意義的「迷悟門或實存門」；包括頓漸二法的「修行門或禪定門」；關涉僧俗雙重道德生活紀律的「戒律門」；以及菩薩專事禪學教育為方便的「教化門」。至於傳統大小乘佛教教義共有的時間論或宇宙論意義的「緣起門」，則由於《壇經》的頓悟妙修宗旨，並未彰顯成為獨立法門。

◘ 《壇經》哲學詮釋

傅氏認為：就《壇經》的義理而言，在「當謂」層次所要發問的是：有了歷史傳統的積淀之後的惠能禪教，它的義理根基以及多門義理脈絡或連貫性應當是什麼？我們應當如何為六祖惠能說出他本應說出的話？

針對這個問題，傅氏的看法是：惠能應當回答，他那頓悟禪教的「一貫之道」不外是解脫門（頓悟門）與不二門的始終一貫，相即不二。就這一點說，惠能頓悟禪仍然帶有教禪一致的性格。因為他開創了頓悟妙修的單傳宗旨，極欲一味植入菩提樹下頓悟解脫的釋迦佛心，故在佛法探索強調的主題有所轉移（a shift of thematic emphasis），從「教」（不二門的大乘教理）的主題強調，轉移專心專意於「禪」（解脫門的頓悟頓修）的絕對主體性宗教體驗，如此才有所謂「教外別傳」的另一說法。換言之，就不二門與（頓悟）解脫門的始終一貫而言，是教禪一致；就（頓悟）解脫門的主題強調而言，則為教外別傳。因此，「教禪一致」與「教外別傳」並無任何衝突。

總之，就教理呈現程序的表面結構而言，不二門是終極義理，與之一貫相應的（頓悟）解脫門，則是此一義理的主體性表現；實相門、修行門（即頓修門）、戒律門（即無相戒門）則可隨此兩門一時並了。就其深層結構言，惠能頓悟禪乃是大乘，佛教將不二之法作為勝義諦的絕對主體化與頓時化，所謂不二門、實相門、解脫門、修行門、戒律門乃至心性門之方便分別，在最勝義諦的「無念、無相、無住」境界，則可一律勾消。傅氏認為：這就是惠能頓悟禪教的本來面目、單傳宗旨。至於惠能言及世俗諦的其他四門，以及心識門、迷悟門、二諦門與教化門，從他勝義諦的不二法門頓悟禪教來看，不過是禪學教育的權宜說法，可以安排在低層次，本質上可有可無，無關單傳宗旨。

▣ 「心性論」的元素

想要對《壇經》或任何一種文化傳統作「科學的詮釋」，我們需要完成的知識論工作，則遠較此為多。從本書第六章的析論中，我們將可以看出：在儒家思想發展的歷程中，《壇經》的出現，對於宋明理學的發展曾經起到極大的作用，有助於儒家「心性論」的開展。

黃俊傑（1997）在他所著的《孟學思想史論》中，曾經提到英國哲學家李查茲所撰的《孟子論心》（*Mencius on the Mind: Experiments in Multiple Definition*）（Richards, 1930）。李查茲是語言哲學家，專攻語意學，曾經與 C. K. Ogden 合撰《意義的意義》（*The Meaning of Meaning*）一書，將語言的功能區分為「指涉的」（referential）與「表達情感的」（emotive）二種。

李氏並不是漢學家，他在北京以三個月時間與中外友人討論後，撰成《孟子論心》一書。該書第三章對孟子心學的研究，提出了十二個重要的問題：

1. 孟子所謂「性」之涵義何在？
2. 「心」之涵義何在？
3. 「志」之涵義何在？
4. 「心」、「性」、「志」有何關係？
5. 「性」與「四端」有何關係？
6. 以上各項與「仁」、「義」、「禮」、「智」又有何關係？
7. 「仁」、「義」、「禮」、「智」應作何解？
8. 「仁」、「義」、「禮」、「智」與其他諸德（如理或道）有何關係？
9. 「欲」從何而來？
10. 「氣」指何而言？
11. 「氣」與「志」之關係又如何與「四端」等發生關係？
12. 「氣」又與不動之「心」有何關係？

李查茲從語意學的觀點對這些問題提出了初步的回答。他的回答和一般人文學者的詮釋差異並不大。然而，他的提問對於孟子「心性論」的科學詮釋卻有其特殊意義。所謂「人文學的詮釋」，其詮釋的材料限於一定的「文本」，譬如傅偉勳之詮釋《壇經》。只要他所作的詮釋能夠構成海德格所說的「詮釋學循環」即可。

◘「心性論」的科學詮釋

但「科學的詮釋」卻不能僅止於此。「科學的詮釋」首要工作在於「理論建構」。前文提到：儒家文化系統包含天道觀、關係論、心性論、修養論四大部分，這四大部分各自構成一個子系統。李查茲的提問列出了儒家思想中最重要的元素，這些元素其實涉及儒家文化系統中的每一個子系統。在《內聖與外王》一書中，我已針對儒家的「關係論」和「心性論」建構一系列「含攝文化的理論」。本書既然題為《宋明理學的科學詮釋》，倘若我們借助於這些理論，而能夠在朱子理學的架構下，把先秦儒家提到過的這四個子系統之間的關係講清楚，我們便能夠回答當年李查茲所提出的這十二個「大哉問」。

用傅偉勳「創造的詮釋學」來說，倘若我們要對儒家的「心性論」作「科學的詮釋」，在「意謂」的層次上，我們不只要對李查茲提及的「概念元素」作「層面」（向度或二次元）分析，這些「層面」（向度或二次元）還必須能夠成整體的「文化系統」。在「蘊謂」層次上，它不僅要能夠有「文化系統」的「表面結構」，而且要找出滋生「表面結構」的「深層結構」或創生機制。「深層結構」或「創生機制」，在社會科學的領域裡，通常稱為理論模式。這樣的理論模式一旦找出來之後，在「當謂」層次上，它可以藉由和不同理論的「辯證」，擴大自身適用範圍（domain of application）；在「必謂」層次上，它還可以幫研究者作出種種的預測（prediction），以從事量化或質性的實徵研究。

本章小結：本書的目標

本章提到傅偉勳對於「道」和《壇經》所作的詮釋顯示：所謂「哲學的詮釋」，不論是在「蘊謂」、「當謂」或「必謂」的層次上作詮釋，其詮釋的材料仍然限制在一定的「文本」之內，很難作出跨「文本」之間的比較。

「科學的詮釋」則不然。當涉及「儒家文化系統」各個子系統的一系列理論建構完成之後，它不僅可以對先秦儒家的「心性論」和「修養論」作出「科學的詮釋」，也可以用來解釋佛教《壇經》中有關「自性」的各種論述，而對「儒、佛會通」作出實質的貢獻。

最後必須強調的是：本書既然題為《宋明理學的科學詮釋》，本書各章的論述中，必須用「科學哲學的演化系譜」中提及的主要思想，將我建構「含攝文化的理論」的思維說明清楚，讓後來的學者有所啟發，了解科學哲學在理論建構上的可能運用。這樣東方的「儒家文化系統」和源自西方的「科學哲學」系統，才有真正的交匯，儒家文化系統才能獲得進一步的開展。

用高達美的辯證詮釋學來說，當我們以本書主張的知識論策略，將儒家文化系統的各個子系統建構完成之後，我們不僅可以跟不同領域的學者進行對話，拓展華人本土社會科學；而且可以跟來自不同文化背景的學者進行交流，經由文化系統層次的視域融合，互為主體性的相互理解，破解當前國際學術社群普遍存在的西方中心主義迷思。

第二部分

朱子理學溯源

第三章　《易》理：自然主義的宇宙觀

在中華文化傳統裡，《易》是諸經之首。從伏羲始作八卦，《易經》就是一套描述宇宙秩序的神祕符碼。本章第一、二兩節回顧《易經》在中國歷史上的演化經過，顯示「伏羲卦」描繪自然，「文王卦」呈現人事，孔子作《易傳》，〈十翼〉前半重義理，後半重象數，他能夠兩者兼顧，故稱「至聖」。

第三、四兩節分別析論：兩漢時期，紹述儒家義理的漢儒撰寫「經書」，鑽研象數的道士和陰陽家則寫「緯書」，兩者之間，呈現出既聯合又對立的緊張關係。經學大師鄭玄學無常師，又精通緯讖，故被時人稱為「經神」。義理派的奠基者王弼是早慧的天才，但他摒除象數，反倒成為莊子所說的「一曲之士」。他主張的「得意忘象」，僅能成就玄學。

第五節聚焦於說明：五代末年，道教奇人陳摶根據河圖、洛書的傳說，發展成《龍圖易》，以陰陽五行的數術，整合「伏羲易」和「文王易」，使其成為「象、數、氣、理」四者俱全的「文化系統」，完整呈現出《易》文化中的「陰陽氣化宇宙觀」，為宋明理學的發展，奠立紮實的的基礎，所以稱為「活神仙」。

整體而言，傳統中國文化的發展，可以說是《易經》符碼的「解密」過程。在這個過程裡，走「義理派」路線而有所成的儒者，被人尊稱為「聖」；走「象數派」路線而有所成的道家或陰陽家，則被人視為「神」或「仙」。這種過程跟西方文藝復興運動發生後的啟蒙運動，成為明顯的對比。

第一節 由「意志天」到八卦

在〈兩種不同的超越與未來中國文化〉一文中，項退結（1995，頁240）指出：從殷商一直到西周時代，中國人都深信帝、上帝或天主宰著大自然與人間世。甲骨文原先將至高無上的主宰稱呼為「帝」，後來因為人間的統治者也自稱為帝，不得已只好改稱天上的主宰為「上帝」（胡厚宣，1944）。

▣ 超越的天

當時中國人所說的上帝並非獨一無二的神，但祂對大自然與人間世顯然擁有至高無上的權威（陳夢家，1956）。《書經》中記載的十二周誥，如〈大誥〉、〈康誥〉、〈召誥〉、〈多士〉等，通常多是「上帝」與「天」的名號並列，譬如：

> 非臺小子，敢行稱亂，天命殛之。（《書經・湯誓》）
> 天乃大命文王，殪戎殷受厲命。（《書經・康誥》）
> 天降威，我民用大亂喪德。（《書經・召誥》）
> 旻文大降喪於殷，我有周佑天，致王罰，敕殷命，終於帝。（《書經・多士》）

「天」能夠「降威」、「降喪」，能夠「大命文王」，並能「天命殛之」，由此可見，這是「主宰天」或「意志天」，能夠主宰人間之事物。由於天具有超越一切的主宰力，人類必須對天抱持誠恐的虔誠心理。

> 明明在下，赫赫在上，天難忱斯，不易維王，天位殷適，使不挾四方。（《詩經・大雅》）
> 敬天之怒，無敢戲豫。敬天之渝，無敢馳驅；昊天日明，及爾出

王。昊天日旦，及爾游衍。（《詩經・大雅》）

敬之敬之，天維顯思，命不易哉。（《詩經・周頌》）

◙ 甲骨卜兆

殷商時代（約前 17 世紀～前 11 世紀），神道思想鼎盛，殷人遇到生活中的重大事件，往往用龜甲或獸骨卜兆，祈求「人格神」或「意志天」給予指示。羅振玉（2006）在《殷墟書契考釋》中，曾經描述殷人以龜甲或獸骨卜兆的方法：「卜用龜甲，也用獸骨。龜背甲厚，且甲面不平，不易作兆，故用腹甲，而棄其背甲。獸骨用肩胛骨及脛骨，皆刮而用之。」古人相信「天圓地方」之說，龜形上有圓甲，四腳方立，具備天地之象；「凡卜祀者用龜，卜他事者皆以骨。田獵用脛骨；征伐之事，用肩胛骨；故殷墟所出，獸骨什九，龜甲什一而已。其卜法，則削治甲骨，使其平滑」，「於此或鑿焉，或鑽焉，或既鑽且鑿焉」，「此即《詩》與《禮》所謂『契』也」。「既契，乃灼於契處以致坼」，甲骨厚薄不一，質地不同，灼時火勢熱度各有差別，殷人即根據灼出的兆象，判定吉凶。古人將兆分類極為精細，每兆都有指示凶吉的文字，稱為「頌」或「繇」，卜者即可「視其成兆，根據其頌，斷定吉凶」。

在那個時代，天地神祇的地位，至高無上，殷人用龜甲占卜的方法，試圖了解這種「人格神」或「意志天」的意志，希望藉此預知人間事務的吉凶禍福。人們對占卜所示，毫無選擇，唯有唯命行事，非理性的「巫術」主導了殷人的社會。

◙ 伏羲作八卦

到了西周（約前 11 世紀～前 771 年）周人不再使用龜甲，而改以蓍草卜卦，象徵著他們對於「天人關係」的觀念已經產生了極大的變化。這種變化反映在人們對《易經》的解釋之上。

《易經》是中國諸子百家的共同經典。《漢書・藝文志》謂《易》之作乃：「人更三聖，世歷三古。」「易」之演變由伏羲畫卦，經過神農、黃帝、堯、舜，為「易」之上古前期；夏、商、周各用六十四卦，夏成「連山易」、殷成「歸藏易」，周成「周易」，是為「易」之中古前期。而連山、歸藏早已失傳，今之所稱《易經》專指《周易》。孔子及其門人贊易，作彖、象、文言、繫辭等各篇，為「易」之下古後期。道家的魏伯陽在《周易參同契十三章》說：「若夫至聖，不過伏羲，始畫八卦，效法天地。文王帝之宗，結體演爻辭。夫子庶聖雄，十翼以輔之。」（高懷民，1986）。然而，在這三期之前，《易經》的來源又是什麼？

根據《山海經》的記載：「伏羲得河圖，夏人因之，曰《連山》；黃帝得河圖，商人因之，曰《歸藏》；烈山氏得河圖，周人因之，曰《周易》。」伏羲之易，稱為「先天易」；《連山》、《歸藏》、《周易》都是以伏羲之易為「體」，推演而成。《周禮》記載：春官大卜，「掌三易之法，一曰《連山》，二曰《歸藏》，三曰《周易》，其經卦皆八，其別皆六十有四。」由此可見，三易之法到了文王手中，已經發展成為「大卜」之術，稱為「後天易」。

◘ 河圖洛書的「神話」

伏羲的「先天易」和文王的「後天易」有什麼不同？《易經・繫辭上》第十一章曰：「天生神物，聖人執之。天地變化，聖人效之。天垂象，見吉凶，聖人象之。河出圖，洛出書，聖人則之。易有四象，所以示也。繫辭焉，所以生也；定之以吉凶，所以斷也。」

所謂「天生神物」，根據《尚書》的記載，是「河出龍圖，洛出龜書，赤文綠字，以授軒轅」。漢代的孔安國在《尚書傳》中解釋：「河圖者，伏羲氏王天下，龍馬出河，遂則其文以畫八卦。洛書者，神龜負文而列於背，有數至九，禹遂因而第之，以成九疇。」

相傳上古伏羲時代，在洛陽東北的黃河中浮出龍馬，背負「河圖」；洛河中浮出神龜，背負「洛書」；伏羲氏依此而畫成八卦，作為自然界中記事之符號，成為《易經》的源起。《易經・繫辭》中一章說：

> 古者庖義氏之王天下也，仰則觀象於天，俯則觀法於地，觀鳥獸之文，與地之宜，近取諸身，遠取諸物，於是始作八卦，以通神明之德，以類萬物之情。

但伏羲氏之所以能夠揚名後代，是由於他「王天下」，「作結繩而為網罟，以佃以漁」，開展了畜牧時代。

回「朕志先定，詢謀僉同」

伏羲氏畫出八卦之後約三千五百年，八卦符號並沒有任何進展。司馬遷在《史記・五帝本紀》中提到：黃帝在征服四方，成為部落氏族聯盟的首長之後，曾經「順天地之紀，幽明之占，死生之說，存亡之難」。《史記正義》曰：

> 幽陰明陽也。占，數也。言陰陽五行，黃帝占術而知之。

舜與禹統治期間，很少用占卜之法。舜讓位給禹時，曾經授禹以十六字真言：「人心惟危，道心惟微；惟精惟一，允執厥中。」他對大禹的建議是「枚卜功臣，惟吉之從」：

> 官占，惟先蔽志，昆命於元龜。朕志先定，詢謀僉同。鬼神其依，龜筮協從。卜不習吉。（《書經・大禹謨》）。

官占，就是指占卜之官。龜卜取象，筮蓍取數。在舜看來，相信「官占」是會「蔽志」的，他反對「昆命於元龜」，他自己的作法是「朕志先定，詢謀僉同」，自己心中先有主見，再徵詢眾功臣的看法，「枚卜功臣，惟吉之從」，「鬼神其依，龜筮協從」，他並不完全反對用龜筮占卜，但這只能作為次要的參考（協從）。

大禹繼位之後，將十六字真言傳之子孫，並告誡其子孫：

> 民可近，不可下。民惟邦本，本固邦寧。內作色荒，外作禽荒；甘酒嗜音，峻宇雕牆，有一於此，未或不亡。（《書經‧五子之歌》）。

這段話對後世儒家思想的形成，有相當重大的影響。「民惟邦本，本固邦寧」代表一種「民本主義」的思想；「民可近，不可下」，表示這種「民本主義」走的是「菁英決策」的道路，而不尚盲從於眾。夏代尚儉，反對「色荒」和「禽荒」，不好色，不打獵，相信「甘酒嗜音，峻宇雕牆，有一於此，未或不亡」，因此夏代很少留下這方面的史料。

◘ 羑里演易，憂患之思

易學發展的第二期是「周文王羑里演易」。周原本是商朝屬下的一個諸侯國。周文王姬昌（西元前 1152-1056）在父親季歷死後，繼承西伯昌侯之位，商紂時期，建國於岐山之下，積善行仁，禮賢下士，政化大行。

根據《史記‧殷本紀》的記載，紂王「以西伯昌、九侯、鄂侯為三公。九侯有好女，入之紂。九侯女不喜淫，紂怒殺之，而醢九侯。鄂侯爭之疆，辯之疾，並脯鄂侯。西伯昌聞之，竊嘆。崇侯虎知之，以告紂，紂囚西伯於羑里」。

《史記‧周本紀》記載：「崇侯虎譖西伯於殷紂曰：『西伯累善積德，諸侯皆嚮之，將不利於帝』，帝紂乃囚西伯於羑里。」

殷商時代，神道思想鼎盛，天神、地祇、人鬼的地位至高無上，殷人以甲骨卜吉凶，卜時灼龜甲成兆，兆成則吉凶立判。姬昌被囚於羑里的七年期間，看到紂王逆天暴物，決心有所圖謀於殷。在古代，王者踐位，君臨天下，傳說中是受命於天。為了要向天下召告天命革新，所以必須在卜法之外，另立一種求神問天的方式。他看到古聖伏羲氏傳下的這一套符號系統，正可利用，所以潛心研究，總結夏商兩代八卦的思想，將伏羲八卦演繹成六十四重卦，三百八十四爻，每卦有卦辭，爻有爻辭，成為對後世影響深遠的《周易》。〈繫辭〉云：「易之興也，其當殷之末世，周之盛德邪？當文王與紂之事耶！」「易之興也，其於中古乎！作易者其有憂患乎！」「憂患」一詞，其實就是指羑里之思。

◘「百家爭鳴」

自從周文王羑里演易，西周時期，人們不再用龜甲卜兆，卜筮變成普遍的現象。《國語・楚語》上有一段記載：

> 古者民神不雜，民之精爽不攜貳者，而又能齊肅衷正，其智能上下比義，其聖能光遠宣朗，其明能光照之，其聰能聽徹之。如是則明神降之，在男曰覡，在女曰巫。

在那個「民神雜揉，不可方物；先人作享，家為巫史」的時代，人們遇到生活中的困頓事件，而無法作決策的時候，往往都會求助於神明，想要尋求「絕地天通」（絕地民與天神相通）之道。覡、巫是能夠幫助人解釋「天意」的人，而卜筮則是他們常用的方法。由於「其聰能聽徹之」，「其明能光照之」，所以能讓求助者覺得「明神降之」，而信任他們對「天意」所作的解釋。

到了春秋戰國時代，群雄並起，「百家爭鳴」，許多知識分子開始對《易經》作出不同的詮釋，《易經》成為諸子百家的共同經典。對於這個轉變，《莊子・天下》的說法是：

> 古之所謂道術者，果惡乎在？曰：「無乎不在。」曰：「神何由降？明何由出？」「聖有所生，王有所成，皆原於一」，不離於宗，謂之天人。

莊子所謂通曉天地之道的「道術者」，其實就是「其智能上下比義，其聖能光遠宣朗」的「巫」、「覡」，他們之所以能夠「配神明，醇天地，育萬物，和天下，澤及百姓」，憑藉的本事就是「明於本數，係於末度，六通四群，小大精粗，其運無乎不在」。

具有這種「絕地天通」的本事，「其明而在數度者」，「舊法世傳之史尚多有之」。「史」是替諸侯世家貴族服務的史官。到了春秋戰國時期，「天下大亂，賢聖不明，道德不一，天下多得一察焉以自好。譬如耳目鼻口，皆有所長，時有所用」。

這種人，莊子稱之為「一曲之士」，認為：他們雖然號稱能夠「判天地之美，析萬物之理，察古人之全」，但其實很少有人能夠「備於天地之美，稱神明之容」。所以「內聖外王之道，闇而不明，鬱而不發，天下之人各為其所欲焉，以自為方」。因此，莊子很感慨地說：

> 悲夫！百家往而不返，必不合矣！後世之學者，不幸不見天地之純，古人之大體，道術將為天下裂。

莊子認為：諸子百家「不見天地之純，古人之大體」，並擔心「道術將為天下裂」。他的擔心其實並無法改變「百家爭鳴」、「道術將為天下裂」的時代趨勢。下列各節將扣緊本書主旨，先說明孔子解釋《易經》的意義。

第二節　孔子解釋《易經》

本書第一章提到，孔子 3 歲時，父叔梁紇死，幼時隨母親生活。顏氏以

禮殯為專業，所以他自小好設祭祀禮容。由禮知識而通達社會知識，再加上他好學不倦，到處拜師求知，故能精通六藝、六經，後來乾脆開設「私學」，吸引眾多弟子向他學習。

魯國處於東夷之地，既有相信「薩滿」的民風，又是周公舊封，「猶秉周禮」，孔子的家世使他也懂得殷商的鬼神文化。這樣的時空背景下，他必須在「多元文化」的競逐中，走出自己的人生之道，最後他終於在堯、舜、夏禹留下的「民本」思想中集大成，而形成自己以「仁」作為核心的思想體系。

▣ 周遊列國

孔子思想成熟後，51 歲時，曾經擔任魯國中都宰，二年後升為司空，並攝朝事，隨定公會齊侯於峽谷，齊侯歸還汶上三田之地。

> 前仕三月及齊平，後仕三月及鄭平，務以德安近而綏遠。當此之時，魯無敵國之難，鄰境之患。強臣變節而忠順，故季桓隳其都城。大國畏義而合好。（《鹽鐵論》）。

孔子相魯，政績斐然。因此引來齊國的忌恨。齊景公刻意饋女樂予魯，「季桓子受之，三月不朝」，孔子因此辭離相職，55 歲開始周遊列國。

57 歲，孔子將適陳，過匡，匡人以其貌似陽虎，困之五日。59 歲，到曹國、宋國訪問，宋司馬桓魋要殺孔子，孔子微服去之。適鄭，與弟子散失，鄭人諷之曰：「如喪家之犬。」7 月，季桓子卒，遺命其子季康子曰：「我死汝必相魯，相魯必召孔子。」季康子立，乃重用冉有，並召孔子自衛返魯。

▣ 晚而喜易

魯哀公 4 年，孔子 60 歲，自陳過蔡，在蔡國三年，孔子 63 歲，楚王使人聘孔子，欲重用之。路出陳蔡，陳蔡大夫相與謀，圍以兵，拒孔子入楚。

子貢到楚求救，楚昭王以師迎孔子。楚昭王將使孔子執政，封以魯社七百里地。令尹子西諫止，終不用孔子。

孔子 64 歲，自楚返衛。吳王夫差要求與魯會盟，季康子不知如何應付，遣人要求孔子使子貢往，孔子許之。子貢一出，存魯，亂齊，破吳，強晉，霸越，「十年之中，五國各有變」。

孔子 68 歲，齊伐魯，侵魯邦，冉有掛帥，與齊戰於郎，大敗齊軍。哀公 11 年冬，魯君以重幣迎孔子返魯，賜享退休大夫待遇，予以養老。他開始整理詩、書、禮、樂等教材，自謂：「吾自衛返魯，然後樂正，雅頌各得其所」（《論語・子罕》）。

70 歲寫〈春秋〉，九個月完成。而後寫《易傳・文言》，《史記・孔子世家》記載：「孔子晚而喜易，序、彖、繫、象、說卦、文言。」直到 73 歲去世。

▣ 同途而殊歸

用詮釋學的觀點來看，孔子晚年所作的最重要工作之一，就是詮釋《易經》。子貢曾經說：「夫子之文章，可得而聞也；夫子之言性與天道，不可得而聞也。」

「得而聞」是「聞而有所得」之意。從孔子晚年的經歷來看，子貢是孔子非常重要的弟子之一，他不僅能文能武，當吳王夫差要求與魯會盟時，「子貢一出，存魯，亂齊，破吳，強晉，霸越」，而且善於經商，是後世儒商心中的典範，像這樣才能出眾的人，對於孔子所說的「性與天道」，都會感嘆「不可得而聞」，其他弟子就更不用談了。

1973 年 10 月，湖南長沙馬王堆漢墓出土的文物中，有手抄帛書《易傳》全文，其中有一段重要記錄：「夫子老而好易，居則在席，行則在囊。有古之遺言焉，予非安其用，而樂其辭。後世之士，疑丘者或以易乎？子貢問：夫子亦信其筮乎？子曰：我觀其義耳，吾與史巫同途而殊歸。」

這是非常值得注意的一段對話。孔子一生跌宕，在他生命經驗最為豐富的晚年，全心注釋《易經》，「居則在席，行則在囊」。《易經》原本是卜筮之書，當子貢問他：「夫子亦信其筮乎？」，他很擔心「後世之士」發生誤解，所以一再強調：他跟史筮不同，並不是「安其用，而樂其辭」，而是要「觀其義」，所以與史筮是「同途而殊歸」，目的完全不同。然而，針對這個問題，「後世之士」有沒有產生疑惑難解的爭議呢？

▣ 儒家的宇宙論

這個問題的答案是肯定的。前文提到，《易經》發展的第三個階段，就是孔子作〈十翼〉，解釋《易經》，將它由一本卜筮的書，轉化成為人生哲學與修養的書。在《易經・十翼》中，以〈彖〉的內容與宇宙論的關係最為密切（韋政通，1981）。例如：

> 大哉乾元，萬物資始，乃統天。雲行雨施，品物流行。（「乾」卦）
> 至哉坤元，萬物資生，乃順承天。坤厚載物，德合無疆。（「坤」卦）

「坤元」是「資生萬物之德」。「乾元」是屬於天的「元」。大地是一切存在的根據，它必須仰賴這種「始生萬物之德」的「乾元」，才能成就其偉大。所以說：「大哉乾元，萬物資始，乃統天。」然而，天雖然有「乾元」，能夠行雲施雨，若要使品物流行，還必須借助於「坤元」之力，故曰：「至哉坤元，萬物資生，乃順承天。」資始是授氣，資生是成形，意思是說：「坤元」之德在生育滋長萬物，但這種生育滋長之作為必須順承天意，代天完工，故造物之功屬地，「天地感，而萬物化生」，「天地革，而四時成」。

這樣的宇宙觀具有幾個明顯的特色：第一，它假設宇宙本身具有無限的創造力，宇宙中萬物的流行變化均由天地的相遇、相感而不斷顯現。它不像西方基督教那樣，在宇宙之外，另外樹立一個超越的實體，並假設宇宙萬物均由此實體所創造出來。

第二，它假設宇宙間萬物的變化，具有一種循環性的關係：

> 天地之道，恒久不已也，利有攸往，終則有始也。日月得天而能久照，四時變化而能久成，聖人久於其道而天下化成。觀其所恆，則天地萬物之情可見矣。（「恒」卦）

第三，它假設宇宙萬物是生生不已、永無止息的。在前述引文中，「乾元」之德是「資始萬物」，「坤元」之德是「資生萬物」。「始」之意即為「生」，所以說「天地之大德曰生」；《周易》六十四卦的最後一卦為「未濟」，〈彖〉又強調「終則有始」，這些觀念都蘊涵了「剝極必復」、「否極泰來」、「生生不已」的往復循環式宇宙觀。

回 《易》卦的結構

這些內容似乎是孔子想要交待：他的弟子平常「不可傳而聞」的「性與天道」的問題。然而，《易經》的內容並不是僅此而已。《易傳》共有七種，其內容分為〈彖〉上下、〈象〉上下、〈繫辭〉上下、〈說卦〉、〈文言〉、〈序卦〉、〈雜卦〉等十篇文章，後人稱之為〈十翼〉。〈彖〉上下及〈象〉上下四篇文章的內容主要涉及「宇宙論」，也就是所謂「性與天道」的議題；從〈繫辭〉以後的各篇，則是在講述《易》卦的結構，包括卦象、卦序、卜卦的方法、卜卦的程序等，是「史筮」所關心的議題。根據《易傳》的解釋，《易經》中的每一卦都是由「陰／陽」衍生出來的，每一卦的結構都分別代表了天、地、人，也就是宇宙間特定時空中，「人」的狀態或遭遇：

> 是故《易》有太極，是生兩儀，兩儀生四象，四象生八卦，八卦定

吉凶，吉凶生大業。昔者聖人之作易也，將以順性命之理。是以立天之道曰陰與陽，立地之道曰柔與剛，立人之道曰仁與義。兼三才而兩之，故易六畫而成卦；分陰分陽，迭用柔剛，故易六位而成章。（《易傳・說卦》）

《易傳・繫辭下》說：《易經》這本書，「廣大悉備；有天道焉，有人道焉，有地道焉」。在前述《易傳・繫辭》和《易傳・說卦》的這兩段引文中，則說明：《易經》八八六十四卦中，每一卦的結構都兼備天、地、人三才之道，而以六畫之爻象之。六畫之卦，以初、三、五為陽位，以二、四、六為陰位，再更迭六爻之柔剛以居之，由交錯的卦象，則可以看出天地間之文理。

昔者聖人之作易也，幽贊於神明而生蓍，參天兩地而倚數，觀變於陰陽而立卦，發揮於剛柔而生爻，和順於道德而理於義，窮理盡性以至於命。（《易傳・說卦》第一章）

在八卦「正位居體」的思想中，仁義位三爻和四爻。以「既濟」的卦位為例來說，六爻皆得其位，圓滿而和諧，兩儀一陰一陽偶配為三對。從上向下數，上爻是陰，五爻是陽。四爻是仁，三爻是義。二爻是柔，初爻是剛。天、地、人三才均得正位。而人是位居於內卦上爻與外掛下爻，即位居於地之上和天之下，而含有地坤之陰與下乾之陽，所以孔子說：「立天之道曰陰與陽，立地之道曰柔與剛，立人之道曰仁與義。」仁義就是「陰陽柔剛結構體」。

很多人看到諸如此類的論述時都會覺得奇怪：孔子不是說他「非安其用，而樂其辭」嗎？為什麼他也會如此詳細交待「史筮」所關心的議題呢？這難道不是要「安其用」嗎？有些「後來之士」甚至因此懷疑，〈十翼〉從〈繫辭〉之後各篇，並非孔子所作，如歐陽修的《易童子問》。

◘ 立「人道」於「天道」

本書認為：孔子這樣做是有其用意的。《易傳・序卦下》說：

> 有天地，然後有萬物。有萬物，然後有男女。有男女，然後有夫婦。有夫婦，然後有父子。有父子，然後有君臣。有君臣，然後有上下。有上下，然後禮義有所錯。夫婦之道，不可以不久也，故受之以恒，恒者久也。

孔穎達的《周易正義》曰：

> 先儒以易之舊題分，自咸以上三十卦為上經，以下三十四卦為下經。序卦傳至此，又別起端首。先儒皆以上經明天道，下經明人事。
>
> 乾坤明天地初闢，至屯乃剛柔始交，故以純陽象天，純陰象地。則咸以明人事人物既生，共相感應。若二氣不交，則不成於相感。此卦明人倫之始，夫婦之義，必須男女共相感應，方成夫婦。

《易經》「上經」明天道，最後一卦為「咸」卦，「必須男女共相感應，方成夫婦」，「下經」明人事，而以「恒」卦為首，因為「夫婦之道，不可以不久也」；其餘各卦，則分別象徵人生的不同處境。整體而言，「乾、坤、咸、恒」四卦以「人道」去接通「天道」，可以說是儒家思想的根源。

孔子作《易傳・文言》，最重要的貢獻，就是將《易經》轉變成為一本道德修養的經典。因此，他在質疑：「易之興也，其於中古乎？作易者，其有憂患乎？」之後，對《易經》各卦的意義，重新提出了自己的解釋，譬如：

是故：履，德之基也。謙，德之柄也。復，德之本也。恒，德之固也。損，德之修也。益，德之裕也。困，德之辨也。井，德之地也。巽，德之制也。（《易傳‧繫辭下》第七章）
朱子注曰：「九卦，皆反身修德，以處憂患之事也。而有序焉：基所以立，柄所以持，復者心不外而善端存，恒者守不變而長久，懲忿窒欲以修身，遷善改過以長善，困以自驗其力，井以不變其所。然後能巽順於理，以制事變也。」

孔子相信：他所主張的「仁義道德」是跟「天道」相通的，這就是先秦儒家所謂的「立人道」於「天道」。孔子晚年在和魯哀公的一次對話中，很清楚地表現出這種觀點：

公曰：「敢問君子何貴乎天道也？」孔子對曰：「貴其不已。如日月東西相從而不已也，是天道也。不閉其久，是天道也。無為而物成，是天道也。已成而明，是天道也。」（《禮記‧哀公問》）

◘ 天人合德

先秦時期的儒家認為：天與人之間存有一種內在的含攝關係。宇宙萬物皆從天道之生生變化中得其性、命，而人為萬物之一，故人的性、命亦是如此：

誠者，天之道也。誠之者，人之道也。（《中庸》第二十章》）
誠者，物之始終；不誠無物。是故君子誠之為貴。（《中庸》第二十五章）
故至誠無息，不息則久，久則徵，徵則悠遠，悠遠則博厚，博厚則高明。（《中庸》第二十六章）

誠則形，形則著，著則明，明則動，動則變，變則化，唯天下至誠為能化。（《中庸》第二十三章）

從日月代明、四時錯行、淵泉時出、川流不息等自然現象中，先秦儒家悟出：「誠者，天之道也。」宇宙中任何事物的始終都含有「誠」的道理，「至誠無息」，「不誠無物」，「唯天下至誠為能化」。由於「人道」即「天道」，「人心的條理與自然的條理有某種合轍之處」（劉述先，1989/1992，頁 505），「誠之者，人之道也」，只要至誠無妄，得自天道的人性便可以朗現出來。所以說：

唯天下至誠，能盡其性；能盡其性，則能盡人之性；能盡人之性，則能盡物之性；能盡物之性，則可以贊天地之化育；可以贊天地之化育，則可以與天地參矣。（《中庸》第二十二章）

◘ 至誠如神

這種類比的推論方式，並不是康德所謂的「理論理性」，我們也無法用任何科學的方法在經驗界中加以驗證。然而，它卻是中國儒家所獨有的「實踐理性」，能支持個人去踐行儒家的「仁道」。這種論點認為：「天就內在於人之中，人把自己內在的德性發揚出來，就是闡明天道的一種方式。故實際人生雖有限，卻通於無限，而可以與天地參」（劉述先，1989/1992，頁 508）。

《中庸》是孔子的孫子子思所作。它在第二十章〈哀公問政〉之後，由二十一至二十六章，反覆強調：「誠」是「人」與「天」溝通的唯一方法，第二十四章甚至說：「至誠之道，可以前知。國家將興，必有禎祥；國家將亡，必有妖孽。見乎蓍龜，動乎四體。禍福將至，善，必先知之；不善，必先知之。故至誠如神。」

「龜」是商代占卜所用的龜甲，「蓍」是《周易》卜筮所用的蓍草。這段話說明：在孔子門人的心目中，《易經》就像是一本神秘的宇宙符碼，有些「如神」的人可以秉其「至誠」，「與天地參」，用它來解釋天地間的萬事萬物。孔子就是其中之一。他作〈十翼〉，就是想幫助後人解開這本宇宙符碼。所以《中庸》第三十章說：「仲尼祖述堯舜，憲章文武。上律天時，下襲水土。辟如天地之無不持載，無不覆幬。辟如四時之錯行，如日月之代明。」因此稱孔子為「至聖」。

第三節　經書與緯書

繼孔子之後，中國歷史上，還有許多「如神」的聖哲，秉其「至誠」，窮其一生之精力，想解開《易經》的宇宙符碼。對於《易經》解碼事業做過重大貢獻的人物，除了出自儒家之外，還有許多人來自道家和陰陽家。這裡先談陰陽家。

▣ 五才與五德終始說

中國歷史上最早提到五行之說者，是《國語・鄭語》：「以土與金、木、水、火雜，以成萬物。」這是所謂的「五材說」，把金、木、水、火、土當作是構成萬物的基礎材料，《左傳》說：「天生五材，民並用之，廢一不可。」也是同樣的意義。可是，《尚書・洪範》說：「五行，一曰水，二曰火，三曰木，四曰金，五曰土。水曰潤下，火曰炎上，木曰曲直，金曰從革，土爰稼穡。潤下作鹹，炎上作苦，曲直作酸，從革作辛，稼穡作甘。」意義就變了，這時候，「五行」的「行」，是指「潤下、炎上、曲直、從革、稼穡」等五種「行動」，並不是具體的材料，而且它跟個人主觀的「鹹、苦、酸、辛、甘」等感覺連結在一起，提供了一種哲學想像的巨大空間。

管仲（西元前 725-645）是春秋時代法家代表人物，齊桓公以他為相，九合諸侯，一匡天下，成為春秋五霸之首。稷下學派將他的思想編成《管子》一書，其中〈四時〉篇曰：「是故陰陽者，天地之大理也；四時者，陰陽之大經也。刑德者，四時之合也；刑德合於時，則生福；詭則生禍。」將人事治理的應行之道，跟天地四時的運作連結在一起，代表法家立「人道」於「天道」的觀點。

戰國後期，齊國思想家鄒衍（西元前 305-240）出身自「稷下學宮」，提倡「五德終始說」，認為：木、火、土、金、水代表五種「德性」，五行相生相剋，周而復始的循環運轉，可以解釋皇朝興衰的歷史變遷；德盛，朝代興盛；德衰，朝代滅亡；成為陰陽學派之肇始。

以「兼儒墨，合名法」廣招門客，而成為秦相的呂不韋（？-西元前 235），其門人合撰的《呂氏春秋》，繼承了鄒衍之說，其〈應同〉篇曰：「凡帝王者之將興也，天必先見祥乎下民。黃帝之時，天先見大螾大螻，黃帝曰『土氣勝』；土氣勝，故其色尚黃，其事則土。及禹之時，天先見草木秋冬不殺，禹曰『木氣勝』；木氣勝，故其色尚青，其事則木……。」

《呂氏春秋》的作者群將黃帝、夏禹、商湯、周文王等四個政權分別配以五行中的「土、木、金、火」，用以解釋他們所崇尚的「黃、青、白、赤」等顏色，他們的結論是：「代火者必將水，天且先見水氣勝。水氣勝，故其色尚黑，其事則水……。」這種說法顯然是在為秦國的崛起建構「奉天承運」的理論基礎，同時也反映出當時中國人的宇宙觀。

這種宇宙觀充分反映在《禮記》的〈月令〉中。〈月令〉具有兩層意義，其一是曆法，說明四季的交替與農事應當如何進行，另一則是政令的配合。譬如：〈孟春紀〉：「天氣下降，地氣上騰，天地和同，草木繁動。」適合「春耕」；〈仲冬紀〉：「天氣上騰，地氣下降，天地不通，閉而成冬。」只宜「冬藏」。

總而言之，在春秋戰國時代，陰陽五行和《易經》似乎是彼此有關而又互相獨立的兩套宇宙符碼，當時的知識菁英試圖用它們來解釋天地間的萬事萬物，包括天文曆數、占卜吉凶、醫藥知識、禮儀程序、社會倫理等（葛兆光，1988）。這種解釋方式當然並不精確，而且必須經歷不斷的修正與調整。

◘ 王道配天論

秦始皇掃滅群雄，統一天下，接受鄒衍的五德終始說，自稱以水德君臨天下，因為鄒衍說周為火德，水能勝火，故可以取而代之。到了漢代，儒學開始與陰陽學相混，形成一種儒學其名、陰陽學其實的新學派，其代表人物是西漢時期的董仲舒（西元前 179-104）。他是廣川人，早年精研《公羊春秋》，孝景時，為博士。《漢書・董仲舒傳》說他「承秦滅學之後，下惟發憤，潛心大業，令後學者有所統壹，為群儒首」。其實董仲舒的思想並非「純儒」，其中混雜有許多陰陽家的成分，他以君臣、父子、夫婦「三綱」為經，以仁義禮智信「五常」為緯，建構出所謂「王道配天」的理論：

> 天高其位而下其施。高其位所以為尊，下其施所以為仁，故天尊地卑。地之事天，猶臣之事君，子之事父，婦之事夫，皆行其順而竭其忠。（春秋繁露・王道通三》）
> 是故大小不逾等，貴賤如其倫，義之正也。（《春秋繁露・精華》）
> 天為君而覆露之，地為臣而持載之，陽為夫而生之；陰為婦而助之；春為父而生之，夏為子而養之。（《春秋繁露・基義》）
> 王道之三綱，可求於天。（《春秋繁露・基義》）
> 故聖人多其愛而少其嚴，厚其德而簡其刑，以此配天。（《春秋繁露・基義》）

基於這樣的理論，董仲舒又提出「天人感應」之說：「國家將有失敗之道，而天乃出災害以譴告之；不知自省，又出怪異以警懼之；尚不知變，而傷敗乃至」〈天人三策〉。換言之，他一方面用「王道配天」論來神化君權，一方面又企圖借助天威來約束皇權。為了讓皇帝接受他的觀點，他說災異的發生，是「天心之愛人君，而欲止其亂也」。既然如此，作為統治者的皇帝，應當如何自處？董仲舒的看法是「仁者愛人，義者正己」：「春秋為仁義法。仁之法，在愛人，不在愛我。義之法，在正我，不在正人。我不自正，雖能正人，弗與為義；人不被其愛，雖厚自愛，不予為仁。」（《春秋繁露・仁義法》）。因此，他建議統治者：「正心以正朝廷，正朝廷以正百官，正百官以正萬民，正萬民以正四方。」他說：「天有陰陽禁，身有情欲袵，與天道一也。是以陰之行不得干春夏，而月之魄常厭於日光」，「天之禁陰如此，安得不損其欲而輟其情以應天？」在董仲舒看來，損利才能存義，損情才能存性，君王既知此理，便應當「損其欲而輟其情」。董仲舒的這種論點，為後世宋明理學「存天理、去人欲」的主張奠下了基礎。

◘「象數」與「義理」

《周易》原本是卜筮之書。孔子之後，對於《周易》的詮釋發展成「義理」與「象數」兩派。孔子說他「與史筮同途而殊歸」，表示他的目標雖然是在闡明《易經》的義理，但是並不排除「象數之學」。到了漢代，情況就不一樣了。根據《四庫全書・經部・易類》的記載：此兩派六宗，「日啟論端」，相互攻駁。六宗通常是指「義理派」的儒理、老莊、史事三宗；「象數派」則是指占卜、禨祥、造化三宗。

「義理派」側重於闡釋《周易》的文義和道理。《周易》內容可分為文字和圖形兩大部分，對於《易》學的文字系統而言，「義」是意義，「理」是道理；義理派認為：陰陽之道的「理」早已存在，陰陽之道的「象」與「數」，是用來表徵早已存在的「道」和「理」。《周易》有云：「一陰一陽之為道。」以此作為基礎，卦象的陰陽變化，五行生剋關係、爻位的辯證關係、卦辭的理論詮釋，構成了博大精深的哲學體系，統稱為《周易》的「義理」。「義理」旨在闡釋卦名和卦爻辭所象徵的物象和事理，其具體內容則是因時因人而有不同的見解。

象數派側重於以卦象、爻象、卦變的解析，來推論人事之吉凶。先秦時象數派的「禨祥宗」已經開始發展，到了兩漢時期達到極盛，其代表人物為孟喜、焦延壽、京房和鄭玄。他們特別重視象數，認為所有的經傳都要在《周易》中找出象數的根源。如果找不到，就另創新說，他們創出以卦氣、納甲、納音、月建、卦變、互卦、飛伏各種不同的方式來解經，弄得繁瑣零碎，玄奧難解。其末流又結合陰陽五行，發展出太乙、遁甲、六壬等方術，甚至讖緯合流，以談陰陽災變為務。

到了西漢末年，漢室不振，外戚宦官擅權，政治鬥爭不斷。在政治動盪不安的年代，社會上經常流傳著一些混雜有宗教迷信的謠言。各派政治勢力為了鞏固本身的權力並打擊異己，往往故意散播一些號稱得自「天啟」的符讖，以壯大自己的聲勢，造成「讖語」的大流行。有些術士式的儒生也因此而以「讖語」的方式，重新解釋儒家經典，對應經書，寫成所謂的「緯書」，譬如「詩緯」、「書緯」、「易緯」等等，史稱「讖緯」。馮友蘭（1992）在他所著的《中國哲學史》（下冊）中，仔細分析現存的緯書內容，認為它們可以說是「象數之學」的開端。經書談「義理」，兩漢之人則作緯書談「象數」，以為對照，跟成哀之後出現的讖書，不可並論，因為其中並不全然像讖書那樣的荒誕迷信。

第四節　王弼：「義理派」的奠基者

王莽篡漢，建立短暫的政權。新朝末年，各地民軍紛起，漢宗室劉秀以武力平定亂局，史稱「光武中興」。東漢經過漢明帝劉莊（28-75）與漢章帝劉炟（57-88）「明章之治」的承平時期，在漢和帝劉肇（79-106）的統治之下，國力達到極盛，史稱「永元之隆」。和帝之後，國勢即由盛轉衰。

東漢末年，中央政府政治腐化，十常侍橫行朝野，皇權衰落，地方豪強崛起，土地兼併問題日益惡化，社會分化成為「士族」與「寒門」兩大階層。東漢靈帝接受劉焉的建議，將原本的中央和郡、縣之間，加入州一級，成為中央、州、郡、縣的四級結構，州牧位居郡守之上，掌握一州的軍政大權。

自東漢恒、靈二帝開始，宦官、外戚、黨錮、黃巾之亂，兵連禍結，民不聊生。清流儒士因為宦官濁流，而一再慘遭黨錮族戮，士人學風也開始發生變化。從 220 年曹丕篡漢，到 581 年楊堅族滅北周宇文氏，建立隋朝，這三百六十餘年的魏晉南北朝，是中國歷史上的大亂世，政局動盪不安，社會分崩離析，學術文化方面，卻是新潮澎湃，異峰突起。時人開始探討儒、釋、道的異同，不僅研究孔子所罕言的「性與天道」，更經常討論怪、力、亂、神等方面的議題。漢代流行的「天人感應，陰陽五行」之說，逐漸轉為易、老、釋等玄學理論的建設。

▣ 家學淵源，才情出眾

「義理派」最重要的奠基人王弼，便生長在這個變亂的時代裡。王弼，字輔嗣（226-249），山陽高平（今山東省微山縣）人。東漢末年，天下大亂，弼祖父王凱與其族弟王粲避亂荊州，依附荊州牧劉表。王粲是著名文學家，「建安七子」之一，劉表重粲之才，有意以女妻之，又嫌其形貌醜陋，非女婿才，將女嫁給王凱。凱有風貌。凱生子業，業生弼。王粲之子，因案絕嗣，以王業為繼嗣。王粲變成了王弼的繼祖。

王弼是世所罕見的奇才。他出身官僚世家，漢靈帝時，「文同三閭、孝齊閔、騫」的蔡邕（伯喈），家有藏書萬卷。蔡邕先遭黨錮之禍，「十年亡命」後，奉董卓之命出仕，「三日尚書」，終不免與董卓一起受害。生前將藏書贈送王弼的繼祖王粲。這批書後來「盡歸輔弼」，他因此自幼博覽群籍。十餘歲時，好讀老子之書，而且口才出眾。

何劭《王弼傳》說：「弼幼而察惠，年十餘，好老氏，通辯能言。」未及弱冠，已經廣為士人所知。當時王弼與何晏並稱「正始名士」。何晏（195-249），南陽宛人，是曹操的養子，自幼姿色絕美，又聰慧勤學，雅好三玄，著述甚多。成長後娶金鄉公主為妻，變成曹操的女婿。他雖然較王弼年長近三十歲，兩人一見如故，彼此惺惺相惜，並發起「正始座談」，形成魏晉時期清談風氣的濫觴。

傅嘏（209-255）是當時名理派的要角，歷任尚書郎，遷黃門侍郎。《三國志・傅嘏傳》稱他「達治好正，清理識要，好論才情」，他對何晏為首的玄論派深為不滿，批評何晏「言遠而情近，好辯而無誠，所謂利口覆邦之人」。但是他也佩服王弼的才情，所以何劭的《王弼傳》特別提及：「弼亦為傅嘏所知。」

有一次，何晏在論辯會上表述聖人無喜怒哀樂，其論甚是精妙，王弼的好友鍾會亦深表贊同。但王弼卻公開表示不同看法。他認為：聖人「神明茂，所以能體沖和以通無；五情同，故不能無哀樂以應物。然則聖人之情，應物而無累於物者也。今以其無累，便謂不復應物，失之多矣」。

何晏曾注《老子》，尚未完成。聽王弼自說注老子旨，認為王注精奇，為自己所不能及，因此不再繼續為《老子》作注，改作《道德論》。

◘ 恃才高傲，遭厲疾亡

魏少帝正始年間（239-249 年），大將軍曹爽當權，時任吏部尚書的何晏，推薦王弼擔任黃門侍郎。但更為曹爽親信的丁謐，則舉薦王黎，曹爽僅以王弼補任臺郎。上任後，謁見曹爽，曹爽屏退左右，擬與弼密談，王弼卻只與其論道，遂為曹爽所輕。王弼通達，不以為意，亦不經營名聲。

曹爽平素謙虛謹慎，掌權後卻任用親信，驕奢妄為。正始 10 年 2 月，司馬懿發動高平陵之變，曹爽被殺，誅三族，王弼受牽連去職。同年秋天，遭癘疾亡，年僅 23 歲。

弼生前與鍾會、何晏、夏侯玄等人為友，同倡玄學清談，清正高傲，「頗以所長笑人，故時為士君子所疾」。鄭玄（127-200），字康成，是漢代集經學之大成者，他學無常師，精於讖緯，漢靈帝時，因黨錮事件被禁，乃專心著述，遍注群經，《拾遺記・卷六》說：當時「求學者不遠千里，贏糧而至，如細流之赴巨海。京師謂康成為『經神』」。三國時期的華歆稱讚他「當時之學，名冠華夏，為世儒宗」，但是王弼恃才傲物，《幽明錄・卷三》記載，他為《周易》作注時，輒笑鄭玄為儒，認為「老奴甚無意」，一夜聞門外腳步聲，有人進來，自稱鄭玄，極有忿色，斥責：「君年少，何以輕穿文鑿句，而妄譏誚老子邪？」王弼心生畏惡，不久即患癘疾而死。

◘ 得意忘象

王弼和鄭玄的故事，說明當時「義理派」和「象數派」之間的緊張關係。王弼短短的一生，完成了許多著作，目前尚存的著作有《周易注》、《周易略例》、《周易大衍論》、《老子注》、《老子指略》、《論語釋疑》等。跟本書關聯較為密切的，是他對《周易》的注疏。

漢人解《易》重象數，例如：將八卦視為天、地、雷、風、水、火、山、澤等象，用「馬」來代表乾卦中「健」的意義，用「牛」來代表坤卦「順」的意義等等。王弼注《周易》，一改西漢支離繁瑣的學風，不用象數，以老子思想解《易》，並闡發自己的觀點，成為義理派「老莊宗」的代表，在學術上開啟一代新的「正始玄風」。

王弼在《周易略例・明象》中指出：「義苟在健，何必馬乎？類苟在順，何必牛乎？爻苟合順，何必坤乃為牛？義苟應健，何必乾乃為馬？」對象數之學提出批判。在《玄智、玄理與文化發展》中，戴璉璋（2002）指出：王弼依據《周易》卦爻的結構，主張「卦以存時」、「爻以示變」、「象以明體」、「象以盡意」，他強調：

> 夫象者，出意者也。言者，明象者也。盡意莫若象，盡象莫若言。言生於象，故可尋言以觀象；象生於意，故可尋象以觀意。意以象盡，象以言著。故言者所以明象，得象而忘言；象者，所以存意，得意而忘象。

他旗幟鮮明地主張，達意要通過象，明象要通過言，寄言出意，探求玄理。從言與意的思辨理性上釋《易》，較前人比附的方法邁進了一大步。

▣ 捨本逐末

然而，作為「義理派」的奠基者，王弼《周易注》也潛藏了一個非常嚴重的問題。前文提到，王弼認為：「義苟在健，何必馬乎？類苟在順，何必牛乎？爻苟合順，何必坤乃為牛？……。」這樣的主張是旗幟鮮明地反對《易經》中的「類化思維」。殊不知：《易經》文化的最大特色就是「類化思維」（張易生，2022），就是王弼自己所說的「觸類可為其象」！他會作出這樣看似「自我矛盾」的主張，當然有其道理。他接著說：

> 或者定馬於乾，案文責卦，有馬「無」乾，則偽說滋漫，難可紀矣。互體不足，遂及卦變；變又不足，推致五行。一失其原，巧愈彌甚。從復或值，而義「無」所取。蓋存象忘意之由也。忘象以求其意，義斯見矣。

由此可見，王弼之所以會作這樣的主張，主要是為了反對兩漢以來，緯書盛行，陰陽家大行其道，「偽說滋漫，難可紀矣」的弊病，所以他堅決主張：「合義可為其徵」，「忘象以求其意，義斯見矣」！

《周易・繫辭下》說：唯有能夠「通神明之德」，「類萬物之情」的人，才有可能破解《易經》的宇宙符碼。即使如此，《周易・繫辭上》又說：「書不盡言，言不盡意。」這本宇宙符碼的解密工作是件漫長而看不到止境的工作，所以「聖人立象以近其意，設卦以盡情偽，繫辭焉以盡其言」。

換句話說，《易經》的「象、卦、和繫辭」是不容割裂的宇宙符碼，如今王弼為了「解卦」的方便，竟然主張：「得意在忘象，得象在忘言。故立象以盡意，而象可忘也；重畫以盡情，而畫可忘也。」這種捨本逐末的說法，豈不應驗了莊子當年的預言：「悲夫！百家往而不返」，「道術將為天下裂」？

▣ 辨名析理，唯理是從

儘管如此，王弼最重要的貢獻，在於他是「義理派」的奠基者，為日後理學的發展，奠下重要的基礎。在《王弼及其易學》一書中，林麗貞（1977）認為：王弼易學結合了儒家的政治倫理思想和道家的形上學及修養論，他一方面用儒門「為政以德」、「法制應時」、「小人勿用」、「斷訟在直」、「征討有常」等思想來補述卦爻辭義，一方面又以老學「自然無為」、「素樸寡義」、「主靜反躁」、「處下不先」、「貴柔不爭」、「尚謙盈惡」等旨意來詮釋《易經》。但他卻認為「老不及聖」。何劭《王弼傳》記載，弼曰：「聖人體無，無又不可以訓，故不說也。老子是有者也，故恆言無，所不足。」《世說新語・文學》引作：「聖人體無，無又不可以訓，故言必及有；老莊未免於有，恆訓其所不足。」

王弼之所以認為「老不及聖」，是因為「無」不可以言說，只可體會。孔子「體無」，故不言「無」；而老子言「無」，落入言詮，反倒成了「有」。「無」只可通過「有」來說明，不可對「無」本身直接言說。這個「無」就是萬物的本體。王弼《老子注》說：「萬物萬形，其歸一也。何由致一？由於無也。由無乃一，一可謂無。」因此，他主張「崇本息末」。譬如在《老子指略》中，王弼說：「夫邪之興也，豈邪者之所為乎？淫之所起也，豈淫者之所造乎？故閑邪在乎存誠，不在善察；息淫在乎去華，不在滋章……故不攻其為也，使其無心於為也；不害其欲也，使其無心於欲也。」

王弼的本體論主張：「物無妄然，必由其理。」他所說的「理」，是「統之有宗，會之有元」的「宗」和「元」。他認為「道」和「一」是萬事萬物存在的根據，故稱之為「宗」、「元」。王弼因此主張以「理」釋「道」；用「辯名析理」的方法，「唯理是從」，為後世理學的發展，埋下了伏筆。

◘ 名教出於自然

在《玄學與理學的學術思想理路研究》一書中，朱漢民（2011）從幾個方面比較王弼的《周易注》和程伊川的《程氏易傳》，認為他們都同樣摒棄「象數」派的神秘繁瑣，並主張「理生象數」，「以理為本」。譬如程頤說：

> 理無形也，故因象以明理，理既見乎辭矣，則可由辭以觀象。故曰：得其義，則象數在其中矣。理無形也，故假象以顯義，乾以龍為象。(《二程集・周易程氏傳・乾》)

程頤站在儒家的立場，更進一步地主張：《周易》六十四卦三百六十四爻的義理都可以用儒家所主張的「理」來加以理解：

> 或問：「乾」之六爻皆聖人之事乎？曰：盡其道者聖人也。得失則吉凶存也，其待「乾」哉？諸卦皆然也。（《二程集・周易程氏傳・乾》）

「義理派」詮釋《周易》，認為：「六爻皆聖人之事」，「諸卦皆然」，這是非常重要的一個論點。在《王弼》一書中，林麗貞（1988）先回顧王弼的《老子注》，認為其中最重的核心論點，是「名教出於自然」，再據以析論他的《周易注》，顯示這就是王弼所要傳達的核心理念。朱伯崑（1991）的《易學哲學史》分析王弼注解《周易》所用的各種方法，包括取義說、一爻為主說、爻變說、適時說、辨位說等等，都影響了宋代理學的發展方向。

總而言之，王弼以言簡意賅的論證取代漢人的繁瑣注釋，以義理分析摒棄象數之學與讖緯迷信，開創了一代經學新風。朱子非常了解王弼的貢獻，他在《周易正義》上說：「《易》本卜筮之書，故末派浸流於讖緯。王弼乘其極敝而攻之，遂能排擊漢儒，自標新學。」但對朱子影響更大的，是五代末年出現的《龍圖易》。

第五節　《易》源與《龍圖易》

東漢末年，黃巾崛起，社會動盪不安，人民生活顛沛流離，精神極度空虛，需要宗教的慰藉。由於孔子不喜談論性、命與天道，佛教在漢朝傳入中土之後，經過三、四百年的努力，逐漸填補這個空隙，而得以迅速發展。

漢唐儒學的代表，是唐代孔穎達的《五經正義》，它對儒家經典的解釋支離而繁瑣，傳播不易。魏晉南北朝時代，以老莊為主的玄學盛行，儒學已經顯得蒼白無力。到了唐朝，漢朝初年傳入中國的佛教已經完成本土化。開元天寶年間，《六祖壇經》的出現，意味著禪學已經成為中國化的佛教，不但征服了士大夫階層，也在民間廣建佛寺，與道教宮觀分庭抗禮。晚唐時期，藩鎮割據，中國歷史進入五代十國的亂局，一般庶民不信道，則信佛，儒學面臨邊緣化的處境。在這個時代，促成宋明時期儒學復興的關鍵人物，反倒是道教奇人陳希夷。

回 陳希夷的《龍圖易》

《易經》源自河圖、洛書。這個說法雖然早就有文字記載，但卻有文無圖。後來的圖示相傳為五代末年、北宋初期的傳奇人物陳摶所作。陳摶（871-989）生平事蹟眾說紛紜，真偽難辨。據說他年少時，好讀百家之書，一見成誦。舉進士不第，即隱居於武當山、華山和少華山，求仙訪道。

《華嶽志》記載：周世宗曾召見過陳摶，授大夫之職不就，因而賜號「白雲先生」。宋太宗趙匡義（927-997），是宋太祖趙匡胤的弟弟，他登帝位後，自作詩《贈陳摶》：「曾向前朝出白雲，後來消息杳無聞，如今若肯隨徵召，總把三峰乞與君。」並派使臣詔見他。陳摶卻作了一首《答使者辭不赴詔》：「九重特降紫袍宣，才拙深居樂靜緣，山色滿庭供畫幛，松聲萬壑即琴弦；無心享祿登臺鼎，有意學仙到洞天，軒冕浮雲絕念慮，三峰只乞睡千年。」他也因此詩而被譽為「睡仙」。

在使臣懇求下，陳摶只得勉強赴京。到了開封府，在太宗厚待下，群臣問他「玄默修養之道」，他說：「山野之人於時無用，亦不知神仙黃白之事、吐納養生之理，非有法術可傳。假令白日沖天，於世何益？」他因此贈宋太宗「遠近輕重」四字，希望能「君臣同心協德，興化政治」，曰：「遠者遠招賢士，近者近去佞臣，輕者輕賦萬民，重者重賞三軍。」宋太宗遂引《道德經》，賜號「希夷先生」。

陳摶融合由漢朝到唐朝的九宮學說以及五行生成數的理論，首創《龍圖易》，將先天伏羲卦和後天的文王卦整合在一起，構成一套完整的文化系統。其門下弟子將之傳給周敦頤和邵雍，周敦頤因而作《太極圖說》，朱熹又將之收在《周易本義》中，對宋明理學的發展，造成了重大的影響。

▣ 河圖的結構

《易經》的內容包含象、數、氣、理四個不同的面向。河圖、洛書首先呈現的是結合「象」和「氣」的「數」。前兩者雖然都是由黑、白的圓點所組成，但其結構及意義卻完全不同。河圖中的黑、白圓點（見圖 3-1），分別代表陰、陽二氣。孤陰獨陽並無生化之功，必須陰陽相得以合方可成物，而萬物之生成必須得天地之氣，故河圖之數亦分天地之數。由於氣無形而難言，數有名而可紀事，故以數代氣。數之所在，即氣之所至；數之分合，可知氣之變化，數之順逆，可知氣之吉凶。

河圖的氣數所生成為五行，象徵天地運行之功，是立體而非平面，所以其數分別冠上天地二字；表示陽數在天、陰數居地（見圖 3-1）。洛書的氣數所生成為生物，生物不得離於地，屬於地平面，是平面而非立體，故其數未冠天地二字（見圖 3-2）。

河圖歌曰：「一六在北，二七居南，三八居東，四九居西，五十居

圖 3-1 河圖數位之結構

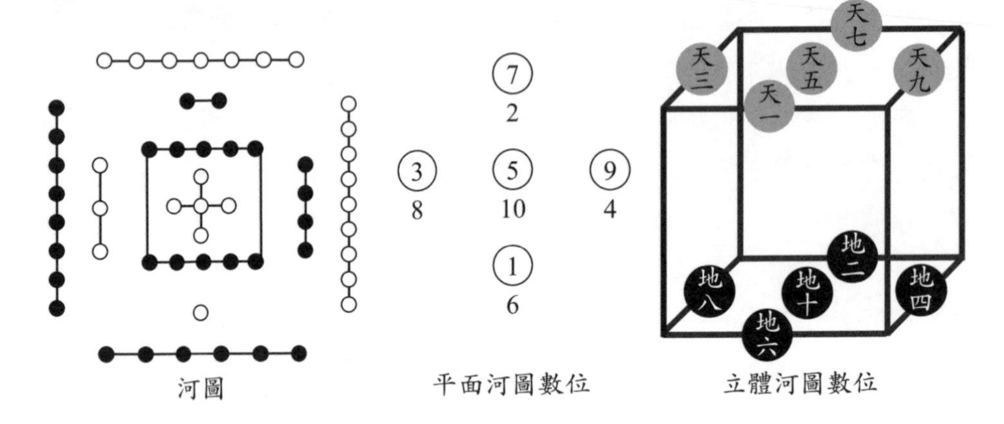

圖 3-2 洛書數位之變動

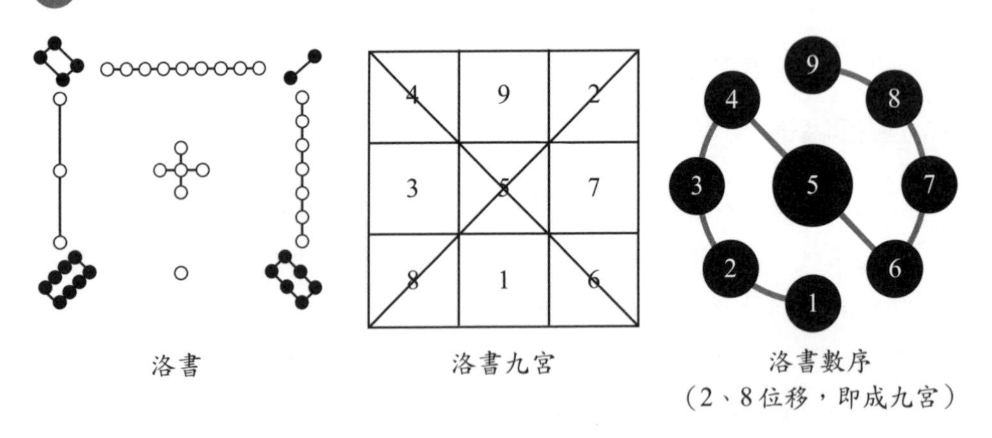

中。」各方位之數皆為一陰一陽，一生數和一成數。陽生而陰成，陰生則陽成，陰陽二氣互相以生以成。陰陽既合，則天地之氣已化，於是五行乃成，並依序而出。在河圖（見圖 3-1）中，一三五七九為天數（陽數），二四六八十為地數（陰數）；一二三四五為生數，六七八九十為成數。五為中央之數，各位皆成五，即合天地之道，故五行皆以五為其根。凡生在天地間者，皆依附土以為生化，必依賴土以存以變，方見其用。

◘ 河圖之運行

河圖歌曰：「天一生水，地六成之；地二生火，天七成之；天三生木，地八成之；地四生金，天九成之；天五生土，地十成之。」天地之數，各當其位，相得有合，始能致生化之用，而成五行自然之序。如一加五為六，故水為一六；二加五為七，故火為二七；三加五為八，故三八為木；四加九為金，故金為四九；五加五為十，故土為五十（見圖 3-1，平面河圖數位）。

在五行之生成中，每一個五行皆由一位奇數和一位偶數相得有合而成。奇數象陽，偶數象陰，表示生成之物，皆為陰陽相得有合，且具陰陽兩者之實，並依其性而各得其位。依自然之序而言，一六能生成水，水性潤下寒冷，如冬而居北方；二七能生成火，火性炎上溫熱，如夏而居南方；三八能生成木，木性伸展通達，如春而居東方；四九能生成金，金性剛硬肅殺，如秋而居西方；五十生成土，土性載物生化，分屬四季而居中。

河圖十數五位，各有一奇數和一偶數，奇偶相加成五為合，陰陽得合相生，如此則萬物皆能生生不息。所以，河圖變動排列之原則，為一與四合成五，二與三合成五，七與八合成十五，九與六亦合成十五。其數序以陽數自一始，至九終（一三五七九）；陰數自四始，至六終（四二十八六）。陽為生數，終則為成。故陽數用九，陰數用六；九、六兩數皆為成數，故易以九與六代乾與坤：以乾象天為陽，陽數用九；以坤象地為陰，陰數用六；是以全易由乾坤生，全易之數亦自九六出（見圖 3-1，立體河圖數位）。

河圖中數位運行之原則，陰陽必異向而行：一三五七九為陽數順行，四二十八六為陰數逆行。故陽始於北（一），而終於西（九）；陰始於西（四），而終於北（六），為陽終（九）陰始（四），而陰盡（六）陽生（一），二者環接，生生不息。有如一年之中，陰陽二氣周流於天地之間，而成為春夏秋冬四時，往復循環不已。

易之所以為易，乃是重在變易，因天地之間萬物沒有不變者。數之變化在於動，數有變動而五行卻未分開，如將立體的河圖畫成平面（見圖 3-1），一六由重疊變為平行，三與八、四與九、二與七，亦未分離，五行之數仍相合而有得。河圖之陽數成圓循環，其行永無盡。

◘ 洛書九宮之演變

河圖為體，洛書為用。河圖之體雖有十數而不用十，運用九數即可成循環不息；洛書雖有九個數，卻足以成其用。以洛書數序而言，如其為一二三四五六七八九，左列應為一二三四，右列應為六七八九（見圖 3-2，洛書數序），則陰陽為異向運行，異向則無法陰陽偶合（陰陽偶合為一與六、三與八、四與九、二與七），就無生成之功，故二、八必須移位使成洛書（見圖 3-2，九宮數序）。

洛書歌曰：「載九履一、左三右七、二四為肩、六八為足、五在中央。」由洛書之象數排成九宮，將其横、直、斜的數，各自相加，其和皆為十五，如横者，三加七加五為十五；如直者，一加九加五為十五；如斜者，四加六加五為十五，二加八加五為十五。這就是《易經》中所說的「三五錯綜」，其錯綜之則推而演之，即是九宮奧妙之用。

洛書必須由河圖推演其變化，以極其用，其象在生成之後，數位分而為九，故可自五行推至九宮，以明生化之序。以一居北，而六在西北；三居東，而八在東北；九居南，四在東南；七居西，而二在西南，其所合仍相得，五之在中宮，乃本於中極不變之理。陽得五位，陰得四位，陽居四正位，陰居四偶位，陽正位於中宮，陰環行於四隅。洛書以動而形變化，其數從一至九，以已定之氣數，化分無盡，而明往復之理。是以洛書九宮氣數，可以包含宇宙間的萬事萬物之理。

◘ 河圖與洛書之關係

綜上所述：河圖之中為「五」和「十」，四邊之數相減均為「五」，中數也寓「五」及「十五」。洛書之中也為「五」，其四邊之數，横豎斜向之數相加，皆為「十五」。於是，在河圖與洛書的原型中，「五」居中，五為眾數交結之點，為中央之數，含陰陽二氣之全，同時也為五行之本，其中之「理」已含天地之數的妙用，也正是「允執厥中」之「中」的體現。

河圖之數和為五十五，洛書之數和則為四十五。此乃代表天地生化陰陽消長之數的關係。河圖為體，體應全而不可少，故陽數二十五，陰數三十；洛書重在用，用則陰從陽，故陽數二十五不變，陰數則由三十變為二十，表示陽長陰消之義。

河圖為體，洛書為用，才能明陰陽二氣的變化。五行為萬物之本，數簡而未定，是為河圖之象；九宮為萬物之變，數繁而行周，是為洛書之象。河圖與洛書兩者不可分，缺一則無用。

▣ 伏羲之易

聖人在悟得河圖與洛書蘊涵的妙義之後，即以有系統的符號（卦爻）顯示陰陽二氣之對立與統一，描述宇宙萬物的變易。易卦之象包含陰爻（⚋）與陽爻（⚊）兩種符號，八卦及六十四重卦都是由陽爻和陰爻組合而成。

《易經・繫辭上》第十一章曰：「易有太極，是生兩儀，兩儀生四象，四象生八卦，八卦定吉凶，吉凶生大業」（見圖 3-3）。

《易疏》云：「太極，謂天地未分之前，元氣混而為一。」《易經・繫辭上》第五章曰：「一陰一陽之謂道。」太極者，兼象、數、氣、理，為四者之始；而理、氣、象三者又可以數言。若由數論言之，與道為一，若以其理之通行者，則曰道；以其理之極至者，則曰太極。故道即太極；太極即道。

在中國文化裡，「道」是產生宇宙萬物的總根源；也是天地間萬事萬物盛衰變化的總規律。所謂「易有太極」，是說太極為易之本，易為變易，「太極」為陰陽動靜之本體，其表現就是陰陽二氣，陰陽一靜一動，陰陽兩氣中的黑、白兩眼，代表「陽中有陰，陰中有陽」，兩者互為其根，彼此相互依存，由無變易為有，故一陰一陽謂之「道」。

所謂「太極生兩儀」，乃太極二分為陰爻（⚋）與陽爻（⚊），是為

圖 3-3 伏羲八卦數序及方位

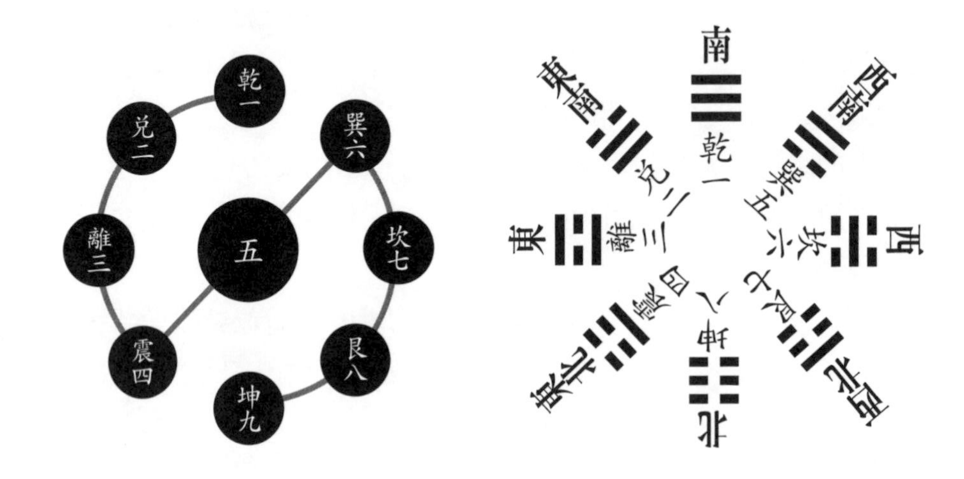

「兩儀」。太極本體不離於氣與形，有理斯有氣，則陰陽立分；有氣斯有形，則天地立判。氣清者為陽，清輕者上騰為天；氣濁者為陰，著重者下凝為地，天地含精化蘊，而化生萬物。

回 河圖之象

所謂「兩儀生四象」者，是指陰爻與陽爻倆倆交相重疊，合成「四象」。如陽爻之上疊陽爻，為太陽（⚌）；陽爻之上疊陰爻，為少陰（⚍）；陰爻之上疊陽爻，為少陽（⚎）；陰爻之上疊陰爻，為太陰（⚏）。陰陽相互作用，其相可象五行，五行又象徵著春夏秋冬四時的運行。五行之生，各有其性，四時之行，亦有其序；春生，夏長，秋肅，冬藏，四時循環無窮。四象五行，即河圖四方之數和中宮之數，故四象即河圖之象。

所謂「四象生八卦」（二生三），即太陽、少陰、少陽、太陰等四象分別與陽（⚊）及陰（⚋）二爻在相重疊而成「八卦」，如太陽之上疊陽爻，為乾卦（☰）；太陽之上疊陰爻，為兌卦（☱）；少陰之上疊陽爻，為離卦（☲）；少陰之上疊陰爻，為震卦（☳）；少陽之上疊陽爻，為巽卦

（☴）；少陽之上疊陰爻，為坎卦（☵）；太陰之上疊陽爻，為艮卦（☶）；太陰之上疊陰爻，為坤卦（☷）等，這就是伏羲八卦之次序。

八卦之卦象為，乾為天，坤為地，艮為山，兌為澤，震為雷，巽為風，坎為水，離為火。《易經・說卦》第三章曰：「天地定位，山澤通氣，雷風相薄，水火不相射，八卦相錯，數往者順，知來者逆；是故，易逆數也。」

天地之數始於一終於九，十歸一。生數一、二、三、四為成數六、七、八、九之根，生數與成數不相離，故始一終九而尊五中。生數加五為成數，成數減五為生數（見圖 3-3）。八卦生成之後太極仍居於中，太極無形，故八卦中無卦。

▣ 三生萬物

所謂「八卦定吉凶，吉凶生大業」，乃伏羲八卦相互重疊而生成伏羲六十四卦（見圖 3-4）。這就是《道德經》上所說的：「道生一，一生二，二生三，三生萬物。萬物負陰而抱陽，沖氣以為和。」

伏羲氏繪制八卦的最大貢獻，是他用八卦這一套符號系統，來表徵河圖、洛書中蘊涵的天地間萬事萬物的生成與運行，包括象、數、陰陽二氣、五行之理；它不僅涉及方位，而且可以含攝人倫關係。事實上，這張表還可以擴充到「人身」的不同部位、各種動物之「物象」，以及做人的德性，所以說「以通神明之德，以類萬物之情」。

▣ 文王之易

《易經・說卦》第十章曰：「乾天也，故稱父，坤地也，故稱乎母；震一索而得男，故謂之長男；巽一索而得女，故謂之長女；坎再索而得男，故謂之中男；離再索而得女，故謂之中女；艮三索而得男，故謂之少男；兌三索而得女，故謂之少女。」

由於周文王關注的焦點是要用《易經》的卦象來預卜人間事物的吉凶，因此文王八卦將易理中的陰陽相統，轉化成為以乾父坤母為主，統震、坎、

圖 3-4 伏羲六十四卦

坤	艮	坎	巽	震	離	兌	乾	上卦／下卦
地天泰	山天大畜	水天需	風天小畜	雷天大壯	火天大有	澤天夬	乾為天	乾
地澤臨	山澤損	水澤節	風澤中孚	雷澤歸妹	火澤睽	兌為澤	天澤履	兌
地火明夷	山火賁	水火既濟	風火家人	雷火豐	離為火	澤火革	天火同人	離
地雷復	山雷頤	水雷屯	風雷益	震為雷	火雷噬嗑	澤雷隨	天雷無妄	震
地風升	山風蠱	水風井	巽為風	雷風恆	火風鼎	澤風大過	天風姤	巽
地水師	山水蒙	坎為水	風水渙	雷水解	火水未濟	澤水困	天水訟	坎
地山謙	艮為山	水山蹇	風山漸	雷山小過	火山旅	澤山咸	天山遯	艮
坤為地	山地剝	水地比	風地觀	雷地豫	火地晉	澤地萃	天地否	坤

艮、巽、離、兌六子卦（見圖 3-5），及乾父統三男於東北；震長男乾之初爻，坎中男得乾之中爻，艮少男得乾之上爻；坤母統三女於西南；巽長女得坤之初爻，離中女得坤之中爻，兌少女得坤之上爻。

圖 3-5 文王八卦生成次序

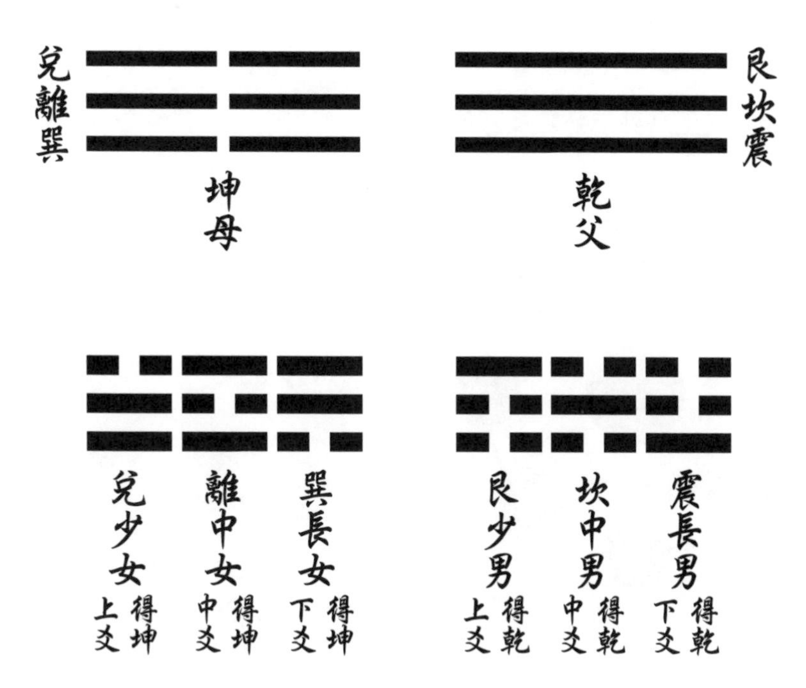

▣ 由「天地自然之象」到「人物生化之形」

將伏羲八卦所表徵的自然現象，擴充至人倫關係（見圖 3-7 最下一列），成為文王八卦次序。《易經・說卦》第五章曰：「帝出乎震，齊乎巽，相見乎離，致役乎坤，說言乎兌，戰乎乾，勞乎坎，成言乎艮。萬物出乎震，震東方也。齊乎巽，巽東南也；齊也者，言萬物之絜齊也。離也者，明也，萬物皆相見，南方之卦也；聖人南面而聽天下，嚮明而治，蓋取諸此也。坤也者，地也，萬物皆致養焉，故曰致役乎坤。兌正秋也，萬物之所說也，故曰說言乎兌。戰乎乾，乾西北之卦也，言陰陽相薄也。坎者，水也，正北方之卦也，勞卦也，萬物之所歸也，故曰勞乎坎。艮東北之卦也，萬物之所終而所成始也，故曰成言乎艮。」這是文王八卦排序方位與數理，與伏羲八卦依河圖、洛書之數理排序完全不同。在文王八卦中，離卦九南方、巽卦四東南方，震卦三東方、艮卦八東北方、中宮五之位、坤卦二西南方、兌卦七西方、乾卦六四北方、坎卦一北方（見圖 3-6）。

圖 3-6　文王八卦之卦數及方位

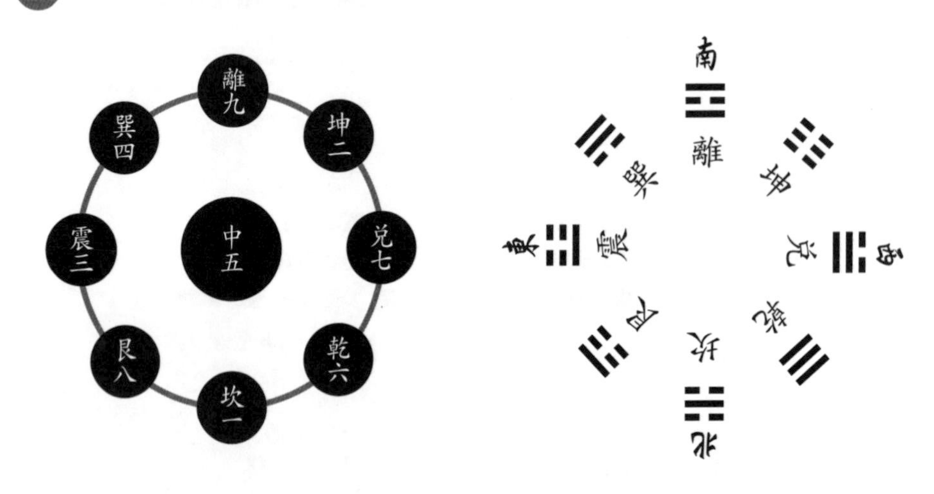

《周易》六十四卦有上經和下經之分；其排列順序均是依《易經・序卦》的思維，形成文王六十四卦次序（見圖 3-7）。上經明天地自然之象，以乾、坤開始，而坎、離為終；下經明人物生化之形，以咸、恒開始而既濟、未濟為終。

▣ 宇宙符碼的解密史

陳摶《龍圖易》的問世，對於華人文化的發展具有十分重要的意義。我們可以先從《易》理演化的角度來討論這個問題：《易經》像是一本描繪宇

圖 3-7　文王六十四卦（上經三十卦、下經三十六卦）

乾 1	坤 2	水雷屯 3	山水蒙 4	水天需 5	天水訟 6	地水師 7	水地比 8
風天小畜 9	天澤履 10	地天泰 11	天地否 12	天火同人 13	火天大有 14	地山謙 15	雷地豫 16
澤雷陵 17	山風蠱 18	地澤臨 19	風地觀 20	火雷噬嗑 21	山火賁 22	山地剝 23	地雷復 24
天雷無妄 25	山天大畜 26	山雷頤 27	澤風大過 28	坎 29	離 30	澤山咸 31	雷風恒 32
天山遯 33	雷天大壯 34	火地晉 35	地火明夷 36	風火家人 37	火澤睽 38	水山蹇 39	雷水解 40
山澤損 41	風雷益 42	澤天摧 43	天風姤 44	澤地萃 45	地風升 46	澤水困 47	水風井 48
澤火革 49	火風鼎 50	震 51	艮 52	風山漸 53	雷澤歸妹 54	雷火豐 55	火山旅 56
巽 57	兌 58	風水渙 59	水澤節 60	風澤中孚 61	雷山小過 62	水火即濟 63	火水未濟 64

宙秩序的神秘符碼，中華文明的發展，就像是這本密碼的「解碼」歷程。這跟歐洲人由《聖經》和希臘哲學發展出西方文明，正好成為明顯的對比。在

《易》學發展史上，「伏羲卦」和「文王卦」出現的時間相距三千多年。在中國歷史上，有很長的一段時間，它們被人們視為是兩個獨立的系統。不僅如此，八卦和五行在中國歷史上出現的時間也不一致。八卦在先，五行在後。有很長的一段時間，講八卦的可以不談五行；講陰陽五行的人也可以不談八卦，彷彿它們是兩個獨立的系統。

在歷史最早指出「文王易」的「陰／陽」二氣之間應當存有某種關聯的人，是〈十翼〉的作者孔子。他「彷彿」是從河圖的神話故事中獲得了靈感，在《易傳・繫辭》中說：

> 天一地二，天三地四，天五地六，天七地八，天九地十。天數十，地數五，五位相得而各有合。天數二十有五，地數三十，凡天五之數五十有五。

用由一到十的十個數字，試圖說明「天／地」之間的「生／成」關係。但他完全沒有提到五行在其中扮演的角色。

第一個試圖將「易卦」和「五行」連結在一起思考的人，是東漢時期學兼經緯而有「經神」之稱的經學大師鄭玄。他順著《易傳・繫辭》上述的思路，繼續推想，並在《禮記正義・月令》中說：

> 《易》曰天一地二，……天九地十。而五行自水始，火次之，木次之，金次之，土為後。天一生水於北，地二生火於南，天三生木於東，地四生金於西，天五生土於中。陽無偶，陰無配，未得相成。地六成水於北與天一並；天七成火於南與地二並；地八成木於東與天三並；天九成金於西與地四並；地十成土於中與天五並。

以鄭康成之說與本章第四節所提的河圖歌相較，兩者之間具有高度契合性。由此可見，《易經》這套宇宙符碼之解密工程，凝聚了華族歷代知識菁英之智慧。如今陳摶繪製的河圖、洛書，竟然可以將「伏羲卦」和「文王卦」整合在一起，又用陰陽五行的演算方法，來說明它們的運作，當然會吸引到宋明理學家的普遍關注。

▣「象、數、氣、理」

馮友蘭（1992）在其《中國哲學史》（下冊）中析論「兩漢之際讖緯及象數之學」的發展，他引述《左傳》僖公十五年，韓簡的記載：「龜，象也；筮，數也。物生而後有象，象而後有滋，滋而後有數。」《易經》最先提到的「數」，是《易傳・繫辭上》說明卜筮之法，為「大衍之數五十，其用四十有九」，王弼注之曰：

> 演天地之數，所賴者五十也。其用四十有九，則其一不用也。不用而用以之通，非數而數以之成，斯易之太極也。四十有九，數之極也。夫無不可以無明，必因於有，故常於有物之極，而必明其所由之宗也。

王弼解釋周初卜筮之法，先自蓍五十莖中取出一莖置於一旁，實際使用者只四十九莖。如王弼之解釋，四十九代表眾多，為「有物之極」，而一為「其所由之宗」。五十為奇數一、三、五、七、九之和（二十五），加偶數二、四、六、八、十之和（三十），實有五十五。然此總和之中，其一不用，其餘四十九為「數之極」。每個「數」都有神秘的象徵性意義。

王弼在他的《周易略例》中說「物無妄然，必由其理」，唯有「統之有宗，會之有元」，才能夠「繁而不亂」。〈明彖〉一文說：「夫彖者何也？統論一卦之體，明其所由之主者也。」他認為：周易六十四卦的每一卦，文爻之中，必有一爻為其他各爻之主，彖辭的作用就是「執一以治眾」、「以靜制動」。他堅決相信：「治天下之動者，貞夫一者也。故眾之所以得咸存者，主必致一也；動之所以得咸運者，原必無二也。」對王弼而言，《周易》的目的，就是要從世界萬象之「然」，推知其「所以然」之「理」。

兩漢時期的陰陽家之作緯書，其實也是想從天地間萬物的變化，來推知宇宙運行「所以然」之「理」。針對這一點，王弼主張：「故自統而尋之，物雖眾，則知可以執一御也；由本以觀之，義雖博，則知可以一名舉也。」經過幾代或幾十代人長久的努力，直到五代末年，陳希夷才製作出《龍圖易》，從「象、數、氣、理」四個面向，完整解釋河圖、洛書的運作，這可以說是中華文化史上的一個重大突破！在下一節中，我將借用傅科的「知識考古學」，從中、西文化對比的角度，繼續說明這項突破的重要意義。

第六節　儒家文化中的知識型

法國專門研究知識史的哲學家傅柯（Michael Foucault, 1926-1984）最重要的名著為《詞與物》（Foucault, 1966/1970），英文譯名為《事物的秩序》，探討的主題是：現代西方人，如何為現象規劃秩序？副標題「人文科學的考古學」，意指：該書企圖在歷史的透視下，回答此一問題；其主題材料則為西方人把秩序附加在經驗上的基本文化密碼。

▣ 知識型

傅柯以「知識考古學」（archeology of knowledge）一詞研究「使知識成為一定思想形式的歷史」，它處理必然的、無意識的和匿名的思想形式，傅柯稱之為「知識型」（episteme）。知識型是「歷史的先在」（historical a prior），它「在一已知時期，在總體經驗中劃定知識領域的界線，定義該領域中之對象所顯現的存在模式（mode of being），以理論的方式界定人們每日知覺並視之為真實事物的條件」。它是思想的基底，在一特定的時代中，它是潛藏在所有人類知識傾向底下的心靈超結構，是一個類似「先驗歷史」的概念架構。

傅柯認為：西方文化中的知識型，奠基於其歷史結構體之間的不連續性。傅柯相信：在每一個知識型的階段中，所有的知識領域間存在著一種高度的同構型態（isomorphism），亦即存有相當類似的結構和型態。他認為：他所辨認出來的四個西方人文科學的知識型，是「不可共量的」（incommensurable），它們之間存有「謎樣的不連續性」。這四個知識型是：直到十七世紀中葉的前經典知識型；直到十八世紀末的「經典」知識型；「現代」知識型；從 1950 年才開始算起的當代知識型。在《詞與物》（Foucault, 1966/1970）中，傅柯很少描繪第一和最後的知識型，而只對古典時代和現代作完整的描述。他感興趣的是描述它們出現的秩序，而不作任何因果說明。

從傅科辨識出西方文化中的「知識型」來看，我們可以發現：中西文化之間的根本差異，在於儒學的「知識型」是具有連續性的，其連續性的基礎，在於儒門對於《易經》的詮釋。兩漢時期，漢儒對於《易》理的詮釋雖然分為「義理」和「象數」兩大派，各自撰寫「經書」和「緯書」，但這兩派之間並沒有不可跨越的鴻溝，「義理派」解釋《易經》，仍然必須考慮「象數派」的分析。其正面範例是精通讖緯的經學大師鄭玄，反面案例則為一閃即逝的天才王弼。

本書隨後兩章將繼續說明：北宋諸子為抗拒「三玄」思想，而發展理學，仍然必須考量此一原則；朱子能夠成為儒學第二期發展的集大成者，就是因為他緊緊掌握住這個原則。

然而，由於受到傳統「語類」或「語錄」體表述方式的侷限，朱子很難把自己的論述說明清楚，因而經常受到同時代或後代學者的誤解。跟隨鴉片戰爭而來的「百年羞辱」之後，儒學第三階段的發展，是吸納西方文明的菁華，用本書第一部分所講的知識論策略，說清楚朱子理學與儒學發展的連續性。我們可以再用傅科的「知識考古學」來說明這一點（Foucault, 1966/1970）。

▣ 有限性的解析

傅科討論人類追溯其「知識型」的本源時，曾經對其有限性作過深入的解析，他稱之為「有限性的解析」（analytic of finitude）（Dreyfus & Rabinow, 1982）。

每一個人每天都在使用語言。當他操持母語，並且能夠以之採取各種行動時，他必然已經通過某種方式，而對他使用的語言有所理解。他必須處在一種被建構出來的理解網中，才能夠和他人順利溝通。人在學習使用語言時，同時也在學習將其文化中的事件，作一種歷史性的組織，並試圖獲得關於此一事件的「整個」歷史。倘若沒有共同的「文化／歷史」背景，人們便很難以語言作為一種社會實踐或溝通的媒介。

倘若我們要深入研究一項文化問題，我們必須追溯它的歷史沿革。然而，當我們追究一項問題的本源時，我們馬上會面臨歷史往後無限隱退的問題：在我們所用的語言裡，誰開始討論這項問題賦予它一定的意義？它在歷史上發生了什麼樣的變化？我們要往上追溯到什麼時候為止？

海德格的主張是：歷史實踐之所以成為可能，是始於第一批哲學家對於該問題的提問（Dreyfus & Rabinow, 1982）。然而，語言的本源基本上是一種歷史問題，它不僅充滿了神秘性，而且隱退到越來越遙遠的過去。

▣ 陰陽氣化宇宙觀

傅科認為：人在追究問題之本源的時候，必然會遭到另一個限制：其實人類無法獲得意義的「本源」（Foucault, 1973）。不管我們怎樣往後回溯，「本源自身」（the origin itself）總是隱退到更遙遠的過去。然而，這樣的問題、這樣的限制，卻只有在不斷的追尋和不斷的失敗中，才能突顯出來，才能夠讓人們看出進一步的問題所在。從這個角度來看，河圖、洛書很可能是中國歷史上第一批哲學家在思考《易經》的根源時，所建構出來的一種創造物。用亞契兒所提出的「文化與結構的實在論」來看，這種文化系統中的理念可能為真，也可能為假，但是不論其真假，這些理念都是實在的（Archer, 1995, 1996），它們使整個文化系統的意義得以彰顯，而能夠為人所理解。

河圖、洛書的來源已無可考，陳摶將之發展成為《龍圖易》之後，它就形成「象、數、氣、理」四個面向所構成的完整「文化系統」，使「文王易」和「伏羲易」的運作，可以為世人所理解。以這個「文化系統」作為基礎所建立的宇宙秩序，本書稱之為「陰陽氣化宇宙觀」。

本章小結：自然主義與中西會通

「象數派」與「義理派」既聯合又對立的緊張關係，不僅存在於他們對「求卜人」與「占卜師」的態度，同時也發生在朱子發展其理學的治學歷程裡。這一點，本書隨後兩章會做更深入的析論。本章小結所要強調的是：《道德經》第二十五章有一句話：「人法天，天法地，地法道，道法自然。」「義理派」奠基者王弼的《老子注》強調「名教出於自然」，旨在闡述「道法自然」；「象數派」的陳摶，為河圖、洛書作《龍圖易》，其目的亦是要闡明「道法自然」。程伊川認為：「六爻皆聖人之事」，「諸卦皆然」，宋代儒者承襲其說，認為：「理生象數」，「以理為本」；他們所要彰顯的「理」，則是「人法天」的「天理」。

王弼《老子注》對《老子》第二十九章注說：「萬物以自然為性，故可因而不可為也，可通而不可執也。」儒家的「名教出於自然」，有「自然之質」，不可能用人為的力量加以改造，「而造為之，故必敗也」。因此他在《周易・損卦》注說：「自然之質，各有定分，短者不為不足，長者不為有餘。損益將何加焉。」

這可以說是一種「自然主義」（naturalism）的立場。本書第一章〈傳承儒家的科學進路〉提到，巴斯卡的批判實在論亦是以「自然主義」作為基礎（Bhaskar, 1978），「批判實在論」旗幟鮮明地主張：「先驗實在論」（transcendental realism）的知識論，就是要找出現象之後的「創生機制」，可以作為中西會通的基礎。這一點，必須留得本書第三部分，再作深論。

第四章　「天理」：「道」的理性化

上一章的析論指出：孔子作《易傳》，〈十翼〉裡〈繫辭〉之前篇重「義理」，其後諸篇重「象數」；兩漢時期發展成為儒家學者以「經書」闡明《易》理，陰陽家以「緯書」研究其「象數」。五代末年，道教奇人陳摶將河圖、洛書繪成《龍圖易》，以陰陽五行的數術，整合「伏羲易」和「文王易」，使其成為完整的「文化系統」，可以說明《易經》的「陰陽氣化宇宙觀」。

本章旨在說明：北宋五子發展儒學的大方向，是將先秦時期的「道」學改造成為以「天理」為核心的「理學」，和魏晉以來的「三玄」思想相抗衡。何謂「天理」？用程頤的話來說：

> 天理云者，這一個道理更有甚窮已？不為堯存，不為桀亡。人得之者，故大行不加，窮居不損。這上頭來更怎生說得存亡加減？是他原無少欠，百理俱備。（《二程遺書・卷二上》）

「天理」「不為堯存，不為桀亡」，它是獨立於人而存在的，所以「大行不加，窮居不損」，這個論點說明：宋明理學發展的方向，是「道」的理性化、客觀化和世俗化。「形而上者謂之道，形而下者謂之器」，用徐復觀（1988）的概念來說，這是在發展「形而中」學。

第一節 「象數派」的邵康節

宋代儒學的復興，始於胡安定、孫泰山、石祖徠三人。清代儒者全祖望在《宋元學案・古靈四先生學案》的案語中說：「宋仁之世，安定先生起於南，泰山先生起於北，天下之士，從者如雲，而正學自此肇端矣。」胡、孫、石三人世稱「宋初三先生」，本書第三章在析論兩漢之後學者對於《易》理的討論時，將之分為「義理」和「象數」兩大派，曹魏時期的王弼，堪稱「義理派」的第一人。事實上，「義理派」和「象數派」之間並非截然二分，跟西方十六世紀初期馬丁路德（Martin Luther, 1483-1546）發動改革之後，基督宗教分裂為天主教、新教、東正教完全不同。「宋初三先生」的出現，可以說是南宋「正學」（政學）的肇端，但他們對於《易經》也有深入研究。譬如，胡瑗（安定，933-1059）便經常跟弟子討論《易》理，而由倪天隱記述成《周易口義》。

▣ 世鮮知其道

當時「象數派」的代表人物，是邵雍（1012-1077），字堯夫，諡號康節，祖先原是河北范陽人，幼時隨父遷至河南百源蘇門山下。後人稱雍為「百源先生」。

邵雍的父親邵古，性格簡樸純厚，勤奮好學，終身未仕。邵雍受其影響，《宋史》記載：「雍少時，自雄奇才，慷慨欲樹功名。於書無所不讀，始為學，即堅苦刻厲，寒不爐，暑不扇，夜不就席者數年。已而歎曰：『昔人尚友於古，而吾獨未及四方。』」於是離開家鄉，遊歷黃河、汾水、淮河、漢水等地，並考察齊、魯、宋、鄭各國的廢墟，心有所悟，曰：「道在是矣。」於是回鄉。

共城縣令李之才，是陳摶老祖的三傳弟子。陳摶傳种放，种放傳穆修，穆修傳之才。他聽聞邵雍好學，親自到百泉，問邵雍：你聽過「物理性命之學」嗎？邵雍恭敬地回答：「幸受教」，於是拜之才為師。

《宋史・邵雍傳》稱：「乃事之才，受河圖、洛書、伏羲八卦六十四卦圖像。之才之傳，遠有端緒，而雍探賾索隱，妙司神契，洞徹蘊奧，汪洋浩博，多其所自得者。」「及其學益老，德益卲」，「遂衍伏羲先天之旨，著書十餘萬言於世，然世知其道者鮮矣」。

◘ 邵雍德氣粹然

宋仁宗皇祐元年（1049年），37歲的邵雍自共城移居洛陽。當時洛陽是繁華僅次於汴京的名城。邵雍一家初到洛陽時，住的是郊外的蓬蓽草堂，不避風雨；自己必須打柴煮飯，以事父母，「雖平居屢空，而怡然有所甚樂」，為一般人所難以理解，但富弼、司馬光、呂公著、二程等士大夫卻「雅敬雍」，與之交遊甚密。

嘉祐7年（1062年），邵雍在司馬光等友人資助下，移居洛陽天宮寺西天津橋南，榜其盧曰「安樂窩」，自號安樂先生。他「歲時耕稼，只給衣食」，「旦則焚香燕坐，餔時酌酒三四甌，微醺即止，常不及醉，興致輒吟詩自詠」。「春秋時出遊城中，風雨常不出，出則乘小車，一人挽之，惟意所適」，並做《安樂窩歌》自娛：

> 茅屋半間任逍遙，山路崎嶇賓客少。
> 看的是無名花和草，聽的是枝上好鳥叫。
> 春花開得早，夏蟬枝頭叫。
> 黃藥飄飄秋來了，白雪紛紛冬又到。
> 嘆人生，容易老，終不如蓋一坐安樂窩，
> 上寫著：琴棋書畫，漁讀耕樵，
> 悶來河邊釣，閒來把琴敲。喝一杯茶，樂陶陶。
> 我真把愁山推倒了！

邵雍「德氣粹然，望之知其賢」，與人談話時，「樂道其善而隱其惡」，有人向他問學，他有問必答，但不強求他人接受。不論貴賤少長，一律以誠相待，所以「賢者悅其德，不賢者服其化」。

▣ 忠厚之聲聞天下

邵雍交往的友人中，最為人稱道的是他跟司馬光之間的友誼。司馬光（1019-1086），字君實，陝州夏縣人。歷仕仁宗、英宗、神宗、哲宗四朝。宋仁宗時中進士，任天章閣待制兼侍講知諫院，即立志編《資治通鑑》。英宗命設局續修。宋神宗時，王安石施行變法，司馬光帶頭反對，他跟王安石兩人在皇帝面前辯論，引發新舊黨爭。因而離開朝廷十五年，退居洛陽，繼續編修《通鑑》。

司馬光退居洛陽期間，與邵雍時相往返。邵雍對在州縣任官職的門生故友公開表態，支持司馬光：「新法固嚴，能寬一分，則民受一分賜矣。」《伊川擊壤集》收有他跟司馬光互相唱和的兩首詩，司馬光自賦：

拜表歸來抵寺居，解鞍縱馬罷傳呼。
紫衣金帶盡脫去，便是林間一野夫。

邵雍則以詩相和：

冠蓋紛紛塞九衢，聲名相軋在前呼。
獨君都不將為事，始信人間有丈夫。

《宋史》記載：「司馬光兄事雍，而二人之純德尤鄉里所慕向」，「一時洛中人才特盛，而忠厚之聲聞天下」。

◘「以物觀物」的自然主義

邵雍繼承了陳摶的「周易先天圖說」，並且加以發揚光大，經過二十年的精研極思，撰成《易》學史上著名的《皇極經世》一書，成為「象數派」「造化宗」的代表作，以「元」、「會」、「運」、「世」之數，推天地運化之始終：

> 道生一，一為太極；一生二，二為兩儀；
> 二生四，四為四象；四生八，八為八卦；
> 八卦生六十四，六十四具而後天地之數備焉。
> 天地萬物莫不以一為本原，於一而演之以萬，
> 窮天下之數而復歸於一。

在《皇極經世・觀物內》中，邵雍說：

> 道為天地之本，天地為萬物之本。以天地觀萬物，則萬物為物。以道觀天地，則天地亦為萬物。道之道盡於天，天地之道盡於物，天地萬物之道盡於人。人能知天地萬物之道所以盡於人者，然後能盡民也。

邵雍認為：「天地萬物之道」可以「盡於人」。唯有知道「天地萬物之道」可以「盡於人」的人，才能「盡民」。這話該怎麼說呢？邵雍的解釋是：

> 人之所以能靈於萬物者，謂其目能收萬物之色，耳能收萬物之聲，鼻能收萬物之氣，口能收萬物之味。聲色氣味者，萬物之體。目耳鼻口者，萬物之用也。體用交而人體之道備。然則人亦物也，聖亦人也，有一物之物，有十物百物之物，有千萬億兆之物。生一物之

> 物，當兆物之物者，豈非人乎？是知人也者，物之至。聖也者，人之至。人之至者，謂其能以一心觀萬心，一身觀萬身，一物觀萬物，一世觀萬世。能以心代天意，口代天言，手代天工，身代天事，能上識天時，下盡地理，中盡物情，通照人。能以彌綸天地，出入造化，進退古今，表裡人物。

這段引文中，最值得注意的一句話是「聲色氣味者，萬物之體。目耳鼻口者，萬物之用也。體用交而人體之道備」。這跟中華文化傳統中的體用觀，大多以「人為主體」的觀念正好倒反，是一種「客觀主義」的主張。然而，邵雍的「客觀主義」是以《易經》的「陰陽氣化宇宙觀」作為基礎，和西方的「客觀主義」有其根本的不同。這種「客觀主義」認為：「人亦物也，聖亦人也。」可是，唯有人能「當萬物之物」。所以邵雍認為：「知人也者，物之至。聖也者，人之至。」修煉到這種境界的「聖人」，即能「一心觀萬心，一身觀萬身」，可以「口代天言，手代天工，身代天事」。對於這種功力，邵雍進一步解釋：

> 天所以謂之觀萬物者，非以目觀之也，非觀之以目而觀之以心也，非觀之以心，而觀之以理也。……聖人之所以能一萬物之情者，謂聖人能反觀也。所以謂之反觀者，不以我觀物也；不以我觀物者，以物觀物之謂也。既能以物觀物，又安有我於其間哉？

邵雍主張「以物觀物」、「觀之以理」，使他能「一萬物之情」，而成為北宋五子中唯一代表「象數派」的人物。從他的一生行誼和著作《梅花易數》、《鐵板神數》來看，邵雍的「客觀主義」，其實就是本書第三章所說，以《易》作為基礎的「自然主義」。本章將進一步析論他和「義理派」北宋四子之間的關係，藉以說明：南宋時期興起的朱子學，是由中華文化傳統衍生出的一種「連續性」的知識型。

第二節 周敦頤的《太極圖說》

跟邵雍同時代的周敦頤（濂溪），作《太極圖說》，為儒家倫理的本體論奠下基礎，經過張載的繼承和發揚，而由程顥（明道）、程頤（伊川）二兄弟發展成以「天理」作為宇宙最高本體的哲學理論。百年後，南宋的朱熹（元晦）又綜合北宋諸子的思想，並加以發揚光大，建立了博大繁複的理學思想體系，成為繼先秦之後，儒學第二期發展最重要的關鍵人物。

▣ 志在邱壑

宋代儒學家最先開始討論本體論問題的是周敦頤的《太極圖說》。周敦頤（1017-1073），字茂叔，號濂溪，今湖南省道縣人。15 歲時，父親過世，隨其母赴京師開封，投靠舅父龍圖閣大學士鄭向。24 歲，因其舅父向皇帝保奏，被任命為洪州府寧縣主簿。十三年後，調任南安郡司理參軍。任內結識大理寺臣程珦，程珦隨即將兩個兒子程顥、程頤送至南安，拜他為師。

周敦頤的仕宦生涯，並不顯赫，歷任主簿、縣令、州判官、知州參軍等地方官職，雖著有政績，卻一生清貧。56 歲定居於廬山濂溪書堂，次年 6 月病故。黃庭堅在《濂溪祠並序》上說：「茂叔雖仕宦三十年，而平生之志，終在邱壑。」稱頌他「人品甚高，胸懷灑落，如光風霽月，廉於取名而銳於求志」，「陋於希世而尚友千古」（陳郁夫，1990）。

《宋史・道學傳》評斷周敦頤對於復興儒學的關鍵地位是：「兩漢而下，儒學幾至大壞。千有餘載，至宋中葉，周敦頤出於舂陵，乃得聖賢不傳之學，作《太極圖說》、《通書》，推明陰陽五行之理，明於天而性於人者，了若指掌。」

▣ 「太虛」與「道」

周敦頤是陳摶的再傳弟子，他和邵雍一起師從穆修、种放；繼承了儒家的本體論和宇宙論，揉合儒、道二家思想，作《太極圖說》，其目的在「明天理之本源，究萬物之始終」：

> 無極而太極。太極動而生陽，動極而靜；靜而生陰，靜極復動。一動一靜，互為其根。分陰分陽，兩儀立焉。陽變陰合，而生水火木金土，五氣順布，四時行焉。
> 五行一陰陽也，陰陽一太極也，太極本無極也。五行之生也，各一其性。無極之真，二五之精，妙合而凝。乾道成男，坤道成女。二氣交感，化生萬物。萬物化生，而變化無窮焉。
> 惟人也，得其秀而最靈。形既生矣，神發知矣，五性感動，而善惡分，萬事出矣。聖人定之以中正仁義，而主靜，立人極焉。
> 故聖人與天地合其德，日月合其明，四時合其序，鬼神合其吉凶。君子修之吉，小人悖之凶。故曰：「立天之道，曰陰與陽；立地之道，曰柔與剛；立人之道，曰仁與義。」又曰：「原始終，故知死生之說。」大哉易也，斯其至矣。

《太極圖說》最重要的貢獻，是用一篇精簡的文字，以陰陽五行描述「易理」。它認為：宇宙的生成是自無極（太虛）而太極，由太極之動靜而形成天地兩儀，天分陰陽，地分剛柔，進而二氣交感，陽變陰合而生出水、火、木、金、土等五行，這就是所謂的「萬物化生」。「萬物化生，而變化無窮焉。惟人也，得其秀而最靈」，「形既生矣，神發知矣，五性感動，而善惡分，萬事出矣」，「故曰：『立天之道，曰陽與陰；立地之道，曰柔與剛；立人之道，曰仁與義』」。換言之，《太極圖說》的宗旨雖然在於「究明天地萬物之源」，不過其關注焦點仍然是在人間，為「人之道」找根源。

◘ 誠體：寂感真幾

周敦頤繼承了先秦儒家的觀點，認為「誠」是「五常之本，百行之源」，溝通「人道」和「天道」的主要途徑就是「立誠」。在《通書》第一章，周敦頤以《中庸》之誠解釋《易傳》所說的「大哉乾元，萬物資始」、「乾道變化，各正性命」。《中庸》第二十章說：「誠者，物之始終」，「不誠無物」；周敦頤也認為：天下一切事物皆是由誠始，由誠終：「乾元」為「誠之立」，「元亨」為「誠之通」，「利貞」為「誠之復」。

周敦頤認為：《周易》一書已經參透了「性命之源」，所以他讚嘆地說：「大哉《易》也，性命之源乎？」此處所說的「命」，不是生物性的「命」，也不是「命運義」的「命」，而是「命令義」的「天命」，是天道賦於人的「使命」。在儒家正統的「人觀」中，天道、性、命其實互相通貫，只不過是因為在不同的論述脈絡裡，所以有不同的用語：「自天道之命於吾人言，曰命；自人之所受言，曰性。」

理學家們所說的「理」，亦是屬於同一範疇的概念。對周敦頤而言，道不虛懸，理非空言，必待人而體現。真能盡其性而體現此天道至於其極者，就可以稱為「聖人」。「誠者聖人之本」，聖人之所以能夠盡人之理，不過是「誠」而已。「誠」不僅只是工夫，而且是「本體」，他認為：「誠體」只是一「寂感真幾」，所以《通書》說：「寂然不動者，誠也；感而遂通者，神也。」

第三節　張載的「元氣論」

就儒學第二期的發展而言，張載可說是承先啟後的關鍵人物。張載（1020-1078），字子厚。陝西眉縣橫渠鎮人，世稱橫渠先生，幼時「志氣不群」，成年後，曾經學習兵法，參與組織民間武裝力量，試圖奪回被西夏佔領的洮西之地。

▣ 為往聖繼絕學

康定元年（1040 年）宋仁宗任命范仲淹為陝西招討副使兼知延州，21 歲的張載上書范仲淹，申論用兵之道。范仲淹見他器宇不凡，勸他：「儒者自有名教可樂，何事於兵？」

張載從此棄武從文，埋頭治學，並在其書房自撰對聯：「夜眠人靜後，早起鳥啼先」，勉勵自己立志向學。他先讀《中庸》「認為未足」，繼而訪諸釋老之書，「累年盡究其說，知無所得」，反向求之《六經》，才逐漸形成自己的理學見解。

38 歲，舉進士，在京師相國寺「設虎皮，講《周易》」，期許諸生：「少置意科舉，相從於堯舜之域」。初見二程（程顥、程頤），論及《易經》，認為二程對《易》的理解比自己深刻，隨即「撤座，輟講」，並對諸生說：「比見二程深明《易》道」，吾所弗及，「汝輩可師之」。

他的政治觀深受孟子影響，主張「法三代，仁政必自經界始」，取法古人，以劃分田界作為推行仁政的第一步。其政見與當時推行新法的王安石不合，遂於 50 歲以病為由，辭官回歸橫渠故里，創設橫崐書院。他橫渠講學，居此六載，經常獨坐一室，俯而讀，仰而思，「有心則記之」，先後寫出《正蒙》、《西銘》、《經學理窟》等著作。教導學生「知禮成性、變化氣質之道」，自己氣魄也日益開闊。他認為：秦、漢以來，學者之大蔽是：「知人而不知天，求為賢人而不求為聖人」，堅持「學必如聖人而後已」，並留下著名的「四為句」：「為天地立心，為生民立命，為往聖繼絕學，為萬世開太平。」

▣ 元氣論

張載最重要的著作，為《西銘》和《正蒙》。在《正蒙》十七篇中，〈太和〉篇談「道體」，〈誠明〉篇談「性體」，〈大心〉篇談「心體」。在「本體論」方面，他繼周敦頤的「性體」之後，提出了「太虛」與「氣」的「元氣論」。

張載的「元氣論」在論證「太虛」和「氣」的關係時，主張：

> 氣之為物，散入無形，適得吾體；聚為有象，不失吾常。太虛不能無氣，氣不能不聚而為萬物，萬物不能不散而為太虛。循是出入，是皆不得已而然也。（《正蒙・太和》）
> 氣於人，生而不離，死而游散者謂魂；聚成形質，雖死而不散者謂魄。海水凝則冰，浮則漚，然冰之才，漚之性，其存其亡，海不得與焉。（《正蒙・動物》）

張載認為：「氣」是宇宙的本質，它有兩種基本狀態，一是「太虛」，二是陰陽二氣。「太虛」無形，是「氣之本體」；「氣」則有聚散。「氣」聚而為萬物，氣散則萬物又還原為「太虛」，「氣」之聚散於「太虛」，猶如冰之於水，「凝釋雖異，為物一也」（黃秀璣，1987）。

人生亦然。人為萬物之一，人的生命亦是由「氣」凝聚而成，「聚成形質」，死後則游散，回歸「太虛」。張載相信：人死後不散的部分，稱為「魄」。人由生到死，其「氣」凝散的過程，正如「海水凝則冰」，散則剩下氣泡（漚），死後只留下「魄」。這種觀念顯然是受到道家「陰陽氣化宇宙觀」的影響：

> 生也死之徒，死也生之始，孰知其紀？人之生，氣之聚也。聚則為生，散則為死。若死生為徒，吾又何患？故萬物，一也。是其所美者為神奇，其所惡者為臭腐。臭腐化為神奇，神奇化為臭腐。故曰：通天下一氣耳。（《莊子・知北遊》）

張載以道家「太虛」和「氣」的概念為基礎，來解釋宇宙萬物的生成，將「氣」與「太虛」的關係，比擬成「冰」與「水」的關係，氣聚則萬物生成，氣散則回歸太虛。嚴格說來，這種說法其實只是一種類比（analogy）而已，他卻能以這樣的類比作為基礎，建構出「人性論」和「心性論」，對理學的發展產生重大的影響。

▣ 人性論：「氣質之性」與「天地之性」

張載認為：人和天地間的萬物一樣，都各有其「性」。「性者，萬物之一源，非我有之得私也」（《正蒙・誠明》）。不過，作為萬物之靈的人，卻和宇宙間的其他萬物有所不同：萬物的原始質料是「氣」，根據《易經・繫辭》，他說：「氣於人，生而不離，死而游散者謂魂。」對於人而言，氣的屈伸即是鬼神：「鬼者，歸也」，「神者，伸也」。

「人性」可以分為「氣質之性」和「天地之性」（黃秀璣，1987）。「氣質之性」是形而下的，是作為自然之生物體之個體（individual）所具有的本性，「飲食男女皆性也」（《正蒙・乾稱》）。它不僅包含人的自然生理欲望，而且也包含人的各種稟賦氣質。因此，張載認為：在「氣質之性」方面，「天下之物無兩個有相似者」，「至如同父母之兄弟，不惟其心之不相似，以至聲言形狀，亦莫有同者」（《張子語錄・中》）。

「天地之性」則是形而上的，是由超越性之宇宙本體朗現在「人」（person）身上的「本性」，也是作為一個「人」的必要條件。這種「天地之性」是「生無所得」、「死無所喪」，不生不滅，永恆長存的。「心之本體」與「天地之性」之關係，猶如「太虛」與「氣」之間的關係，又如「水」與「冰」之間的關係，用現代哲學的話語來說，就是「本體」與「現象」之間的關係。「天地之性」之在於人，猶如「水性之在於冰，凝釋雖異，為物一也」（《正蒙・誠明》）。換言之，每一個人的「氣質之性」（即形體相貌）雖然各有不同，但都同樣具有「天地之性」。人願不願意讓這種「天地之性」發揮作用，或者能不能察覺到這種「天地之性」，關鍵在於他「善不善自反而已」，「善反之，則天地之性存焉」（《正蒙・誠明》）。

自從孟子道性善，荀子言性惡之後，人性到底是善是惡，一直是儒家學者聚訟紛紜，而無法解決的一大難題。張載的比喻將善惡混雜的「氣質之性」，和純然性善的「天地之性」統合在一起，解決了儒家數百年來懸而未決的難題，因此朱熹稱讚他這種理論「極有功於聖門，有補於後學」（《朱子語類・卷四》）。

⊡ 「聞見之知」與「德性之知」

從其統一「天地之性」和「氣質之性」的人性論出發，張載一路推思下來，便很容易注意到「聞見之知」和「德性之知」的不同（黃秀璣，1987）。張載繼承了先秦儒家的觀點，和周敦頤一樣，認為：「誠」是溝通「天、人之道」的橋樑：「性與天道合一，存乎誠」。但是他卻認為：「誠明所知，乃天德良知，非聞見小知」（《正蒙・大心》）。他很清楚地指出「聞見之知」和「德性之知」的差別：「德性之知」是「天德良知」，而所謂「聞見之知」，「乃物交而知」，也就是人經由耳目感官與外界接觸而獲得的經驗。

張載認為：「天德良知」是每個人先天具有的。牟宗三（1968a，1968b）認為：這是一種「縱貫系統」，個人可以藉由「逆覺體證」的方法，反求諸己，見其本心。「聞見之知」則是以感官經驗為基礎，向外探索，可以建構出「橫向系統」的客觀知識。可是，在張載的時代，他的主要興趣並不在於發展客觀知識。在張載看來，「今盈天地之間者皆物也。如只據己之聞見，所接幾何，安能盡天下之物？」「以聞見為心，則不足以盡心」，「若只以聞見為心，但恐小卻心」。因此，他認為「聞見之知」只是「聞見小知」，並不是儒家所要追求之物：「世人之心，止於聞見之狹。聖人盡性，不以見聞至其心」。他相信「大其心，則能體天下之物」。

第四節　程氏兄弟：由「道」轉「理」

程顥（1032-1085），字伯淳，號明道，世稱明道先生，洛陽伊川人。其弟程頤（1033-1107），字正叔，世稱伊川先生。在儒家思想史上一般學者對程氏兄弟一向二程不分，朱熹為兩人編語錄《二程遺書》，除〈明道先生語〉和〈伊川先生語〉之外，還有十卷的〈二先生語〉，將程氏兄弟之作品混雜在一起。馮友蘭（1962）在他所著的《中國哲學史》中，首先指出：「程伊川為程朱理學之先驅，程明道則為陸王心學之先驅」。「二程」幼受家學薰陶，父親程珦曾安排他們，共同拜周敦頤為師；兄弟兩人在周敦頤門下受業，為時不到一年，但受其影響卻極深。《宋史・道學傳》稱程顥「自十五、六時，與弟頤聞汝南周敦頤論學，遂厭科舉之習，慨然有求道之志」。

▣ 富貴不淫貧賤樂

程顥性格寬厚平和，與人相處如沐春風。幼時讀書聰慧過人，曾經自述：「昔受學於周茂叔，令尋顏子、仲尼樂處，所樂何事？」（《宋元學案・明道學案》），周敦頤要他們思考：孔子周遊列國，不為諸侯所用；顏回「一簞食，一瓢飲，居陋巷」，仍然「不改其樂」，究竟「所樂何事」？

後來程顥寫了一首膾炙人口的〈秋日偶成〉，可以說是他對這個問題的答覆：

閒來無事不從容，睡覺東窗日已紅。
萬物靜觀皆自得，四時佳興與人同。
道通天地有形外，思入風雲變態中。
富貴不淫貧賤樂，男兒到此是豪雄。

北宋嘉祐 2 年（1057 年），程顥 25 歲即考中進士，任職地方官時，依照儒家的政治理想，「度鄉村遠近為伍保」，「使之力役相助，患難相恤，而奸偽無所言」，「在邑三年，百姓愛之如父母」（〈明道先生行狀〉）。因此被推薦為太子中允、權監察御史裡行，代理（權）監察御史的職位。當時宋神宗正處於內外交困，亟思有所作為，程顥「每進見，必為神宗陳君道以至誠仁愛為本，未嘗及功利。神宗始疑其迂」，他又反對王安石變法，最後只好自己請求退居閒職，結果被貶到洛陽，擔任京西路提點刑獄。他居住洛陽十餘年，每日讀書講學，「士大夫從之講學者，日夕盈門，虛往實歸，人得所欲」，世稱「洛學」。

他的弟弟程頤為人嚴肅方正，整日板著臉孔，端坐如木頭人，朱熹在〈伊川先生年譜〉中，說他「幼有高識，非禮不動」，後世所謂「道學臉孔」，便是由他而來。程頤 18 歲在太學讀書，撰成一篇〈顏子所好何學論〉，得到大儒胡瑗之賞識，立即「處以學職」，「四方之士，從遊者日眾」。神宗元豐 5 年（1082 年），太尉文彥博鑒於他「著書立言，名重天下；從游之徒，歸門甚眾」，特地在洛陽鳴皋鎮附近修建一座「伊皋書院」，讓他在此講學近二十年。

元豐 8 年（1085 年），哲宗即位。王安石變法失敗，在司馬光等人推薦下，程頤受命為「崇政殿說書」，教年幼的哲宗讀書。由於他經常藉著向皇帝講書的機會，「議論褒貶，無所顧避」，引起其他朝臣的不滿，批評他「經筵陳說，僭橫志分；遍謁貴臣，製造臺諫」，要求將他「放還田里，以示典刑」（《道命錄》）。他只好辭職，回洛陽講學。到了 1096 年，新黨再度執政，他被定為「奸黨」，貶到四川培州，交地方官管制。程頤在被貶期間，完成著作《周易程氏傳》。徽宗即位，得以赦免，但不久又受排斥，遂隱居龍門，遣散門徒，不久病死於家中。

程明道、程伊川兩兄弟論學雖然頗為相得，其思想型態卻有根本性的差異。伊川為明道之弟，僅比明道少一歲，但卻在明道卒後二十年，才以 74 高齡壽終。二程初期共同講學，其義理主要發自明道；明道卒後，伊川獨立侍講，才逐漸透顯出自己的思路。他們雖然都接受張載區分「天地之性」和「氣質之性」的人性論，明道認同「理氣一本」之論，伊川卻主張：「理氣二元論」，認為「性即理」，「理只存有而不活動」。

回「道」與「理」

張載的「元氣論」視「氣」為萬物之本源。然而，「太虛」與「氣」之論源自於道家，堅持儒家立場的二程，自然不容易接受這種論點。依程頤的看法：「凡物之散，其氣遂盡，無復歸本元之理。天地如洪爐，雖生物，銷鑠亦盡，況既散之氣，豈有復在？天地造化，又焉用此既散之氣？」（《二程遺書・卷十五》），他因此認為：氣是形而下的，是末，不是本。相對之下，他提出了「理」的概念，認為「道」和「理」才是萬事萬物的本源。他把「天道」和「人道」視為一體：「道一也，當『天道』自是『人道』，當『人道』自是『天道』」（《二程遺書・卷十八》）。

▣ 二程的「天理」

不過，「道」是形而上的，它展現在世間形而下之事物者，即為「理」：「天之付與之謂命，稟之在我之謂性，見於事業之謂理」（《二程遺書・卷六》）：

> 理，便是天道也。（《二程遺書・卷二十二上》）
> 有形總是氣，無形只是道。（《二程遺書・卷六》）
> 氣是形而下者，道是形而上者。（《二程遺書・卷十五》）
> 萬物皆出於理。（《二程遺書・卷二》）

程頤認為：理是萬事萬物的根源，它在事物之中，又在事物之上。道即「理」，是形而上的，陰陽之氣則是形而下的。離開陰陽就無道可言，但道並不等於陰陽，而是陰陽之基礎，「所以陰陽者，是道也」。他以形而上之「理」，作為形而下之器的存在根據。從體用關係來看，理是「體」，而事物是「用」。程頤認為：事事物物都有其規律，萬事萬物之所以然，都有其理；而且「一物之理即萬物之理」，天地間只有一個「理」，這「理」是永恆長存的。

程氏兄弟最重要的貢獻在於突出「天理」的概念。在儒家文獻中「天理」兩字早已存在，張載、邵雍的著作都曾提及。但程氏兄弟卻把「天理」抽象化、絕對化，使其成為超離現象的獨立實體。也正因為如此，所以程顥說：「吾學雖有授受，天理二字，卻正自家體會出來。」

任何事物都有所依的「理」，此「理」不因事物之有無而增損，譬如堯盡了君道，只是為君道增加一個實例，並沒有在君道上增加任何東西。此「理」為超越實體，自然存在，所以稱「天理」。人稟人之理而生，此理即人之性，所以說「性即理」。但「天理」不能自己獨立存在，必須寄生於適當的物質和形式，但本來自足的「天理」，也因此而受形質的限制，無法全部彰顯出來。

第五節　程顥：〈識仁〉「心即理」

雖然二程都以「理」作為哲學的最高範疇，但程顥是以「心」解理，開了以後陸王心學一派。程頤卻是以「性」解理，把「理」與「氣」相對來論述，開了以後朱學一派。

◘ 《西銘》

要了解這番轉折，必須從張載的一篇文章談起。張載寫過一篇對宋明理學發展影響十分重大的《西銘》：

> 乾稱父，坤稱母，予茲藐焉，乃混然中處。故天地之塞，吾其體；天地之帥，吾其性。民，吾同胞；物，吾與也。大君者，吾父母宗子；其大臣，宗子之家相也。尊高年，所以長其長，慈孤弱，所以幼其幼。聖，其合德；賢，其秀也。凡天下疲癃殘疾惸獨鰥寡，皆吾兄弟之顛連無告者也。於時保之，子之翼也；樂且不憂，純乎孝者也。違曰悖德，害仁曰賊，濟惡者不才，其踐形，惟肖者也。知化，則善述其事；窮神，則善繼其志。不愧屋漏為無忝，存心養性為匪懈。
>
> 富貴福澤，將厚吾之生也；貧賤憂戚，庸玉女於成也。存，吾順事；沒，吾寧也。

害仁曰賊，濟惡者不才，其踐形，惟肖者也。知化，則善述其事；窮神，則善繼其志。不愧屋漏為無忝，存心養性為匪懈。

王夫之指出：從周敦頤的《太極圖說》開始，很多人都認：乾道成男，坤道成女，人之生皆為天命流行的結果，所以「不父其父而父天，不母其母而母地」，違背了儒家的倫理觀念。《西銘》提出的「乾坤父母論」則主張應由孝敬父母做起，發揮了扭轉時潮的作用，「故張子此篇不容不作」（《張子正蒙論・乾稱上》）。

⊡〈識仁〉

程顥針對《西銘》的論點寫了一篇〈識仁〉，反映出他的思想型態：

學者須先識仁。仁者，渾然與物同體，義、禮、智、信皆仁也。識得此理，以誠敬存之而已，不須防檢，不須窮索。若心懈，則有防；心苟不懈，何防之有！理有未得，故須窮索；存久自明，安待窮索！此道與物無對，「大」不足以明之。天地之用，皆我之用。孟子言萬物皆備於我，須反身而誠，乃為大樂。若反身未誠，則猶是二物有對，以己合彼，終未有之，又安得樂！《訂頑》意思（橫渠《西銘》，舊名《訂頑》）。乃備言此體，以此意存之，更有何事。「必有事焉而勿正，心勿忘，勿助長」，未嘗致纖毫之力，此其存之之道。若存得，便合有得。蓋良知良能，元不喪失。以昔日習心未除，卻須存習此心，久則可奪舊習。此理至約，惟患不能守。既能體之而樂，亦不患不能守也。（《二程遺書・卷二上》）

這篇文章中所說的《訂頑》，即是《西銘》舊名。〈識仁〉篇可以說是程顥對於《西銘》的詮釋。他在詮釋《西銘》時，引用孟子的主張：「孟子言萬物皆備於我，須反身而誠，乃為大樂。」認為：「與物同體」之仁，此理即在吾心，只要「以誠敬存之」即可，「不須防檢，不須窮索」。明道據此而提出了兩項工夫，一曰識仁，一曰存仁。他先說須識得此理，再存之於心，及其反身而誠，即能感到吾心與此理合一無二，此外則「更無別事」。他又說「存久自明」，明與識不同。識是向外識得，明是內心自明。必須到達明瞭的境界，才是「真得、真有」。這樣說來，他所主張的工夫論，第一步仍然是在「識仁」，卻未細言。只說《西銘》「備言此體，以此意存之」即可。若依此道深入，便可走上陸王「心學」的道路。

回「性即理」

從〈自我的曼陀羅模型〉的角度來看，張載作出「天地之性／氣質之性」和「聞見之知／德性之知」的區分，象徵著儒家思想發展的大方向，是從先秦儒學的強調「天道」，轉向宋明理學的重視「天理」，程氏兄弟是促成這個轉向的關鍵人物，他們強調：

> 百理俱在，平鋪放著。幾時道堯盡君道，添得君道多；舜盡子道，添得子道多？元來依舊。（《二程遺書・卷二上》）

他們在有關「性」的論述中，嚴肅考慮和「天理」相對的「人欲」、「氣質之性」和「聞見之知」。這個轉變的大方向，可以稱為「道的世俗化」。

本章小結：「形而中」學

和他的哥哥相較之下，程伊川對於這種轉變的大方向有相當清楚的自覺：

> 性無不善，而有不善者才也。性即是理，理則堯舜至於塗人，一也。才稟於氣，氣有清濁。稟其清者為賢，稟其濁者為愚。（《二

程遺書・卷十八》）

「才」是指個人天賦的才幹或能力。「才稟於氣」表示：它是屬於張載所謂「氣質之性」的範疇，所以有「清濁」方面的個別差異，「稟其清者為賢，稟其濁者為愚」。但「天地之性」則不然。「性即理也」，不論是對「堯舜」，或是對「塗人」而言，「天地之性」都是一樣的，「天理」當然也沒有不同。

程頤雖然接受張載對於「天地之性」和「氣質之性」的區分，他卻以「義理之性」的概念取代了「天地之性」，而一再強調：「性即理也」（《二程遺書・卷二十二上》），「理、性、命三者未嘗有異」（《二程遺書・卷二十二下》），他認為「在天為命，在義為理，在人為性，主於身為心，其實一也」（《二程遺書・卷十八》）。理、性、命三者既然「未嘗有異」，「窮理」、「盡性」、「至命」當然也是同樣的一回事：「窮理、盡性、至命，只是一事。才窮理，便盡性；才盡性，便至命」（《二程遺書・卷十八》）。這樣的主張為朱熹所接受，「理」也因此而為理學體系的最高哲學範疇。

徐復觀（1988）在他晚年的著作中，提倡所謂的「形而中學」。他認為《易傳》上說「形而上者謂之道，形而下者謂之器」，是將人生價值的根源歸結於「神」、「天」，或一個「形而上的東西」，但儒家「心的哲學」是以生命中的「具體存在」作為基點，而不是以「信仰或由思辨所建立的某種形而上的東西」作為基點，所以只能稱為「形而中學」。

從本書的立場來看，徐氏的這種見解是正確的。本書第三章說明：《易經》是一本有關宇宙秩序的神秘符碼，《易》理並不是「由思辨所建立的形而上學」，跟西方唯心論哲學家所建構的形而上學完全不同。下一章將繼續討論朱子如何整合北宋五子思想的精華，發展出「純儒」的理學。至於儒家「心的哲學」，則必須留待第七章〈「義理」：「仁道」的演化系譜〉再作細論。

第五章　「純儒」的理學：連續性的知識型

朱子是儒學第二期發展的核心人物。南宋時期，朱子最重要的時代使命，是將其理學打造成內容自洽、前後一貫，而又足以代表「純儒」的文化系統，跟五代十國以來盛行的「三玄」思想相抗衡。

基於這樣的前提，本章將回顧朱子的學思歷程，說明他在業師李侗的點撥下，與師友反覆論辯先秦儒學未能解決的核心議題：「喜怒哀樂未發前是何氣象？」提出「中和新說」後，他跟東南三賢之一的呂祖謙合作，整理北宋四子「義理派」思想的精華，於 46 歲時編成《近思錄》；又在呂氏安排下，跟陸九淵作「鵝湖論辯」。但他主張「客觀知識」的理學思想，卻很難被重視「道德實踐」的傳統儒者所理解，因此他又融會「象數派」陳摶的《龍圖易》和邵雍主張的「以物觀物」，於 48 歲時完成《周易本義》，並以之作為基礎，獨力完成《四書章句集注》。後來元仁宗將之訂為科舉考試的指定讀物，對中華文化的發展造成了莫大的影響。

整體而言，朱子理學在「象、數、氣、理」整體《易》理的基礎上，繼承了二程和張載的「理／氣」思想，對先秦儒學構成一種「連續性」的知識型。在鴉片戰爭的「百年羞辱」之後，華人學者必須掌握住儒學發展的這個大方向，才能吸納西方文明的精華，中西會通，完成儒學第三期發展「三統並建」的使命。

第一節　朱子的學思歷程

朱熹（1130-1200）是徽州婺源人。父親朱松，曾任福建政和縣尉，以「紫陽」名其居，朱熹亦題名其書房為「紫陽書房」，時人稱之為「紫陽先生」。

▣ 武夷三先生與李侗

朱熹自小聰穎過人，弱冠師從武夷三先生：劉子翬（1101-1147）為朱熹取字元晦，並表明其義為「木晦於根，春榮曄敷；人晦於身，神明內腴」。他臨終之前，向朱熹傳授：《易》為入德之門，復卦為《易》之門戶，「不遠復」則是修身的「三字符」。因為「復」卦初九為：「不遠復，無祗悔，元吉」，其〈象〉曰：「不遠之復，以修身也。」程頤的解釋是：「惟失之不遠而復，則不至於悔，大善而吉也。」

朱熹師從胡憲（1085-1162）近二十年，胡憲著有《論語會義》，朱熹視之為《論語》入門書，後來並據此而編纂《論語要義》，成為他輯纂《論語集注》的材料來源。劉勉之（1091-1149）最早將張載的《西銘》傳授給朱熹，後來又將其女嫁給朱熹。

武夷三先生之外，對朱熹影響最大的是李侗。李侗（1093-1163）與朱松為同門學友，朱熹童年待父之側，曾見過李侗。朱熹 19 歲中進士，22 歲任同安縣主簿，赴任途中，特地前往延平拜會李侗。

武夷三先生都信奉禪學，對青年朱熹影響極大。他對李侗談禪，「李先生極言其不是」。朱熹原先並不以為然，但在同安任內，他依李侗傳授的方法，認真閱讀儒家經典，再「回頭看釋氏之說，漸漸破綻罅漏百出」。同安離任後，開始寫信向李侗問學。後來朱熹並將兩人往來書禮編成《延平答問》。

紹興 28 年（1158 年）1 月，29 歲的朱熹回到福建五夫居所，並徒步至延平拜見李侗，「盡棄所學而師事焉」。李侗對周敦頤的《太極圖說》見解獨到，他認為：太極是「理之原」，並用程門「理一分殊」之說，來區分儒釋之異。在十年後的乾道4年（1168年），朱熹因而撰成《太極圖說解》，成為其理學體系中宇宙生成論的根源。

◘ 東南三賢與《近思錄》

翌年，朱母去世，朱子建寒泉精舍守喪，是年與張栻開始論辯，並與呂祖謙三人結為學術上的講友。六年間著述豐富。後來並因此而悟「中和舊說」之非，立「中和新說」。

張栻（1133-1180），字敬甫，號南軒。漢州（今屬四川）綿竹縣人，仕至右文殿修撰。丞相張浚之子，十幾歲時就能為父親出謀劃策，幕僚稱奇。成年後師從胡宏，備受師譽：「聖們有人，吾道幸矣！」學成歸長沙，主講於嶽麓書院，為「湖湘學派」代表人物，與朱熹的「閩學」、呂祖謙的「婺學」鼎足而三。

呂祖謙（1137-1181），字伯恭，婺州（今浙江金華）人。出身官宦世家，自幼隨父在福建任所，師從林之奇；至臨安，師從汪應辰和胡憲。以祖恩致仕，補為將仕郎。後因李燾推薦，升任秘書省秘書郎，時稱「東萊先生」。到了乾道後期，與朱熹、張栻三人過從甚密，時稱「東南三賢」。

朱熹 46 歲時，跟呂祖謙一起整理「北宋四子」的著作，編成《近思錄》。那一年〔南宋淳熙2年（1175年）〕，呂祖謙為了調和程朱「理學」和傳統「心學」之間理論的分歧，使其觀點「會歸於一」，特地在江西省北部上饒的鵝湖山上，安排了一場「鵝湖之會」，邀請陸九淵、陸九齡兄弟和朱熹前來會講，列席觀會者有鄰近郡縣官吏及學者近百人，開書院會講之先河，是儒學發展史上一大盛事。

第二節 鵝湖論辯：「心即理」與「性即理」

陸九淵（1139-1193），宋金溪（今江西）陸坊青田村人，字子靜，書齋名「存」，世人稱存齋先生，因其講學於貴溪象山，學者稱象山先生。父親陸賀，以賢達名聞鄉里，生有六子，陸九淵排行第六，四兄陸九韶、五兄陸九齡（子壽）都以學名世，兄弟自相師友，講學授徒，號稱「金溪三陸」，其中九淵與理學家朱熹齊名，史稱「朱陸」，是宋明儒學「心學」一派的開創者。

陸九淵出生時，雙親因兒子多，打算讓鄉人抱養，長兄陸九思之妻剛好生兒子（煥之），陸九思即請其妻為九淵哺乳，而將自己的兒子給別人餵奶，其妻「忻然而從」。陸九淵成長後，事兄嫂如事父母。

陸九淵自幼聰穎好學，4 歲時，問其父：「天地何以無窮際？」父笑而不答。他為此日夜苦思，而忘寢食。稍長讀書時喜究問根柢，「遇事逐物皆有省發」。與五哥陸九齡初讀《論語》中〈有子〉一章，即指出：「夫子之言簡易，有子之言支離。」

回 吾心即宇宙

13 歲時，有一天在書上讀到宇宙二字，見解者說：「四方上下曰宇，往古來今曰宙。」對自己少兒時思考的問題忽有所悟：「無窮」原是如此，於是提筆寫下：「宇宙內事乃己分內事，己分內事乃宇宙內事」《陸九淵集・年譜》中說他「因宇宙字義，篤志聖學」；他自己在《象山全集・卷三十五語錄》中記下：「人須是閒時大綱思量，宇宙之間，如此廣闊，吾身之於其中，須大做一個人。」

象山 16 歲時，讀三國、六朝史，知悉靖康年間北宋覆亡的歷史，「乃剪去指爪，學弓馬」。他並不重視科舉，只當成是作場屋之文，「直寫胸襟」、表達自己的政治見解。

從 24 歲到 56 歲的三十多年中，陸九淵聚徒講學，逐步形成自己的心學體系。乾道 8 年，在考進士時，他所作〈天地之性人為貴〉，為考官呂祖謙賞識，稱讚他：「一見高文，心開目明，知其為江西陸子靜也。」中進士後聲名大振，都中諸賢從游，學者絡繹前來求教，陸九淵也熱心於講學授徒，「每開講席，學者輻輳，戶外屨滿，耆老扶杖觀聽」，弟子遍布於江西、浙江兩地。他認為教育的目的在於「存心、養心、求放心和去蒙蔽、明天理」，主張學以致用，希望培養出具有強烈社會責任感的人才，以挽救南宋王朝衰敗的命運。在教育內容方面，他把倫理綱常和一般知識技能，歸納為道、藝兩大部分，主張以道為主，以藝為輔，認為只有通過對道的深入體驗，才能作一個堂堂正正的人。因此，要求人們在「心」上做工夫，以發現人心中的良知良能。

◘「辨志」

對陸九淵而言，做聖人的道理其實就在自己心中，不用他尋：「宇宙便是吾心，吾心即是宇宙。東海有聖人出焉，此心同也，此理同也。西海有聖人出焉，此心同也，此理同也。千百世之上至千百世之下，有聖人出焉，此心此理，亦莫不同也」。修養最重要之事，在於「辨志」、「存養」、「先立乎其大」、「不失其本心」、「心即性」（《象山全集・卷三十五・語錄》）。

所謂「辨志」，其實就是先秦儒家所講的「義利之辨」。陸象山在他所著的《白鹿洞書院論語講義》中關於「君子喻於義，小人喻於利」，很明白地說：「竊謂君子於此，當辨其志。人之所喻：由其所習，所習由其所志。志於義，則所習必在於義；所習在義，斯喻於義矣。志乎利，則所習必在於利；所習在利，斯喻於利矣。故學者之志，不可不辨也。」

◘ 孟子生命

牟宗三（1979）認為：象山之學幾乎全是本於孟子，並無新說。「辨志」本於孔孟「義利之辨」及孟子對於「士尚志」的主張；「先立其大」本於孟子「大體／小體」之辨；「明本心」本於孟子所說的「四端之心」；「心即理」本於孟子有關「仁義內在」、「理義悅心」以及「心之所同然」；「簡易」本於孟子的「良知良能」；「存養」則是本於孟子「存其心，養其性」。

然而，陸象山並不是以分解說理的方式繼承孟子思想，而是以指點、訓誡的方式來啟發弟子，他主張：道德實踐必須從「明本心、先立其大」入手，認為：「宇宙內事乃己分內事，己分內事乃宇宙內事」，一心無外，心外無理。吾之本心與宇宙通而為一，因而吾之本心即為天心，本心之理，即為天理。牟宗三（1979，頁 19）認為：象山之學超越孟子之處，即是「『心即理』達其絕對普遍性而『充塞宇宙』」，陸象山的「全幅生命幾全是孟子生命」，「孟子後真了解孟子者，象山是第一人」（牟宗三，1979，頁 85）。

陸九淵反對宋時儒家知先行後的說法。他對宋代施行的科舉制度也抱持著堅定的反對態度：「科舉取士久矣……而今世以此相尚，使汨沒於此而不能自拔，則終日從事者雖曰聖賢之書，而要其志之所鄉，則有與聖賢背而馳者矣。」在他看來，當時許多人為了考科舉，天天用「博學、審問、慎思、明辨、篤行」的方法，學習「聖學之書」，可是只要看「其志之所向」，便可以發現：他們之所以熱衷於考科舉，完全是為了爭取個人的利益，跟聖賢所強調的原則背道而馳。

朱熹講究「窮理致知，讀聖賢書」的「道問學」，陸九淵則強調「切己自反，發明本心」的「尊德行」，兩人對儒學的基本態度並不相同。當時呂祖謙正在跟朱熹一起合編《近思錄》，他非常了解朱熹與陸九淵論學有所異同，因此南宋淳熙 2 年，他特別安排了「鵝湖之會」，邀請朱熹與陸九淵、陸九齡兄弟相會於江西上饒鵝湖寺，同時邀請儒學界各方師友一起參加，希望雙方能夠激盪出思想的火花。

◘ 「明心見性」與「舊學新知」

在這場儒家思想史上著名的「鵝湖之會」裡，陸九淵雄辯滔滔，提出「舜堯之前有何書可讀？」認為只要明心見性即可，朱熹注重解經注傳，議論古今，是一種「邪意見，閑議論」，「支離事業」。鵝湖之會的的第二天，陸九齡先朗誦他準備好的一首詩：

孩提知愛長知欽，古聖相傳只此心。
大抵有基方築室，未聞無址忽成岑。
留情傳注翻榛塞，著意精微轉陸沉。
珍重友朋相切琢，須知至樂在於今。

子壽方讀四句，朱熹便對祖謙說：「子壽早已上子靜的船了。」誦完詩，陸九淵說：他在途中也和了家兄一首詩：

墟墓興哀宗廟欽，斯人千古不磨心。
涓流滴到滄溟水，拳石崇成泰華岑。
易簡功夫終久大，支離事業竟浮沉。
欲知自下升高處，真偽先須辨只今。
（《象山全集・卷二十五・鵝湖和教授兄韻》）

朱熹認為陸九淵的學說簡略空疏，批評他：「除了一句『先立乎其大』外，全無技倆。」陸九淵欣然回答道：「誠然」（《象山全集・卷二十五・語錄》）。致使「朱熹不慊」，雙方不歡而散。但朱、陸兩人友誼極厚，書信往來，論辯不已。三年以後，當陸子壽來訪，朱熹和詩：

德業流風夙所欽，別離三載更關心。
偶攜藜杖出寒谷，又枉籃輿度遠岑。
舊學商量加邃密，新知培養轉深沉。
只愁說到無言處，不信人間有古今。

鵝湖會後，陸氏兄弟和朱熹唱和的三首詩，充分反映雙方當時的心境。「古聖相傳只此心」、「斯人千古不磨心」，表示陸氏兄弟主張的是儒門一脈相承的「心即理」。陸九淵批評朱熹的注釋先秦經典是「支離事業」，打著了朱子「解經注傳」的痛點，他因此寫信給呂祖謙，說「吾痛不得自鵝湖，遂入懷玉，深山靜坐數月」。

朱、陸之爭使「理學」與「心學」的分歧明朗化，形成兩個不同的學派。兩人同時也認識到自身學派的片面性，而尋求對方的合作。鵝湖之會六年後，淳熙 8 年（1181 年），陸九淵去南康拜訪朱熹，朱熹請九淵登白鹿洞書院為諸生講「君子喻於義，小人喻於利」一章，陸九淵的闡發，使朱熹大加讚賞，「以為切中學者隱微深痼之病」。太極無極之辯以後，朱熹並要門人「兼取兩家之長，不輕相詆毀」。

第三節　「純儒」與「三玄」

在這段時期間，朱熹進入了他學術生命的創造高峰期。正如他與陸氏兄弟唱和之詩所言：「舊學商量加邃密，新知培養轉深沉。」

西元 1177 年，48 歲的朱熹編著完成《四書集注》與《周易本義》。《近思錄》之選編，本來是朱子與呂祖謙苦於北宋理學著作「廣大宏博，若無津涯」，初學者難以把握，所以「掇取其關於大體而切於日用者，以為此編」。《近思錄》代表朱子在其學術生涯的黃金時代，對北宋「義理派」理學家思想的重新整理，作為朱子發展南宋理學的基本視域（朱高正，2010）。

▣「義理」與「象數」

《近思錄》並未收錄邵雍的作品，原因是「象數」派「造化宗」的邵雍偏重宇宙論，跟「義理」派的重視人生論並不相契。舉例言之，邵雍生前，二程跟他交往甚密，邵雍辭世後，程頤在〈邵康節先生墓誌銘〉中盛讚他的為人：「（邵雍）德氣粹然，望之可知其賢。不事表襮，不設防畛，正而不諒，通而不汗，清明洞澈中外……群居燕飲，笑語終日，不取甚於人。」但是，二程並不太欣賞他的學說，同時批評他：「邵堯夫臨終時，只是諧謔須臾而去；以聖人觀之，則亦未是」；「嘗觀堯夫詩意，才做得識道理。卻於儒術未見所得。」

可是朱熹卻獨具慧眼，他認為：「程、邵之學固不同，然二程所以推尊康節者至矣。蓋信其道而不惑，不雜異端，班如溫公、橫渠之間。」因此，他將司馬光、邵雍和北宋四子並稱為「道學六先生」。

由於朱熹對於新興「義理」派的詮釋方式，仍然不懌於心，於是再綜合「象數」派邵雍的思想，撰成《周易本義》。用朱子自己的話來說：

> 大抵易之書，本為卜筮而作，故其詞必根於象數。……近世言易者，殊不知此，所以其說雖有義理，而無情意。雖大儒先生有所不免。（《朱文公文集・卷三十八・答趙提舉一》）
>
> 近世學者頗喜說易……其專於文義者，既支離散漫而無所根著；其涉於象數者，又皆牽合附會，而或以為出於聖人心思智慮之所為也。若是者，余竊病焉！（《朱文公文集・卷七十六・易學啟蒙序》）

▣ 儒佛之異

這裡我們可以看出朱熹當時面臨的心理糾結。朱子非常了解：在他所處的時代，他最重要的使命是發展一套「純儒」的學說，來和當時盛行的「三玄」思想對抗：

> 謙之問：「今皆以佛之說為空，老之說為無，空與無不同如何？」曰：「空是兼有無之名。道家說半截有，半截無，已前都是無，如今眼下卻是有，故謂之無。若佛家之說都是無，已前也是無，如今眼下也是無，『色即是空，空即是色』。大而萬事萬物，細而百骸九竅，一齊都歸於無。終日喫飯，卻道不曾咬著一粒米；滿身著衣，卻道不曾掛著一條絲。」（《朱子語類・卷一百二十六》）

對於朱子而言，儒家與佛家的差異是非常明顯的。儒家講的是「實理」，但是佛家講的卻是「色即是空，空即是色」、「大而萬事萬物，細而百骸九竅，一齊都歸於無」。這樣的宇宙觀根本不容許儒家有講「格物致知」的空間：

> 釋氏說空，不是便不是，但空裡面須有道理始得。若只說道我見個空，而不知有個實底道理，卻做甚用得？譬如一淵清水，清冷徹底，看來一如無水相似。它便道此淵只是空底，不曾將手去探是冷是溫，不知道有水在裡面。佛氏之見正如此。今學者貴於格物、致知，便要見得到底。（《朱子語類・卷一百二十六》）

朱子強調：「純儒」必須講究「實學」，看到一淵清水，必須「將手去探是冷是溫」，才能體會「實底道理」。釋氏說道「我見個空」，便道此淵只是空底，不知道有水在裡，這就像「終日喫飯，卻道不曾咬著一粒米；滿身著衣，卻道不曾掛著一條絲」。這兩種對待人生的態度，根本是「道不同不相為謀」。

▣「兩玄」的《易》源

「純儒」要跟外來的佛教劃清界線，並不困難，可是它跟另外「兩玄」之間，卻有「剪不斷，理還亂」的複雜關係。魏晉南北朝時期，與佛教同時盛行的道教和占卜，都是源自於《易經》。《易・繫辭》有云：

> 《易》有聖人之道四焉；以言者尚其辭，以動者尚其變，以制器者尚其象，以卜筮者尚其占。（《周易・卷七》）

《易經》本為卜筮之書，所以說「以卜筮者尚其占」。引用《易經》卦辭爻辭之義，作為自己立言之根據，如「義理派」之所為，即為「以言者尚其辭」。取法易象，作為採取行動之參考，則是「以動者尚其變」，如戰國時期發展出來的兵家思想。至於「以制器者尚其象」，在《繫辭》上有更為具體的實例：

> 包犧氏沒，神農氏作，斲木為耜，揉木為耒，耒耨之利，以教天下，蓋取諸「益」。（《周易・卷八》）

「益」卦巽上震下，巽為風，為木；震為雷，為動。相傳神農氏即因「益」卦之象而發明耒耨，故曰：「以制器者尚其象。」

這是《易經》可以供「聖人」發揮其創造的四個大方向。本書第三章提到，戰國時期，齊國稷下學派的鄒衍提出「五德終始說」，主張物質世界的變化，是通過水、火、木、金、土五行的相生相剋而實現，因而創立陰陽家。但在先秦時期，五行與八卦似乎是兩個獨立的系統，講八卦者不談五行，反之亦然。到了西漢，兩者開始相混，《易》學的「象數派」並發展出各種不同的「緯書」，與「經書」相對。東漢末年，天下大亂，緯書甚至與當時流行的讖書合流，讖緯並稱，一般士人常視之為迷信。

三國時期「義理派」的奠基者王弼，反對「象數之學」。在〈十翼〉裡，〈彖〉、〈象〉、〈文言〉大多屬義理性的解釋，很少涉及占筮之事，〈繫辭〉以下的〈說卦〉、〈序卦〉、〈雜卦〉，其內容正好相反。王弼的《易注》捨棄〈繫辭〉以下諸篇不注，截斷「以卜筮者尚其占」的「聖人之道」，成為儒學發展史上一則著名的公案。

第四節 「象數之學」的取與捨

到了宋代，朱熹面臨的情況更為複雜。五代末年，道教奇人陳摶以陰陽五行為基礎，將傳說中的河圖、洛書繪製成《龍圖易》，把「伏羲卦」和「文王卦」整合成完整的文化系統。周敦頤和邵雍兩人都是陳摶的再傳弟子，周敦頤師事穆修，邵雍從學於李之才。朱子非常了解，他的時代使命是要打造一種「純儒」的知識型，來和當時社會盛行的「三玄」思想相抗衡。而對當時已經發展完成的《易經》文化系統，他對於北宋五子的思想，既要有「批判的繼承」，又要有「創造的發展」，才有可能完成這樁劃時代的歷史使命。

回 《太極圖說》與「五常」之理

周敦頤的《太極圖說》受到朱熹的高度重視。乾道 5 年（1169 年），40 歲的朱熹根據潘興嗣為周敦頤所寫的墓誌銘，結合周氏所著的《易說》、《易通》，重新編訂「太極通書」，將《太極圖》置於篇首（見圖 5-1），並在〈周子太極通書後序〉中，強調《太極圖說》的重要性。他說：

> 《通書》與《太極圖說》並出，程氏以傳於世。而其為說實相表裡，大抵推一理、二氣、五行之分合，以紀綱道體之精微，決道義文辭祿利之取舍，以振起俗學之卑陋。

程氏是指世稱「二程子」的程顥、程頤兩兄弟。換言之，朱熹不僅推崇

圖 5-1　太極圖

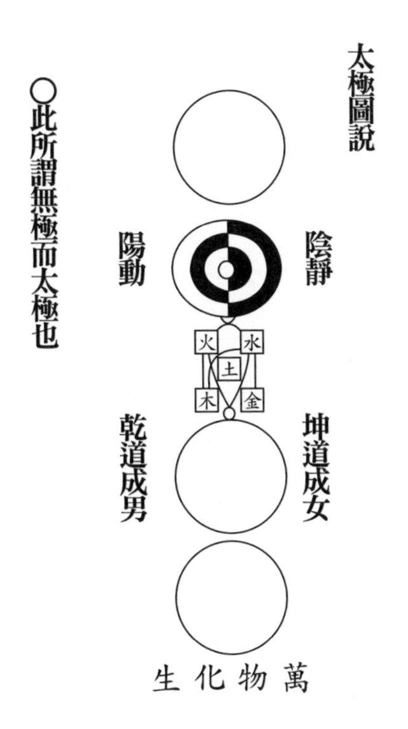

周敦頤為二程子之先驅，而且認為他的著作「紀綱道體之精微」，是建構宋代道學形上體系的重要關鍵。周敦頤的著作中《太極圖說》及《通書》中論及「一理、二氣、五行之分合」的學說，朱熹認為：《太極圖說》奧義深微，「決道義文辭祿利之取舍，以振起俗學之卑陋」，甚至「程氏之書，亦皆祖述其意」，對宋代理學之發展，居於承先啟後的核心地位。

四年後，朱熹撰〈太極圖說注後記〉，稱「此圖立象盡意，剖析幽微，周子蓋不得已而作也」，又說「此書詳於性命之原，而略於進學之目，有不可驟而語者也」。

再過四年，48 歲的朱熹撰〈江州重建濂溪先生書堂記〉，文中指出：「夫天高地下，而二氣五行紛綸錯糅，升降往來於其間，其造化發育、品物散殊，莫不各有固然之理。而最其大者，則仁、義、禮、智、信之端，君臣、父子、昆弟、夫婦、朋友之倫是已。」

道家以「氣」作為宇宙之本體；宋明理學家則以「理」作為本體。在這篇文章中，朱熹很清楚地指出：宇宙間萬物，都是「二氣五行紛綸錯糅，升降往來」的結果；「其造化發育、品物散殊，莫不各有固然之理」，對理學家而言，其中最重要的，則是支撐「五倫」的「仁義理智信」等「五常」或「五行」。

◘ 儒道之異

正因為《太極圖說》「推一理、二氣、五行之分合，以紀綱道體之精微」，備受理學家之推崇，翌年，朱熹又撰〈袁州州學三先生祠記〉，盛讚：「濂溪周公先生奮乎百世之下，乃始深探聖賢之奧，疏觀造化之原而獨心得之，立象著書，闡發幽秘，詞義雖約，而天人性命之微；修己治人之要，莫不畢舉。」

> 先生（濂溪）之蘊，因圖以發，而其所謂「無極而太極」云者，又一圖之綱領，所以明夫道之未始有物，而實為萬物之根柢也，夫豈以為太極之上，復有所謂無極者哉！（《朱文公文集・卷八十・邵州州學濂溪先生祠記》）
>
> 「無極而太極」上天之載，無聲無臭，而實造化之樞紐，品彙之根柢也。故曰無極而太極，非太極之外，復有無極也。（《太極圖說解》）
>
> 然殊不知不言無極，則太極同於一物，而不足為萬化之根；不言太極，則無極淪於空寂，而不能為萬化之根。只此一句，便見其下語精密，微妙無窮。（《朱文公文集・卷三十六・答陸子美一》）

朱子非常重視周敦頤的《太極圖說》。他認為：其中「太極，本無極也」所說的「無極」，並不是名詞，「非太極之外，復有無極」；它是「狀詞」（形容詞）旨在描述「上天之載，無聲無臭，而實造化之樞紐，品彙之根柢」，說明「道之未始有物，而實為萬物之根柢」。「不言無極，則太極同於一物，而不足為萬化之根；不言太極，則無極淪於空寂，而不能為萬化之根」，這是儒家形上學跟道家的最大區別所在，所以他必須反覆強調：

> 聖人謂太極者，所以指夫天地萬物之根也。（《朱文公文集·卷四十五·答楊子直一》）
>
> 太極之義，正謂理之極致耳。有是理即有是物，無先後次序之可言。（《朱文公文集·卷三十七·答程可久三》）
>
> 蓋太極是理，形而上者；陰陽是氣，形而下者。然理無形，而氣卻有迹。（《朱子語類·卷五·性理二》）

▣ 邵雍的「心為太極」、「以物觀物」

> 「易有太極」太極者，象數未形而其理已具之稱，形器已具而其理無朕之目，在河圖、洛書，皆虛中之象也。周子曰：「無極而太極」，邵子曰：「道為太極」，又曰：「心為太極」，此之謂也。（《易學啟蒙·卷二》）

這段引文中的周子是指周敦頤，「無極而太極」出自其《太極圖說》；邵子是指邵康節，他是「象數派」的傳奇人物，著述甚多，其中以《鐵板神數》、《梅花心易》最為著名，所以特別強調他所主張的「心為太極」：

> 天地之本，其起於中乎？人居天地之中，心居人之中，心為太極。先天學，心法也。圖皆從中起，萬事生於心。心一而不分，可以應萬象。

邵雍也是陳摶的再傳弟子。上述引文中所謂「圖皆從中起，萬事生於心」，是指陳摶的先天卦位圖說，所以說：「先天學，心法也。」更清楚地說，象數派認為：「萬事生於心」，如果「心為太極」，「心一而不分」，則「可以應萬象」。為什麼呢？

本書第四章指出，邵雍是個以「人」作為本位的客觀主義者。他的客觀主義是以《易經》的陰陽氣化宇宙觀作為基礎。他在《皇極經世》中，有一段十分獨特的主張：

> 以我徇物，則我亦物也。以物徇我，則物亦我也。我物皆致意，由是天地亦萬物也，萬物亦我也，我亦萬物也。何物不我，何我不物，如是則可以宰天地，可以司鬼神。

「徇」是「從」的意思。這段引文認為：一個人只要能真正做到「仁者與天地萬物為一體」，「何物不我，何我不物」，便可以「宰天地」、「司鬼神」。然則，人如何可能做到這種「萬物亦我，我亦萬物」的境界？邵雍的主張是：

> 以物觀物，性也。以我觀物，情也。性公而明，情暗而偏。

邵雍在此區分「以物觀物」和「以我觀物」的不同：所謂「以物觀物」，就是把自己看作是大自然中的一物，依照河圖、洛書先天卦位圖說，來求得其間之理。這就是北宋理學家所說的「性即理」，所以邵雍強調：「以物觀物，性也」，「性公而明」。至於「以我觀物」，則難免因為一己之私，而有所偏，所以說「情暗而偏」。

邵雍這種以陰陽氣化宇宙觀作為基礎的客觀主義，對朱子思想產生了極大的影響，他非常推崇《皇極經世》，說：「某看康節《易》了，都看別人的不得」，並將邵雍同周、張、二程和司馬光並稱為道學的「六先生」。

第五節　朱子的「義理之路」

邵康節是「象數派」的大師，陳搏則是以《龍圖易》整合伏羲卦和文王卦的傳奇人物，有人甚至視之為活神仙。朱子作《周易本義》，將河圖、洛書列於卷首，吳江在為他作序時，特別指出：朱子的的主張是「順理則吉，逆理則凶。悔自凶而趨吉，吝自吉而向凶，必然之應也」，最後並強調夫子曰：「不占而已矣！」

由此可見，朱子著《周易本義》走的是「義理派」的道路，在《周易》「象、數、氣、理」四個面向裡，他最重視的是「理」。這是什麼道理？他為什麼要這麼做呢？

◘ 兼取兩者之長

針對這個問題，戴景賢（2018，頁286）在《宋元學術思想史論集》中，精心比較北宋四子之學術思想，然後指出：宋儒對於《易》理所持之態度，可以粗別為兩類：一類延續王弼（輔嗣）之路線，只承認「義理學」意涵之《易》學，完全排斥《易》學中屬於「象數之學」的那一部分；另一類則偏好象數之《易》。前者如張橫渠、二程子；後者如周濂溪、邵康節。前者「純儒」，後者「兼道」，而朱子想兼取二者之長，所以他刻意取河圖、洛書置於《周易本義》卷首。

我完全同意這樣的論點。然而，從本書的立場來看，我們必須指出的是：(1)朱子唯有將其理學建立在河圖、洛書的宇宙論之上，才能構成一完整的「文化系統」。這樣的宇宙論，本書稱之為「陰陽氣化宇宙觀」；(2)朱子所要建構的理學，必須排除作為「三玄」之一的卜筮之「數」；(3)朱子必須以二程與張載的「義理派」思想作為基礎，建構他的理學思想體系。我們可以從朱子本人的言論中找到證據，來說明以上的論點。他在答覆袁機仲有關河圖、洛書之質疑時，說道：

來教疑《河圖》《洛書》是後人偽作。熹竊謂生於今世而讀古人之書，所以能別其真偽者，一則以其義理之所當否而知之，二則以其左驗之異同而質之，未有舍此兩塗而能直以臆度懸斷之者也。熹於世傳《河圖》《洛書》之舊所以不敢不信者，正以其義理不悖而證驗不差爾。來教必以為偽，則未見有以指其義理之繆、證驗之差也。而直欲以臆度懸斷之，此熹之所以未敢曲從而不得不辨也。（《朱文公文集・卷三十八・答袁機仲》）

這是了解朱子思想非常重要的一段對話。河圖、洛書原本雖有文字記載，但卻沒有圖畫說明。直到五代末年，才有道教奇人陳摶將之繪成《龍圖易》，而朱熹卻將河圖、洛書置於《周易本義》卷首！因此，袁機仲質疑：這些圖示是「後人偽作」，並非《周易》本來就有。

◘ 完整的「文化系統」

朱子說他判斷真偽的兩個標準是：「以其義理之所當否而知之」及「以其左驗之異同而質之」。用本書的立場來說，這就是要判斷它們是否構成「內容自洽、前後一貫」的文化系統。袁機仲未能就這兩個判準指出「其義理之繆、證驗之差」，「而直欲以臆度懸斷之」，所以朱熹不得不辯。他更進一步指出：

據邵氏說，先天者，伏羲所畫之《易》也；後天者，文王所演之《易》也。伏羲之《易》初無文字，只有一圖以寓其象數，而天地萬物之理、陰陽始終之變具焉。文王之《易》即今之《周易》，而孔子所為作傳者是也。孔子既因文王之《易》以作傳，則其所論固當專以文王之《易》為主。然不推本伏義作《易》畫卦之所由，則學者必將誤認文王所演之《易》便為伏義始畫之《易》，只從中半說起，不識向上根原矣。

本書第三章析論《易經》在中國歷史上的演變：伏羲易原本「只有一圖以寓其象數」，跟後來發展出來的《周易》（文王易）並不一樣。孔子「因文王之《易》以作傳」，其析論是「專以文王之《易》為主」。陳摶的《龍圖易》將兩者連在一起，使其成為「象、數、氣、理」的完整「文化系統」，彰顯出其內在蘊涵的「天地萬物之理、陰陽始終之變」，這是《龍圖易》最重要的貢獻；至於它是不是「後人偽作」，對於朱子而言，根本是「次要」或「不重要」的問題。

▣《易圖明辨》

對於朱熹採信陳摶所繪之河圖、洛書而提出質疑者，並不僅止跟他同一時代之袁機仲而已。根據朱伯崑（1991）《易學哲學史》第九章〈道學的終結和漢易的復興〉第二節的析論，到了清代初年，包括黃宗羲、毛奇齡、胡渭等大儒都有專著，從《周易》哲學體系討論相關議題，其中尤以胡渭所著的《易圖明辨》最具代表性。鄭吉雄（2004）的《易圖象與易詮釋》一書，則以一整章的篇幅，從儒學史的觀點，討論胡渭的《易圖明辨》與儒道之辨。

胡渭（1633-1714）是浙江德渭人。15 歲為生員，應舉不第，後赴京遊學。康熙 29 年（1690 年），他赴蘇州，協助徐乾學編撰《大清一統志》。康熙 36 年（1697 年），他完成《禹貢錐指》，獲得學術界好評；六年後，獻予清聖祖。康熙 45 年（1706 年），他刊刻《易圖明辨》，嚴厲批判：

> 朱子所列九圖，乃希夷、康節、劉牧之象數，非《易》之所謂象數也。

在此前後，黃宗羲《易學象數論》批評朱熹：

> 夫茂叔以老附易，雖失易而得老，惜其雜以方士之圖，而老不純。晦翁雜釋於老以附易，而釋老兩失。

毛奇齡亦刊刻《四書改錯》，從他所認定的儒學，攻駁朱子的《四書章句集注》。但清聖祖並不為所動。康熙 51 年（1712 年），朱熹配享孔廟。毛奇齡立即將《四書改錯》毀版。但對《易圖明辨》中列舉的朱熹許多錯誤，胡渭始終沒有作任何刪削。

▣「文化型態」的正統

朱伯崑（1991）認為：該書意圖駁斥朱熹在《周易本義》卷首所列九圖，「所列各問題，皆追本溯源，條分縷析，史料精詳，考據嚴謹，為研究圖書之學發展的歷史提供了重要的線索」；「此書博引諸家說，一一加以辨證，立論有據，是對朱熹《本義》和《易學啟蒙》所列圖式的沉重打擊」（頁322）。

從本書第一章所提「分析二元說」的觀點來看（Archer, 1995, 1996），朱子以《周易本義》作為背景視域，編撰《四書章句集注》時，對他而言，陳摶的《龍圖易》構成一種完整的「文化系統」，使他能夠依照自己對於《周易》的理解，將《四書》的內容整理成一套「內容自洽、前後一貫」的「文化系統」，不論這套「文化系統」的內容是否「正確」，也不管有人是否指出其中的「謬誤」，只要它被當時的決策者（元仁宗、清聖祖）所肯定，並作為科舉考試的指定讀物，它就能持續成為官方的正統，而形塑出一定的「文化型態」。

這裡我們必須特別注意的一點是：對於「象數派」而言，陳摶的《龍圖易》是以陰陽五行之運作，連結文王易與伏羲易，構成「陰陽氣化宇宙觀」的完整「文化系統」；對於朱子理學而言，他要走的是「純儒」的「義理派」道路，只能以這樣的宇宙觀作為所謂的背景視域，所以我們稱之為「宇宙觀」，而不是「宇宙論」。兩者意義並不相同，必須有所分辨。

▣ 天地之性：仁義禮智

主張儒者應當「為生民立命，為天地立心，為往聖繼絕學，為萬世開太平」的張載，一再強調：這套文化型態的核心，是「天地之性」。更清楚地說，在北宋諸子中，他走的是張載和二程子的「義理派」道路；但他的理學卻是建立在「象數派」的「陰陽氣化宇宙觀」的基礎之上。所以他很清楚地告訴門人：

> 道夫問：「氣質之說，始於何人？」曰：「此起於張程。某以為極有功於聖門，有補於後學，讀之使人深有感於張程，前此未曾有人說到此。如韓退之原性中說三品，說得也是，但不曾分明說是氣質之性耳。性那裡有三品來！孟子說性善，但說得本原處，下面卻不曾說得氣質之性，所以亦費分疏。諸子說性惡與善惡混。使張程之說早出，則這許多說話自不用紛爭。故張程之說立，則諸子之說泯矣。」因舉橫渠：「形而後有氣質之性。善反之，則天地之性存焉。故氣質之性，君子有弗性者焉。」又舉明道云：「論性不論氣，不備；論氣不論性，不明，二之則不是。」且如只說個仁義禮智是性，世間卻有生出來便無狀底，是如何？只是氣稟如此。若不論那氣，這道理便不周匝，所以不備。若只論氣稟，這個善，這個惡，卻不論那一原處只是這個道理，又卻不明。此自孔子曾子子思孟子理會得後，都無人說這道理。謙之問：「天地之氣，當其昏明駁雜之時，則其理亦隨而昏明駁雜否？」曰：「理卻只恁地，只是氣自如此。」（《朱子語類‧卷四》）

朱熹非常推崇張載（橫渠）對於「氣質之性」和「天地之性」的區分：「氣質之性」是作為生物體的個人，每個人與生俱來的，所以說「形而後有氣質之性」。至於「仁義禮智」的「天地之性」，則是反思後才能察覺到的，所以說「善反之，則天地之性存焉」。朱子闡明程顥「論性不論氣，不備；論氣不論性，不明」的主張，認為從孔子、曾子、子思、孟子理會到這一點之後，再也沒有人說清楚這兩者之間的關係，所以朱子很感慨地說：

「使張程之說早出，則這許多說話自不用紛爭。」

然而，在北宋諸子中，張載和二程都是主張「義理」而反對「象數」的。上述引文以及他對於河圖、洛書的處理方式，很清楚地顯示，朱熹非常了解：太極兼為「象、數、氣、理」之始，他要發展理學，決心採取張載和二程所開拓出來的「理／氣」之道，但是他不能捨棄「象、數」，重蹈王弼的覆轍，所以他決定保留河圖、洛書的完整文化系統，而以「陰陽氣化宇宙觀」作為其理學的基礎預設。但在他的理學論述中，聚焦於討論「理／氣」關係。

◉「理／氣」與「體／用」

對於朱熹而言，「理也者，形而上之道也，生物之本也」；「氣也者，形而下之器也，生物之具也」，在他的「陰陽氣化宇宙觀」中，「理／氣」關係和「道／器」關係可以用來解釋宇宙中萬物化生的原理，這是所謂的「物理」。人為宇宙中的萬物之一，「必稟此理然後有性，必稟此氣然後有形」，所以同樣的「理／氣」關係和「道／器」關係也可以用來解釋「人物之生」的原理，這就是所謂的「性理」。朱子在此特別強調：不論是「理／氣」，或是「道／器」之間，都有「不即不離」的關係，「其性其形雖不外乎一身」指的是「不離」；「道器之間分際甚明，不可亂也」，指的是「不即」。

「理／氣」之間有「不即不離」的關係，也可以用來理解朱子的「體用觀」：

> 體用一源，體雖無迹，中已有用。顯微無間者，顯中便具微。天地未有，萬物已具，此是體中有用。天地既立，此理亦存，此是顯中有微。（《朱子語類・卷六十七・程子易傳》）

朱子的「陰陽氣化宇宙觀」，可以上溯至陳摶的《龍圖易》。本書第三章〈《易》理：自然主義的宇宙觀〉指出：陳摶繪製河圖、洛書旨在闡明天地運行之理，河圖為體，洛書為用，可以解釋伏羲易與文王易。所以說「體用一源，體雖無迹，中已有用」。

《朱子語類・程子易傳》說「天地未有，萬物已具，此是體中有用。天地既立，此理亦存，此是顯中有微」，二程稱之為「天理」。故朱子認為：

> 自太極至萬物化生，只是一個道理包括，非是先有此而後有彼。但統是一個大源，由體而達用，從微而至著耳。（《朱子語類・卷七十八・周子之書・太極圖》）
>
> 蓋其所謂太極云者，合天地萬物之理而一名之耳；以其無器與形，而天地萬物之理無不在是，故曰無極而太極，以其具天地萬物之理，而無器無形，故曰太極本無極也。是豈離乎生民日用之常，而自為一物哉！其為陰陽五行造化之賾者，故此理也。其為仁義禮智、剛柔善惡者，亦此理也。（《朱文公文集・卷七十八・隆興府學濂溪先生祠記》）

▣「理一分殊」

「自太極至萬物化生，只是一個道理包括」，所以朱子主張「理一」，它跟「太極」是異名而同謂，所以說：「所謂太極云者，合天地萬物之理而一名之耳。」天地萬物之理「統是一個大源，由體而達用，從微而至著耳」，所以「天理」絕不可能離開「生民日用之常」，「其為陰陽五行造化之賾者」，稱為「物理」，其為「仁義禮智」者，稱為「義理」；其為「剛柔善惡」者，則為「性理」，這就是朱子所主張的理一分殊：

> 天下之理萬殊，然其歸則一而已矣，不容有二三也。（《朱文公文集・卷六十三・答余正甫一》）

> 識得理一，未是一貫；識得分殊，方是一貫。今人纔望見理一門面，即以為一貫，此淺陋之甚者也。須於分殊中識得理一，始可到一貫地位。（《思辨錄輯要・卷二十八》）

朱子主張：「天下之理萬殊，然其歸則一而已矣。」他經常轉述其老師李侗的名言：「吾儒之學，所以異於異端者，理一分殊也。理不患其不一，所難者分殊耳」《李延平先生答問後錄》，因此他一再強調：「識得理一，未是一貫；識得分殊，方是一貫。」然則，學人該如何「識得分殊」呢？

> 或問「理一分殊」，曰：「聖人未嘗言理一，多只言分殊。蓋能於分殊中，事事物物，頭頭項項，理會得其當然，然後方知理本一貫。不知萬殊各有一理，而徒言理一，不知理一在何處。聖人千言萬語教人，學者終身從事，只是理會這個。要得事事物物，頭頭件件，各知其所當然，而得其所當然，只此便是理一矣。」（《朱子語類・卷二十七・子曰參乎章》）

《論語》記載孔子和弟子們的對話，都是「因事即理」，針對某一特殊事件，說明其理，因此朱子說：「聖人未嘗言理一，多只言分殊。」只要能夠從分殊中，「事事物物，頭頭項項，理會得其當然」，就可以知道其「理本一貫」。然則學人又該如何「得其所當然」的「一貫之理」？

⊡ 「月印萬川」

> 陰陽太極，不可謂有二理必矣。然太極無象，而陰陽有氣，則亦安得而無上下之殊哉？此其所以為道器之別也。故程子曰：「形而上為道，形而下為器，須著如此說。然器亦道也，道亦器也。」得此意而推之，則庶乎其不偏矣。仁義中正，同乎一理者也，而析為體

> 用，誠若有未安者。然仁者，善之長也；中者，嘉之會也；義者，利之宜也；正者，貞之體也。而元亨者，誠之通也；利貞者，誠之復也。是則安得為無體用之分哉？（《朱文公文集・卷十三六・答陸子靜六》）
>
> 行夫問：「萬物各具一理，而萬理同出一源，此所以可推而無不通也。」曰：「近而一身之中，遠而八荒之外，微而一草一木之衆，莫不各具此理。……所以謂格得多後自能貫通者，只為是一理。釋氏云：『一月普現一切水，一切水月一月攝。』這是那釋氏也窺見得這些道理。濂溪《通書》只是說這一事。」（《朱子語類・卷十八・大學五・獨其所謂格物致知者》）

這兩段引文可以看作為連結本書前後幾章的樞紐。更清楚地說，以河圖、洛書作為基礎的「陰陽氣化宇宙觀」，是朱子整個「理學」論述的背景視域，用傅偉勳（1986）「創造的詮釋學」來說，朱子的「理學」思想體系彌補了先秦儒學應當說，但卻沒有說清楚的「當謂」。依照「易理」，「元亨利貞」指的是「天理」，「仁義禮智」這四個字代表「義理」。然而，在《朱文公文集・答陸子靜》中，朱子講的是「仁義中正」，不是「仁義禮智」。依照朱子的解釋，「仁者，善之長也；中者，嘉之會也；義者，利之宜也；正者，貞之體也」。這句話裡，「中者，嘉之會也」和「正者，貞之體也」，代表的是「性理」。「萬物各具一理，而萬理同出一源」指的是「物理」。「元亨者，誠之通也；利貞者，誠之復也」，這句話說明：「誠」是溝通人天最重要的方法。

▣ 王霸之辯

朱熹 48 歲時，同時完成《周易本義》與《四書章句集注》，使他聲望鵲起，而在學術地位達於巔峰的 53 歲那一年，開始跟陳亮反覆討論「王霸之辯」。這場辯論不僅涉及理學的許多不同面向，而且跟儒家文化傳統如何「開出」民主有關，必須留得本書對宋明理學作完科學詮釋之後，再回頭一併討論（見第十二章）。

第六節　連續性的新「知識型」

從本章的析論中，我們可以很清楚地看出：朱熹在發展其理學思想體系的漫長過程中，刻意地要建構出一套以「天理」作為核心的新「知識型」。第三章第六節指出：本書所謂的「知識型」，是借自法國哲學家傅柯。在《詞與物》一書中（Foucault, 1966/1970），傅柯辨識出近代西方人文學發展進程中所出現的四種知識型：前經典知識型、經典知識型、現代知識型、當代知識型。他認為：在每一個知識型的階段中，所有的知識領域間都存在著一種高度的同構型態，他所辨認出來的這四種知識型是「不可共量的」。

⊡「連續性的知識型」

朱熹要打造的「知識型」並不具備這樣的特色。本章第一節的析論指出：在魏晉南北朝「三玄」思想盛行的時代潮流下，北宋四子都非常了解，他們所面對的時代任務，是要發展一套思想體系，來彰顯「吾儒」和易、老、佛等「三玄」的不同。《易經》原本是一本卜筮之書，但它卻是中華文化諸子百家的共同根源。本書第三章指出；漢代盛行的陰陽家以及流行於民間的「五術」，亦是源生自《易經》。北宋諸子既要彰顯「純儒」的特色，又要跟「玄學」劃清界線，他們所要建構的「知識型」對於《易經》的文化傳統，不但要有「批判的繼承」，而且要有「創造的發展」，並不是像傅柯在近代西方人文學中所考據出的那四種「知識型」那樣，是「不可共量的」。更清楚地說，朱子以「天理」作為核心的思想體系，跟先秦儒家思想之間有一定的「連續性」。這樣的「連續性」使得儒家文明能夠歷經外來文化的衝擊，而得以屹立不搖。

五代末年，陳摶將河圖、洛書發展成《龍圖易》，其目的是要將《易經》發展成一套可以為人所理解的「意義系統」（system of meaning），或本書一再強調的「文化系統」；同樣的，朱子在《周易本義》卷首，就提到以《龍圖易》表達的河圖、洛書，旨在說明：「純儒」的理學雖然跟當時民間流行的「象數」《易》有所區隔，但是它跟《易》理之間，仍然有連續性，並不是「不可共量的」。

◘ 堪輿的爭議

我們可以舉一個例子來說明宋代理學家對於「玄學」《易》的不同態度。風水術在中國古稱「堪輿」，是流行於民間的「五術」之一，屬於「山、醫、命、卜、相」中的「相術」。本書第三章指出：伏羲氏以八卦代表天地間的各種自然現象，包括數字、五行、方位、人倫、人體等等（見表5-1）。陰陽家的方術之士據此而發展出「五術」。在《四庫全書》中，堪輿列於子部，屬「術數類」。從事「相宅」或「相墓」的術士，自稱堪輿家，許慎《說文解字》曰：「堪，天道；輿，地道。」《漢書・藝文志》中有《堪輿金匱》十四卷、《宮宅地形》二十卷，主要為王室豪門所用。到了魏晉時期，玄學盛行，風水堪輿之術在中國民間已經廣為流行。

表 5-1　伏羲以八個自然符號代表天地間的自然現象

八卦	乾	兌	離	震	巽	坎	艮	坤
口訣	乾三連	兌上缺	離中虛	震仰盂	巽下斷	坎中滿	艮覆碗	坤六斷
陰陽圖	☰	☱	☲	☳	☴	☵	☶	☷
數理	1	2	3	4	5	6	7	8
五行	金	金	火	木	木	水	土	土
方位	南	東南	東	東北	西南	西	西北	北
人物	父、主人	少女	中女	長男	長女	中男	少男	母、老婦
人體	頭	口	眼	足	肝	耳	手、鼻	腹
現象	天	海洋、河流	太陽	雷	風	月亮	山、陸地	地

在〈宋代風水文化的擴展〉一文中，劉祥光（2010）追溯中國風水文化的源起，以及人們相信風水的動機。到了宋代，風水師的數目大為增加，風水卻成為士大夫爭議的話題，主要原因即在於理學的興起。這篇文章有一節討論理學家對於風水的不同態度，可以用來說明：朱子倡議理學，對於傳統中國文化而言，其實是一種「連續性的知識型」。

這裡我們首先要談的是邵雍對於風水所持的觀點。邵雍是北宋五子中「象數派」的代表人物，他是陳搏的再傳弟子，著有《皇極經世》、《鐵板神術》、《梅花易數》，父親逝世之後，其子邵伯溫記載邵雍處理其祖父後事的方式：「康節（邵雍）謀葬大父，與程正叔同卜地於伊川神陰原。不盡用葬書，大抵以五音擇地，以昭穆序葬，陰陽拘忌之說，皆所不信」（《邵氏聞見錄》）。

◘ 昭穆序葬

「昭穆序葬」源起於周代宗法制度。所謂「昭穆」，是指宗廟、祠堂、墓地中列祖列宗的排列順序，始祖居中，左昭右穆。中國民間葬書，「墓相」通常是由「龍、穴、砂、水、向」來定吉凶：「龍」為地形地勢，「穴」為墓的安置，「砂」為四周環境；其「定吉凶」的方式，就是源自《易經》的「陰陽拘忌之說」。邵雍本人就是精通卜術的著名易學家，他反對民間流俗的「墓相」；卻不反對同樣源自陰陽五行的「五音擇地，昭穆序葬」。

邵康節生前與司馬光、二程等名士交往甚密。上述引文中的程正叔，就是伊川先生程頤。他跟邵雍同樣反對風水之說，認為：「世間術數多，惟地理之書最無義理。」他和其兄程顥處理祖父的喪葬事宜，同樣只用「昭穆法」，不信風水師。風水師說該穴位是「絕處」，他回說自知是絕處，「且試看如何」。多年之後，他很得意地告訴別人，家中子孫「人已數倍矣」。他也反對改葬，認為：

> 夫葬者藏也，一藏之後，不可復改，必求其永安。故孝子慈孫，尤所慎重。（《二程集・卷十・伊川雜錄》）

他直截了當地批評家相墓相之說：

> 卜其宅兆，卜其地之美惡也，非陰陽家所謂禍福者也。地之美者，則其神靈安，其子孫盛，若培壅其根而枝葉茂，理固然矣。……父祖子孫同氣，彼安則此安，彼危則此危，亦其理也。而拘忌者惑以擇地之方位，決日之吉凶，不亦泥乎？甚至不以奉先為計，而專以利後為慮，尤非孝子安厝之用心也。（《二程集・卷十・葬說》）

從程伊川反對風水的論點可以看出：為了凝聚「純儒」的共識，北宋諸子正在思考：何謂「理」的「知識型」。這種「知識型」源自於《易經》的「陰陽氣化宇宙觀」，但又要跟陰陽家有所區隔，所以伊川說：「地之美者，則其神靈安，其子孫盛，若培壅其根而枝葉茂，理固然矣」，「父祖子孫同氣，彼安則此安，彼危則此危，亦其理也」，但理學家們卻刻意要跟當時世俗流行的「玄學」劃清界線，所以程頤批評「拘忌者惑以擇地之方位，決日之吉凶，不亦泥乎？」認為：「擇地之方位，決日之吉凶」並「不合理」。然而，他反對風水最重要的理由，卻是基於儒家的孝道，認為相信風水的人「專以利後為慮」，「不以奉先為計」，「非孝子安厝之用心」。

◘ 朱熹獨排眾議

北宋四子之一的張載也批評風水之術，他認為：「葬法有風水山崗，此全無義理。」到了南宋時期，曾經長期跟朱熹論學的「湖鄉學派」代表人物張栻，也認為風水之說違反孝道，而堅決反對。他在廣西靜江擔任知府時，見當地百姓「遇有災病等事，妄聽師巫等人邪說，輒怪父祖墳墓不吉，發掘取棺，棲寄他處，謂之出祖。動經年歲，不得歸土」，因此嚴申禁令，不惜動用公權力，來落實他的主張。

朱熹是北宋理學思想的集大成者。他 46 歲時跟當時「婺學」代表人物「東萊先生」呂祖謙整理北宋四子的思想，編成《近思錄》，後來又加入「象數派」邵雍的觀點，整合成理學思想體系，不可能不知道北宋五子對於風水的看法。朱熹的好友呂祖謙在撰寫〈金華時澐母陳氏墓誌銘〉時，感嘆：有風水師斷言祖塋風水的「後利」偏向某一房，而導致「兄弟忿鬥，或謂是山於伯獨吉，或謂是水於季獨凶，狐疑相伏，暴其親之遺骨而不可檢，甚可哀也已」。朱熹先祖在處理徽州婺源祖墓時，曾經因為風水問題而發生衝突：

> 某家中自高祖而上，三墓埋沒草間，高祖墓又被曾叔祖以不利其房下，欲改葬，方發故壙，見其中甚溫燥，倉皇掩塞，墓面磚石狼藉，自先世皆不及整。（《朱文公文集・卷五十七・答李堯卿》）

然而，在當時的理學家當中，朱熹本人對風水問題，卻是獨樹一幟。他不僅批評呂祖謙的風水觀，同時也刻意曲解程頤的意思：

> 程先生亦揀草木茂盛處，便不是不擇。博恭（呂祖謙）卻只是胡亂平地上便葬。若是不知此理，亦不是。若是知有此道理，故意不理會，尤不是。（《朱子語類・卷八十九・冠婚喪》）

朱熹平素極為敬重二程，他在這裡派好友呂祖謙的「不是」，又批評程伊川，所根據的「此理」、「道理」，顯然是他所理解的陰陽氣化宇宙觀。他還曾經因為宋光宗（1190-1194）陵寢之事上奏朝廷，指出當時「士庶稍有勢力之家欲葬其先者，無不廣招術士，博訪名山，參互比較，擇其善之尤者然後用之」。如果風水欠佳，「子孫亦有死亡絕滅之憂，甚可畏也」。因此在建皇陵一事上，「雖術家之說，然亦不為無理」（《朱文公文集・卷十五・山陵議狀》）。

◘ 蔡元定的堪輿術

這個說法表示當時很多人認為：「術家之說」是「無理」的。更值得注意的是：朱熹的好友蔡元定（1135-1198）之父蔡發（1089-1152）告誡元定：

> 為人子者不可不知醫藥、地理。父母有疾，不知醫藥，以方脉付之庸醫之手，誤殺父母，如己弑逆，其罪莫大。父母既歿，以親體付之俗師之手，使親體魂魄不安，禍至絕祀，無異委而棄之於壑，其罪尤甚。至於關生人之受蔭，冀富貴於將來，特其末耳。（《全宋文・卷五八一七・玉髓經發揮序》）

「醫藥、地理」均屬民間流行的「五術」。蔡元定相信風水不佳可能導致「親體魂魄不安，禍至絕祀」，至於「關生人之受蔭，冀富貴於將來」其實是枝微末節的小事，他本人「凡諸家葬書，古今莫不備覽」，並對張洞玄撰、劉允中注的地理之書《玉髓真經》加以發揮。

在宋朝之前，太極與河圖、洛書的記述只有文字。到五代末期道家一代宗師陳搏才首創《龍圖易》，提出河圖、洛書的圖案，破解千古之謎。南宋時，蔡元定將五行生成圖稱為「河圖」，九宮圖稱為「洛書」；朱熹承襲其說，並將之記於《周易本義》卷首，「圖十書九」成為南宋之後的通用理論，「陰陽氣化宇宙觀」也成為朱子理學「文化系統」的共同基礎。由此可見，朱熹非常了解他的師友們對於風水的看法，他之所以堅持自己的風水觀，跟蔡元定一樣，是為了要將他的理學打造成「內容自洽，前後一貫」的文化系統，這樣的文化系統對《易》理既有「批判的繼承」，又有「創造的發展」，形成一種連續性的新「知識型」。

然而，由於中國傳統「語錄」或「語類」表述方式的侷限，朱子其實很難把他自己的思想體系表達清楚，他所建構的「意義系統」也留下許多的「蘊謂」和「當謂」，留待後人繼續詮釋。

本章小結：天象與堪輿

我們可以舉一個例子來說明：當年在宋代理學家中，朱熹和蔡元定兩人為什麼獨排眾議，願意挺身為風水「堪輿」說話。1950 年代，山西省襄汾縣發現了一個陶寺考古遺址。由於希望找到夏墟遺址，考古學家們從 1970 年代開始，在三晉地區進行大規模的挖掘工作。到了 2001 年，出土的遺跡包括宮殿、王陵、城牆、貴族墓園、住宅、宗教禮拜場所等等，考古學家才斷定：這是龍山文化，而不是原先預期的二里頭文化，它很可能是堯的都城。

那裡有三層墓葬，可能分屬唐堯、虞舜、夏禹三代。在城牆外的黃土臺塬東南角上，發現了一些規則排列的石柱遺跡，十幾個石柱圍成一個大約六十度的圓弧，石柱之間有小小縫隙，考古學者在圓弧的圓心位置朝石縫看，南側的第二個縫隙可以看到冬至那天的日出，最北側的縫隙射進來的，則是夏至清晨的第一道陽光，其他石縫分別可以看到其他節令的日出，如春分、秋分等。這個遺跡稱做「觀象臺」，說明四千多年前住在這裡的人已經能夠藉由觀測日出，訂出曆法、量刻時間。也證實了《尚書・堯典》上所說的「曆象日月星辰，敬授人時」。

臺大地質學教授魏國彥（2022）試圖用古氣候學的新證據探討大禹治水的傳說，在〈祖靈的視角〉這篇文章中，他說：

> 我量測出冬至日出的方位角約為一百三十一度，就順手在考古遺址地圖上畫出冬至陽光入射線，不畫則已，一畫嚇一跳，原來這座都城的長方形城牆與宮殿的走向，都與冬至陽光入射方向一致，就連城內城外大大小小的墓坑也依照這個方位整齊排列。原來，祖先長眠的方位與冬至的陽光對齊！
>
> 都說中國傳統風水的陽宅向位是「坐北朝南」，然而這最原始的華夏都城卻是「坐東北朝西南」，與正北方有個一百三十一度的夾

角。所謂「風水」的最初源頭，既不是冬天呼嘯的北風，也不是臺塬下環繞的河水，而是冬至的第一道陽光！標定這第一縷陽光準確方位的人，也標明了他的「天子」身分！難怪陶寺遺址被認為是唐堯的都城。

對中國傳統曆法貢獻最大的人物，是南北朝時期劉宋的數學家和天文學家祖沖之（429-500）。他在數學上著有《綴術》一書，當時「學官莫能究其深奧」，到了唐代，被列為《算經十書》之一，成為唐代國子監算學課本。他發現當時通行由天文學家何承天編製的「元嘉曆」有很大的誤差，即以其數學為基礎，經過多年的觀察和推算，編製成「大明曆」，直到梁武帝天監元年（510 年），才正式頒布施行。

這個故事說明，伏羲卦出現之後，中國人以「知其然而不知其所以然」的方式，用其中蘊涵的「陰陽氣化宇宙觀」為基礎，「道法自然」發展出適應自然環境的生活方式，後來學者才發展出不同的「數術」，用來說明自然環境中某一面向之「所以然」。然而，從西漢末年讖緯依附六經，預示吉凶以來，有些方術之士倡議的「堪輿之術」已經被大多數的兩宋儒者斥為無稽之談，但朱熹卻知道：風水跟陳摶的《龍圖易》一樣，是儒家文化系統的一部分，後人必須藉此來思索何謂「天理」，所以他不願意輕言放棄。

然而，朱子的理學自身，也留下了許多有得闡明的「蘊謂」，有待後世學者作更進一步的詮釋。在本書下列各章中，我將以《內聖與外王》一書中所建構的理論模型，重新詮釋朱子「理學」中所討論的「物理」、「義理」和「性理」：我將先以六、七兩章說明「物理」和「義理」。再用本書第四部分的第八章說明榮格和玄奘對於「自性」的探索，然後以九、十、十一等三章分別說明：「心統性情」的修養論、「窮理致知」的知識論和「敬義挾符」的實踐論。

第三部分

中西文化的會通

第六章　「物理」：「關係」與「自我」的形式性理論

本書第三部分名為「中西文化的會通」。本書系旗幟鮮明地主張：源自《易經》的中國文明，跟源自《聖經》與希臘哲學的西方文明是兩種截然不同的文化系統，兩者會通的上上之策，是採用西方文化中的「形構之理」，根據本書第一章所講的知識論策略，建構普適性的「自我」與關係的理論模型，以之作為架構，建構「含攝文化的理論」，分析說明儒家的文化傳統。本書隨後各章，即是要以我在《內聖與外王》一書中所建構的理論模型，來闡明這個論點。

本章題為〈「物理」：「關係」與「自我」的形式性理論〉，其內容分為五節，第一節「『文化系統』的分析策略」，先從科學哲學的角度，針對儒家文化傳統的特色，提出分析文化系統的知識論策略。第二節說明：我所提出的〈人情與面子〉理論模型是普適性的社會互動機制，並從「結構主義」的觀點，說明「批判實在論」所找尋的「機制」跟「結構」之間的異同。第三節說明我建構〈自我的曼陀羅模型〉的經過及其哲學基礎。最後再從「中西會通」的觀點說明，我建構的這一系列理論可以用來闡明朱子理學中有關「義理」和「性理」的論述。

第一節　「文化系統」的分析策略

黃俊傑（2014）在其力作《儒家思想與中國歷史思維》一書中指出：傳統中國史家與儒家學者都主張：學術研究的目的在於淑世、經世乃至於救世。為了彰顯儒家價值的淑世作用，他們都非常強調：以具體的歷史「事實」來突顯儒家的「價值」，並在歷史「事實」的脈絡中說明儒家「價值」的意義。這就是所謂的「重變以顯常，述事以求理」，也就是章學誠所說的「述事而理以昭焉，言理而事以範焉」。浸潤在儒家文化氛圍中的傳統中國史家認為：價值理念的「普遍性」（universality）深深地根植於歷史與人物的「特殊性」（particularity）之中，而「抽象性」的「天道」或「理」，也可以從「具體性」的史實之中提煉或抽離而出，黃俊傑稱之為「具體的普遍性」（concrete universals）。

回 具體的普遍性

傳統中國史學家重新建構具體而特殊歷史事實的最高目標，是為了要從中抽取出普遍性原理作為經世之依據。正如司馬遷在〈報任安書〉中所言：

> 僕竊不遜，近自託於無能之辭，網羅天下放失舊聞，考之行事，稽其成敗興壞之理，凡百三十篇，亦欲以究天人之際，通古今之變，成一家之言。

由於太史公著書立說的目的在於「究天人之際，通古今之變」，所以他「網羅天下放失舊聞，考之行事，稽其成敗興壞之理」。寫成本紀、世家、列傳的對象，泰半是王侯將相，殊少納入一般庶民百姓，形成中國史家「以史論經」的傳統。朱熹也有類似觀點：

> 若夫古今之變，極而必反，如晝夜之相生，寒暑之相代，乃理之當然，非人力之可為。是以三代相承，有相因襲而得不變者，有相損益而得不可常者。然亦惟聖人為能察其理之所在而因格之，是以人綱人紀，得以傳之百世而無弊。不然，則亦將因其既極而橫潰四出，要以趨其勢之所便，而其所變之善惡，則有不可知者矣。（〈古史餘論〉）

▣ 儒家的「文化系統」

朱子認為：三代相承之「理」，「有相因襲而得不變者，有相損益而得不可常者」，但只有聖人之「心」才能夠「察其理之所在而因革之」，並將儒家所重視的「人綱人紀」一代一代地傳承下去。

然而，這具有「普遍性」的「天道」或「理」究竟是什麼？朱熹主張「理一分殊，月印萬川」，認為源自「天道」的「理」會呈現在「人心」或諸多事物的素樸狀態中。他從各種不同角度，反覆析論：仁、義、禮、智、信等儒家所謂的「五常」，都是「天理」的展現。

但是，在「天人合一」的文化傳統裡，宋明理學家雖然致力於「道問學」，他們卻很難將具有「普遍性」的儒家價值理念建構成形式性的理論，來說清楚「儒家價值是什麼？」因此，儒家文化第三次的現代化，必須充分吸納西方文明菁華的科學哲學，以「多重哲學典範」（multiple philosophical paradigms），建構「含攝文化的理論」。這樣建構出來的理論，必須適用於華人社會中的每一個「人」，而不僅止於「帝王將相」。

這裡必須說明的是：「多重哲學典範」一詞中，所謂的「哲學」，是指科學哲學。用牟宗三（1968a，1968b）的概念來說，「儒、釋、道」三教合一的中華文化傳統，本質上是一種「存在之理」；而源自西方的科學哲學，旨在闡明「形構之理」。「理一不難，難在分殊」，在社會科學本土化的過程中，以「多重哲學典範」建構「含攝文化的理論」，就是要適恰地應用各種不同的哲學典範，「恰如其分，恰如其位」地解決我們在理論建構上所遭遇到的各項難題。

前文提到：傳統中國史學家建構歷史的目的是「因事求理」，由具體而特殊的歷史事實中，抽出普遍性的原理。本書第一章提到：我所採用的知識論策略，是以「批判實在論」作為建構「含攝文化的理論」之基礎。

◘ 先驗論證

批判實在論的知識論工作雖然類似於此，其知識論目標卻完全不同。批判實在論的主要目的，是在整合自然及社會科學，其內容包含「先驗實在論」與「批判自然主義」（critical naturalism）兩大部分。「先驗實在論」是以自然科學的實驗活動作為基礎，運用「先驗論證」（transcendental argument）建立科學理論模型；「批判自然主義」則是「先驗實在論」在社會科學中的應用。

在西方哲學裡，「實在論」通常主張：「知識對象」是獨立於知識之外的一種存在。巴斯卡指出所謂：「實在的」（real）一詞，基本上是和「想像的」（imaginary）或「表象的」（apparent）互相對立（Bhaskar, 1983）。實在論者所探究的「知識對象」，是存在於「表象」之下的、底部的或深層的「實在」，或者「實在」的結構，而不僅只是「表象的」或「想像的」部分或結構。

「先驗實在論」明確標示「先驗」一詞的主要理由，在於支持此一學說的論證方式，乃是「先驗論證」。所謂的「先驗論證」，是「從一個已經發生的現象，推論到一個持久性結構」，或是「從實際上的某一個事物，推論到更根本的、更深處的、奠定該事物之可能性的某一事物」。用巴斯卡本人的話來說，他所謂的「先驗論證」，乃是一種「追溯論證」，是「從某現象的描述、回溯到產生該現象之某事物（或某條件）的描述」的論證方式（Bhaskar, 1986, p. 11）。

根據巴斯卡的說明，科學知識的對象包含兩種；一為「不變的實在對象」（unchanging real objects），另一為「變動的認知對象」（changing cognitive objects）（Bhaskar, 1975）。前一種知識對象，是在人類描述之外獨立存在的世界。後一種知識對象，則是描述或解釋前一種知識對象的人為產物，包含各種假設、定律、模型、理論、研究法、研究技術等等。前一種知識對象是不變的存在，後一種知識對象則是可變的存在。後一種知識的變動特性，展現在各種言之成理的對立理論之上，或表現在理論本身的刪改或增修之中。

因此，我用以分析文化系統的知識論策略，包含兩個步驟：第一，建構普適性的〈人情與面子〉理論模型（Hwang, 1987）和〈自我的曼陀羅模型〉（黃光國，2011；Hwang, 2011）。第二，以之作為參考架構，依據「分析二元說」的主張，分析先秦儒家經典（Archer, 1995, 1996）。

本書第三章〈《易理》：自然主義的「宇宙觀」〉，指出：以孔子為首的先秦儒家諸子，用「立仁道於天道」的方式，建構出儒家的倫理道德體系。用現代的概念來說，先秦儒家諸子深信：他們所主張的「仁道」是具有普適性的。這個主張跟五四以來主張「全盤西化」的「西化派」、「自由派」或「現代化派」的中國知識分子觀念正好相反。他們總是認為：西方建立在「個人主義」預設之上的「自由、民主、人權」等價值觀才是具有普適性的。這兩種對反的立場究竟哪一個是正確的？這是當前美中「文明對抗」價值衝突的焦點，因此必須從各種不同角度，仔細加以析論。

第二節　社會互動的普適性機制

我所建構的〈人情與面子〉的理論模型（Hwang, 1987），將互動的雙方界定為「請託者」（petitioner）及「資源支配者」（resource allocator）。當「請託者」請求「資源支配者」，將他掌握的資源作有利於「請託者」的分配時，「資源支配者」心中所做的第一件事是「關係判斷」，他要思考的問題是「他和我之間有什麼樣的關係？」

回「關係」與交換法則

圖 6-1 中代表「關係」的方塊，是由代表「情感性成分」的灰底部分及代表「工具性成分」的白底部分所構成。所謂「工具性成分」是指：作為生物體的個人，天生而有各種欲望，在生活中往往必須以他人作為工具，獲取各種資源，滿足一己的欲望。這樣的「工具性成分」和人跟人之間的「情感

性成分」經常夾雜在一起。依照這兩種成分的多寡，圖 6-1 以一條實線和一條虛線將「關係」分為三大類：「情感性關係」、「混合性關係」和「工具性關係」。在儒家文化傳統的影響之下，個人可能傾向於以「需求法則」、「人情法則」和「公平法則」等三種不同的交易法則，和這三類不同關係的社會對象進行互動。「情感性關係」通常是指家庭中的人際關係，「混合性關係」是指個人和家庭外熟人的關係，兩者之間以一道實線隔開，表示兩者之間有相當清楚的心理區隔，家庭之外的人很難變成為「家人」。「工具性關係」是個人為了獲取某種資源，而和陌生人建立的關係，它和「混合性關係」之間以一條虛線隔開，表示經過「拉關係」之後，屬於「工具性關係」的其他人可以穿過這層心理區隔，使雙方變成「混合性關係」。

在〈人情與面子：中國人的權力遊戲〉一文中（Hwang, 1987），作者用了許多文字描述「人情法則」在華人社會中的意義。倘若我們將華人社會中的「人情法則」看作是「均等法則」的一個特例，它強調個人一旦收受了他

圖 6-1　人情與面子的理論模型

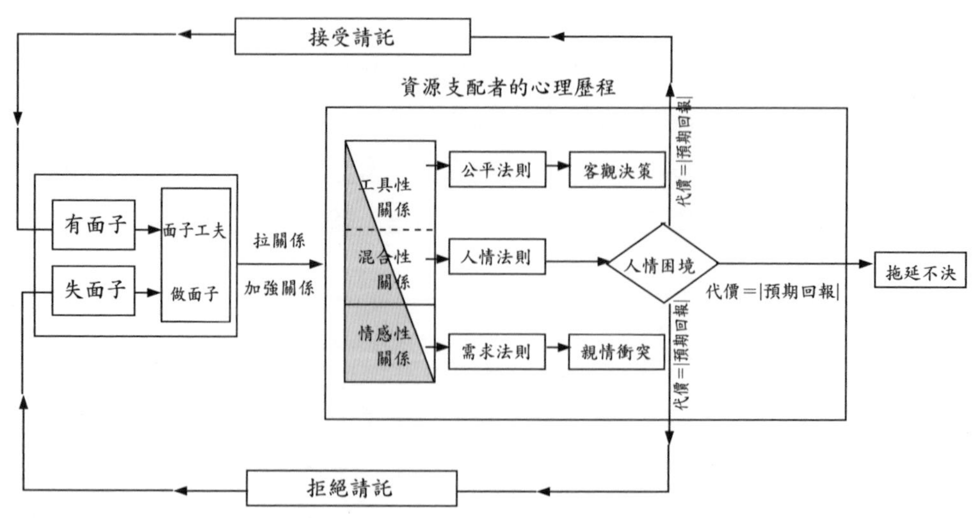

註：引自 Hwang（1987, p. 948）。

人的恩惠，一定要設法給予等量的回報，則「人情與面子」的理論模型，應當是一個可以適用於各種不同文化的普遍性理論模型。它是生物決定的，反映出人類社會互動的普遍心智。針對這樣的主張，讀者一定會問：為什麼？有什麼證據可以支持這樣的論點？

◘ 社會行為的基本形式

在《社會生活的結構》（*Structures of Social Life*）一書中，Fiske（1991）回顧以往社會學、人類學及心理學的大量文獻之後，指出：人類社會的關係主要可分為四種模式：

1. 社群分享（communal sharing）：這是一個等同的關係（relationship of equivalence），人們為了要達成位於個人之上的群體目標（super ordinate goal），而融合在一起，並對其集體（collectivity）有高度的認同，認為他們在某些重要的層面上都是同樣的「我們」，而不是「個人」。
2. 權威排序（authority ranking）：這是一種不平等的關係，具有可過渡的不對稱性（transitive asymmetry）。如果某一特定的階層包含三個以上的人，他們可以排成線型的階層。在這種關係中，人們會依其社會的重要性或地位，來建構彼此的關係：占高階者比別人控制更多的人、物及資源，別人也認為他們擁有較多的知識，以及掌控事物的能力。社會關係中位階較高的人通常握有主動權，能夠做選擇並表現偏好，也能夠宰制較多的低階屬下。如果屬下對上司表現服從及效忠，高階者通常也會給予部屬保護及支持。
3. 平等匹配（equality matching）：這是個別同儕之間的平等關係，其中每一個人的影響力、貢獻及分配之份數，都是均衡的，而且可以一對一的互相對應。平等匹配的展現方式可能是輪流（turn taking），關係中的每一個人依時間順序（temporal sequence），做出同樣的行動；或是同等回報（in-kind reciprocity），人們給予並從他人處獲得同等物品的回報。在分配正義方面，平等匹配採取「平等均分」（even distribution into equal parts）的方式，每個人拿到跟別人同樣的一份，所以每個人都不在意他拿到哪一份。

4. 市場計價（market pricing）：這種關係是以市場系統所決定的價值，作為中介。在市場計價關係中，人們通常會以「價格」（price）或「效用」（utility）這種普適性的單一尺度，來衡量相關商品或人的價值。這種商品的評價，可以用價格的比率（ratio）來表示；在以物易物（direct barter）的場合，則為兌換比率（exchange ratio）。

▣ 無意識的結構

Fiske（1991）指出：這四種關係模式是人類組織各種社會不同範疇的方法，它們和心理計量中所用的四種尺度，即名目尺度（nominal scale）、序位尺度（ordinal scale）、等距尺度（interval scale）和比率尺度（ratio scale），是互相對應的。這四種關係結構展現在人類各種情境、工作、活動種類、行動領域、實質問題和態度之中，意味著這些結構都是產生自同一組的心理基圖（psychological schemata），亦即人類心智共同的深層結構。

李維史陀在《結構人類學》一文中指出：社會結構並不僅只是一個特定社會中社會關係的總和。它不是經驗的結果，而是依據經驗實在建造起來的模式，是超越經驗的觀察而達到的比較「深遠的實在」（Lévi-Strauss, 1976/1995）。這樣找出來的「結構」，是一個完整的整體，它由許多元素組成，其中任何一個元素的變化，都受其他元素變化的限制。因此，一個結構的構成元素具有不變性與穩定性。當結構的所有元素都發生變化時，這個結構就變成了另一個新的結構。

李維史陀在「結構」這個概念中所強調的是它的「不變性」和「穩定性」，是不因時間的流逝而變化的。它是以社會生活中的某些普遍性作為基礎。可是，「結構」卻是一種「真實的存在」，是隱藏在那些變化因素後面的「穩定性」。

在李維史陀看來，社會結構是人類固有精神的一種產物，它是由遺傳所決定，而不是由社會或文化所決定。「結構」是不動的，其不動性是由人類理性的穩定性所產生出來的；只有複製品或仿本才是可變的。結構主義所關切的重要問題不是變動因素、不是歷史演變過程，而是要找到最初的「模式」，這一模式就是「結構」。

人類文化創作活動的思維機制，是在人類的童年時期確定下來的。童年期的創作經驗一經沉澱，便深深地紮根於人類潛意識的底層，形成其頑固和堅實的性質。人類一切文化的成果，都是這種最深層的潛意識，歷經多種因素的壓抑，終於又曲折地掙脫出來，所造成的結果。所以，潛意識中的經驗構成個人歷史中各個不同階段之文化活動的「原型」和基本模式。

▣ 內心的直觀

文化的結構是理性在無意識之中創造的，但理性本身並不一定馬上能認識它。理性在無意識中的這種活動，只能通過它所形成的文化體系、神話、親屬系統、交換結構、語言結構、文物等等，去逼近它。

結構主義者充分認識到：社會科學對總結社會規律方面的無能。他們企圖用「結構」來揭示社會本身的內在關係，並「說明」某些普遍性的社會現象。他們最多只是「說明」而已，並不像自然科學家那樣，想要「控制」什麼，或「預測」什麼。

因為他們否認有客觀社會規律的存在，因此結構主義者反對採用經驗主義的研究方法，反對從具體事物出發，反對以客觀事實作為基礎，去總結規律。他們認為：「結構」是先天具有的，是主觀意志賦予客觀現象的結果。因此，「結構」的揭示，不能憑藉感官的觀察，必須仰賴內心的「直觀」。Fiske（1991）深入回顧人類學、心理學和社會學的文獻，寫成其代表作《社會生活的結構》（*Structures of Social Life*），其副標題為：「人類關係的四種基本形式」（*The Four Elementary Forms of Human Relations*），其道理即在於此。

⊡「機制」與「結構」

Sundararajan（2015）曾經以 Fiske（1991）所提出的社會行為的四種基本形式和「人情與面子的理論模型」互相比較，結果顯示：社群分享、平等匹配和市場計價這三種不同的社會行為，和「人情與面子的理論模型」中的「情感性關係」、「混合性關係」和「工具性關係」三種關係，以及「需求法則」、「人情法則」和「公平法則」三種交換法則是互相對應的。至於〈人情與面子〉的理論模型中，請託者與資源分配者之間的關係，則涉及雙方之間的「權力差距」（power distance），也就是 Fiske 理論中所謂的「權威排序」。

Fiske（1991）是心理人類學者，採取人類學結構主義的研究進路，將人類社會行為的深層結構加以分類；「人情與面子的理論模型」則是從社會心理學的角度，以「批判實在論」為基礎，建構出的人類社會互動的普遍模式。

從科學哲學的演化系譜來看，結構主義的知識論是屬於「先驗理念論」，「批判實在論」的知識論是屬於「先驗實在論」；他們在知識論工作方面都是屬於「實在論」（realism），都同樣相信他們在「現象」（phenomenon）背後所探索的「本體」（nomenon）是實在的；可是，這兩種研究取徑所追求的知識論目標並不相同：「機制」必然是有結構的，但是結構的元素並不會自動構成「機制」。

這裡值得特別強調的是：倘若我們以普適性的「均等法則」取代「人情法則」，則「人情與面子的理論模型」中，所用的全部概念，都是「批判實在論」所謂的「先驗的理念」；而「請託者」和「資源支配者」之間的角色關係，也是可以互換的（interchangable），在某一時間扮演「請託者」角色的人，到了下一個時間，就可能變成「資源支配者」，端視他是否需要或是否掌握某種資源的支配權而定。

第三節　〈自我的曼陀羅模型〉

一個「人」在某一特定的社會情境中，究竟是要扮「請託者」或「資源分配者」的角色，取決於個人在該情境中對自我該如何「行動」的判斷。因此，在《內聖與外王》一書中，除了「人情與面子的理論模型」之外，我還建構了普適性的〈自我的曼陀羅模型〉（黃光國，2011；Hwang, 2011），兩者併在一起討論，方能對經過反思的社會實踐作出合理的詮釋。

▣ 生命的原型

我曾經說過，我之所以能夠建構出〈自我的曼陀羅模型〉，是受益於第三度參觀「婆羅浮屠」佛塔所獲得的靈感（黃光國，2011；Hwang, 2011）。「婆羅浮屠」位於印尼日惹市西北 40 公里處，完成於第九世紀，據說是由當時統治爪哇島的夏連特拉王朝的統治者所興建，是當時世界上最大的佛教建築物。後來因為火山爆發，使這座佛塔下沉，並隱蓋於茂密的熱帶叢林中，將近千年之久，直到十九世紀初才被清理出來，與中國的長城、埃及的金字塔和柬埔寨的吳哥窟並稱為古代東方的四大奇蹟。

婆羅浮屠本身就是一整座大佛塔，其主要建築分為塔基、塔身和塔頂三個部分。這座塔共九層，下面的六層是正方形，上面三層是圓形。塔基是一個邊長為 123 米的正方形，高 4 米。塔身由五層逐漸縮小的正方形構成，第一層距塔基的邊緣 7 米，然後每層以 2 米的差距縮小，留下狹長的走廊。塔頂由三層圓形構成，每一層上建有一圈多孔的舍利塔，三層的舍利塔形成三個同心圓。頂層的中心是一座圓形佛塔，總共被七十二座鐘形舍利塔團團包圍。每座舍利塔裝飾著許多孔，裡面端坐著佛陀的雕像（Soekmono, 1976）。當導遊說明「婆羅浮屠」佛塔的基本結構時，我突然領悟到：原來「婆羅浮屠」佛塔的結構是一座立體的「壇城」，而且不論是「壇城」也好，「婆羅浮屠」佛塔也罷，它們都代表了生命的原型。

▣ 壇城

西藏佛教中的壇城，稱做曼陀羅（Mandela），通常是以彩色繪成，象徵佛菩薩的莊嚴世界，其基本結構為內圓外方，意即慈悲與智慧。在藏傳佛教的大法會中，通常會請幾位僧人用一、兩個星期的時間，以五彩細沙，製作壇城。沙壇城的製作，有一定的規矩，製作過程便是一種禪定與智慧的訓練。製作完成的沙壇城，圖案對稱，色彩鮮豔，壯麗莊嚴，加持法會會場和平吉祥，同時也加持參加法會的大眾所願皆遂，法喜充滿。

法會結束之後，僧人立刻以手指將沙壇城劃破，再將彩色細沙分由信眾帶回家供養，剩下的沙子則灑在河中或大地。壇城象徵佛教修持對自身生命境界所造成的轉化；壇城由製作到毀壞的過程，象徵自身生命的成、住、壞、空；製作和對待壇城的態度，則蘊涵了佛教最高的生命智慧：「凡事認真，不必當真」。佛教相信業力因果，「生滅隨緣至」，諸法因緣生，諸法因緣滅，一切事情的成敗苦樂都要由自己承擔，所以要凡事認真。另一方面，佛教又相信緣起性空，世間萬事萬物皆變化無常，所以不必當真。

西藏僧侶製作壇城的過程中，所蘊含的智慧，幾乎已經包含了東方文化中自我修養的主要概念。曼陀羅內圓外方的結構，則是「理想自我」（ideal self）的象徵，它表現了心靈的整體性，涵融了人類和外在世界的關係。

▣ 自我的結構

在榮格所編的《人及其象徵》（*Man and His Symbols*）一書中（Jung, 1964），收錄了 Aniela Jaffe 所寫的〈視覺藝術中的象徵主義〉（Symbolism in the Visual Arts）這篇論文。文中指出：在 1000 年左右時出現的各種教派和運動中，煉金術士扮演了極重要的角色，他們尋求的是包括人類心靈與肉體在內的圓滿整體，並為此圓滿整體創造了許多名字和象徵，其中一個核心象徵稱作「正方的圓形」（quadratura circle），這名稱聽起來令人感到困惑難解，其實它可以用一個標準的曼陀羅表現出來，婆羅浮屠這座「立體壇城」

中的欲界、色界和無色界，則具體表現出：自我在不同生命階段所達到的不同境界。

在她的這篇論文裡，Jaffe 指出：不論是在原始人的太陽崇拜或是在現代宗教裡、在神話或是在夢裡、在西藏僧侶繪製的曼陀羅，或是在文明社會中世俗和神聖建築的平面圖裡，圓的象徵都是指向生命最重要的境界，即生命的終極圓滿（ultimate wholeness），而方型則是世俗事物、肉體與現實的象徵。

◘〈自我的曼陀羅模型〉

在我所建構的〈自我的曼陀羅模型〉（見圖 6-2）中，所謂「自我」，是指業經社會化而具有反思能力的個人，其生活世界可以用曼陀羅內圓外方的結構圖來表示（黃光國，2011；Hwang, 2011）。圖 6-2 中的「自我」（self）處於兩個雙向箭頭的中心：橫向雙箭頭的一端指向「行動」（action）或「實踐」（praxis），另一端則指向「知識」（knowledge）或「智

圖 6-2　〈自我的曼陀羅模型〉

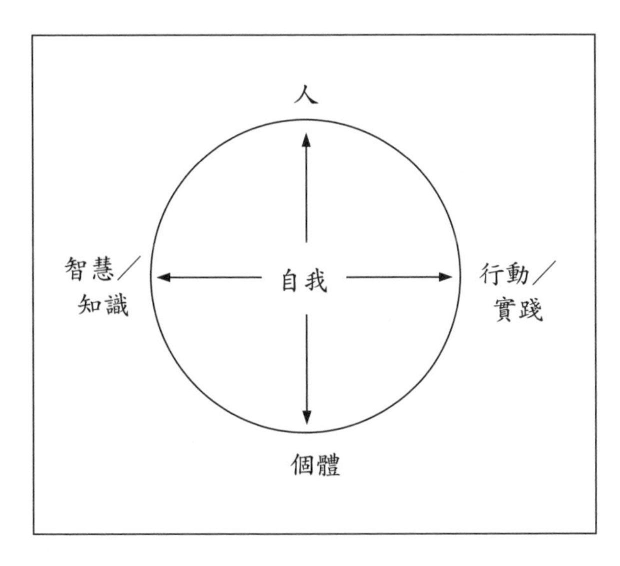

註：引自 Hwang（2011, p. 330）。

慧」（wisdom）；縱向雙箭頭向上的一端指向「人」（person），向下的一端指向「個體」（individual）。從文化心理學的角度來看，這五個概念都有特殊的涵義，都必須作進一步的分疏。

◘「人／自我／個體」

「人」、「自我」和「個體」的區分，是人類學者 Grace G. Harris（1989）回顧大量的人類學文獻後，所提出來的一組概念。她指出，不論是在哪一個文化裡，人格的結構都是由「人／自我／個體」三個層次所組成的。在西方的學術傳統裡，個體、自我和人這三個概念有截然不同的意義：「個體」是一種生物學層次（biologistic）的概念，是把人（human being）當作是人類中的一個個體，和宇宙中許多有生命的個體並沒有兩樣。

「人」是一種社會學層次（sociologistic）或文化層次的概念，這是把人看作是「社會中的施為者」（agent-in-society），他在社會秩序中會採取一定的立場，並策劃一系列的行動，以達成某種特定的目標。每一個文化，對於個體該怎麼做，才算扮演好各種不同的角色，都會作出不同的界定，並賦予一定的意義和價值，藉由各種社會化管道，傳遞給個人。

「自我」是一種心理學層次（psychologistic）的概念。在圖 6-2 的概念架構中，「自我」是經驗匯聚的中樞（locus of experience），他在各種不同的情境脈絡中，能夠作出不同的行動，並可能對自己的行動進行反思。

◘ 超我／自我／本我

Harris（1989）指出：不同的文化可能使用不同的名稱，來指稱人格的三重結構，但其結構體卻是一致的。即使是心理分析學派的創始人弗洛伊德（Sigmund Freud, 1856-1939）也認為：人格是由「超我（super ego）／自我（ego）／本我（id）」所組成（Freud, 1899/1913），它跟「人／自我／個體」是同構的（isomorphic）。

「人／自我／個體」和「超我／自我／本我」雖然是同構的，但其實理論脈絡卻完全不同。前者適於來幫助我們用「認知」或「行為」的語言，建構所謂的「科學」理論；後者則是適合於用「全人」的觀點，從事心理治療或諮商輔導的工作。在這兩個系統裡，self 和 ego 兩個字翻譯成中文，都叫做「自我」。可是，如果我們要用英文討論「科學微世界」的建構，必須使用 self；如果要用心理動力的模式（psychodynamic model），討論個人在「生活世界」中的「行動」，則必須使用 ego。兩者各有不同的適用範疇，學者務必明辨慎思。

第四節　「知識」與「智慧」

本書第一章曾經提到：我分析文化系統的知識論策略是以「結構主義」，尤其是皮亞傑心理學的「結構主義」作為核心。這一點，對於理解圖 6-2 中水平箭頭所指的「智慧／知識」有其重要的意涵，必須予以說明。

回 認知的圖式

皮亞傑所提出的「發生認識論」認為：知識既不是像「理念論」者所主張的先驗的「真理」，也不是像「經驗論」者所說的，是由感官經驗所決定的，而是在認識過程中，認識主體與客體交互作用的產物（Piaget, 1977）。他所主張的互動論（interactionism）認為：一切認識，甚至知覺認識，都不是現實的簡單摹本。認識總是包含將對客體的新經驗融入於先行結構的過程。

在皮亞傑的心理學和認識論中，「圖式」（scheme, schema）是個十分重要的核心概念。所謂「圖式」是：在同一類活動中，可以從一個情境移轉到另一個情境的認知結構，它可以協調具有相同性質的各種行動，將具有同樣特徵的所有活動予以同化，並且在重複運用中仍然能夠保持其共同性。比方說，一個兒童蒐集玩具的行為，和他稍長後蒐集郵票的行為，可能都是出自於「聚集的圖式」；將石頭、木塊或數字序列依大小加以排列，則是出自「秩序的圖式」。

如此我們可以發現很多的圖式。由於一個活動包含著許多行為，通常需要許多圖式才能使某一項活動結構化。換言之，在大多數情況下，圖式並不是單獨起作用的。人的智力行動，就是使各個認知圖式互相協調，使之串聯到一個整體的系統之中。

▣ 轉「識」成「智」

皮亞傑認為：生命必須不斷地對變化的外在環境作適應，人類的智能不過是生命在其演化過程中所採取的一種「適應」形式。更清楚地說，智力是在生命的成長與總體運動過程中，通過各種不同的適應形式，逐漸發展出來的。它是生物適應環境的一種特殊形式：生物有機體適應環境的方式，是運用物質材料在其世界中進行建造；智力適應環境的方式，則是運用精神材料進行新的創造。

所謂「適應」，是生物有機體隨著環境的變化，不斷地變化自身，以與環境相互協調，而達到平衡的一種歷程，其目的在於追求生物體的自我保存與維持。適應的歷程（process of adaptation）主要包含兩種：「同化」是生物有機體自身不變，而將環境因素整合到生物有機體既有的結構之中；「順化」則是生物有機體以改變自身的方式，來應付環境的改變。同化與順化之間達到平衡（equilibrium），便是所謂的「適應」。

智力活動的適應過程亦是如此。就「同化」的歷程而言，智力活動必須將來自外部現實的經驗材料予以結構化，歸併入認識主體的智力結構或「圖式」中；就「順化」的歷程而言，智力活動也要不斷地改變這些結構或「圖式」，以適應新的環境。「同化」與「順化」兩種機制的運作，是一種雙向的辯證過程：只有當「同化」和「順化」達到平衡，智力的結構或「圖式」成為一個穩固的系統時，適應過程才告達成。

用〈自我的曼陀羅模型〉來看，個人在成長的過程中，會學到各種不同的「知識」，以及如何針對自己所處的生活世界，使用「知識」，獲取各種資源，以滿足「個體」需求的「智慧」。前者包含邏輯性、技術性及工具性的認知基圖（schemata），後者則包含行動能力（action competence）及社會能力（social competence）。

▣ 社會交換的資源

行動主體為了自己的生存及發展，必須從其生活世界中，獲取各種不同的資源來滿足個體的需要。Foa與Foa（1974, 1976, 1980）提出的社會交換資源理論將資源分為：愛情、地位、訊息、金錢、物品及服務等六類，這些資源在「具體性」（concreteness）和「特殊性」（particularism）這兩個向度上各有不同的屬性，見圖 6-3。所謂「具體性」是指某類資源具體或抽象的程度；所謂「特殊性」是指個人只能從某些特定的社會對象獲得該項資源。比方說，在圖 6-3 中，「愛情」的「特殊性」最高，而其「具體性」居中，這表示個人只能從某些特定的對象獲得「愛情」，在其他地方則無法獲得。「金錢」的「特殊性」最低，「具體性」居中，這意味著「金錢」可以用來和不同的對象換取不同的資源。

圖 6-3 社會交易之資源在特殊性及具體性二向度上之位置

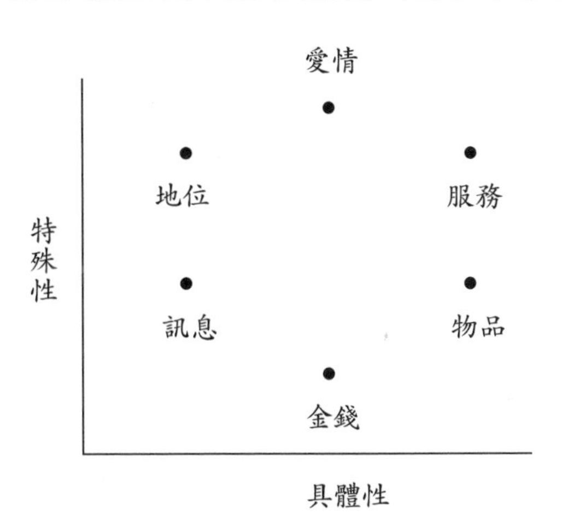

註：引自 Foa 與 Foa（1974, 1976, 1980）。

⊡ 反思與論述

用吉登斯的構動理論（structuration theory）來說（Giddens, 1993），作為施為之主體的自我，具有兩種重要的能力：「反身性」（reflexivity）意謂他能夠覺察自己的行動，甚至能夠給出行動的理由；「能知性」（knowledgeability）則是指他能夠記憶、儲存並整理各種不同的知識，使其成為整合良好的個人知識系統。

然而，人並不一定會對自己的每一項行動都進行反思。依照吉登斯的說法，行動者的實作意識（practical consciousness），使他能夠以默會的方式，熟悉並身體化某種實作的技巧或知識。Bourdieu（1990）的「建構主義的結構論」（constructivist structuralism）則是以「慣習」（habitus）這個概念，來說明這種藉由身體（embodied）所表現出來的結構化特質，它是在某一社會結構條件下，行動者所形成的實踐或行動傾向，讓行動者得以在特定的時空情境和社會關係網絡中，表現出具有一定秩序的動態的身心實踐形式。

行動者的實作意識雖然也有規則可尋，但一般人通常只能心神領會，知道如何（how）實作，但不一定知道自己為何（why）要如此作。然而，當個人「反思地監視」（reflexively monitor）自己以及他人的行動時，他的「論述意識」（discursive consciousness）卻使他能夠計算並評估自己行動的後果，同時為自己及其他人的行動提供合理化的理由。

⊡ 自我的雙元性

從心理學的向度來看，個人反思覺察（reflexively awareness）的能力會使個人產生自我的雙元性（duality of self）：作為「主體」（subject）的自我能夠整合自己的行為，使自己與其他人有明顯的不同，並以之作為「自我認同感」（sense of self-identity）的基礎。同時，自我又能夠以自己作為反思覺察的客體，看出自己和世界中其他客體之間的關係，並把自己看作是某一特殊社會群體中的一部分，而獲致一種「社會認同感」（sense of social identity）或「個人認同感」（sense of personal identity）。

個體的「自我認同」和「社會認同」對於自我所要進行的反思工作具有十分重要的義涵。當個人在日常生活中因為扮演某種角色，而作出各種社會行動的時候，如果他習以為常的「慣習」能讓他順利處理日常中的事物，則他可以不必進行深度的反思工作。相反的，如果他的「慣習」不能讓他解決他所面臨的問題，則他必須開始用他「個人知識庫」（personal stock of knowledge）所儲存的知識，來進行反思，並解決困難。

當個人認同於某一社會群體的時候，他必須跟他人進行溝通，並進行社會實在的建構（construction of social reality）。作為社會群體的一員，他們建構出來的社會實在也可能遭遇到某些共同的問題。在必要的時候，個人就必須進入社會資料庫，搜尋資料，設法解決整個社群所面臨的共同問題。

▣ 客觀知識

我們可以借用波柏「三個世界」的概念，來說明個人與知識之間的關係。在《自我及其腦》一書中，波柏總結其的「進化認識論」而提出其「三個世界」的理論（Popper & Eccles, 1977），將人類所經驗到的世界，區分為三個：第一，是物理客體或物理狀態的世界；第二，是意識狀態或精神狀態的世界，或有關活動之行為意向的世界；第三，是思想的客觀內容的世界，包括科學思想、詩的思想、藝術作品的世界。其中他最重視的是各種不同的理論體系、相關的問題和問題情境，以及圖書館中刊載這些訊息及其批判性辯論的期刊和書籍。

從科學發展的角度來看，問題、猜測、理論、期刊和書籍，其本質都是主觀精神狀態或行為意向的符號表現或語言表現，它們只不過是一種溝通的工具而已。然而，波柏卻認為：第三世界是一種獨立存在的「實在」。假設有一天，所有的機器和工具以及如何使用它們的主觀知識都毀壞了，但圖書館以及我們從其中學習的學習能力仍然存在，經過一段時間的調整，我們的世界仍然可以再次運轉。然而，假設連圖書館都毀壞了，以至於我們無法再從書籍中學習，則我們的文明在幾千年內都不會重新出現。因此，他認為：第三世界不僅是實在的，而且有其自主性。

客觀知識一旦形成之後，便與個人的主觀意向無關，它的存在不會受到個人意志的影響。即使沒有讀者，一本書仍然還是書。換句話說，相對於主觀意識而言，任何知識都是客觀的，有其相對穩定而且可以公開的內容。波柏認為：將客觀知識和主觀知識分開，知識才能跳脫發明者的主觀意識，成為全人類可以共享的存在，並且使人類能夠根據客觀知識的遺產，繼承並且更進一步地發展知識。

波柏所說的「主觀知識」，就是「個人知識庫」中所儲存的主要內容。他所說的「客觀知識」，則是科學社群的研究成果（Popper, 1972/1989），它們會儲存在「社會知識庫」中，成為「社會知識庫」的重要內容，但卻只佔「社會知識庫」的一小部分。通常也只有某一科學社群的專家，會去找尋波柏所說的那種「客觀知識」。

在思考「社會知識庫」所儲存之內容的時候，首先我要指出的是：在人類知識發展的過程中，智慧的出現是先於理論的。因此，我們必須先討論：什麼是「智慧」？

◘ 兩種智慧

貝提斯（Paul Beltes）所領導的研究團隊在德國柏林的 Max Planck Institute 投入數十年的時間，研究人類的智慧。他們將智慧界定為一種人類理想中最完美的「烏托邦狀態」（Baltes & Kunzmann, 2004），認為智慧是一種文化集體性的產物。他們依照西方的文化傳統，在「個人實際的智慧表現」和「抽象存在的智慧概念」之間作出區分，認為：個人在生活中所展現出來具有智慧的想法與作為，其實是儲存在文化之中的抽象智慧理念的體現。從這個角度來看，人和文化中重要的經典文獻一樣，都是智慧的「承載者」（carriers），但不管是個人或是這些經典文獻，都不具有真正的智慧。

由於個人所擁有的智慧，只是這個生命及實用智慧大集合的一小部分，因此貝提斯等人將個人所具有部分智慧稱為「智慧相關知識」（wisdom-related knowledge），以別於文化群體所擁有的智慧。從圖 6-2 的〈自我的曼陀羅模型〉來看，貝提斯等人所作的這種區分具有十分重要的意義。個人所擁有的「智慧相關知識」，儲存於「個人知識庫」中；「抽象存在的智慧概念」則儲存於「社會知識庫」之中。這兩種知識對於本土心理學的發展各有其重要的涵義，必須分別加以析論。

⊡ 生活世界中的「智者」

在任何一個文化群體中，都有其「抽象存在的智慧概念」，儲存在他們的「社會知識庫」中，而可能為其成員所引用。同樣的，在任何一個文化群體裡，都有許多的「智者」，他們在生活中所展現出來的智慧，經常被其成員所引用，甚至成為大家所認同或模仿的對象。

根據貝提斯等人的研究，一個有智慧的人在經過不斷練習與經驗累積之後，面對生活世界中的事務時，他所擁有的智慧相關知識與運用此類知識的手法，通常具有五項特色（Baltes et al., 1995）：

1. 他擁有廣泛的事實知識（factual knowledge）。
2. 他擁有豐富的程序知識（procedural knowledge）。
3. 他了解生命本身的多變不定（uncertainty）。
4. 他如何因應某種生命階段之處境（life-span context）。
5. 他能夠整合各種不同的知識，進而以相對性的價值觀（relativism）作出決定或下判斷。

許多理論大多主張：智慧的功能通常是個體面對現實生活中的種種挑戰，在處理人生相關核心議題時，才能真正發揮出來，尤其是個體在面對情感、人際和存在等困境時，才會激發出智慧。譬如說，Clayton（1982）以及 Kramer（1990, 2000）都指出：成人階段的智慧功能，通常發揮在解決問題、提供建構、領導機構、回顧人生和靈修自省等五大面向之上。Sternberg（2000）也認為：智慧的功能主要是發揮在平衡個體、他人和群體之間有關利益的問題之上。

第五節　「所以然之理」與「所當然之理」

為了說明：中華文化傳統的「智慧」跟以「哲學」作為基礎的近代「知識」有何不同，在《聖人無意》一書中，法國哲學家弗朗索瓦・于連（Jullien, 2004）指出：中華文化傳統中的道家、儒家、佛家思想，跟西方的哲學，有其本質上的差異。儒、道、佛各家聖人對其弟子所作的訓誨，應當說是一種「智慧」（wisdom），並不是西方意義中的「哲學」（philosophy）。

回「智慧」與「哲學」

西方的哲學是哲學家以某一觀念作為基礎，用辯證性的邏輯思考，逐步推演出來的。這種優先的觀念，就是海德格所說的「基礎律」（principle of ground）。它源自希臘文的 axiom，在命題推演的過程中，它是作為始端的命題。中華文化傳統中的「智慧」卻強調「勿意、勿必、勿我、勿固」，它沒有優先的觀念（意），沒有固定的立場，也沒有個別的自我。因此，聖人所說的觀念都可以保持在同一個平面之上，並沒有先後之別。

正因為西方哲學是以某一種觀念作為基礎，用辯證性思考，逐步推演出來的；不同的哲學家可以根據不同的預設，發展出不同的哲學。因此，西方的哲學是有歷史的，不同的哲學家對某一特定範疇中之事物所作的解釋，也不斷地進步。與此對比之下，智慧卻沒有歷史，任何人都沒有辦法寫一部智慧的「發展史」。聖人可以從不同的角度，說出不同的話語，他所說的每一句話，雖然不斷地在變化，但卻是智慧的「全部」，所以需要一再的重複。

為了要進行辯證性的思考，西方哲學對其核心概念必須給予清楚的定義，讓人了解其意義，藉以正確認識外在世界中的事物。針對其認識之對象所存在的範疇，哲學家可以用各種不同的方法，來檢驗其命題陳述的正確與否，而逐步朝向所謂的「真理」邁進。相形之下，聖人的「智慧」卻是以「嘉言懿語」的方式呈現，其中不必有嚴謹的定義，卻能提醒人注意到大家視之為理所當然的事物之「道」。對於這些他所熟知的事物，他之所以會視若無睹，只不過是因為他被偏見遮蔽，看到了事物的一面，卻看不到事物的另一面。聖人所說的智慧話語，讓他意識（悟）到事物的整體，而不是學習到某種認識世界的方法。

◘ 中華文化的「固定立場」

于連的說法代表了西方學者一般的觀點。中華文化傳統誠然不是「西方意義中的哲學」，然而它並不是「沒有優先的觀念」、「沒有固定的立場」。從本文的論述脈絡來看，中華文化傳統「固定的立場」就是《易經》，陳摶的《龍圖易》就是要說清楚它的「優先的觀念」。這一點，從朱子思想中可以看得非常清楚：

> 太極只是天地萬物之理。在天地言，則天地中有太極；在萬物言，則萬物中各有太極。未有天地之先，畢竟是先有此理。動而生陽，亦只是理；靜而生陰，亦只是理。（《朱子語類・卷一・理氣上・太極天地上》）

本書第三章對於「易理」的析論很清楚地指出：朱子對於儒家「天道觀」的闡述是以陰陽氣化宇宙觀作為基礎的，這種宇宙觀則是源自於《易經》。所以陰陽氣化宇宙觀就是儒家思想「優先的觀念」，譬如朱子在說明「理／氣」關係時，講過一段著名的話：

> 或問先有理後有氣之說。曰：「不消如此說。而今知得他合下是先有理，後有氣邪？後有理先有氣邪？皆不可得而推究。然以意度之，則疑此氣是傍依這理行。及此氣之聚，則理亦在焉。蓋氣，則能凝結造作，理卻無情意，無計度，無造作。只此氣凝聚處，理便在其中。且如天地間人物草木禽獸，其生也，莫不有種，定不會無

種了，白地生出一個物事；這個都是氣。若理，則只是個淨潔空闊底世界，無形迹；他卻不會造作。氣則能醞釀凝聚生物也。但有此氣，則理便在其中。」（《朱子語類・卷一・理氣上・太極天地上》）

本書第三章的析論指出：從陳搏繪製的《龍圖易》來看，要了解河圖、洛書的運作，必須從「象、數、氣、理」四個面向一起考量，缺一不可。然而，到北宋時期，「象數派」對《經易》的解釋至少已經發展出伏羲易、文王易、京房易、龍圖易，以及邵雍的梅花易。它們的「形構之理」在卦象方面雖然有共同之處，但在「數」這個面向上卻各有特色。朱子要發展「純儒」的理學思想體系，來和唐末以來的「三玄」相抗衡，他的對手不僅只是老、釋，而且包括源自於《易》學的「象數派」。不論是「義理派」或「象數派」，他們都相信「物無妄然，必由其理」，朱子在發展其理學思想時，只能取其同而捨其異，專注於討論「天地間人物草木禽獸」事事物物的「理／氣」關係。

⊡「所以然之理」

朱子 46 歲時與呂祖謙共同將北宋四子思想的精華編注成《近思錄》，走的是「純儒」「義理派」的道路。但他知道邵雍和周敦頤曾經共同師事穆修、种放，他們都是陳搏的再傳弟子，而陳搏將河圖、洛書的運作繪製成《龍圖易》，使《易》理構成「象、數、氣、理」的整體文化系統，所以朱熹非常了解「義理派」和「象數派」之間既聯合又對立的緊張關係。

他在 48 歲時，綜合北宋四子和邵雍的思想，同時完成《周易本義》和《四書章句集注》，刻意將陳搏的河圖、洛書置於卷首，吳江為之作序時，又特別強調孔門「不占而已」的基本態度，由此可見，朱子理學納入邵雍「以物觀物」的客觀主義，將「人」視為是和「草木禽獸」一樣的宇宙萬物之一，必須遵循客觀的「物理」，亦即河圖、洛書的運作之理。當他說：「理卻無情意，無計度，無造作」，「只是個淨潔空闊底世界」，顯然是指這樣的「物理」。

◘「所當然之理」

依照《易經》的陰陽氣化宇宙觀，「太極」是「天地萬物之理」。萬物中各有「太極」，「未有天地之先，畢竟是先有此理」。

依照朱子的說法，「理」「無情意，無計度，無造作」，只是個「淨潔空闊底世界」，「未有天地之先，畢竟是先有此理」。「醞釀凝聚生物」的「造作」之力，則來自於「氣」。氣「傍依這理行」，「此氣之聚，則理亦在焉」。

在說明其「窮理致知」的知識論（見本書第十章）時。朱子說過幾句很出名的話：

> 窮理者，欲知事物之所以然與其所當然者而已。知其所以然故志（知）不惑，知其所當然故行不謬。（《朱文公文集・卷六十四・答或人》）
>
> 人莫不與物接，但或徒接而不求其理或粗求而不究其極，是以雖與物接而不能知其理之所當然也。（《朱文公文集・卷四十四・答江德功十二》）

對於朱子所做的區分，牟宗三（1968a）認為：「所以然之理」是「形構之理」，而「所當然之理」則是「存在之理」。在討論《宋明儒學的問題與開展》時，牟宗三（2003）進一步說明這兩者之分。所謂「形構之理」（principle of formation）意指作為「形構原則的理」，他指出：依著形構之理，可形成自然生命的特徵，亦即當作自然生命看待的個體之性。而與「形構之理」不同的，是抒發生命存在之所當然的「存在之理」，或稱「實現之理」。

本章小結：西方的「形構之理」

在中華文化傳統裡，「所以然之理」是以陰陽氣化宇宙觀作為基礎的物理（見本書第三章）；「所當然之理」則是「義理」（見本書第七章）。然而，本書認為：依照朱子的思路，無法解決「象數派」「數」不一致的難題，很難達成理學「客觀化、理性化、世俗化」的目標。因此，在中、西文化充分交匯的今日，本書採取的知識論策略，是以西方的「形構之理」（科學哲學）為基礎，建構普適性的「自我」與「關係」的理論（見本書第一章），再以之作為參考架構，分析朱子理學的內容。

從批判實在論的觀點來看，這些理論中所使用的概念，都是「先驗的理念」（transcendental ideas），每一個「理念」都指涉一種「範疇」（category），可以包含許多具體的實質之物，所以它們是「形式的」，而不是「實質的」。從朱子理學的角度來看，存在天地間的萬物中，「人」雖然不同於其他「非人」的萬物，但是所有的「人」都有一些共同的特性，可以從不同的面向來加以探討，包括「物理」和「性理」。這樣探討所得的「理」，「無情意，無計度，無造作」，「只是個潔淨空闊底世界」，這可以說是西方科學哲學中所說的「先驗性形式架構」（transcendental formal structure）。

然而，在建構這種「先驗性形式架構」時，我們也不可忽視東方文化中的傳統智慧。本章以科學哲學作為基礎，建構出一系列有關「自我」以及社會互動的普適性理論模型。在建構道理理論時，本章亦考量到《易經》文化的大前提：「易有太極，是生兩儀」，每一個理論模型都包含陰陽二氣：譬如在圖6-1〈人情與面子〉的理論模型中，關係的「工具性成分」是陰，「情感性成分」是陽；請託者是陰，資源支配者是陽；在圖 6-2〈自我的曼陀羅模型〉中，「個體」的欲望是陰，作為「人」的要求是陽；本書第八章要討論的「自性」八面體中，潛意識是陰，意識則是陽。

下一章將繼續說明：如何用這樣的知識論策略，分析儒家的「義理」。

第七章　「義理」：「仁道」的演化系譜

上一章最後一節提到朱子的一段名言：

> 窮理者，欲知事物之所以然與其所當然者而已。知其所以然故志（知）不惑，知其所當然故行不謬。（《朱文公文集・卷六十四・答或人》）

朱子在此所談的「窮理」，是以《易》理作為基礎的事事物物之「理」（見本書第三章）。但在「中西會通四聖諦」書系的脈絡裡，本書所謂的「形構之理」，已經置換成源自西方的科學哲學演化系譜。

本書第六章以西方的科學哲學為基礎，建構出一系列理論，說明「自我」與「關係」互動之「所以然」的「物理」，其目的在於「志（知）不惑」；本章則要從另一個面向切入，說明「自我」與「關係」互動之「所當然」的「義理」，其宗旨則是在「行不謬」，達到儒家「知行合一」的理想。

因此，本章先從朱熹編注《四書》的歷史事件指出：孔子以「即事言理」的方式，行教多年，《中庸》第二十章〈哀公問政〉釐清他想要說清楚的「理」；再以本書第六章的理論模型作為架構，分析儒家的「仁道」（「仁、義、禮」倫理體系），以及孟子所謂「四端」之心的意義；接著整合董仲舒的相關論述，說明何謂「五常模式」。再從朱子理學的角度說明：「仁義禮智」的「四德」和「天理」之間的關係。

本章最後一節將以「人類學」和「心理學」的兩種結構主義，分別說明

「仁、義、禮」倫理體系和「恕道」的作用，藉以說明：以「五常」作為基礎的「絜矩之道」，不僅是支撐華人社會的先驗性形式架構，而且可以說明儒家文化中的自由和「政統」。

第一節　《四書》與〈哀公問政〉章

上一章的結尾部分提到法國哲學家于連的說法，他認為中國文化傳統中的儒、釋、道思想是一種生命的「智慧」，而不是西方意義中的「哲學」，這種說法是可以接受的。然而，黑格爾（Georg W. F. Hegel, 1770-1831）在其《哲學史演講錄》第一卷中，嚴格批判孔子的訓誨，認為《論語》只是講常識的道德，「在他那裡沒有一點思辨的哲學」（Hegel, 1956），則是極大的誤解。事實上，孔子的教訓是「即事言理」，《論語》中記載的孔子言論，都蘊涵有儒家之「理」。可是，從本書的角度來看，這種「理」是源自河圖、洛書「數、氣、象、理」的「存在之理」，並不是西方傳統中以「二元對立」作為基礎的哲學思辨。

回 《四書》的結構

本書一再強調：朱子所作的學術工作中，對後世影響最大者，是將《大學》和《中庸》從《禮記》中取出，使其獨立成書，並將《孟子》從「經、史、子、集」的「子」部取出，和《論語》一起編成《四書章句集注》，並加以注釋，後來被元仁宗訂為科舉考試的指定讀物，歷經元、明、清三朝，直至清末廢科舉為止。職是之故，我們要了解朱熹的理學思想，必須先了解《四書》四位作者之間，思想的傳承關係，以及《中庸》一書內容的特殊結構。

孔子「有教無類」，門下弟子三千，賢者七十，得其真傳者「顏曾思孟」四人而已。曾參是孔子年紀最小的學生之一。他的父親曾皙，也是孔子的學生。曾子比孔子小 46 歲，孔子逝世時，他才 27 歲，但他卻是傳揚孔子

「一貫之道」的人。孔子晚年作《易傳・文言》與《春秋》，曾子「隨事省察」，得其真傳，作《大學》，並將《易傳》中的思想傳給子思。

子思名孔伋，是孔鯉之子、孔子之孫，他「直達天德」，作《中庸》一書。在該書的〈序言〉裡，朱熹引用程子的說法：「不偏之謂中，不易之謂庸。中者天下之正道，庸者天下之定理。」所謂「中庸」，就是以不偏不倚的心理狀態篤行正道，實踐天下不容變易的客觀定理。這是孔子傳授給門下弟子的心法，子思擔心傳之久遠後，發生偏差，所以筆之於書，授予孟子。

《中庸》內容共三十二章，其結構分為兩部分；前半部二十章，第一章「天命之謂性」破題，提出儒家「致中和」的文化理想；其餘各章均為子思記載孔子所說有關「中庸」之言。第二部分十二章，均為子思之言，針對第二十章所提「誠者，天之道；誠之者，人之道」的命題，反覆闡明，希望以「誠」扣連天人關係。

回 〈哀公問政〉章的結構

《中庸》第二十章〈哀公問政〉記載孔子和魯哀公之間的對話，不僅體例非常特殊，跟《論語》各篇章中孔子與弟子的對話完全不同，而且其長度也異乎尋常，孔子幾乎是把他一生中思想的菁華融會成幾條精要的原則，傾囊相授。魯哀公雖然是國君，但魯國政權卻是掌握在「三桓大夫」的權臣手中。哀公本人謙遜好學，而且能夠禮賢下士，照顧孔子晚年的生活；孔子本人經過十四年奔波跌宕，回歸故國，正是他思想最為成熟的時刻，所以知無不言，言無不盡，對魯國國君坦誠以告，而由子思記載並整理成著名的〈哀公問政〉章。因此，我們有充分的理由，可以《中庸》第二十章的內容為基礎，說明孔子所要闡明的儒家之理。

〈哀公問政〉的內容可分為三大部分，「天下之達道五，所以行之者三」，說明孔子「修養論」的總體結構；「天下之達道五」是指儒家最重視的五種倫理關係，「好學、力行、知恥」，則是達成「知、仁、勇」三種品德，必須要有的「修養」。「凡為天下國家有九經」是孔子認為國家領導人應有的修養，是其「修養論」的應用，是孔子對於哀公問政的回答，在此可以略而不論。其他部分則是孔子對其「修養論」的闡述。

在〈哀公問政〉中，孔子說：

> 天下之達道五，所以行之者三：曰：君臣也，父子也，夫婦也，昆弟也，朋友之交也。五者，天下之達道也。知、仁、勇三者，天下之達德也，所以行之者一也。

◉「道」與「德」

本書第一章指出：在老子所著的《道德經》中，「道」有多重的意義，其中跟道德有直接關聯的是《道德經》第五十一章所說的：

> 道生之，德畜之，物形之，勢成之；
> 是以萬物莫不尊道而貴德。
> 道之尊，德之貴，夫莫之命而常自然。

在老子原先的論述裡，「道」和「德」是兩個不同的概念，「道」是指一種可以滋生出萬物的「場域」，「德」則是一種「力量」。孔子轉而借之，認為這五種關係是五種人際互動的「場域」，孔子認為：每一種人際關係都應當用「知、仁、勇」三種德性來加以培養。至於「所以行之者一也」，則應當是孔子認為與「天道」相通的「仁道」。

儒家最重要的主張是「仁道」，其核心價值為孔子在《中庸》第二十章所講的「仁、義、禮」，以及「忠恕」的一貫之道。儒家所講的「道統」為堯、舜、禹三代相傳的十六字心法：「人心惟危，道心惟微，惟精惟一，允執厥中。」「道統」和「仁道」兩者之間，應當存有某種關聯。由於孔子是個實用主義者，平日「罕言」形而上學的觀念，或甚至完全「不語」，必須等待後繼儒門諸賢繼續予以闡述。到了宋代，儒學第二期的重大發展是；朱子以其理學思想注釋《四書》，將之打造成為內容自洽、前後一貫的文化系統。在中、西文化不斷交匯的今日，本章的主要任務是：梳理儒家核心價值的演化系譜，說清楚儒家主張的「義理」，完成牟宗三（1982）所謂儒家人文主義「道統」、「學統」、「政統」、「三統並建」的理想。

第二節　「仁道」與「仁、義、禮」倫理體系

在〈哀公問政〉裡，孔子告訴哀公「為政在人，取人以身」的道理之後，立刻提出「修身以道，修道以仁」的大原則，說明儒家修養的總體方向。接著又說：

> 仁者，人也；親親為大。義者，宜也；尊賢為大。親親之殺，尊賢之等，禮之所由生也。（《中庸》第二十章）

儒家主張個人和其他任何人交往時，都應當以「親疏」和「尊卑」兩個社會認知向度（social cognitive dimensions）來衡量彼此之間的角色關係：前者是指彼此關係的親疏遠近，後者是指雙方地位的尊卑上下。做完評定之後，「親其所當親」，是「仁」；「尊其所當尊」，是「義」；依照「親親之殺，尊賢之等」所做出的差序性反應，則是「禮」。

▣ 先驗性形式架構

儒家的「庶人倫理」還可以用西方的「正義理論」來加以解釋。後者將人類社會中的「正義」分為兩大類：「程序正義」是指群體中的成員認為應當用何種程序來決定分配資源的方式；「分配正義」則是指群體中的成員認為應當用何種方式分配資源（Leventhal, 1976a, 1976b, 1980）。依照儒家的觀點，在人際互動的場合，應當先根據「尊尊」的原則，解決「程序正義」的

問題，決定誰是「資源支配者」，有權選擇資源分配或交易的方式；然後再由他根據「親親」的原則，決定資源分配或交易的方式。

儒家的「庶人倫理」和我所建構的〈人情與面子〉的理論模型（Hwang, 1987）具有一種「同構的」關係。當請託者要求資源分配者將他掌握的資源作有利於請託者的分配時，資源分配者分別以需求法則、人情法則和公平法則來和對方進行互動。在資源分配者的心理過程中，關係、交換法則、外顯行動三者和儒家「庶人倫理」的「仁、義、禮」倫理體系是互相對應的；關係對應於「仁」，交換法則對應於「義」，外顯行動則必須合乎於「禮」（見圖 7-1）。

正因為「仁、義、禮」倫理體系和普世性的〈人情與面子〉理論模型之間有這種「同構關係」，因此它成為支持住華人生活的「先驗性形式架構」，具有十分強韌的特性，並不會隨時間而改變。

圖 7-1 儒家庶人倫理中的「仁—義—禮」倫理體系

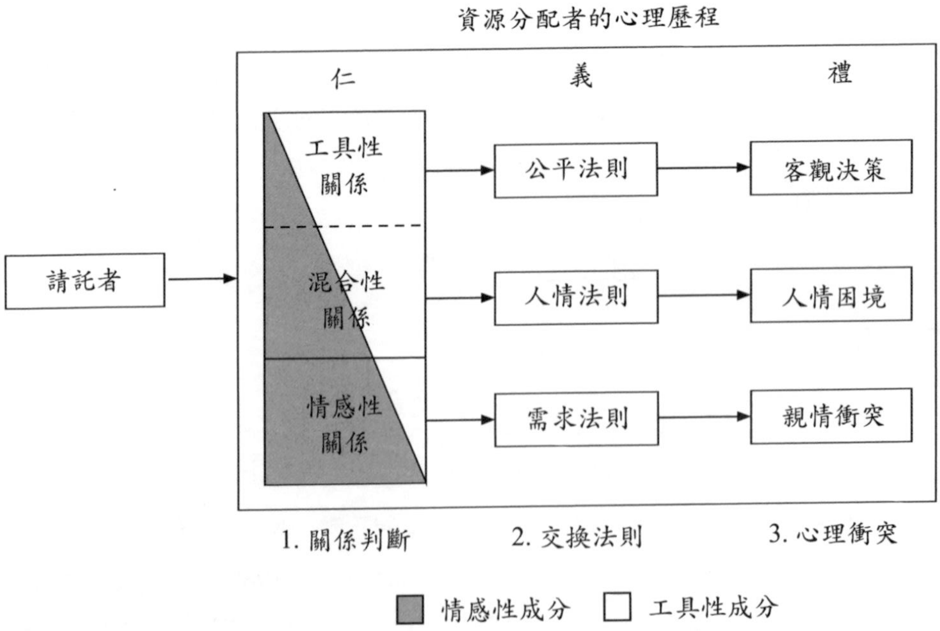

資源分配者的心理歷程
仁
義
禮
請託者
工具性關係
混合性關係
情感性關係
公平法則
人情法則
需求法則
客觀決策
人情困境
親情衝突
1. 關係判斷
2. 交換法則
3. 心理衝突
情感性成分
工具性成分

註：引自黃光國（1988，頁 87）。

▣「實質性倫理」

孔子認為：君臣、父子、夫婦、兄弟、朋友是社會中五種最重要的倫理關係，孔子稱之為「天下之達道五」，五倫中每一對角色關係的互動，都應當建立在普世性的「仁、義、禮」的基礎之上。然而，他並沒有為這五種關係界定任何的實質性價值。孟子卻認為：五倫的角色關係各不相同，它們之間應當強調的價值理念也有所差異：

> 父子有親，君臣有義，夫婦有別，長幼有序，朋友有信。（《孟子・滕文公上》）

在上述引文中，像孟子所說的「親」、「義」、「別」、「序」、「信」，都是適用於某種特定「雙人關係」的實質性倫理，它們跟「仁、義、禮」倫理體系之間存有一種「不即不離」的特殊關係：任何一種「實質性倫理」，必然包含有「仁、義、禮」，但「仁、義、禮」並不等於任何一種「實質性倫理」。這種特殊關係蘊涵的意義是：「實質性倫理」可能隨著時代的變遷而發生變化，但「先驗性形式架構」則是以人際關係的深層結構作為基礎，具有普遍性和強韌性，不太可能隨著外在條件的變化而發生改變。比方說：《孟子》所說的「五倫」到了《禮記》，就變成為：

> 何謂人義？父慈，子孝；兄良，弟悌；夫義，婦聽；長惠，幼順；君仁，臣忠，十者謂之人義。（《禮記・禮運》）

更清楚地說，先秦儒家以「仁、義、禮」倫理體系的先驗性形式架構作為基礎，對個人生命中的五種角色關係，分別提出不同的實質倫理要求，而形成一種「相互倫理」（reciprocal ethics），希望每一個人在五種重要的人際關係中善盡自己的義務，這就是林端（2002）所謂的「脈絡化的普遍主義」（contextualized universalism）。

◘「程序正義」：尊尊原則

「五倫」中儒家最重視的是親子關係中的「父慈／子孝」，這樣的倫理安排跟儒家的生命觀有十分緊密的關聯。儒家在反思自我生命的起源時，並不像基督教那樣，設想出一位獨立於世界之外的造物主，相反的，他們從自己的宇宙觀出發，認識到一個簡單而且明確的事實：自己的生命是父母親肉體生命的延續。儒家有關「孝道」的觀念，都是從這一個不容置辯的事實衍生出來的。

《禮記》一書中，混雜有許多漢代的作品。「十義」中所謂的「父慈／子孝」、「兄良／弟悌」、「夫義／婦聽」、「長惠／幼順」、「君仁／臣忠」，跟《孟子》所強調的「五倫」並不相同，其間最大差別是《孟子》只為五種關係分別界定一種「實質性倫理」，《禮記》的「十義」卻蘊涵有「上／下」、「尊／卑」的縱向差序關係。它將朋友一倫排除在外，而代之以「長／幼」，並特別強調：這五種角色關係的互動都必須遵循「尊尊法則」。根據儒家所主張的「十義」，扮演「父、兄、夫、長、君」等角色的人，應當分別按照「慈、良、義、惠、仁」的原則做出決策；而扮演「子、弟、婦、幼、臣」等角色的人，則應當依照「孝、悌、聽、順、忠」的原則，善盡自己的義務。

◘「分配正義」：親親原則

考量互動雙方之角色關係在「地位尊卑」上的差距之後，「資源分配者」下一步的工作，便是要根據「親親」的原則，選擇最恰當的資源分配或交換法則。圖 7-2 中，資源支配者的心理歷程以一條對角線將和「仁」對應的長方形分為兩部分，灰底部分稱為「情感性成分」，白底部分稱為「工具性成分」，這意思是說：儒家所主張的「仁」，是有差序性的「親親」，而不是普遍性的對任何人都「一視同仁」。同時，該圖又以一條實線和一條虛線將代表「關係」的長方形切割成三部分，並依其「情感性成分」的多寡，分別稱之為「情感性關係」、「混合性關係」和「工具性關係」。在代表家人間的「情感性關係」和家庭外的「混合性關係」之間，以一條實線隔開，這意思是說：儒家認為，家人和外人之間存有一種難以穿透的心理界線（psychological boundary），應當根據不同的「分配正義」或「交換法則」來進行社會互動。

第三節　「仁、義、禮」倫理體系的運作

用〈人情與面子〉的理論模型來看，父子、夫婦、兄弟三倫是屬於「情感性關係」，個人應當以「需求法則」和他們進行交往，盡力獲取各種資源，來滿足對方的不同需要。朋友一倫屬於「混合性關係」，應當以「人情法則」和對方互動。至於君王，一般庶民很少有與之直接互動的機會，對於統治者的旨意，他們大概只有唯命是從的份。此處值得注意的是：對於不屬於「五倫」的眾多陌生人，儒家並沒有訂立明確的倫理準則。當個人必須與之建立「工具性關係」，並交換資源時，他比較可能根據「公平法則」，用「精打細算」的方式，和對方進行交易。

◘ 由親及疏

我們可以從儒家典籍中找到許多證據來支持以上各項論述：

樊遲問仁。子曰：「愛人。」（《論語・顏淵》）
子貢曰：「如有博施於民，而能濟眾，何如？可謂仁乎？」子曰：「何事於仁？必也聖乎！堯舜其猶病諸！夫仁者，己欲達而達人，能近取譬，可謂仁之方也已。」（《論語・雍也》）

孔子所說的「人」，並不是指某一個特定的對象。然而，他也明白：一

個人要將「愛人」的精神推廣到每一個人身上，做到「仁者無所不愛」，並不是容易之事。在社會互動情境中，個人為了表示他對別人的「仁」或「愛」，往往必須將他擁有的某些資源施予別人。這時候，他便面臨了現實的限制：個人的資源有限，他如何能夠無止境地施「仁」於他人？孔子平常不肯以「仁」許人，有人問他：「某人仁乎？」他的回答不是「不知其仁也」，便是「未知，焉得仁？」主要原因之一，便是一個人很難做到「無所不愛」。因此，子貢問他：「如果有人能夠『博施於民，而能濟眾』，能不能稱之為『仁』？」孔子的回答是：「這豈止是仁！簡直可以說是『聖人』了。堯舜恐怕都還做不到呢！」

因此，孔子認為：「仁德」的實踐，應當「能近取譬」，從「事親」做起，由親及疏，一步步往外推。在盡到「事親」的義務之後，再由近及遠，向外實踐「仁道」：

> 子曰：「弟子入則孝，出則弟，謹而信，汎愛眾，而親仁，行有餘力，則以學文。」（《論語．學而》）

孔子所說的「入則孝，出則弟，謹而信，汎愛眾，而親仁」，已經蘊涵了「踐仁」的順序。儒家認為：家庭中的「孝悌」是「仁之本」，一個人要實踐「仁」的德性，應當從「務本」做起，先講求「孝悌」、「篤於親」，再論及其他。

◘ 居仁由義

孟子也有類似的看法。在先秦儒家諸子中，孟子對「義」的討論，最為詳盡。他認為：個人對於「義」或「不義」的判斷，應當以「仁」為基礎，這就是所謂的「居仁由義」。他經常仁、義並舉，認為「仁，人心也；義，人路也」，「仁，人之安宅也；義，人之正路也」，不過他也同意：實踐「仁、義」，應當從家庭中做起：

孟子曰：「仁之實，事親是也。」（《孟子・離婁上》）

孟子曰：「未有仁而遺其親者也。」（《孟子・梁惠王上》）

孟子曰：「孩提之童，無不知愛其親者；及其長也，無不知敬其兄也。親親，仁也；敬長，義也，無他，達之天下也。」（《孟子・盡心上》）

和孟子同一時代的楊朱提倡「為我」，主張「拔一毛以利天下而不為」；墨翟鼓吹「兼愛」，主張「愛人之父如己之父」，孟子痛罵他們「楊氏為我，是無君也；墨氏兼愛，是無父也。無父無君，是禽獸也」（《孟子・滕文公下》），其主要原因即在於楊、墨的主張違反了儒家「以仁居心」、「愛有差等」的原則。

◻ 交接以禮

不管「資源支配者」選擇用何種「交換法則」和對方交往，依照儒家的主張，他在衡量雙方交易的利害得失，並作出適當反應的時候，都應當注意「以禮節之」。在西周時期，「禮」本來是指宗教儀節，貴族在禮制中可以使用的「名」和「器」都有詳細的明文規定；到了東周初期，「禮」的宗教功能逐漸喪失，各種形式的「禮」轉變成為維持政治和社會秩序的工具（徐復觀，1963）。

孔子看到當時「禮崩樂壞」，諸侯相互攻伐兼併，有些諸侯弒君犯上，雖然保有禮樂的形式，卻失掉禮樂應有的內涵。因此他喟然慨嘆：

禮云，禮云，玉帛云乎哉？樂云，樂云，鐘鼓云乎哉？（《論語・陽貨》）

子曰：「人而不仁，如禮何？人而不仁，如義何？」（《論語・八佾》）

子曰：「君子義以為質，禮以行之，遜以出之，信以成之，君子

哉！」（《論語・衛靈公》）

根據朱子的注釋，「質」是「質幹」的意思。孔子認為：君子應當「以仁居心」、「義以為質」、「禮以行之」、「遜以出之，信以成之」，如果缺少了「仁心」，「人而不仁」，即使勉強維持「禮、樂」的形式，也沒有什麼意義。

在商周之前，「禮」僅具有外在的強制性和約束力。孔子將「禮」、「仁」、「義」相提並論，把外在的禮儀改造成為一種「文化心理」結構，希望個人能夠以「仁心」的道德本體作為基礎，在各種不同的社會情境中考慮互動雙方的關係，作出合乎「義」的道德判斷，其外顯行為則應當符合「禮」的原則，「仁、義、禮」三者合而為一，成為儒家倫理最明顯的特色。

第四節　「四端之心」與「五常」

本文用〈人情與面子〉的理論模型作為基礎，分析孔子在〈哀公問政〉章中所敘說的「理」。這樣分析的結果顯示：孔子「即事言理」所要彰顯的「理」，有相當大的一部分是跟「仁、義、禮」倫理體系相通的「存在之理」，而不是西方科學哲學想要闡明的「形構之理」。然而，藉由西方的科學哲學將儒家的「仁、義、禮」倫理體系建構完成之後，我們又可以用它作為基礎，進一步說明儒家思想在歷史上的演變，這就是我所謂的「科學的進路」。

回「智」與孟子的「四端之心」

孟子承襲了孔子「仁道」的理念，並據此而發展出他「四端之心」的著名主張：

孟子曰:「人皆有不忍人之心。先王有不忍人之心,斯有不忍人之政矣。以不忍人之心,行不忍人之政,治天下可運之掌上。所以謂人皆有不忍人之心者,今人乍見孺子將入於井,皆有怵惕惻隱之心。非所以內交於孺子之父母也,非所以要譽於鄉黨朋友也,非惡其聲而然也。由是觀之,無惻隱之心,非人也;無羞惡之心,非人也;無辭讓之心,非人也;無是非之心,非人也。惻隱之心,仁之端也;羞惡之心,義之端也;辭讓之心,禮之端也;是非之心,智之端也。人之有是四端也,猶其有四體也。有是四端而自謂不能者,自賊者也;謂其君不能者,賊其君者也。凡有四端於我者,知皆擴而充之矣,若火之始然,泉之始達。苟能充之,足以保四海;苟不充之,不足以事父母。」(《孟子‧公孫丑上》)

這一段論述以「不忍人之心」詮釋孔子最為重視的「仁」,再以「惻隱之心」作為切入點,採用正面表述的方式,討論他所主張的「四端之心」。然而,以之與「仁、義、禮」倫理體系相互比較,我們不難發現:我們還需要建構一個「自我」的理論模型,來說明孟子所理解的「智」。

在〈自我的曼陀羅模型〉(見圖7-2)中,「智慧」就是孟子「仁、義、禮、智」四端之心中的「智」(Hwang, 2011):

孟子曰:「天下之言性也,則故而已矣。故者以利為本。所惡於智者,為其鑿也。如智者若禹之行水也,則無惡於智矣。禹之行水也,行其所無事也。如智者亦行其所無事,則智亦大矣。天之高也,星辰之遠也,苟求其故,千歲之日至,可坐而致也。」(《孟子‧離婁下》)

依照朱熹的注釋,「故者」是指其「已然之跡」,「利」、「猶順也」,「故者以利為本」是指事物的發生通常都是順勢而行。「鑿」是「穿

圖 7-2 〈自我的曼陀羅模型〉

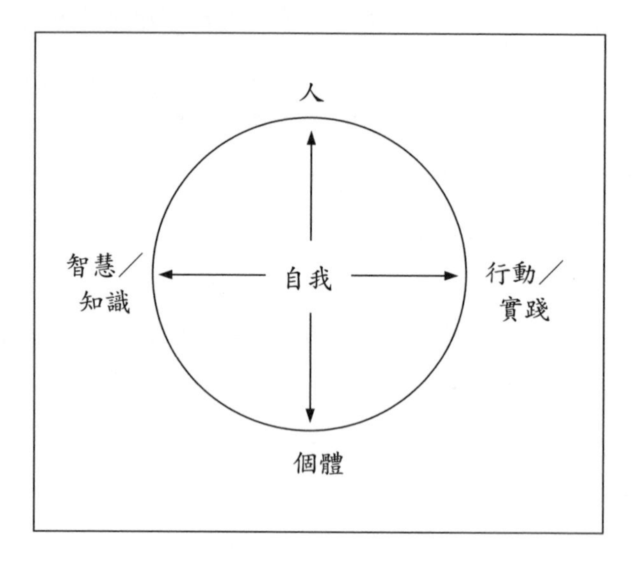

註：引自 Hwang（2011, p. 330）。

鑿」之意。以機巧之「智」，穿鑿附會，圖謀一己之利，這種「智」，是儒家所反對的。相反的，如果是像大禹治水那樣，用順其自然的方法，不逆勢而行，「行其所無事」，則是儒家所稱許的，「智亦大矣」。因為這樣做的話，社會中的秩序，就像「天之高」或「星辰之遠」，不管時代怎麼變，都是可預測的。

從這段引文中，我們可以看出：孟子很敏銳地覺察到：在他所主張的「四端」之心中，「智」和「仁、義、禮」並不相同。「智」是一種獨立的心理功能，它可以「穿鑿附會」，也可以「行其所無事」，我們必須建構「含攝文化的理論」來說明這兩者之間的差異。前述〈自我的曼陀羅模型〉，正可以做到這一點。

▣ 第一序道德

Gergen（2009）在其著作《關係的存有》中，曾經將道德區分為兩類：第一序的道德（first-order morality）或倫理，包含維繫任何長久存在之關係型態的價值，它在「某種生活方式中有意義」，但卻與善、惡無關。它是隱晦而無所不在的。個人可以藉此整合「為人之道」的各種不同觀念，形成他的「自我認同」，也可以在某一個特定的社會團體裡，形成他的「社會認同」。

經由自我覺察的反思，第一序的道德可能由隱晦變為清晰，並可以用一組規則將之加以陳述，而形成第二序的道德（second-order morality）。這種情況通常發生在兩個文化群體相互遭逢並在信仰、價值或實踐等方面發生衝突的時候。用Gergen（2009）的概念來說，「智」是「第一序的道德」，自我可以隨機應變，靈活地將它展現在個人與他人的互動過程之中。「智」對這三者的反思，則可能成為「仁、義、禮」的「第二序的道德」，是可以用規範、原則或律則表現出來的道德。這四個概念，並不是同一層次的東西，先秦儒家卻從道德情緒的考量將之並列為「四端」，傳統儒家及人文學者不論從哪一個角度來加以詮釋，都不容易說清楚。

所謂「第一序的道德」和「第二序的道德」，是西方社會科學常作的一種區分。譬如說，社會學家徐志（Alfred Schultz, 1899-1959）主張的社會現象學（social phenomenology）區分「第一度的詮釋」（first-degree interpretation）和「第二度的詮釋」（second-degree interpretation）：前者是指行動者對於自身行動所作的詮釋；後者是旁觀者基於某種特殊立場，對於行動者之行動所作的詮釋（Schultz, 1967），例如：《論語》記載孔子與其弟子的對話，是孔子視其弟子當時的處境，依自己的「智慧」，所作的回答。這是儒門所謂的「因事言理」，是「第一度的詮釋」。〈哀公問政〉章記載孔子跟魯哀公的對話則不然。這是孔子對於自己平日的主張，經過反思整理之後，所呈現出來的論述，是徐志所謂的「第二度的詮釋」。

第五節 「五常模式」

我在對先秦儒家思想作文化分析時，用以詮釋的文本是以孔子和孟子為主的先秦儒家思想。這種「共時性分析」的目的旨在說明儒家的「文化型態」（Archer, 1995, 1996）。事實上，中國在秦、漢之後的漫長歷史上，儒家思想還有非常複雜的發展，而且對於中國人社會行動有所影響的，也不只是儒家思想而已。在儒家思想史上，第一個提出「五常」概念的人，是董仲舒。《知識與行動：中華文化傳統的社會心理詮釋》（黃光國，1995）一書指出：先秦諸子百家的思想構成了「道、儒、法、兵」一脈相承的關係，跟西方哲學斷裂式的辯證關係並不相同。董仲舒生於春秋戰國之後，為了協助漢朝鞏固大一統的帝國，他進一步綜合諸子百家思想，提出「三綱五常」之說。

回 「三綱五常」

董仲舒引用法家思想，提出「三綱」之說，主張「君為臣綱、父為子綱、夫為妻綱」，將先秦儒家要求自己的「相互義務」（reciprocal obligation），轉變成要求下對上單方面服從的「絕對義務」，對中國社會的歷史發展，造成了非常惡劣的影響。

然而，因為「三綱」之說跟本文的主題並沒有直接關係，在此暫且略而不談，這裡要談的是「五常」。孔子雖然經常談到「信」的重要性，在《論語・衛靈公》中，他甚至說：

> 君子義以為質，禮以行之，遜以出之，信以成之，君子哉！

但孔子並未針對這一點細加深論。從文獻資料來看，最先將仁、義、禮、智、信相提並論的人是董仲舒。董仲舒在對漢武帝的策問中說：「夫仁、義、禮、智、信五常之道，王者所當修飾也。五者修飾，故受天之佑，而享鬼神之靈，德施于方外，延及群生也」（《漢書・董仲舒傳》）。

在董仲舒所講的「五常」中，「仁」處於核心地位。它的基本內容是「愛人」。董仲舒繼承了孔子於「愛人」的仁學前提：「仁者，所以愛人類也。」他主張調控個人的情感欲望，進一步充實「仁」的內涵。「仁者，惻怛愛人，謹翕不爭，好惡敦倫。無傷惡之心，無隱忌之志，無嫉妒之氣，無感愁之欲，無險陂之事，無僻違之行。故其心舒，其志平，其欲節，其事易，其行道。故能平易和理而無爭也。如此者，謂之仁」（《春秋繁露・必仁且智》）。

回「智」與「信」

值得注意的是：除了「仁」、「義」之間的關係以外，董仲舒也特別關注「仁」和「智」之間的關係。董仲舒所講的「智」，是「先言而後當」，其功能在於預測人的行為結果、規整人的行為方向。董仲舒認為，「智者，所以除其害也」，「其動中倫，其言當務，如是者謂之智」（《春秋繁露・必仁且智》）。在禍福來臨之前運用「智」，可以知曉利害，並能夠做到「物動而知其化，事興而知其歸，見始而知其終」。個人對其所言所行，要「以其智先規而後為之。其規是者，其所為得；其所事當，其行遂」。

董仲舒所講的「信」，一方面是指普世性的「誠實」，一方面則是指實踐儒家道德的「信義」。他說：「著其情所以為信也」，「竭愚盡情，不飾其過，所以為信也」（《春秋繁露・天地之行》）、「《春秋》之意，貴信而賤詐。詐人而勝之，雖有功，君子弗為也」（《春秋繁露・對膠西大王越大夫不得為仁》），這裡所說的「信」，都是指普世性的「誠實」。他說：「伐喪無義，叛盟無信。無信無義，故大惡之」（《春秋繁露・竹林》），這裡的「信」，則是指「信義」，是實踐儒家道德原則時，個人感受到的精神境界。除此之外，他還多次提到「敬事而信」、「禮而信」，則兼具信義和誠實兩者之意。

▣「天理」

這裡最值得吾人注意的是：從朱子理學的角度來看，「仁義禮智」的「四端」之心是和「天理」相通的，但「四端」之心並不包括「五常」中的「信」：

> 元亨利貞，乾之四德；仁義禮智，人之四德。（《朱子語類・卷六十八・易四・乾上》）
>
> 「仁」字須兼義理智看，方看得出。仁者，仁之本體；禮者，仁之節文；義者見其自太極來，仁之斷制；知者，仁之分別。猶春夏秋冬雖不同，而同出於春：春則生意之生也，夏則生意之長也，秋則生意之成也，冬則生意之藏也。自四而兩，兩而一，則統之有宗，會之有元，故曰：「五行一陰陽，陰陽一太極。」（《朱子語類・卷六・性理三・仁義禮智等名義》）

「元亨利貞，乾之四德」，同時也是「天」之四德，上述引文的第一句話，說明儒家「天地合德」的基本觀點。第二段引文表明，朱子非常了解：儒家文化傳統中的「仁義禮智」四個字必須併在一起看，不能拆開來，猶如天時四季「春夏秋冬」之「生意」的「生、長、成、藏」。朱子也努力地想要說明「仁義禮智」之間的複雜關係：「仁者，仁之本體；禮者，仁之節文；義者見其自太極來，仁之斷制；知者，仁之分別。」

本文則是以一系列的理論模型闡明這四者之間的關係：在圖 7-1 的「關係判斷」中，「情感性成分」代表人際關係中的「陽」，「工具性成分」代表人際關係中的「陰」，兩者構成「太極」中的「陰／陽」兩魚，這就是朱子所說的「仁者，仁之本體」。「關係判斷」後，對於「交換法則」的選擇，是「義者見其自太極來，仁之斷制」；「心理衝突」後所作出的合宜行動，則是「禮者，仁之節文」。「五常」中的「信」，不在這四者之中，它是雙方依「仁義禮智」互動的結果，這五者之間的關係，可以用圖 7-3 的「互信模式」來表示。

回 「恕道」

本文第三節提到，《論語》中記載孔子跟弟子的對話，絕大多數是由弟子問，孔子回答。只有少數幾次，是由孔子主動向學生提示，最能夠反映出儒家的核心價值：有一次，孔子主動向曾子強調說：「吾道一以貫之。」曾子說：「是。」孔子離開後，其他的弟子問曾子：老師所說的「一貫之道」究竟是什麼？曾子的回答是：夫子之道，就是「忠」跟「恕」兩個字罷了！

這是理解孔子思想非常重要的一段對話。更清楚地說：在孔子平日對弟子所講述的「仁道」中，只有「忠」跟「恕」兩個字是可以「一以貫之」，對待任何人都適用的普遍性倫理原則。朱熹對這兩個字的解釋是：「盡己之謂忠，推己及人之謂恕。」用圖 7-3「天理的互信模式」來看，「太極」的「陰／陽」兩魚代表互動的雙方，魚眼中的「忠」、「恕」兩字代表：雙方

圖 7-3　天理的互信模式

註：引自黃光國（2018，頁 129）。

互動時，一方若能「盡己」，另一方也比較會「推己及人」，雙方互動的方式如能符合「仁義禮智」的要求，則彼此便會產生「互信」，構成儒家所謂的「五常」。用西方倫理學的角度來看，在這個語境中的「忠恕」，是所謂的「積極義務」（positive duty），是個人在這種社會互動脈絡中應有的積極作為。

除此之外，「恕」還有另外一層涵義。有一次，子貢問孔子：「有一言而可以終身行之者乎？」孔子的回答是：「其恕乎！己所不欲，勿施於人。」這是孔子對於「恕」的消極解釋，是西方倫理學中所謂的「消極義務」（negative duty）。

不論是具有「己所不欲，勿施於人」之語意的「恕」，或是可以作為儒家「一貫之道」的「忠恕」，都是以「心」作為基礎，是儒家「心性之學」的核心，通常為西方心理學所忽略，卻是本書析論的重點，請予特別留意。

第六節　兩種結構主義

要說明「五常」中「仁、義、禮」倫理體系和「恕道」在華人日常生活中的運作，我們必須先了解李維史陀主張的人類學的結構主義（Levi-Strauss, 1976/1995），以及皮亞傑所主張的心理學的結構主義（Piaget, 1968/1984），並且區分皮亞傑和李維史陀兩種結構觀的不同。

◘ 共時性或歷時性

對李維史陀而言，結構是一個完整的整體，它雖然由許多元素所組成，但這些元素卻是緊密地相互制約，其中任何一個都無法獨自發生變化。李維史陀所強調的，是結構諸元素間關係的不變性和穩定性。在一個結構中，任何一個元素的變化都受到其他元素的限制。在這種情況下，任何一個元素都無法獨立地發生變化；當一個結構的所有元素都發生變化時，這個結構也就變成了另一個新的結構。所以，要麼是整個結構同時變成另一個新的結構，要麼是整個結構的諸元素都保持不變。換言之，李維史陀所談的「結構」是共時性的（synchronic），它是由超經驗的元素所組成的，它們預先在結構中排列好了應有的順序和位置。一個結構系列就像模子那樣，一旦形成，就不會再演變。

這種觀點和皮亞傑的結構觀可說是大異其趣。對皮亞傑而言，結構主義既不是一種哲學，也不是一種理論，而是一種方法論。「結構」並不是固定不變的，不論研究任何東西，認識的發展總是由簡單到複雜，益形增多的事實，迫使人不得不去找尋它們之間彼此的依存關係和整體系統。換言之，皮亞傑所談的「結構」是歷時性的（diachronic），結構本身無法從事實中觀察得到，必須從抽象的形式中再抽象出來，因此結構主義者應當具有開放的精神，不應當拘泥於某種僵化的模型。

⊡ 潛意識或意識

李維史陀認為：結構是理性在潛意識中所創造的，他觀察到原始人和文明社會中的人，均具有「基本上相同的風俗和習慣」，接著才試圖去發現「構成每種風俗或每種習慣的潛意識結構」；因此，他強調：研究者要找出文化的結構，必須靠天賦理性與直覺，他並不重視被研究者的主體性。

對李維史陀而言，結構是永恆的，它是人腦中先天結構形式的反映。人類的關係，也是人腦中先天存在之「模式」的產物，這些結構就像永恆不變的「模型」一樣，成為人們在現實生活中各種關係的「樣板」。既然社會是人腦中結構「模式」的外化，而「模式」又是永恆不變的，所以社會也就不存在「歷史」。換句話說，社會無所謂發展，無所謂變化。人們所看到的各種社會變化，都不過是人腦中同一模式的不同變形罷了。

皮亞傑完全反對這種觀點。他認為：結構是個體與環境互動後，經由「反思和抽象」所提供的材料逐漸形成的。結構是人們有意識地建構出來的，它既不是預先存在客體裡面，也不是突然湧現出來的。皮亞傑所說的「智慧」（intelligence），並不是一般心理學者所說的「心智」（mind），而是個別主體進行種種認知運算的普通形式。針對這一點，皮亞傑在其發生認識論中提出了「階段」的觀念。在不同的階段與階段之間，智慧的功能並不是「量」的差異，而是「質」的不同。所謂「智慧發展的階段」，是運算系統複雜性不同的階段，它們各自包含了一些不同水平的整體性結構。由一個階段到另一個階段的演變，既要個體成熟的因素，又需要來自環境的刺激。先前已有的結構，是後來新結構的出發點。在某一特定的階段，智慧包含了一些整體性的結構，較低水平的結構會以子結構的地位，整合到較高層次的結構之中。

◘ 固定結構或辯證發展

皮亞傑的心理學研究，便是希望闡明「交互論」的這種基本立場。因此，他特別強調「辯證」對結構發展的重要性。他說：「一個結構一旦形成，人們就會否定結構所表現的本質，例如：對於有交換律的古典代數，從Hamilton 開始，就有人創造出一種無交換率的代數學；歐氏幾何學又和非歐氏幾何學針鋒相對。在數理邏輯的領域裡，這幾乎已經成為一種常規；有了一個已知的結構，人們就企圖用否定的方式，建造出另一個互補的體系，然後在把它們匯集成一個複雜的整體結構。」換言之，結構含有動態轉換的性質，並非永恆不變。經由辯證的發展，會使體系更趨於複雜，層次更高、統攝性更大。

李維史陀指出：原始社會的成員生活在最自然、最原始的「無歷史社會」之中，所以他們的思維最接近人類先天結構的模式。就這個意義而言，原始人的思維方式反而比現代人的思維更「深刻」、更「真實」。皮亞傑卻不作如是觀，他認為：「如果人類的精神自身永遠相同，我們為什麼要把精神看做是一種開放的、連續不斷的自動構造過程，其結果更受人尊重？」他指出：李維史陀在談到「推論思維的初始形式」時，說「初始」其實就是意味著還有「後續」。這麼說來，我們怎麼能說原始人的思維活動比現代人的思維更深刻、更真實？在皮亞傑看來，這是一種倒錯。他並不認為人類的思維有永恆不變的「模式」或「結構」；在他看來，人的精神或智慧是演進的，原始人的思維活動不會比文明人更「深刻」、更「真實」。

在結構與主體的關係方面，皮亞傑反對「有結構就沒有主體」的論點。他將主體區分為「認識論的主體」和「個別的主體」：就前者而言，同一時代認識水平所公認的科學真理，它是同一時代所有主體共同認知的核心，並不會因為個別主體的認識而成立或不成立。因為個別主體在開始認識世界的時候，總是會有自我中心的現象，個別主體在其認識層次上要掌握結構，必須經過不斷地去除中心的作用；只有逐步地去除自我中心的認知，了解相反的事實，其認知在同化和順化的過程中，才能進行協調，才能獲得較具普遍性的結構。這樣一個過程，是永遠處於不斷地構造和再構造之中的歷程。

◘「仁、義、禮」倫理體系的結構

本書第六章〈「物理」：「關係」與「自我」的形式性理論〉指出：〈人情與面子〉的理論模型是以人類社會行為的深層結構為基礎所建構而成的，它代表了人類社會互動的「創生機制」，可以用來解釋任何一個社會中的人際互動。這樣的機制是恆久不變的，可以用李維史陀主張的人類學的結構主義來加以理解。

本文的析論又復指出：儒家的「仁、義、禮」倫理體系跟〈人情與面子〉的理論模型之間，具有一種「同構的」關係，因此「仁、義、禮」倫理體系也必須用人類學的結構主義來加以理解。更清楚地說，這是一種亙古不變的共時性結構，透過日常語言的使用，而儲藏在華人的「集體潛意識」（collective unconscious）中，所以會影響人們的社會互動，但一般人卻不會覺察到有什麼「結構」存在。

用美國社會學家Garfikel（1967）所主張的「常民方法論」（ethnomethodology）來說，它是支撐住華人生活世界的一種「先驗性形式架構」，如果大家都依此而行，便可以彼此相安無事。這就是孟子所說的：「行之而不著焉，習矣而不察焉，終身由之而不知其道者，眾也！」

可是，如果有人違反了這套倫理架構，旁人就會感覺到不對勁，認為他：「失禮」、「悖禮犯義」、「無情無義」、「不仁不義」等。華人平日所說「我對你仁盡義至」，便是在指責對方的行動，違反了應有的倫理。

▣「恕道」與「絜矩之道」

與「仁、義、禮」倫理體系相較之下，儒家的「恕道」，必須用皮亞傑式的心理學結構主義來加以理解。它是個人意識得到的一種「歷時性」結構，會隨著個人生命經驗的成長而不斷變化，並儲存在「個人潛意識」（personal unconscious）中，成為其「知識」的一部分。《大學》第十章有云：

> 所惡於上，毋以使下；所惡於上，毋以事上；所惡於前，毋以先後；所惡於後，毋以從前；所惡於右，毋以交於左；所惡於左，毋以交於右，此之謂絜矩之道。

這可以說是曾子對於「恕道」所作的第二度的詮釋。「絜」本為名詞，指繩或帶一類的東西，是用來量度的，如裁縫師所用的軟尺。在《大學》中，「絜矩」連用，名詞當動詞，成為工具名詞，是以絜訓為「度」。儒家主張推己及人，有諸己而後求諸人，這就是「絜矩之道」。「絜矩之道」與「恕道」一樣，談的都是修身的問題。杜維明（1997，頁60）在討論儒家的自我觀時，也有一段相當精闢的說法：

> 儒家的「己欲立而立人，己欲達而達人」的格言，就不單是一種利他主義的思想，而且也是對轉化中的自我的描述……但是，自我不能歸結為其他的社會角色。承擔著各種社會角色的現代人舞臺形象，肯定不是儒家的東西。相對於父親我扮演的兒子的角色，同時相對兒子我又扮演另外分立出來的父親的角色。這種觀念即使不令人反感，也是很不自然的。根據我自己的經驗，在我的記憶中，我一直在學做兒子。從我的兒子出世以來，我又一直在學做父親，並

> 且學做兒子由於我自己成為了父親而獲得了新的意義。不僅如此，我之作為兒子和作為父親，也是通過我作為學生、老師、丈夫、同事、朋友和相識者而使其內容豐富起來的。這些對我來說都是學做人的途徑。

這可以說是杜氏對於儒家「恕道」或「絜矩之道」所作的現代詮釋。更清楚地說，儒家所說的「恕道」或「絜矩之道」是在日常生活人際互動中不斷成長的一種「意識的結構」，跟「仁、義、禮」倫理體系為「潛意識的結構」並不相同。

回 「恕道」與自由

「以一人之力，譯出一代思潮」的嚴復（1854-1921），一向主張翻譯三大條件為「信、雅、達」，但他在翻譯英國哲學家穆勒（John S. Miller, 1806-1873）的名著《論自由》（*On Liberty*）時，卻刻意將之譯為《群己權界論》，藉以闡明：自由並不是指可以「為所欲為」，而必須「以他人的自由為界」。他在該書的序言中說（Miller, 1859/1903）：

> 中文自由，常含放誕、恣睢、無忌憚諸劣義。然此自是後起附屬之詁，與初義無涉。初義但云不為外物拘牽而已，無勝義亦無劣義也。……有人獨居世外，其自由界越，豈有限制？……但自入群而後，我自由者人亦自由，使無限制約束，便入強權世界，而相衝突。故曰人得自由，而必以他人之自由為界。……穆勒此書，即為人分別何者必宜自由，何者不可自由也。

後來郭志嵩（1987）翻譯穆勒的兩本著作，合成《論自由及論代議政治》一書，毛子水為他作序，講了一段十分重要的話：

我以為自由的道理，原本於忠恕。懂得忠恕的人，才能夠懂得自由。就我生平所見的而言，能有「絜矩之道」的君子，沒有一個不尊重自由的道理而會侵害別人的自由的。凡要侵害別人正當的自由的人，不是愚蠢，便是狂妄。

毛子水的說法將穆勒所講的「自由」等同於儒家所主張的「忠恕」和「絜矩之道」，在我來看，這才是「中西會通」真正可以「舉起地球」的「阿基米德點」！值得大家深思！

◘ 中國的自由主義

在〈為什麼要反對自由主義〉這篇文章中，徐復觀（1979）說：

自由主義者從傳統和社會解放出來，並不是根本否定了傳統和社會，而是要對傳統和社會，作一番新的估價，將既成的概念與事象，加以澄清洗鍊，而賦予以新的內容，並創造更合理、更豐富的傳統社會。自由主義者依然要生活在傳統與社會的大流之中，但他不是被動的、消極生活著；而是主動的、積極的、向傳統與社會不斷發揮創造改進的力量，使傳統與社會，不復是一股盲目的衝力，而是照耀於人類良心理性之下，逐漸成為人類良心的生產品。

徐復觀（1904-1982）是湖北浠水人，早歲從政，曾經在中國國民黨軍事委員會委員長侍從室當幕僚，國民黨撤守臺灣後，他對政治徹底失望，決心脫離，從事學術研究。他的學術路線雖然常被歸類為新儒家，但他卻極富批判精神，和純學者型的港臺新儒家並不相同。這篇文章中說「自由主義者」，「生活在傳統與社會的大流之中」，其實就是奉行儒家所說的「絜矩之道」或「仁道」，所以能「主動的、積極的、向傳統與社會不斷發揮創造改進的力量」。

本章小結：「形而中學」

本書第四章「小結」部分提到，徐復觀（1982，1988）研究中國思想史，晚年提倡「心的哲學」，認為：中國文化是「心」的文化，只能稱為「形而中學」，而不應當講成「形而上學」。《易傳・繫辭上》第十二章說：「形而上者謂之道，形而下者謂之器。」其中「形而上」一詞的英文翻譯為 metaphysic；「形而下」為 physic；至於「形而中」一詞，則是徐氏獨創，英文中根本沒有對應的字眼。然而，從儒學發展的大方向來看，徐氏所謂的「形而中學」具有以下幾層重要的意涵。

第一，它是指宋明理學發展的大方向，是由先秦儒學講「形而上」之「道」，轉出宋明儒者講「形而中」的「理」。更清楚地說，儒學第二期發展的方向是朝向理性化，並追求知識的客觀化。

第二，正是因為儒學發展的大方向，是朝向理性化、客觀化，本章旨在以西方的科學哲學為基礎，建構「含攝文化的理論」，闡明「仁道」的演化系譜，完成朱子未了之心願，希望能說明何謂儒家的「自由主義」，並藉以建立儒家人文主義的「學術傳統」。即使如此，這也只能達到牟宗三（1982）所謂「三統並建」的第二步，即建立「學統」。

第三，「形而中學」的「中」，同時也指《中庸》第一章所謂「喜怒哀樂之未發，謂之中」的「中」。本書第五章提到，這是朱子治學的起點，也是本書第四部分「性理的探索」所要討論的核心議題。唯有這個問題交代清楚，我們才能說明儒家所謂的「道統」：

第四，「形而中學」的「中」，也是「允執厥中」的「中」。《書經・大禹謨》上有一句名言：「人心惟危，道心惟微，惟精惟一，允執厥中。」《論語・堯曰》再度提到：「咨，爾舜！天之曆數在爾躬。允執厥中。四海困窮，天祿永終。」此後，學術界人士大多視「允執厥中」為儒家的「道統」，並從不同的視角來加以解釋，認為：「聖人之道，終而已矣。堯、舜、禹三人為萬世法，一『允執厥中』也。」

從本書的析論，我們可以看出：「允執厥中」可以說是儒家理想中的「聖王」施政時，必須奉行的「絜矩之道」。在帝制中國，以民為本是開明專制的文化基礎；在現代中國，「道統」與「政統」合而為一，則可以開出「中國式的民主」。這一點，必須留待第十二章，將「允執厥中」詞放置在本書的論述脈絡中作整體詮釋後，才能作進一步的析論。

第四部分

性理的探索

第八章　自性的多元文化探索

早期儒家學者開始探討的心性之學，到宋明之後，成為理學家論學的主要焦點。其實許多東方古老的文明，像埃及、佛教，都曾經以不同方式，表現出同樣的關懷。近代西方主流心理學探討的焦點是「自我」，不是「自性」。瑞士心理分析學家榮格，可以說是異數，他深入探討過這個問題，並在晚年撰成專著，討論「未被（西方人）發現的『自性』」。職是之故，本章第一節將先敘說漢唐之前，《壇經》和儒家學者對於此一議題的探討。第二節說明我如何整合婆羅浮屠佛塔、埃及金字塔、榮格的心理分析，建構出「自我」與「自性」的形式性結構，第三節說明榮格和玄奘對於心靈結構的探索，特別強調兩者之間具有「同構」關係，然後從榮格的「原型」理論，說明《易經》的符號詮釋學，並以之與胡塞爾的詮釋現象學對比，藉以突顯中西文化的明顯差異。再從費耶本德「後現代」的科學哲學，說明建構「自我」與「自性」心理動力模型的重要性。第四節說明：漢傳佛教和《六祖壇經》的特色，在其不僅重視「緣起性空」的佛教教義，更強調「世間性」，成為漢傳佛教的主要特色。第五節析論：魏晉時期佛老盛行的時代背景下，儒家學者韓愈和李翺分別提出〈原性〉和《復性》之說，代表儒家對於佛老思想的抗拒，同時也突顯出這兩種文化系統探索「自性」的不同取徑。

第一節　漢唐以前的心性探索

孔子晚年，他文武全才的弟子子貢曾經感嘆：「夫子之言性與天道，不可得而聞也。」對於弟子們「聞而不可得」的「天道」，本書第三章〈《易》理：自然主義的宇宙觀〉已經有所闡述。在孔子之後，先秦儒家諸子中最喜歡討論心性議題的人是孟子。「孟子道性善，言必稱堯舜」，在《孟子・告子》中，便留下許多他跟當時不同學派的人物辯論心性議題的記載。

秦始皇統一天下後，焚書坑儒，使得相關議題的討論也戛然而止。到了漢武帝時期，董仲舒將孟子的「四端」發展成為「五常」，確立了儒家的「關係論」。他提出三綱之說，並努力要說清楚仁、義、禮、智、信之間的關係，但受到當時思潮的影響，董仲舒也把他的「關係論」建立在「陰陽五行」的「宇宙觀」之上。但這樣的作法並沒有為儒家學者普遍接受。

▣ 玄奘的《成唯識論》

西元第一世紀時，佛教傳入中國。佛教在中國的發展，經歷過三個明顯的階段：第一階段是鳩摩羅什、真諦、玄奘、義淨、不空等五大譯經家，陸續將許多重要的佛經譯成中文，使得佛教在中土廣為傳播，而衍生出華嚴宗、唯識宗、天臺宗、律宗等不同宗派。

東漢末年，黃巾亂起，魏晉南北朝時代，中原政治陷入亂局，兵連禍結，戰亂不斷。人民顛沛流離，百姓命如草芥，動盪不安的政治情勢，使得佛教各宗派能夠在中國社會快速傳播。隋末唐初，玄奘大師到西域取經。回國後，編譯《成唯識論》，確立日後漢傳佛教的發展方向。

第二階段是《六祖壇經》的出現。這是中國人自己寫的第一部佛教經典，記載唐代惠能大師的言行，將儒佛思想融於一爐，發展出具有中國文化特色的禪宗。它的廣為流傳對宋明理學的開展具有極大的促進作用，值得我們特別注意。

第三階段是民國以後由太虛大師所倡議，而在臺灣蓬勃發展的人間佛教。由於這不是這本書所要談的主要議題，在此暫且略過。這裡我們要談的是玄奘和《六祖壇經》對「自性」有關的論述。

玄奘（602-664），俗名陳禕，河南洛陽人。幼時因父母早逝，家境困難，而隨二哥長捷法師住淨土寺，聽聞佛法。13 歲時，洛陽度僧，他向大理卿鄭善果表明自己「遠紹如來，近光遺法」的意願，而被破格入選。

隋末唐初，玄奘先與二哥到長安參學，後來又到成都，聽當時名僧講經論。三、五年間，究通諸部，即遍訪各地高僧，質問疑惑滯礙之法，窮盡各家學說後，深感自己多年來在各地所聞異說不一，因此決心前往印度，學習整合三乘學說的《瑜伽師地論》。

貞觀 3 年，27 歲的玄奘由長安出發，歷經險阻，到達天竺佛教中心那爛陀寺，師從瑜伽行派戒賢大師。十年後，即在該寺代戒賢大師講授《攝大乘論》和《唯識選擇論》。貞觀 17 年學成，他立真唯識量論旨，由戒日國王邀請印度十八國大小乘僧侶教數千人，在曲女城開無遮法會，由玄奘擔任論主。前後十八天，結果無人能夠跟他辯難。由此聲名鵲起，威震天竺後，即啟程歸國。

貞觀 19 年，玄奘攜回 657 部佛經，返抵長安，受到唐太宗的熱烈歡迎。在皇帝支持下，玄奘在慈恩寺建大雁塔，貯藏自天竺帶回的經像，並帶領弟子，翻譯經論，而創立主張「三界唯心，萬法唯識」的中國法相宗，並對其他宗派造成重大的影響，尤其是當時主張「不立文字，以心傳法」的禪宗。

▣《壇經》與自性

唐開元貞觀年間出現的《六祖壇經》，記載禪宗六祖惠能大師（638-713）開悟、傳法的故事，有幾種不同的版本，依照印順法師的研究，敦煌本《壇經》的記載，其內容是惠能所說，弟子法海所記錄（楊惠南，1993）。胡適（1986）所著的〈荷澤大師神會傳〉，列舉三大理由，認為：《壇經》乃神會所作。本書從印順（1978）之說，根據世傳敦煌本《壇經》的記載，當五祖弘忍大師決定以惠能作為衣缽傳人之後，三更半夜為他說《金剛經》。說到「應無所住而生其心」時，惠能當下大悟：「一切萬法，不離自性。」逐向弘忍稟告：

何期自性，本自清淨；
何期自性，本不生滅；
何期自性，本自俱足；
何期自性，本無動搖；
何期自性，能生萬法。

六祖開悟後講的這一段話，對於後世儒家的發展，有非常重要的影響，因此我們有必要建構一個客觀的理論，來說明「自我」與「自性」之間的關係，一方面解決儒家歷史上未能解決的「千古難題」，一方面為未來本土心理學的研究開拓更廣大的發展空間。

更清楚地說，西方人是非常「自我」中心的，「自我」一向是西方主流心理學的重要研究議題。相較之下，「自性」卻是西方主流心理學不感興趣或難以研究的議題，除了心理分析學派的榮格之外，其他的心理學者很少嚴肅探討這個問題。心性之學所強調的「修心養性」，可以說是「儒、釋、道」三教的「共法」，針對這個議題建構客觀理論，不僅可以解決儒學發展所遭遇的難題，而且可以濟助西方心理學的不足和困窘。

基於這樣的見解，在《內聖與外王：儒家思想的完成與開展》一書中，我綜合佛教、儒家、榮格心理學的相關論述，建構了一個「自我」與「自性」的心理動力模型（黃光國，2018）。本文將以這個模型作為基礎，先解釋儒家「心性之學」在唐代的發展，然後再回過頭來，在後續各章中說明朱熹編注《四書》所要闡揚的儒家精神。

第二節　八面體：「自性」的形式結構

對於「自性」之理解有較大貢獻的心理分析家，不是弗洛伊德，而是榮格。榮格（Carl Gustav Jung, 1875-1961）是瑞士人，大學時期立志要成為一位精神科醫師。畢業後，開始在精神病院工作時，發現可以用電流計測量具有激動情緒之作用的「情結」（complex），當時弗洛伊德因為出版《夢的解析》（Freud, 1899），而吸引歐洲學術界的廣泛注意。

◘ 榮格的心理分析

榮格因此主動和他聯繫，表示願意用自己的研究方法，證明弗洛伊德的理論。1907 年，兩人初次會面後，即展開密切的合作。可是，不久之後，榮格不同意弗洛伊德將許多難以解釋的「情結」都解釋為「心理上的性」（psychosexuality），而和他發生歧見。

對弗洛伊德而言，潛意識是意識的殘餘，是被壓抑之廢棄物的儲藏庫。可是，榮格卻認為：潛意識才是母體，它是意識的基礎。他將潛意識區分為兩個層次：表層的「個人潛意識」，具有個人的特性，其內容主要是「情結」，包含被壓抑的欲望、被遺忘的經驗、閾下的知覺等等。深層的「集體潛意識」，不是來自個人的學習經驗，它是文化的儲藏所。個人潛意識一度曾經是意識，而集體潛意識卻從來不曾在意識中出現過，它是客觀的，跟宇宙一樣的寬廣，向整個世界開放（Jung, 1936）。

這種理論上的分歧，使榮格決定和弗洛依德分道得鑣，並展開他對「自性」（Self）的長期探索。榮格在中學時期就察覺到自己有「第二人格」（second personality）（Jung, 1965），他稱之為自己的「二號人格」（personality No.2），在他的自傳中說：一號人格和二號人格的作用和反作用，貫穿了自己的一生。在他的一生中，他總是試著為從他內心深處走來的二號人格（自性）騰出空間（Jung, 1965）。對於一般人而言，「緊扣在時間上的」（time-engaged）「自我」（ego），總是努力地要以其「意識」來了解其「自性」，但自性卻是「超越」（transcendent）而永不可及的。人類所能知道的，僅是其「先驗自我」（transcendental self）。為了探討西方人如何了解其「先驗自我」，榮格花了許多時間研究西方文化中的「占星術」（Astrology）（Hyde, 1992/2001），並在 76 歲時出版《基督教時代：自性的現象學探索》（Jung, 1969），說明占星術如何預言基督的到來，以及基督教千百年的發展，其內容收錄於《榮格全集》中。

⊡ 「自性」的心理動力

榮格曾經在 1945 至 1946 年間寫過本書《論心靈的本質》（Jung, 1954），整合他以往散布在各項作品中的觀點，提出他對「集體潛意識」的完整理論，並於 1954 年修訂完成（Stein, 1998）。這本書指出：從最早的時候開始，榮格的野心就是要創造一個能從高到低、從近到遠，描繪心靈各層面的總體心理學，一幅真正的心靈地圖（map of the soul）。

在人類有歷史之前，已經有人用「曼陀羅」來代表宇宙、世界或心靈的圖像。對榮格而言，「自性」是心靈超越的中心與整體（psyche's transcendent center and wholeness），它不僅超越心靈領域，更重要的是它界定了心靈的領域。曼陀羅的中心不是「自我」，而是人格的總體，「自我」只是人格的一部分。「自性」提供了一種先驗性的條件，它跟後天環境眾多因緣的交互作用，形成了個人的人格。

由於「自性」是超越的，人類以其有限的智慧，永遠無法知道它的整體。然而，每一種宗教都試圖用一種同心圓、方形或曼陀羅來描述「自性」，但他們所能描繪的，其實僅只是其意識中的「先驗自我」而已。在榮格晚年作品《基督教時代》的最後一章（Jung, 1969），榮格曾經試圖用「四方位體」（quaternity）取代基督教文化中的「三位一體」（trinity），來描繪「自性」的結構（Stein, 1998）。

在我看來，榮格所描繪的心靈地圖，其實反映出受基督教影響的西方人，其集體潛意識中的「自性」（Jung, 1929/1967）。從東方文化的角度來看，「自性」較為恰當的圖像應當是一座立體的曼陀羅或「婆羅浮屠」佛塔。

在《基督教時代》的附錄中（Jung, 1969），榮格還試圖用「八面體」（ogdoad）來描繪「自性」的結構。在我看來，榮格所描繪之「八面體」的形式結構，才可以幫助我們了解所謂的「自性」到底是什麼？因此，本文將先以「八面體」介紹我所建構的「自性的心理動力模型」，再用它來解釋儒家的心性之學。

◘「自我」與「自性」

在該一模型中，我首先指出：以外方內圓的平面圖為基礎所建構出的〈自我的曼陀羅模型〉（見圖 8-1），其實只是代表個人在其生命中某一特定時刻的心理狀態，它可以說是加拿大哲學家 Taylor（1989）在其著作《自我諸根源》一書中所描述的「精準的自我」（punctual self），而不是一個完整的人。完整的人其生命歷程應當用一個立體的「婆羅浮屠」佛塔來加以表述，而不僅只是一個平面的「壇城」。甚至立體的「婆羅浮屠」佛塔也只能代表個人出生之後的生命歷程。其實從受孕那一刻開始，個人的生命便已經開始存在。

八面體由正反兩個金字塔構成（見圖 8-2）。我在該圖中加入我所建構的〈自我的曼陀羅模型〉（見圖 8-1），我們便可以用它來表示「自性」的形式結構。「婆羅浮屠」佛塔或立體的曼陀羅，是金字塔的上半部。代表出

圖 8-1　〈自我的曼陀羅模型〉

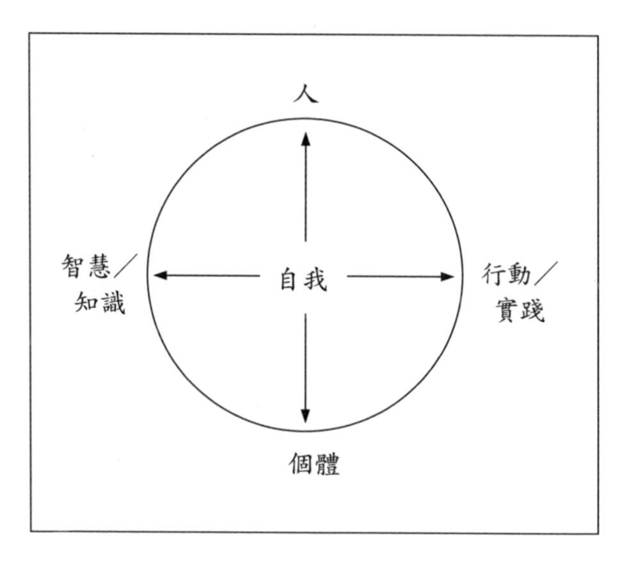

註：引自 Hwang（2011, p. 330）。

圖 8-2 八面體：初生時的「自性」的形式結構

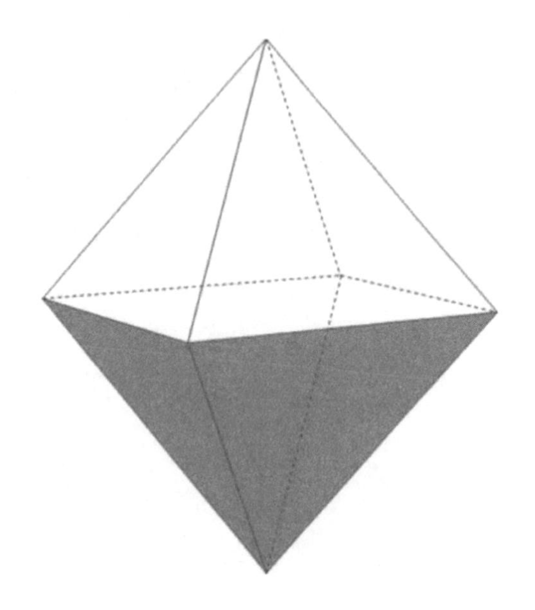

註：引自黃光國（2018，頁 155）。

生之後的生命，下半部倒立的金字塔代表「集體潛意識」，兩個金字塔之間的「四方位體」，代表出生的那一剎那。立體的曼陀羅或「婆羅浮屠」佛塔的六層底座，為代表「智慧」的四方形：最上面是代表「慈悲」的圓形。其橫截面則是懸在其間的〈自我的曼陀羅模型〉，後者由「人／個體」以及「智慧／行動」或「知識／實踐」的兩組對立力量所構成，「自我」（ego/self）則位於各種力量匯聚的中樞。當「自我」以其「意識」回想它過去的生命經驗時，從出生到現在所有的生命經驗都儲存在他的「個人潛意識」裡。

用圖 8-3 的八面體來說，弗洛伊德心理分析探索的範圍僅及於正向金字塔底層的「個人潛意識」，榮格心理學則要深入探討存藏於倒立金字塔中的「集體潛意識」。在他後來的職業生涯裡，榮格以他病患的表現，以及他自己的內省作為潛意識素材，深入探索夢與幻象的源頭，而逐步對人類心靈的普遍結構加以理論化。榮格認為：人類心靈結構的最深層，稱為「集體潛意

圖 8-3　八面體：「自我」與「自性」的形式結構

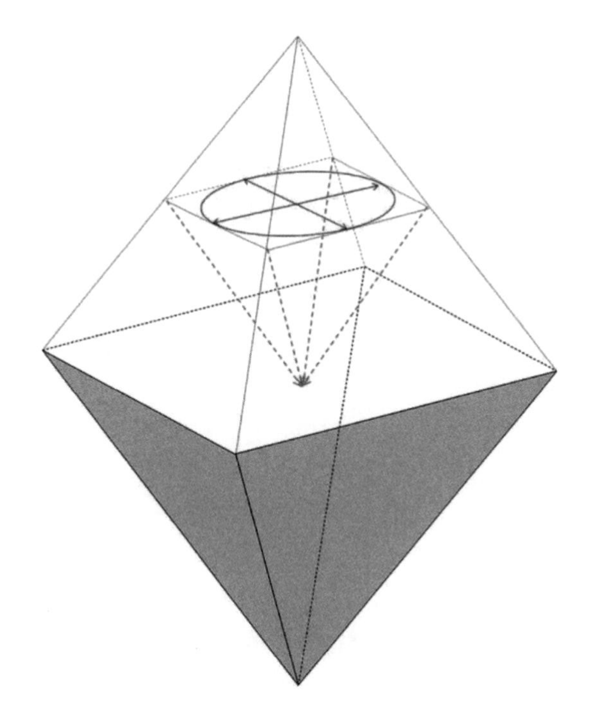

註：引自黃光國（2018，頁 155）。

識」，是「八面體」中倒立金字塔的陰暗部分。這種結構是每個人都有的，並非侷限於個人或某個病患。

第三節　榮格與玄奘

榮格是一個具有高度「文化敏感度」（cultural sensitivity）的西方學者。他對東方文化中的智慧結晶始終抱有高度興趣。他雖然不懂中文，在他生命力最旺盛的時代，因為中國的戰亂，未曾造訪中國。然而，透過衛禮賢（Richard Wilhelm, 1873-1930）的介紹，他對《易經》作過深入的研究，並且提出重要的「共時性」（synchronicity）原理，認為那是一種「有意義的巧合」

（meaningful coincidence）（Jung, 1952/1993）。他訪問過印度，寫了許多論文，討論印度文化和西方文化的對比。楊儒賓（1993）曾經蒐集榮格有關東方文化的論文，譯成《東洋冥想的心理學：從易經到禪》一書，很值得參考。

▣ 潛意識中的心象

在〈試論「涅槃道大手印瑜伽法要」〉一文中，榮格指出：不管無意識的結構為何，它們必然包含有些遠古型態的素材或圖式，基本上與神話及類似的思維形式沒有分別（Jung, 1939/1994）。由於潛意識是心靈的根源，內含生生之機，它是各種思維形式誕生成形之地。我們不能將任何特定的形式加在潛意識之上，因此東方人宣稱：「宇宙心靈」無形無式，所以能夠成為一切形式之源。不僅如此，由於潛意識中的形式或圖式，不限於任何特定的時間，當它們在意識中展現出來時，彷彿永恆不變那樣，具有特殊的無時間感。

基於這樣的理由，當「自我」注意的焦點從外在世界中撤離，而進入個人意識的背景時，必然會導致潛意識之開展，啟動含有「先祖的」或「歷史的」情感，以及超乎其上的無限制、無時間之意識的遠古思維形式。意識裡的形式都是疆界儼然；潛意識中的心象則是模糊不清，可能產生任何類型的交叉混合；兩者形成強烈的對照。在一切意象皆含糊不分的心境裡，我們當然可以感受到「萬物與我為一」的境界。在榮格看來，「天人一體」的特殊體驗可能是從撲朔迷離的潛意識中，昇華而得的。

▣ 潛意識的超越功能

在西方，潛意識的內容卻被看成是不實的妄想。西方人的心態，總是喜歡把兩種面向分裂為對立的、人格化的「上帝」與「魔鬼」。新教徒世俗的樂觀主義，則是盡可能地掩蓋住魔鬼的存在，造成了「諸善出自天恩，諸惡源自人身」的信念。

西方的宗教絕不鼓勵心靈自求解脫。在西方，通常人們是站在意識的觀點，獨斷地反對潛意識。因為一般人的偏見，總是認為：由內而發的，都是較差的，甚至是謬誤的。如果有人認為：人可從自身內部自行獲得救贖，必然被人視為浮誇狂妄。

榮格的分析心理認為：在人的潛意識中，有某種過程可以藉由其象徵，彌補意識態度的缺憾。藉著心理分析的技巧，潛意識的彌補作用得以意識化。因而在意識的態度上造成轉變，甚至讓此種轉變達到新的意識層次。這裡要強調的是，當潛意識的層面升至表面層時，其內容與通常意識的思維，形成極為強烈的對比。如果不藉助諸如此類的技巧，潛意識的過程就很難呈現在意識層面。

這時候當事人必須接受這些表面上互相衝突的內容。當這樣的內容不再被壓抑，衝突也能被接受之初，所有答案似乎都變得不可能。可是這種情況還是應當儘量忍受，闡揚這樣的張力可以使潛意識獲得定位。更清楚地說，意識的張力，可以使潛意識的內容在意識中明朗化，這樣一來，意識心靈會碰到精神的新面向。這種新面向不必然會帶來新的問題，反而可能修正了舊有的成分。這樣的程序會延續下去，直到原先的衝突圓滿解決為止。這樣的過程叫做「超越功能」。用「超越」這個詞彙稱呼功能，因為它是透過對立的衝突，以促使精神從某一心境躍至另一層面。

▣ 觀想本心

榮格在 1916 年寫下〈對亡者的七篇悼文〉中，所提出的Pleroma一詞，就是潛意識無法理解的弔詭陳述（paradoxical statement）。「虛無即是充滿」、「一無所有而又擁有一切」，他用這個字來表達個人生前與死後的不可思議的超越境界。《金剛經》中所提到的「我說世界，即非世界，是名世界」、「我說莊嚴佛土，即非莊嚴佛土，是名莊嚴佛土」，也是在表達這種超越境界。

榮格認為：佛教所謂「實在之凝視」，顯然是指這種超越的終極實在。日常經驗到的世界反倒是虛妄不實的。「觀想本心」意味著自求解脫，從榮格心理學的觀點來看，如果我們能用愈多的精力在潛意識的歷程上，我們就愈能從欲望渴求、分別對立的世界中超拔出來，也愈能夠進入清淨、無限的潛意識境界中。這樣心靈才能從掙扎痛苦的束縛中，真正解放出來。

在〈試論「涅槃道大手印瑜伽法要」〉的「禮敬唯一真心」一節中，榮格指出：

> 唯一真心就是無意識，因為它是永恆的，不可知、不可見、不可識的。但它同時也顯現了正面的特色，這點與東方式的體驗相一致，這些特色總是「常明、常存、光明無染」。人如果越能凝聚在自己的潛意識內容上面，越能使這些內容充滿生機，變得更有元氣，彷彿在內心深處受到靈光照耀一樣。事實上，它們可以轉化成類似實體的某種境界。

▣ 末那識和阿賴耶識

這是榮格站在心理分析的觀點，對於「意識」和「潛意識」之間的動力關係所作的解釋。從佛教唯識學的觀點，還有不同的解釋。大乘佛學所說的「識」共有八種，依次為：眼、耳、鼻、舌、身、意識、末那識和阿賴耶識。前五識類似於西方心理學所說的感官知覺，第六種可以說是自我意識，第七種末那識很像是榮格所說的個人潛意識，阿賴耶識則是集體潛意識。

玄奘當年從印度取經回國後，將他綜合印度瑜伽成派十大論師的觀點，撰寫《成唯識論》，再將之翻譯成中文。翻譯時接受弟子窺基法師的建議，在「末那識」中加入「恆審思量」的功能，以適應中國社會的需要，成為漢傳佛教的特色，也影響了後來禪宗的發展。

阿賴耶識是梵文 ālaya-vijñāna 的音譯，意指各種幻覺及世間中萬事萬物都可以由其中產生出來，所以它又稱為「藏識」，意為含藏諸法的「種子」。因為它會隨時變化出大千世界中的諸般事物，所以又稱為「第一能變識」。世界現象都由各自本具的阿賴耶識所變現，前七種識再根據第八識所變現的外境影像，緣慮執取，以為實在。依照佛教典籍《成唯識論》的說法，作為「第一能變識」的阿賴耶識，可以通過前六識和末那識，而顯現出物我的種種「現象」和差別。第七識（末那識）和第六識（自我意識）作為「能變」和「能轉」，最終都必須以阿賴耶識為依據。阿賴耶識蘊藏著變現世界的種子，其潛在功能有染有淨，即有漏、無漏兩種，有漏種子為世間諸法之因，無漏種子為出世間諸法之因。

⊡「本有」與「熏成」

阿賴耶識中所含藏的「種子」，也很類似於榮格集體潛意識理論中所說的「原型」。佛教經典《成唯識論》中所論及的「種子」，也因為其功能不同而分為許多種。有產生山河大地間萬物之「共相」的「共相種」；有使個體自性發生差別的「自相種」；有生滅有染，成為世間諸法原因的「有漏種」；還有與之對應，清淨無煩惱的「無漏種」。這些「種子」的流轉變化，又可以生出許多「種子」，於是「世事無常」也有了終極的解釋（常若松，2000）。

《成唯識論》中最值得吾人注意的是它將「種子」分為兩大類：一是「本有」的，即先天就有的；二是「熏成」的，即後天習得的。用本文的架構來看，藏於集體潛意識中最深層的「先驗性形式架構」（見圖 8-3）是「本有」的；在某一特定文化中習得的「文化集體潛意識」，則是「熏成」的。

將榮格心理分析中討論的「意識／個人潛意識／集體潛意識」和《成唯識論》中所談的「意識／末那識／阿賴耶識」互做比較，我們不難看出：他們所談的「自性」，在結構方面，具有一種「同構的」關係。至於其「功能」，則有非常明顯的差異。作為一位在西方文化中執業的精神病學家，榮格對於心靈結構（structure of mind）的探討，是從「意識」開始，進入「個人潛意識」，最後才及於「集體潛意識」。對於「集體潛意識」的功能，他和弗洛伊德之間便有嚴重的歧見，最後並導致兩人的決裂。

《成唯識論》中所談的「意識／末那識／阿賴耶識」則是緣自於佛教「三世兩重因果論」中的十二緣起說。玄奘大師在將它們引入中國的時候，為了因應中國文化的特色，在末那識中加入「恆審思量」的功能。這樣一套論述，能夠解釋許多宗教現象，但卻很難用所謂的「科學方法」來加以檢驗。

▣「原型」與「卦象」

榮格的理論提出了一個非常重要的概念，稱為「原型」（archetype）。在《榮格全集》第六冊第十一章中，他曾經很仔細地描述「自我」（ego）、面具（persona）、「陰影」（shadow）等的原型圖像（archetypical figures）。放置在本書的理論脈絡中來看，這些概念必須用本書所提出的「自性的心理動力模型」（見圖 8-3）以及〈人情與面子〉的理論模型（見圖 6-1）重新加以解釋。

在《榮格全集》第九冊中，他用了許多篇幅，描述西方文化中的「原型」，包括父親、母親、聖童（Pure/ Divine Child）、貞女（Kore/The Meiden）、英雄（Hero）、智慧老人（Wise Old Man）、惡精靈（Trickster）等等。他十分清楚地說明：這些原型的根源是希臘神話。他認識衛禮賢之後，對《周易》產生了濃厚的興趣，認為《周易》中的六十四個「卦象」，代表了中國文化中的「原型」（申荷永、高嵐，2018）。

這個觀點是正確的。本書第三章指出：《易經》的思維方式是所謂的「類」思維和「象」思維，在傳統中國的文化系統裡，人們對外在世界的認識是以「圖象」（或「卦象」）作為基礎的，而不是像西方文化那樣，以拼音文字作為基礎。這是中國和西方文化的根本差異所在，必須予以特別注意。

張易生（2022）在《易經符號詮釋學》中認為：《周易》對於卦象的解釋包含四個步驟：「寂然不動、感而遂通、以類萬物之情、以通神明之德」，這跟西方現象學大師胡塞爾所主張詮釋現象學方法論的四個步驟：「懸宕、本質還原、本質直觀、先驗統整」是互相對應的，但其內涵則完全不同，分別代表西方「主／客對立」與中國「主／客融合」兩種不同的文化傳統。我深許其說，因此本書第一章特別以三國時期「義理派」奠基者王弼所著的《易經注》，和胡塞爾的「詮釋現象學」作為對比，說明中西文化的根本差異。

⊡「君子」與「小人」

王弼本人是「義理派」的奠基人，但是《易經》的詮釋方法的主要使用者，卻是「象數派」。我們必須注意的是在中國歷史發展過程中，這兩派之間既聯合又緊張的對立的關係。更清楚地說，「象數派」的占卜師一方面告訴求卜者：「誠則靈」、「瀆者不告」；一方面希望自己對「卦象」的解釋能「通神明之德」、「至誠如神」。做到《中庸》第二十四章所謂的「見乎蓍龜，動乎四體。禍福將至：善，必先知之，不善，必先知之」。至於求占人最後的抉擇，則在於他自己。這就是《太上感應篇》所說的「禍福無門，惟人自召」。所以「義理派」對占卜的基本態度，是孔子所說的「不占而已矣」。

用榮格的心理分析理論來說，《周易》六十四卦，代表了個人在其生活世界中可能遭遇到的六十四類生命處境的「原型」。用〈自我的曼陀羅模型〉來說，儒家修養的基本原則就是抱持誠敬之心，仔細分析自己的生命處境，「存天理，去（個體）人欲」，「趨吉避凶」，選擇「君子」做「人」的原則，不能當「小人」。這一點，對於朱子發展其「心統性情」之說，有相當重要的義涵，我們將留待下一章再做深論。

⊡「韌性原則」

主張「後現代」科學哲學的費耶本德（Paul Feyerabend, 1924-1994）在他的名著《反對方法：知識論的無政府主義》中，主張多元主義的方法論，他認為：科學發展和成長的較佳策略，是發明更多更新的理論，來比較競賽。不僅方法上要多元化，理論上更要多元多樣發展。他提出的「增生原則」（principle of protification）主張：即使某種觀點已經得到高度確證和普遍接受，科學家也應該發明和精心設計與此公認觀點不一致的理論。

他指出：古代的神話、現代的偏見、專家的冥想、怪人的幻想，都可能改進我們的知識。哥白尼（Nicolaus Copernicus）受到畢達多拉斯主義的影響，牛頓（Isaac Newton）研究過新柏拉圖主義，非洲的巫術會豐富甚至修正我們的生理學知識，中醫、草藥、針灸也可能促進醫學的發展。因此，一個理論、一種觀點、一種意識形態的暫時後退，並不能作為排除它的理由。對發現真理感興趣的科學家，必須保留人類一切可能有用的思想。因此，在「增生原則」之外，他又主張「韌性原則」（principle of tenacity），認為：一個舊理論即使受到事實的反駁和否證，它也應當被保留下來，因為它的內容可能對得勝的對手理論有所貢獻。如果因為某一種觀念不符合流行的科學觀點、原理、理論，便堅持要將之排除，這等於是要把科學的一個暫時性階段，變成爭論的永久仲裁者。這不是科學的勝利，反倒會導致科學的退化。

「自性」是許多文化和宗教共同關切的主題。埃及的金字塔想保存死後不朽的身體，佛教的婆羅浮屠佛塔象徵著個人開悟後可能達到的「明心見性」，榮格清楚地意識到自己的「第二人格」，佛教則對末那識和阿賴耶識的功能作了深入的討論。根據費耶本德所主張的「韌性原則」和「增生原則」，本文建構出「自我」與「自性」的先驗性形式架構。在下一節中，我將先以這樣的形式架構作為基礎，簡要介紹漢傳佛教和《六祖壇經》所主張的「明心見性」，然後再進一步說明當代儒者對於此一問題的探索。

第四節　漢傳佛教和《六祖壇經》

《六祖壇經》是在唐代開元貞觀年間完成的作品。從其體例、內容和書寫方式來看，它應當是惠能弟子們的集體創作，而不是出自一人之手（楊惠南，1993），其內容可以放在本章「自我」與「自性」的形式架構中，重新加以詮釋。康德是個不可知論者（agnostic），他認為：「人無法純靠理性了解宇宙的本質、靈魂的本質，以及了解或證實上帝。」因此，本體不可知，自我不可知，上帝不可知，宇宙也不可知。從康德哲學的觀點來說，「自性」的本體是「超越的」（transcendent），惠能開悟後的說法，則是中國歷史上第一個對於「自性」所做的「先驗的」（transcendental）詮釋，他說明了「自性」的性格。這樣的性格，可以用儒家文化傳統重新予以詮釋。

▣「淨三業」

在儒家文化傳統的影響之下，中國人其實很不容易接受康德或《成唯識論》的論點（勞思光，1981）。從儒家修養的理論來看，佛教傳入中國之後，洞見「本心」、「唯一真心」或所謂「真如」，並不只是榮格所說的「凝視潛意識」而已，而是一切言行都要觀想「至善」。更清楚地說，在儒家文化影響之下，漢傳佛教的高僧非常了解，要讓潛意識「常明、常存、光明」，其先決條件是自己的身心言行，必須先「明明德」，如圖 8-4 那樣，

圖 8-4　朝向「至善」的自我

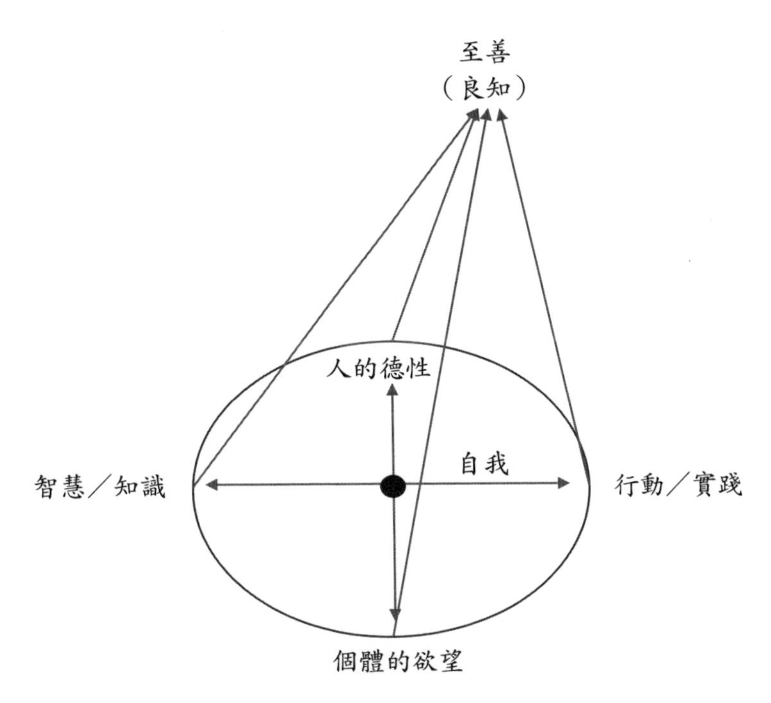

註：引自黃光國（2018，頁 159）。

朝向「至善」。

因此，早期許多佛經如《金剛經》、《觀世音菩薩普門品》被譯成中文後，都會加上一篇「看經警文」，開宗明義說明：「夫看經之法，後學須知，當淨三業。若三業無虧，則百福俱集。」所謂「三業」是指「身口意」：

> 一、端身正坐，如對聖容，則身業淨也；
> 二、口無雜言，斷諸嘻笑，則口業淨也；
> 三、意不散亂，屏息萬緣，則意業淨也。
> 內心既寂，外境俱捐，方契悟於真源，庶研窮於法理。可謂水澄珠瑩，雲散月明，義理湧於胸襟，智嶽凝於耳目。

用榮格的心理學來說，《普門品》中所說的「真源」，就是個人的潛意識。要讓「真源」「水澄珠瑩、雲散月明」，必須先「淨三業」，其偈又云：

> 種種諸惡趣，地獄鬼畜生，生老病死苦，以漸悉令滅。
> 真觀清淨觀，廣大智慧觀，悲觀及慈觀，常願常瞻仰。

對於漢傳佛教而言，在「凝視潛意識」之時，固然要「淨三業」。平常觀想，更要秉持良心，「止於至善」，「真觀清淨觀，廣大智慧觀，悲觀及慈觀，常願常瞻仰」，如此方能「生老病死苦，以漸悉令滅」。這樣的智慧，在中國人寫的第一本佛經中可以看得最為清楚。

◉「本心」與「本性」

本文第一節提到，六祖惠能大師三更入室，聽五祖弘忍說《金剛經》。說到「應無所住而生其心」時，當下大悟：「一切萬法，不離自性。」而說出一段有關「自性」的名言。他所說的：「自性」、「自本清淨」、「本不生滅」、「本無動搖」，用榮格心理學來說，它是像「母親體液中胎兒那樣的晶體結構」（crystalline structure in the mother liquid），可以用圖 8-2 個體初生時「自性的形式結構」來加以說明。不論是榮格所說的「晶體結構」也好，圖 8-2 所描述的「形式結構」也罷，都是學者對於「超越的」「自性」所做的「先驗性」詮釋，它的結構包含「意識」與「潛意識」在內的所有內容，所以惠能說：「自性」「本自俱足」、「能生萬法」。

五祖弘忍大師聽到這般說法，知道惠能已經開悟，遂對他說：

> 不識本心，學法無益；若識自本心，見自本性，即名丈夫、天人師、佛。

弘忍說：「若識自本心，見自本性，即名丈夫、天人師、佛。」在我看來，「識自本心，見自本性」是同一回事，跟《中庸》上所講的「君子尊德性而道問學」一樣，必須放置在一個完整的「心性模型」中來加以詮釋。「尊德性」和「道問學」也不能拆開來解釋，兩者一拆解，便可能發生「良知理性」分裂的危機。

◙「自性佛」與「他依佛」

惠能開悟後，領得衣缽，五祖送他到九江驛，祖令上船，惠能隨即把艫自搖。祖云：「合是吾渡汝。」

惠能曰：「迷時師度，悟了自度；度明雖一，用處不同。惠能生在邊方，語音不正，蒙師傳法，今已得悟，只合自性自度！」

「自性自度」這四個字，為未來漢傳佛教的發展訂定下了方向。在《祖壇經・懺悔品第六》中，更進一步提出「無相三皈依戒」，要求弟子「皈依自性三寶，佛者覺也，法者正也，僧者淨也」：

自心皈依覺，邪迷不生，少欲知足，能離財色，名兩足尊。

自心皈依正，念念無邪見。以無邪見故，既無人貢高貪愛執著，名離欲尊。

自心皈依淨，一切塵勞愛欲境界，自性皆不能染著，名眾中尊。

他因此提出「自性佛」的概念，並以此質疑「他依佛」的一般說法。「自佛不歸，無所依處」，「若言歸依佛，佛在何處？若不見佛，憑何所歸？」

「自性佛」與「他依佛」的區分，有十分重要的義涵。尤其在美、中文明對抗的今日，這樣的區分可以衍生成為「自性教」與「他依教」的對立：「儒、釋、道」三教都是屬於「自性教」，而《舊約聖經》上提到的「亞伯蘭諸宗教」，包括基督教、伊斯蘭教和猶太教，都是「他依教」。這是後話，這裡先談「儒、佛會通」。

◘ 儒、佛會通

諸如此類的主張，都跟傳統佛教有相當大的距離。《祖壇經・決疑品第三》記載，韋刺史為師設大會齋，並請教惠能：「在家如何修行？」惠能作〈無相頌〉並說：「吾與大眾，作無相頌，但依此修，常與吾同處無別。若不做此修，剃髮出家，於道何益？」

心平何勞持戒？行直何用修禪？

恩則孝養父母，義則上下相憐。

讓則尊卑和睦，忍則眾惡無喧；

若能鑽木取火，淤泥定生紅蓮。

苦口的是良藥，逆耳必是忠言；

改過必生智慧，護短心內非賢。

日用常行饒益，成道非由施錢；

菩提只向心覓，何勞向外求玄？

聽說依此修行，天堂只在目前。

〈無相頌〉的內容很明顯地反映出儒家的價值觀。中國人寫的第一部佛經，將儒家與佛家的核心理念揉合在一起，彰顯出：漢傳佛教的特色，在於追求「內在超越」，即「菩提只向心覓，何勞向外求玄」，至於「在家」、「出家」，則不再構成「儒、佛會通」的障礙。

◘ 大智慧到彼岸

在我出版的第一本書《禪之分析》中（黃光國，1973），曾經提到《六祖壇經‧般若品第二》記載：禪宗六祖惠能大師為大眾解說「摩訶般若波羅蜜」。陞座後，大師開示道：「菩提般若之智，世人本自有之，當知愚人智人，佛性本無差別，只緣迷悟不同，所以有愚有智。」

「摩訶般若波羅蜜」是梵語，其意為「大智慧到彼岸」，「心量廣大，猶如虛空，無有邊畔，亦無方圓大小」，「惡之與善，盡皆不取不捨，亦不染著，心如虛空，名之為『大』」。

《六祖壇經》是中國人所寫的第一部佛經。在中國佛教界流傳極廣的《心經》則是由梵文翻譯而來，其全名為「般若波羅蜜多心經」。它跟「摩訶般若波羅蜜」有什麼差別呢？

唐三藏玄奘大師翻譯的《心經》開宗明義地說：「觀自在菩薩，行深般若波羅蜜多時，照見五蘊皆空」，其核心宗旨在於「五蘊皆空」。《六祖壇經》對於「摩訶般若」的解釋是：

心量廣大，遍周法界，用即了了分明，應用便知一切。一切即一，一即一切。去來自由，心體無滯，即是般若。

在梵文裡，「般若」就是「智慧」的意思。《心經》的智慧是「五蘊皆空」；《六祖壇經》的「大智慧」則是「心量廣大，遍周法界，用即了了分明，應用便知一切」。在「中西會通四聖諦」書系「道」部中的《玄奘與榮格：自性的探索》裡，我特別強調：此處惠能所說的「遍周法界」，並不僅只是「佛法」，而且包含任何一種「世間法」。比方說，對於佛教而言，儒家倫理本來只是一種「世間法」而已，可是「儒、佛會通」之後，個人亦可以「心量廣大，遍周法界」，實踐儒家倫理。

就「中西會通四聖諦」書系的立場來看，自西方傳入的科學哲學也是一種「世間法」。然而，只要有努力學習的意願，個人便可能對科學哲學的演化系譜產生「相應的理解」，並且「用即了了分明，應用便知一切」。

◘「見一切法，心不染著」

我們可以再用一張圖，來說明《六祖壇經》所主張的這種「大智慧」。在圖 8-3 中，代表「精準自我」之〈自我的曼陀羅模型〉，其「外方」的四個角各以一條虛線，凝聚在代表「個人潛意識」之起始點的空白平面上。這意思是說：一個有「大智慧」的人，在頓悟「五蘊皆空」之後，他能夠學會生活世界中各式各樣的「世間法」，並且將之儲存在「個人潛意識」中，一旦要應用這些知識，他的意識都能進入「個人潛意識」的最深處，從他過去累積的生命經驗找出答案，這就是「一即一切。去來自由，心體無滯」，這就是佛經中所謂的「波羅蜜」：

> 何名「波羅蜜」？此是西國語，唐言到彼岸，解義離生滅。
> 著境生滅起，如水有波浪，即名為此岸；
> 離境無生滅，如水常通流，即名為彼岸；故號「波羅蜜」。

《心經》指出：觀自在菩薩在行深「般若波羅蜜多時，照見一切皆空」即可以「度一切苦厄」。佛教與中國文化結合後產生的《六祖壇經》不僅指出：「摩訶般若波羅蜜」的意義，更進一步描述了這種「到彼岸」的「大智慧」：

善知識，智慧觀照，內外明徹，識自本心。若識本心，即本解脫；若得解脫，即是般若三昧；般若三昧，即是無念。何名無念？若見一切法，心不染著，是為無念。用即遍一切處，亦不著一切處。但淨本心，使六識出六門，於六塵中，無染無雜，來去自由，通用無滯，即是般若三昧。自在解脫，名無念行。若百物不思，當令念絕，即是法縛，即名邊見。

在這段論述中，惠能很清楚地指出：佛教中所謂的「無念」，並不是「百物不思，當令念絕」，而是「見一切法，心不染著」，「用即遍一切處，亦不著一切處」，達到這樣的境界，才是真正的「自在解脫」。因此，惠能認為：

善知識，悟無念法者，萬法盡通；悟無念法者，見諸佛境界；悟無念法者，至佛地位。

最後，惠能並作頌曰：

佛法在世間，不離世間覺，離世覓菩提，恰如求兔角。
正見名出世，邪見是世間，邪正盡打卻，菩提性宛然。

第五節　由〈原性〉到《復性》

惠能大師的這首偈語，充分說明了漢傳佛教的世間性。「儒、釋、道」三教合一的文化傳統，本來就以各種不同的形式儲存在華人「社會知識庫」

或「集體潛意識」之中。它們可能影響一般人在生活世界中的「行動」，但個人可能卻毫無所覺。所以《易經‧繫辭上》說：「仁者見之謂之仁，知者見之謂之知，百姓日用而不知。故君子之道鮮矣。」

回 反佛的風潮

即使如此，外來的佛教跟本地的儒家文化傳統仍然有其根本的歧異，導致儒家衛道之士的反感或反抗。佛教教義認為人間是一個苦難的世界。人生不僅有生、老、病、死之苦，而且有七情六欲之苦。推究致苦的原因，乃是源自身、口、意三方面的業障和煩惱。要想消滅苦因，斷絕苦果，必須修習佛道，脫離六道輪迴，而達到涅槃、成佛的境界。然而，佛教徒出家修道，必須剃髮去鬚，離妻別子，既不奉養父母，又不禮敬王侯，將世俗所重的倫理綱常置之度外，自然引起儒家的批判。

譬如，同情佛教的孫綽在其《喻道論》中，提到時論對佛教的責難：「沙門之道，委離所生，棄親即疏，刓鬚剃髮，殘其天貌，生廢色養，終絕血食，骨肉之親，等之行路，背理傷情，莫此為甚。」

東晉成康年間的權臣庾冰，對沙門的作風也提出了質疑：「因父子之教，建君臣之序，制法度，崇禮秩，豈徒然哉？良有以矣！」他批評佛教徒的不敬禮王候是：「因所說之難辯，假服飾以陵度，抗殊俗之傲禮，直形骸于萬乘」（《弘明集‧代晉成帝沙門不應盡敬詔》），實在不足為法。南梁的荀濟痛斥佛教徒：「戎教興於中壤，使父子之親隔，君臣之義乖，夫婦之和曠，友朋之信絕。海內淆亂，三百年矣。」北齊的章仇子也作過類似斥責：「君臣夫婦，綱紀有本。自魏晉以來，胡妖亂華，背君叛父，不妻不夫」（《廣弘明集‧滯惑解》）；凡此種種，都反映出當時佛教徒所受到的壓力。

唐代儒家代表人物韓愈以孔孟之道的繼承者自居，他對所謂「佛老異端」的排斥，可謂不遺餘力。他認為：「釋老之害，過於楊墨」，「夫佛本夷狄之人，與中國語言不通」，「不知君臣之義，父子之情」。佛教的最大禍害，就是破壞了中國的倫理綱常。從南朝和元魏以降，越是篤信佛教，越是「亂亡相繼，運祚不長」。因此，他主張對佛教採取「人其人，火其書，廬其居」的斷然措施。當唐憲宗準備迎取佛骨入宮，舉國若狂之際，韓愈不惜冒死，上〈論佛骨表〉，勸諫憲宗：「乞以此骨付之有司，投諸水火，永絕根本，斷天下之疑，絕後代之惑，使天下之人，知大聖人之所作為出于尋常萬萬也。」

⊡ 性三品說

韓愈不僅反對佛教，他的〈原道〉一文，提倡儒家的「道統」，時人稱讚他「文起八代之衰，道濟天下之溺」。此外，韓愈總結以往思想家關於人性的論述而作〈原性〉一文，開篇便說：「性也者，與生俱生也，情也者，接於物而生也。」放在本書的理論架構中來看，所謂「性」，就是與生俱來的先天本然的自性。所謂「情」則是自我跟外在環境中他人互動而產生出來的。

「性之品有三，而其所以為性者五，曰仁、曰禮、曰信、曰義、曰智」，韓愈繼承了董仲舒的「性三品說」，提出：「上焉者，善焉而已矣。中焉者，可導而上下也。下焉者，惡焉而已矣。」至於人性為什麼分成三等（三品）呢？〈原性〉承襲董仲舒的「五常」之說，認為那是因為道德內含的五項內容搭配不同所致，但他並不了解這五者之間的結構關係，而把五常看作是五項獨立的元素：「上焉者之於五也，主於一而行於四」。一指仁，四指禮、信、義、智，五常齊全，搭配得當，就可以「仁」統帥「禮」、「信」、「義」、「智」，就是上等人。「中焉者之於五也，一不少有焉，則少反焉，其於四也混」。中等人品，五常皆備，但是「仁」不是稍微有一點，就是稍微欠缺一點，其餘四種，有多有少，含混夾雜。「下焉者之於五也，反於一而悖於四」，下等人，不僅違反「仁」，同時也不禮、不信、不義、不智。

〈原性〉把個人處理喜、怒、哀、懼、愛、惡、欲七情的方式也分為三品，「上焉者之於七也，動而處其中；中焉者之於七也，有所甚，有所亡，然而求合其中也；下焉者之於七也，亡與甚，直情而行者也」。上等的聖人「七情所發，皆和於中，喜怒哀樂，無過無不及」。個人不聽任感情的驅使，而是努力求中，做到七情所動，恰到好處，這就是中人之情。任情而動，不知求中，聽憑自己情感的支配，胡作非為，就是下品之情，是道德意義上的小人。

◘「性正情邪」

李翱（774-836），字習之，今河南開封人，出身官宦世家，唐貞元 14 年進士，累官至山南東道節度史。曾從韓愈學習古文，兩人關係亦師亦友，其思想亦與韓愈同樣興儒反佛。他認為：「佛法害人，甚於楊墨。論心術雖不異於中土，考較跡實有蠹於生靈」（〈再請停率修寺觀錢狀〉），其主要理由即是因為：「君臣、父子、夫婦、兄弟、朋友，存有所養，死有所歸，生物有道，費之有節，自伏羲至於仲尼，雖百代聖人不能革也。」可是自從佛教「夷狄之術行於中華」，「吉凶之禮謬亂，其不盡為戎禮也，無幾矣」（〈去佛端〉）。

相對於韓愈的〈原性〉一文，李翱著《復性書》，進一步提出「性正情邪」之說：

> 人之所以為聖人者，性也。人之所以惑其性者，情也。喜、怒、哀、懼、愛、惡、欲，七者皆情之所為也。

為了說明這個命題，李翱進一步解釋：

> 情既昏，性斯匿矣。非性之過也，七者循環而交來，故性不能充也。水之渾也，其流不清；火之煙也，其光不明；非水火清明之過。沙不渾，流斯清矣；煙不鬱，光斯明矣。情不作，性斯充矣。

李翺認為：受到情的遮蔽，性就隱匿不見，但這不是性的問題。七情頻繁出現，則性不能充實、發揚，這就像泥沙、火煙一樣，泥沙太混濁，水就不清明；煙太濃，火就不光亮。只有泥沙沉定，水才能清明；煙不停滯，火才能光亮；情不顯露，「性」才能充分地表現出來，這就是「復性」。

▣ 復性之道

然而，「沙不渾，流斯清」、「煙不鬱，光斯明」，只是一種比喻而已，並不足以證成「情不作，性斯充」。為了說明這一點，李翺進一步指出，性和情的關係：

> 性與情不相無也。雖然，無性則情無所生矣。是情由性而生，情不自情，因性而情；性不自性，由情以明。

性與情之間「不相無」，而有一種相互依存的關係；「情由性而生」，「情不自情，因性而情」，「性不自性，由情以明」。《復性書》指出：「性者，天之命也，聖人得之而不惑者也；情者，性之動也，百姓溺之而不能知本者也。」這是說，性是與生俱來的，聖人懂得復性之道，所以能夠明智地認識自性的本質。情是自我之意識活動的結果（見圖 8-3），一般人之所以無法認清自己的本性，就是因為他們陷溺在自己的感情欲望之中。

用心理分析的概念來說，李翺所謂的「情」，可以看做是源自負面生命經驗，而被壓抑在「個人潛意識」中的「情結」，它很可能會影響或干擾個人「意識」的活動，但卻不為「意識」所覺察，所以李翺提出「性正情邪」的論點。

《復性書》認為：聖人和百姓的「性」並無差別，即使和惡人的「性」都是一樣的：

問曰：凡人之性猶聖人之性歟？

曰：桀紂之性猶堯舜之性也，其所以不睹其性者，嗜欲好惡之所昏也，非性之罪也。

曰：為不善者非性邪？

曰：非也，乃情所為也。

為什麼一般人無法成為聖人？這是因為自性受到「個人潛意識」中「情結」的侵染和障蔽。在「情結」的侵染障蔽之下，自性不能充分發揮出來，「否則惑，惑則昏」，「情之所昏，交相攻伐，未始有窮，故雖終身而不自睹其性焉」，被情欲引入邪道，將終身看不到自己的本性。

▣「不動心」的修養方法

人們的性為情所昏之後，該如何杜絕「邪情」，以恢復本然之性？《復性書》第二部分以對話方式，描述了「不動心」的修養方法。他寫道：

或問曰：「人之昏也久矣，將復其性者必有漸也，敢問其方？」

曰：「弗思弗慮，情則不生；情既不生，乃為正思；正思者，無慮無思也。《易》曰：『天下何思何慮』又曰：『閑邪存其誠』《詩》曰：『思無邪。』

曰：「已矣乎？」

曰：「未也，此齋戒其心者也，猶未離於靜焉；有靜必有動，有動必有靜，動靜不息，是乃情也。《易》曰：『吉凶悔吝，生於動者也。』焉能復其性耶？」

曰：「如之何？」

曰：「方靜之時，知心無思者，是齋戒也；知本無有思，動靜皆離，寂然不動者，是至誠也。《中庸》曰：『誠則明矣。』《易》曰：『天下之動，貞夫一者也。』」

聖人能用「不動心」的修養方法，寂然不動，不受外物和情欲的誘惑，用佛教的語言來說，保持心境的清明，可以有「漸修」和「頓悟」兩種途徑。第一是「弗慮弗思」，什麼都不思，什麼都不想，進入「虛靜」的狀態。這種靜是相對於動而言，有靜必有動，仍然會受到情的干擾，所以它只是修養的境界，仍然會產生出吉凶悔吝，所以需要「齋戒」「沐浴以事上帝」。

第二是「知本無有思，動靜皆離」，心進入了一種絕對靜止的狀態，這種徹底了悟的境界，《復性書》稱之為「至誠」。在這個境界裡，個人不再受到情欲的束縛，人的本性完全恢復。這種「復性」或「盡性」的人就是聖人。《復性書》認為聖人或善人並非不與外物接觸，不是不聞，而是雖有見聞，其心卻不為見聞所動，「物至之時，其心昭昭然明辨焉；而不應於物者，是致知也，是知之至也」。到了這種境界，「心寂然不動，邪思自息，惟性明照」，就可以「範圍天地之化而不過，曲成萬物而不遺」。

本章小結

將《復性書》的內容跟玄奘的《成唯識論》和榮格的心理分析互做比較，我們可以看出：儒家、佛教、西方這三套文化系統之間，有其根本的差異。李翺並沒有像玄奘大師繼承佛教傳統那樣，探討「意識／末那識／阿賴耶識」之間的結構關係；他也沒有像榮格那樣，探討「意識／個人潛意識／集體潛意識」之間的關係。他是用傳統儒家的世界觀和語言在思索自性。他雖然沒有像朱熹那樣，將「心統性情」的理論發展成完整的理學思想體系，然而從其《復性書》的內容來看，他對「心／性／情」三者之間的論述，其實已經相當完整，可以代表儒家對此一議題的基本觀點。這一點，對於我們理解朱子的「心統性情」之說，有非常重要的義涵，我們將留待下一章再詳加析論。

第九章 「性即理」與心統性情的修養論

本書第二部分的析論指出：宋明理學發展的大方向，是由先秦儒學強調的「心即理」，轉出「性即理」。在這個轉出的過程中，外來的佛教發揮了非常重要的樞紐作用。本書第八章以我建構的「自我」與「自性」的心理動力模型，說明漢傳佛教的特色，同時指出：在隋唐時代的「反佛」風潮下，李翺的《復性書》代表當時儒者重新探索「心性之學」的一項重大突破。

北宋時期儒學的復興，可以說是唐代末年儒者「興儒反佛」思潮下的一種延續。朱熹是繼孔孟之後，儒學第二期發展的集大成者，他的理學將儒家發展成為一套完整的思想體系，他的「心統性情」之說，一方面完成了儒家的心性論，一方面又開展了儒家的「修養論」。因此，本章將以朱子治學的心路歷程作為切入點，採用三種文化系統交互比對的方式，說明朱子的「心統性情」的「內聖之學」，至於其「窮理致知」和「居敬集義」的外王工夫，則留待本書第九、十兩章再作細論。

第一節 「中和問題」的探索

在《朱子哲學思想的發展與完成》一書中，劉述先（1982）澄清朱子從學延平「盡廢所學」之後的思想發展，確定朱子以心性涵養為小學工夫、格物致知為大學工夫的論學次第，考訂朱子進行有關「仁說」之辯論的確定年分，並明確指出朱子同現實政治對立的理論與歷史根源。

▣ 由「佛老」到「純儒」

從劉述先（1982）對朱子哲學思想發展經過的析論來看，解開「中和」問題的糾結，對朱子思想的成熟有其關係的作用性。朱熹早年有志於儒門聖學，可是他所從遊的學者，大多喜好佛老，而非純儒。受到他們影響，朱子亦曾出入佛老。初見延平先生，亦與他說佛老之言，聞先生說「不是」時，反倒懷疑延平先生未能理會釋氏；後來出於對延平先生的敬重，才勉強親近儒家經典，漸漸覺得聖賢言語有味，而決定拜師延平。

延平先生「雖簡重卻不甚會說」，他教朱子，在義理方面，以「理一分殊」嚴分儒釋，並強調「理一不難，所難者分殊矣」。在工夫方面，則告以「默坐澄心，體認天理」、「危坐以驗未發前氣象，而求所謂中」，「中和」問題也因此成為朱子契入聖學的入手處。

▣ 中和舊說

由於朱子與延平先生的生命形態和思維方式俱不相同，而且從學時日較短，對於延平之教誨，如靜坐、求中等，並不相契；「中和」問題也成為朱子心中糾結難解之謎題。後來聽到衡山胡五峰先生之學「只就日用處操存辨察，本末一致，尤易見功」，可惜未及當面求教，五峰先生即已歿世。38 歲後，與五峰先生弟子張南軒書信往來，反覆討論「中和問題」，而有所謂「中和舊說」。

在有關「中和舊說」的書信中，朱子首先提出問題：聖賢有所謂未發之中、寂然不動之說，其義難道是以「日用流行者為已發，而已默坐澄心、不與事接之際為未發」？倘若承認此說，則如何解釋「泯然無覺之中，邪暗鬱塞，似非虛明應物之體，而幾微之際，一有覺焉，則又便為已發，而非寂然之謂，蓋愈求而愈不可見」？

用榮格心理學的概念來說，所謂「泯然無覺之中，邪暗鬱塞，似非虛明應物之體」就是潛藏於「個人潛意識」中的各種欲望，也就是理學家們所說的「人欲」。「一有覺焉，則又便為已發」，恢復到意識狀態，就已經不再是「寂然不動」的狀態。難道那些「邪暗鬱塞，似非虛明應物之體」，也是聖賢所說的「未發之中」嗎？

朱子因此「退而驗之於日用之間」，發現在「感之而通，觸之而覺」的背後，「有渾然全體應物而不窮」的「天命流行、生生不已之機。雖一日之間，萬起萬滅，而其寂然之體，則未嘗不寂然也，所謂未發，如是而已」，這種「中」的境界，「雖汨於物欲流蕩之中，而其良心萌蘗亦未嘗不因事而發見。學者於是致察而操存之，則庶乎可以貫乎大本達道之全體，而復其初矣」。

再用榮格心理學的概念來說，所謂「寂然之體」，就是本書第八章所說的「自性」（見圖 8-2）。因為它的本體「本自清淨」、「本不生滅」、「本不動搖」，所以朱熹認為它是「寂然之體」。然而，由於自性「能生萬法」，當它發生作用時，「則未嘗不寂然也」（見圖 8-3），又可以動員個人意識及潛意識中所有的力量，幫個人解決他當前面對的難題。這時候，朱子感受到的，就是「天命流行、生生不已之機」，「一日之間，萬起萬滅」，可以「貫乎大本達道之全體，而復其初」。

回 自家中的安宅

朱子隨後即致信張南軒，陳述他對「中和」所見之「實體似益精明」，且與聖賢之書和近世諸先生之遺語，「無一不合」，並進一步指陳，「通天下只是一個天機活物，流行發用、無間容息。據其已發者而指其未發者，則已發者人心，而凡未發者皆其性也」，存者存此而已，養者養此而已。

由於張南軒在回信中質疑其「已發者人心，而凡未發者皆其性也」的說法為「兩物」，朱熹明確指出：「只一念間已具其體用。發者方往，而未發者方來，了無間斷隔絕處。夫豈別有物可指爾名之哉」，他強調「此事渾然無分段時節先後之可言」，表現出堅決反對對「分段時節、前後有隔」的說法。最後他承認自己「累書所陳，只是儱侗地見得個大本達道底影像」，

「卻於致中和一句，全不曾入思議」，「日間但覺為大化所驅，如在洪濤巨浪之中，不容少頃停泊」，對於「求仁」之急務，「自覺殊無立腳下工夫處」，因此領悟到「浩浩大化之中，一家自有一個安宅」，自家中的「安宅」究竟是什麼？朱熹跟張南軒之間通信往還，反覆論辯，將他的思慮帶到問題的焦點。

▣ 本然之性

宋孝宗乾道5年，朱熹40歲。是年春天，他跟蔡季通討論未發之旨，問辨之際，突然自疑，因而仔細比觀二程文集，尤其是伊川文書，並據此提出「中和新說」，而成為〈與湖南諸公論中和第一書〉的主要內容。在這篇重要的文獻中，朱熹說道：

> 右，據此諸說，皆以思慮未萌、事物未至之時，為喜怒哀樂之未發。當此之時，即是此心體流行，寂然不動之處，而天命之性體段具焉，以其無過不及，不偏不倚，故謂之中。然已是就心體流行處見，故直謂之性不可。呂博士論此，大概得之。特以中即是性，赤子之心即是未發，則大失之。故程子正之。
>
> 蓋赤子之心動靜無常，非寂然不動之謂，故不可謂之中。然無營欲智巧之思，故為未遠乎中耳。未發之中，本體自然，不需窮索。但當此之時，敬以持之，使此氣象常存而不失，則自此而發者，其必中節矣。此日用之際本領工夫。其曰：「卻於已發之處（際）觀之」者，所以察其端倪之動，而致擴充之功也。一不中，則非性之本然，而心之道或幾於息矣。故程子於此，每以敬而無失為言。又曰：「入道莫如敬，未有致而不在敬者。」又曰：「涵養須用敬，進學則在致知。」以事言之，則有動有靜，以心言之，則周流貫徹，其工夫初無間斷也。但以靜為本爾。
>
> ……周子曰：「無極而太極。」程子又曰：「人生而靜以上不容

> 說，才說時，便已不是性矣。」蓋聖賢論性，無不因心而發。若欲專言之，則是所謂無極而不容言者，亦無體段之可名矣。未審諸君子以為如何？

◉「純儒」的詮釋

這是了解朱子「心統性情」之說最重要的一篇文獻。在「中和新說」中，朱子首度提出「本然之性」的概念。更清楚地說，在李侗的循循善誘之下，思索「中和」問題成為朱熹契入聖學的入手處。在「中和舊說」階段，他已經體會到自己的「寂然之體」；在「中和新說」階段，他才決定稱之為「本然之性」。然而，這種「本然之性」究竟是什麼呢？在上述引文中，朱子提到周子、程子的說法，問和他論學的師友：「未審諸君子以為如何」？

在上一節中，我以榮格對於「意識／個人潛意識」的心理動力模型作為基礎，重新詮釋朱子探索「自性」的經過。此處所用的詞彙以及「意識／個人潛意識／集體潛意識」的先驗性形式架構（見圖 8-2、8-3），都是我所作的「第二度詮釋」，朱熹對自己生命經驗的描述才是他的「第一度詮釋」。這裡最值得注意的是：在這篇〈論中和第一書〉中，朱熹本人也在對自己的生命體驗作「第二度詮釋」。當他在作「第二度詮釋」的時候，他思考的背景脈絡，既不是榮格的心理分析，也不是佛教的「意識／末那識／阿賴耶識」，而是儒家的「大易哲理」。

更清楚地說，在這篇〈論中和第一書〉中，我們可以看到三種不同文化系統的交匯：榮格的心理分析是朱熹所不知道的；佛教對「自性」的詮釋是他所拒斥的；他試圖要對自己的生命體驗作「純儒」的詮釋。可是，傳統儒家的詮釋學進路（見本書第二章）卻留下許多隙縫，讓他難以把這樣的生命體驗說清楚。這可以說是朱子學最大的欠缺所在，而必須用本書所主張的科學進路（見本書第一章），來予以彌補。

⊡ 先驗的形式結構

程頤接受張載對於「天地之性」和「氣質之性」的區分，他認為：「理、性、命三者未嘗有異」（《遺書・卷二十二下》），「在天為命，在義為理，在人為性，主於身為心，其實一也」（《遺書・卷十八》）。沿著這樣的思路，朱熹認為：

> 即是人物未生時，說性未得，所謂「在天曰命」也。才說性時，便已墮入形氣之中，便不全是性之本體，所謂「在人曰性」也。大抵人有此形氣，則是此理始具於形氣之中，而謂之性。才是說性，便已涉乎有生，而兼乎性質，不得為性之本也。（《朱子語類・卷一》）

這一段話，和佛教所謂「佛有三身」的論點一樣，都可以用本書第八章「自我」與「自性」的先驗性形式架構來加以理解。「自性」的本體是超越的，無法用任何語言或符號來加以描述，所以朱熹說：「即是人物未生時，說性未得，所謂『在天曰命』也」，這可以說是佛教所謂的「法身」。「才說性時，便已墮入形氣之中，便不全是性之本體」，朱熹所謂「在人曰性」，可以說是佛教所謂的「報身」，它可以用「初生時的八面體」（見圖 8-2）來予以表徵。至於佛教所謂的「應身」，則是「人有此形氣」，而且「此理始具於形氣之中」，它應當是「自性八面體」中的「自我」（見圖 8-1 及 8-3）。程明道說：「生之謂性，形之謂氣，氣即性，生之謂也。……蓋生之謂性，人生而靜以上不容說，才說時，便已不是性也」（《二程全書・卷二》）。

⊡ 「氣質之性」與「天地之性」

因為「非氣無形，無形則性善無所賦。故凡言性者，皆因氣質而言，但其中自有所賦之理」（《朱文公文集・卷四十・答何叔京書》），而且「氣質是陰陽五行所為，性即太極之全體。但論氣質之性，則此全體墮在氣質中耳，非別有一性也」（《朱文公文集・卷六十一・答嚴時亨書》），所以朱熹提出了他著名的主張：「論性不論氣不備，論氣不論性不明」。「本然之性只是至善。然不以氣質而論，則莫知有昏明開塞剛柔強弱之不同，而不知至善之源，未嘗有異。故其論有所不明。須是合性與氣觀之然後盡。蓋性即氣，氣即性也」（《朱子語類・卷五十九》）。

用〈自我的曼陀羅模型〉（見圖 8-1）來說，所謂「氣質之性」，就是作為自然生物之個體，在「昏明開塞剛柔強弱」等各方面的差異。「天地之性」是純然性善的，然而如果沒有作為自然生物之個體的話，則這純然的性善的「天地之性」就無所附麗，所以說「非氣無形，無形則性善無所賦」。

一個人的氣質，是由其陰陽五行的命數所決定的。「天地之性」是純善的，它就是「太極之全體」。就一個具體的個人而言，這全體已經「墮在形氣中」，而有聖賢愚智的差別，必須用〈自我的曼陀羅模型〉（見圖 8-1）來加以理解，所以朱熹說：「論性不論氣不備，論氣不論性不明」，「須是合性與氣觀之然後盡」。基於這樣的見解，所以朱子說：

> 性非氣質則無所寄，氣非天性則無所成，……以其理而言之，則萬物一原，因無人物貴賤之殊。以其氣而言之，則得其正者通者為人，得其偏者塞者為物。是以或貴或賤，而有所不能者，蓋以此也。（《朱子語類・卷四》）

第二節　集「義理」派與「象數」派之大成

「天地之性」和「氣質之性」之分，是張載最先提出來的。單只這樣的區分，並無法說明朱子最為關注的問題：究竟何謂「寂然之性」？因此，本章下列各節，將以《內聖與外王》一書中所建構的理論模型作為基礎（黃光國，2018），重新詮釋朱子思想成熟之後，如何以其理學思想體系，闡述他的「心統性情」之說。

本書第三章指出：宋明理學思想源自於《易》理，朱熹46歲時和呂祖謙兩人，整理北宋四子「義理派」思想的精華，編成《近思錄》。兩年後，朱子又加入「象數派」邵康節的思想，獨力撰成《周易本義》和《四書章句集注》，構成完整的理學思想體系，而能夠從「陰陽氣化宇宙觀」對「心統性情」之說提出整體性的解釋。

回「道」與「理」

陳摶的再傳弟子邵雍所著《梅花易數》卷首，有一首〈觀象吟〉，可以用來說明這種宇宙觀：

> 一物從來有一身，一身還有一乾坤；
> 能知萬物備於我，肯把三才別立根；
> 天向一中分造化，人於心上起經綸；
> 神仙亦有兩般話，道不虛傳只在人。

從本書第二章〈傳承儒家的詮釋學進路〉來看，這首〈觀象吟〉便蘊涵了許多有待詮釋的問題：如眾所知，「三才」是指「天地人」。在道家的宇宙觀裡，「人」和宇宙中的萬物一樣存在於天地之中，所以說「一物從來有一身，一身還有一乾坤」。然而，「人」和「物」又有明顯的不同，只有

「人」才「能知萬物備於我」，才能為「三才別立根」，分別建立理解「三才」的根基。然而，人是如何在「心上起經綸」的呢？他在這樣做的時候，跟「神仙」的作法有何不同？「神仙」所說的「兩般話」是什麼？人如何讓這樣的「道」能夠「不虛傳」？

「象數派」的邵康節關注的問題是：「神仙亦有兩般話，道不虛傳只在人」，這跟「義理派」的關注並不相同。「道」可傳不可授，可以體悟而難以言說，在中文的語境裡，它跟「理」的意義並不相同。早在孔子之前一百多年，曾經輔佐齊桓公「九合諸侯，一匡天下」的政治家管仲，在他所著的〈心術〉一文中，便曾經說：「心之在體，君之位也；九竅之有職，官之分也。心處其道。九竅循理。」倘若「嗜欲充溢，目不見色，耳不聞聲」，在耳不聽、目不明的情況下，必然是「上離其道，下失其事」。管子所說的「官」之職分，顯然有「理」可循，至於「君」心所處之「道」，則未必盡然。

秦漢之後的魏晉南北朝時期，易、老、佛三玄當令，玄學家們關注的問題是「道」，而很少論及「理」。到了北宋時期，儒學復興，「理」成為北宋諸子思考的主要內容：

> 自秦漢以來考象數者，泥於術數而不得其弘通簡易之法；談義理者，淪於空寂而不適乎仁義中正之歸。求其因時立數，已承三聖，不同於法而同於道者，則惟伊川先生程氏之書而已。（《朱文公文集・書伊川先生易傳版本後》）

《易經》本是卜筮之書，卦辭、爻辭無所不包。對朱熹而言，傳統的象數派在解釋卦象的時候，往往泥於繁複的術數而「不得其弘通簡易之法」；新興的義理派在說明《易》理時，又往往流於空寂而「不適乎仁義中正之歸」。能夠「因時立數，已承三聖，不同於法而同於道者」，唯有伊川先生（程顥）所著的《程氏易傳》而已。然則，伊川先生主張的「義理」，究竟有什麼獨特之處，而受到朱子的高度推崇？

▣「性即理」

本書第四章提到，二程兄弟最早提出「天理」的概念，但程顥的思想型態仍然偏向「心即理」，程顥死後，程頤才認為：「性即理也」（《遺書‧卷二十二上》），「理、性、命三者未嘗有異」（《遺書‧卷二十二下》），「在天為命，在義為理，在人為性，主於身為心，其實一也」（《遺書‧卷十八》）。理、性、命三者既然「未嘗有異」，「窮理」、「盡性」、「至命」當然也是同樣的一回事：「窮理、盡性、至命，只是一事。才窮理，便盡性；才盡性，便至命」（《遺書‧卷十八》）。

程頤性格嚴肅方正，受到張載「氣質之性」的影響，他特別強調「天理」和「人欲」的對立：

> 不是天理，便是私欲，人雖有意於為善，亦非是理，無人欲即是天理。（《二程遺書‧卷十五》）

「人雖有意於為善，亦非是理」，這是非常獨特的說法，跟一般世俗之見並不相同。「存天理，去人欲」是宋明理學家的共識，但程頤卻旗幟鮮明地強調：「無人欲即是天理」。然而，作為生物體的個人，怎麼可能「無人欲」呢？程頤所說的「無人欲即是天理」究竟是什麼意思？

▣ 公則一，私則萬殊

> 公則一，私則萬殊。至當歸一，精義無二。……大而化，則己與理一，一則無己。（《二程遺書‧卷十五》）

由此可見，這其實是他對儒家傳統「公私之分」的創新詮釋。對程頤而言，「公則一，私則萬殊」，一個人只要夠做到「大公無私」，化掉自己的私欲，他便能夠與「天理」合而為一，所以說「至當歸一，精義無二」，這又是他對「理一分殊」的創新詮釋。基於這樣的前提，程頤對傳統儒家的核心價值「仁」，也有十分獨到的見解：

仁，理也。人，物也。以仁合在人身言之，乃是人之道也。
問如何是仁，曰：只是一個公字。

對程頤而言，儒家所強調的「仁」，就是「天理」；作為生物體的個人必然有「人欲」。用〈自我的曼陀羅模型〉來看，一個人只要誠心實踐「存天理，去人欲」，做到「以仁合在人身言之」，便是「人之道」；這又是他對《中庸》所說的「誠者，天之道；誠之者，人之道」的創新詮釋。因此，他對「如何是仁」的提問，回答是：「只是一個公字。」基於這樣的見解，他甚至主張：

性中只有仁義禮智四者，幾曾有孝弟來？（《二程遺書・卷十八》）

乍看之下，程頤的說法似乎是一種「怪論」，然而以本書第七章對「義理」的剖析來看，其實他是說：仁義禮智「四德」是亙古不變的「先驗性形式架構」，而「孝」只是「實質性倫理」，如此而已，並不足為怪。

程頤認為：理是萬事萬物的根源，它在事物之中，又在事物之上。道即「理」，是形而上的，陰陽之氣則是形而下的。離開陰陽就無道可言，但道並不等於陰陽，而是陰陽之基礎，「所以陰陽者，是道也」。他以形而上之「理」，作為形而下之器的存在根據。從體用關係來看，理是「體」，而事物是「用」。程頤認為：事事物物都有其規律，萬事萬物之所以然，都有其理；而且「一物之理即萬物之理」，天地間只有一個「理」，這種「存有而不活動」的「理」，是永恆長存的。

◘「天道」與「人道」

然而，朱熹卻反對他這種含混籠統的說法：

> 忠者天道，恕者人道。天道是體，人道是用。（《朱子語類・卷二十七》）
>
> 誠者，真實無妄之謂，天理之本然也。誠之者，未能真實無妄，而欲其真實無妄之謂，人事之當然也。（《四書章句集注・中庸章句》第二十章）

朱子認為：天人之體雖同為「太極」的一本，而其用則有異。天與人之作用，就在於天之心與人之心。天之「無心之心」與人之「義理之心」雖為同體；但落實下來，天之心成為一個天命，人之心卻稟受不同氣質而各為不同之心，其心之作用亦應有相異。

天道之「誠者」，是指德行之真實無妄，而為天理之本然，所以說「忠者天道」。人道之「誠之者」，則是指人要達到真實無妄之德性的努力，而為人事之當然。人事之當然，在於使人之德行由未能真實無妄，轉而成為可以上達天理，達到天人合德的境界，即人道之真正價值。天人合德或天人相似處，便是宋明儒者講學、為學的目的。

◘「神」與「物」

「天理」究竟是不是「只存有而不活動」的呢？周敦頤在他所著的《通書》中，曾經以「太極」的動靜和「陰陽」的動靜，來說明「神」和「物」的不同：

> 動而無靜，靜而無動，物也。動而無動，靜而無靜，神也。動而無動，靜而無靜，非不動不靜也。物則不通，神妙萬物。（《通書．動靜第十六》）

朱熹援引周濂溪此一說法，進一步區分形而下之「物」與形而上之「神」：

> 「動而無靜，靜而無動者，物也。」此言形而下之器也。形而下者，則不能通，故方其動時，則無了那靜；方其靜時，則無了那動。如水只是水，火只是火。就人言之，語則不默，默則不語；以物言之，飛則不植，植則不飛是也。「動而無動，靜而無靜」，非不動不靜，此言形而上之理也。理則神而莫測，方其動時，未嘗不靜，故曰：「無動」；方其靜時，未嘗不動，故曰「無靜」。靜中有動，動中有靜，靜而能動，動而能靜，陽中有陰，陰中有陽，錯綜無窮是也。又曰：「『水陰根陽，火陽根陰。』水陰火陽，物也，形而下者也；所以根陰根陽，理也，形而上者也。」直卿云：「兼兩意言之，方備。言理之動靜，則靜中有動，動中有靜，其體也；靜而能動，動而能靜，其用也。言物之動靜，則動者無靜，靜者無動，其體也；動者則不能靜，靜者則不能動，其用也。」（《朱子語類．卷九十四．周子之書．動靜》）

人雖然為萬物之一，可是，人之所以能成為「萬物之靈」，是因為人能夠成為「神」，而物不能。在這段引文中，朱子很清楚地說明了形而上之「神」和形而下之「物」的不同。「動而無動，靜而無靜」，是一種弔詭陳述。朱熹特別強調：這並不是「不動不靜」，而是在描述形而上之「理」。因為「理則神而莫測，方其動時，未嘗不靜，故曰『無動』；方其靜時，未嘗不動，故曰『無靜』」。譬如本書第三章以陳摶的《龍圖易》說明河圖、洛書的運行，不論是伏羲易，或是文王易，都是「靜中有動，動中有靜，靜而能動，動而能靜，陽中有陰，陰中有陽，錯綜無窮」。這跟水只是水，火只是火的「物」完全不同。所以朱子強調：「水陰火陽，物也，形而下者也」，他所主張的理學，源自於《易》理，所以說「根陰根陽，理也，形而上者也」。

朱子在解釋濂溪《通書》中「太極」與「陰陽」之動靜時，很清楚地區分形而上（理）的動靜與形而下（物）的動靜兩個層次：前者為「體」，後者為「用」；形而上的「理」之動靜，是動與靜相融貫；形而下的「物」之動靜，則是動與靜互相排斥。所以朱子說：

> 太極只是理，理不可以動靜言，唯「動而生陽，靜而生陰」，理寓於氣，不能無動靜所乘之機。乘，如乘載之「乘」，其動靜者，乃乘載在氣上，不覺動了靜，靜了又動。……問：「動靜，是太極動靜？是陰陽動靜？」曰：「是理動靜。」（《朱子語類・卷十四・周子之書・太極圖》）

朱子在此所說的「理不可以動靜言」，因為「理」是「動中有靜，靜中有動」，不可以用「物」之動靜，即「動而無靜，靜而無動」，來加以理解。因為太極中的陰陽互為其根，所以說太極「動而生陽，靜而生陰」。

◘「天人合德」

以上的析論指出：「道」和「理」雖然同樣是形而上的概念，朱子將「天道」和「人道」之間的關係轉化成為「天理」和「事理」，使儒家思想對於「天人關係」的詮釋獲得了更為開闊的空間。譬如，針對孟子的名言：

> 又問：「知其性則知天矣。」曰：「性，以賦於我之分而言；天，以公共道理而言。天便脫模是一個大底人，人便是一個小底天。吾

> 之仁義禮智，即天之元亨利貞。凡吾之所有者，皆自彼而來也。故知吾性，則自然知天矣。」（《朱子語類・卷六十》）

這一段話對於孟子所說的「盡心知性以知天」做了非常具有開創性的詮釋。這種解釋同樣需要用衍自於《易經》的「陰陽氣化宇宙觀」來加以解釋。本書第三章指出儒家的「天道觀」認為：天地萬物與我同為一體，朱熹在此非常獨到地指出：「天便脫模是一個大底人，人便是一個小底天。吾之仁義禮智，即天之元亨利貞。凡吾之所有者，皆自彼而來也。」

《易經》原本是卜筮之書。孔子詮釋《易經》，將它轉化成為修養之書。朱子結合「義理派」和「象數派」對於《易經》的詮釋，更進一步將它發展成完整的理學思想體系，可以對儒家「天人合德」的觀念作比較完整的說明：

> 天之生物，便有春夏秋冬，陰陽剛柔，元亨利貞。以氣言，則春夏秋冬；以德言，則元亨利貞。在人則為仁義禮智，是個坯樸裡便有這底。天下未嘗有性外之物。（《朱子語類・卷二十》）

元亨利貞原本是《周易》乾卦的卦辭：「元者，善之長也；亨者，嘉之會也；利者，義之和也；貞者，事之幹也。」歷來詮釋不一，譬如孔穎達《五經正義》提及：「《子夏傳》云：元，始也；亨，通也；利，和也；貞，正也。言此卦之德，有純陽之性，自然能以陽性始生萬物，而得元始、亨通；能使物性和諧；又能使物堅固貞正而終。」所以朱子稱之為「天之四德」。「天之四物，便有春夏秋冬，陰陽剛柔，元亨利貞。以氣言，則春夏秋冬，以德言，則元亨利貞」，它跟「人之四德」仁義禮智是互相對應的。

本書第七章〈「義理」：「仁道」的演化系譜〉已經用《內聖與外王》一書中所建構的一系列理論模型（黃光國，2018），對先秦儒家經典所說的「仁義禮智」重新作科學的詮釋。作者特別強調：用西方結構主義的觀點來看，孔子所說的「仁、義、禮」倫理體系是一種潛意識的深層結構，其有高度的強韌性，不會隨著時間的變化而改變。所以朱子說：「天便脫模是一個大底人，人便是一個小底天」，「是個坯樸裡便有這底」。

第三節　心統性情

朱子思想成熟之後，先做〈心說〉，闡明其「心統性情」之說；再作〈盡心說〉，陳述其「窮理致知」之論。〈盡心說〉將留待下一章再作析論，這裡要先談〈心說〉：

> 「維天之命，於穆不已」，所以為生物之主者，天之心也。人受天命而生，因全得夫天之所以生我者，以為一身之主，渾然在中，虛靈知覺，常昭昭而不昧，生生而不可已，是乃所謂人之心。其體則即所謂元、亨、利、貞之道，具而為仁、義、禮、智之性。其用則即所謂春、夏、秋、冬之氣，發而為惻隱、羞惡、辭讓、是非之情。故體雖具於方寸之間，而其所以為體，則實與天地同其大，萬理蓋無所不備，而無一物出乎是理之外。用雖發乎方寸之間，而其所以為用，則實與天地相流通。萬事蓋無所不貫，而無一理不行乎事之中。此心之所以為妙，貫動靜、一顯微、徹表裡，終始無間者也。（《朱文公文集・卷五十七・心說》）

這是了解朱子「心統性情」之說最重要的一篇文獻，必須放置在本章的論述脈絡中仔細析論。

◘ 朱子集大成

邵康節的〈觀象吟〉說：「天向一中分造化，人於心上起經綸。」為了說明，人如何於心上起經綸，北宋諸子各自從不同的角度，提出了他們自己的答案。譬如，程伊川與其門生呂大臨在討論心於未發之際，有無工夫問題，伊川起初主張：工夫只能在已發上著力。

上一節的析論指出：程頤主張「無人欲即是天理」、「性即理也」，天理就是仁義禮智「四德」，可以用本書第七章所述「義理」的先驗性形式架構來加以理解。喜怒哀樂「發而中節」，就是符合「四德」，所以「無往而不善，發不中節，然後為不善」。

這種論點只考量「已發」的外在社會後果。後來又修改先前看法，轉變為肯定心的未發涵養工夫，最後他告訴呂大臨：

> 凡言心者，指已發而言，此固未當。心一也，有指體而言者（小注：寂然不動是也），有指用而言者（小注：感而遂通天下之故是也），惟觀其所見如何耳。（《河南程氏文集・卷九・與呂大臨論中書》，收入《二程集》第一冊）

從實驗心理學之父馮特（Wilhelm Wundt, 1832-1920）的觀點來看，程伊川是在用心理學的「內省法」（introspection），反思自己的心理歷程（Wundt, 1874/1904），並試圖用「寂然不動」和「感而遂通」的「先驗理念」，描述自己的心理經驗。這種內省方法本來就是一種主觀的活動，他對自己心理歷程的詮釋，難免受到傳統文化「體用觀」的影響，所以他改變自己原先的立場，認為：「凡言心者，指已發而言，此固未當」，心一也，有指體而言者，有指用而言者，惟觀其所見如何耳」。

朱熹是北宋諸子思想的集大成者。在二程子的影響之下，他認為：

> 性，本體也。其用，情也。心則統性情、該動靜，而為主宰也。故程子曰：「心一也，有指體而言者，有指用而言者。」蓋為此也。（《朱子語類・卷七十四・孟子細領》）

「性」指「本體」。「情」是「性」的「作用」或「功能」。「心」的重要功能是作為「主宰」，而能夠「統性情」、「該動靜」。朱子一再強調：這種「心統性情」的思想源自於張橫渠：

> 橫渠心統性情一句，乃不易之論。孟子說心許多，皆未有似此語端的。子細看便見。其他諸子等書，皆無依稀似此。（《朱子語類．卷一百零一》
>
> 惟心無對，心統性情，二程卻無一句似此切。（《朱子語類．卷九十八》）

他綜合張載、二程兩人針對此一議題的見解，試圖釐清「性、情、心」三個概念之間的關係：

> 舊看五峰說，只將心對性說，一個情字都無下落。後來看橫渠「心統性情」之說，乃知此話有大功，始尋得個「情」字著落，與孟子說一般。孟子言：「惻隱之心，仁之端也。」仁，性也；惻隱，情也，此是情上見得心。……蓋心便是包得那性情，性是體，情是用。「心」字只一個字母，故「性」、「情」字皆從「心」。（《朱子語類．卷五．性理二，性情心意等名義》）

▣「心」為主宰

在這段引文裡，朱子特別強調：在心、性、情三者關係中，「心」的主宰性：「心」字只一個字母，故「性」、「情」字皆從「心」；「心便是包得那性情」，「性是體，情是用」，他特別提到孟子「四端」之心的說法：

仁、義、禮、智，性也，體也；惻隱、羞惡、辭遜、是非，情也，用也；統性情、該體用者，心也。（《朱文公文集‧卷五十六‧答方賓王四》）

在這三者之間的關係裡，朱子特別強調：「心者，性情之主」，「統性情、該體用者，心也」，亦即心有主宰性：

心，主宰之謂也。動靜皆主宰，非是靜時無所用，及至動時方有主宰也。言主宰，則混然體統自在其中。心統攝性情，非儱侗與性情為一物而不分別也。（《朱子語類‧卷五‧性理二‧性情心意等名義》）

所謂「動靜皆主宰」，是指不論喜怒哀樂之「未發」或「已發」，心都應當作為性情的主宰，三者之間既是密不可分，「混然體統自在其中」，又不是「儱侗與性情為一物而不分別也」。對朱子而言，說清楚「心統性情」之說，在這三者作出區分，是有其必要的。

西方心理學通常將「人」視為研究的客體，因此經常忽略掉「心」的「主宰性」，而宋儒卻強調「心」作為「主宰」的功能。譬如，朱熹說：「夫心者，人之所以管乎身者也。一而不二者也，為主不為客者也，命物而不命於物者也」（《朱文公文集‧卷六十七‧觀心說》）、「人心，萬事之主」（《朱子語類‧卷十二》）。

回「心具眾理」

除了「主宰性」之外，朱子還特別強調「心」的「能知性」：

心雖主乎一身，而其體之虛靈，足以管乎天下之理。理雖散在萬物，而其用之微妙，實不外乎一人之心。（《朱子語類‧卷五》）

朱子說得非常清楚：作為「一身之主」的「心」，雖然「足以管乎天下之理」，但這只是「能知性」，並非人之「所知」。「理雖散在萬物」，但因為人具有「能知性」，必須經過「格物致知」的修養，才能有「所知」，才能「運用之妙，存乎一心」：

> 或問：「宰萬物是主宰之宰、宰制之宰？」曰：「主便是宰，宰便是制。」又問：「孟子集注言，心者具眾理而應萬事，此言妙眾理而宰萬物如何？」曰：「妙字便稍精彩，但只是不甚穩當，具字便平穩。」（《朱子語類・卷十七》）

朱子一再強調：「心具眾理而應萬物」，有人問他：這句話中的「具」字是否可以改為「妙」字？他的回答是：「妙」雖然「精彩」，但是卻不如「具」字穩當。為什麼呢？他在跟師友論學的過程中，反覆說明了他的這個論點。譬如，在〈大學章句〉中，他說：

> 人之所得乎天，而虛靈不昧，以具眾理而應萬事者也。但為氣稟所拘，人欲所蔽，則有時而昏；然其本體之明，則有未嘗息者。故學者當因其所發而遂明之，以復其初也。（《四書章句集注・大學章句》，收入《朱子全書》第六冊）

在〈答張欽夫〉中，他說：

> 蓋人之一身，知覺運動，莫非心之所為。則心者所以主於身而無動靜語默之間者也。方其靜也，事物未至，思慮未萌，而一性渾然，道義全具，其所謂中，是乃心之所以為體，而寂然不動者也。……寂而常感，感而常寂，此心之所以周流貫徹而無一息之不仁也。（《朱文公文集・卷三十二・答張欽夫》）

在〈答胡廣仲〉中，他又說：

> 心主性情，理亦曉然，今不暇別引證據，但以吾心觀之，未發而知覺不昧者，豈非心之主乎性者乎？已發而品節不差者，豈非心之主乎情者乎？「心」字貫幽明，通上下，無所不在，不可以方體論也。今曰「以情為達道，則不必言心矣」，如此則是專以心為已發，如向來之說也。然則謂未發時無心，可乎？（《朱文公文集・卷四十二・答胡廣仲五》）

朱子 24 歲時初次見到李侗，延平先生問他：「喜怒哀樂未發前是何氣象？」經過二十餘年的思索，到他思想成熟之後，才提出「心統性情」之說，作為完整的回答。

他很清楚地告訴老師跟他論學的師友：作為主宰的心「方其靜也，事物未至，思慮未萌，而一性渾然，道義全具」，這就是寂然不動的心之本體。所謂「心具眾理」，就是心的本體含具能夠認識眾理的「潛能」，這就是本文所謂的「能知性」（knowledgeability），所以邵康節在其〈觀象吟〉中說：「能知萬物備於我，肯把三才別立根。」

◘ 感而遂通

這種「未發而知覺不昧」之心，就是佛教所說的「阿賴耶識」，或是榮格心理分析所說的「集體潛意識」，或是張載所謂的「天地之心」。它「貫幽冥、通上下，無所不在」，就像佛教所謂「三佛身」中的「法身」一樣，「不可以方體論也」，其實無法用任何語言文字來加以描述。所以朱熹說：「心知全體湛然虛明，萬理具足，無一毫私欲之間；其流行該遍，貫乎動靜，而妙用又無不在焉」（《朱子語類・卷五》）。更清楚地說，朱熹認為：「性是理，心是包含該載，敷施發用的」（《朱子語類・卷五》），唯有「聖人之心，渾然一理。他心裡全包這萬理，所以散出於萬事萬物，無不各當其理」（《朱子語類》），因為他能做到「無一毫私欲」的境界，所以能做到寂然不動，感而遂通：

> 書中所論性情者得之，但亦須更以「心統性情」一句參看，便見此心體用之全，自寂然不動以至感而遂通天下之故，無非此心之妙也。（《朱文公文集・卷五十八・答蘇進叟》）
>
> 蓋四端之未發也，雖寂然不動，而其中自有條理，自有間架，不是儱侗都無一物。所以外邊才感，中間便應。如赤子入井之事感，則仁之理便應，而惻隱之心於是乎形。如過廟過朝之事感，則禮之理便應，而恭敬之心於是乎形。蓋由其中間眾理渾具，各各分明，故外邊所遇隨感而應，所以四端之發各有面貌之不同。是以孟子析而為四，以示學者，使知渾然全體之中而粲然有條若此，則性之善可知矣。（《朱文公文集・卷五十八・答陳器之二》）

當四端之心未發時，雖然「寂然不動」，但「其中自有條理」，可以整理成像本書第七章「仁、義、禮」倫理體系那樣的「先驗性形式架構（間架）」。所以在各種不同情境中，「外邊才感，（心）中間便應」，譬如遇到「赤子入井之事」，「則仁之理便應，而惻隱之心於是乎形」；遇到「過廟過朝之事」，「則禮之理便應，而恭敬之心於是乎形」。所以儒家認為人心中「眾理渾具」，可以隨外在情勢的變化，「隨感而應」。這就是朱子常常說的「此心體用之全，自寂然不動」，至「感而遂通天下」，無非此心之妙用。

第四節　立志做聖人

經過跟師友們的反覆辯難，以及自己長期的縝密思索，朱熹終於決定旗幟鮮明地反對「心即理」之說，並且以伊川主張的「性即理也」予以取代，同時在〈中和說三〉中對伊川所說的「寂然不動」和「感而遂通」作出更為精確的界定：

> 答張敬夫曰，近復體察，見得此理，須以心為主而論之，則性情之德，中和之妙，皆有條而不紊。蓋人之一身，知覺運動，莫非心之所為。則心者所以主於身而無動靜語默之間者也。方其靜也，事物未至，思慮未萌，而一性渾然，道義全具，其所謂中，乃心之所以為體，而寂然不動者也，事物交至，思慮萌焉，則七情迭用，各有攸主，其所謂和，乃心之所以為用，感而遂通者也。然性之靜也，而不能不動，情之動也，而必有節焉，是則心之所以寂然感通，周流貫徹，而體用未始相離者也。……〔《晦翁學案‧中和說三》，收入《宋元學案中冊》〕

▣ 神明之舍

為了說明心性之關係，朱子提出了一個很有啟發性的比喻：

> 理在人心，是之謂性。性如心之田地，充此中虛，莫非是理而已。心是神明之舍，為一身之主宰。性便是許多道理，得之於天而具於心者。發於智識念慮處，皆是情，故曰「心統性情」也。（《朱子語類‧卷九十八‧張子之書一》）

在朱子看來，性猶如「心之田地」，心則是蓋在田地上的「神明之舍」。理是「得之於天而具於心」的良知良能。在這樣的基礎上，朱子說：

> 心之全體湛然虛明，萬理具足，無一毫私欲之間；其流行該遍，貫乎動靜，而妙用又無不在焉。故以其未發而全體者言之，則性也；以其已發而妙用者言之，則情也。然心統性情，只就渾淪一物之中，指其已發、未發而為言爾；非是性是一個地頭，心是一個地頭，情又是一個地頭，如此懸隔也。（《朱子語類・卷五》）

在這段引文中，朱熹提出「心／性／情」三分的思維架構，可以說是他對李侗當年提問：「喜怒哀樂之未發是何氣象？」經過多年思考並跟師友反覆論辯後，終於提出的回答。這個三分架構的意義，可以用「自我」與「自性」的心理動力模型來重新加以解釋。「心」是指「自我」的意識，它具有兩種重要的功能，一是「反思性」，一是「能知性」。「性」是榮格所謂的人格的總體（totality of personality），包括意識、個人潛意識和集體潛意識，它就是《中庸》上所謂「喜怒哀樂之未發謂之中」的「中」，所以朱熹說「故以其未發而全體者言之，則性也」。「情」指「喜怒哀樂」，《中庸》上說「發而皆中節」，則是朱熹所謂的「其已發而妙用者言之」。所以朱子說：

> 感於物者心也，其動者情也。情根乎性而宰乎心，心為之宰，則其動也無不中節矣，何人欲之有！惟心不宰而情自動，是以流於人欲而不得其正也。然則天理人欲之判，中節不中節之分，特在乎心之宰與不宰，而非情能病之，亦以明矣。蓋雖曰中節，然是亦情也。但其所以中節者乃心耳。（《朱子語類・卷五・答張敬夫十八書之第六書》）

朱熹非常了解：所謂「寂然不動，感而遂通」，是聖賢才能達到的理想境界。因為「天地之性」是永遠附屬在「氣質之性」之上，當他「感於物」或「動於情」時，如果能夠「心為之宰」，則其「動也無不中節」。可是，如果「心不宰而情自動」，就很可能「流於人欲而不得其正」。因此，「天理人欲之判，中節不中節之分」，關鍵在於「心之宰與不宰」。

◘ 形氣之私，氣質之性

基於這樣的見解，朱子從人性的觀點指出：「心之虛靈知覺，一而已矣。」這人人具有的「虛靈知覺」，之所以有人心道心之異，是因為其「或生於形氣之私，或原於性命之正」，而所以為人所知覺者亦有所不同，因此「或危殆而不安，或微妙而難見」。可是，因「人莫不是有形」，每個人的「自我」都有像圖 8-1 那樣的形式結構，「雖上智不能無人心；亦莫不有是性，雖下愚不能無道心」。

> 性者，心之理；情者，性之動；心者，性情之主。……問性、情、心、仁。曰：「橫渠說得最好，言：『心，統性情者也。』孟子言：『惻隱之心，仁之端；羞惡之心，義之端。』極說得性、情、心好。性無不善。心所發為情，或有不善。說不善非是心，亦不得。卻是心之本體本無不善，其流為不善者，情之遷於物而然也。（《朱子語類・卷五・性理二・性情心意等名義》）

朱子相信：所謂「性無不善」的精確說法，應當是「心之本體本無不善」。可是，說「不善非是心」也不對。心「流為不善」的原因，是「情之遷於物而然」。更清楚地說，朱熹接受張載對於「天地之性」和「氣質之性」的區分：

或問「命」字之義。曰：「命，謂天之付與，所謂天令之謂命也。然命有兩般：有以氣言者，厚薄清濁之稟不同也，如所謂『道之將行、將廢，命也』，『得之不得曰有命』，是也；有以理言者，天道流行，付而在人，則為仁義禮智之性，如所謂『五十而知天命』，『天命之謂性』，是也。二者皆天所付與，故皆曰命。」（《朱子語類・卷六十一》）

天所賦與之命可以從兩種不同的角度來看。「有以氣言者」與「有以理言者」。從人現實生命的構成要素來看，每一個人各有不同點，亦各有共同點。就個體生命之不同點而言，人之富貴、貧賤、死生、禍福等等稟氣之清濁厚薄，皆由天所賦與，這是天命「有以氣言者」。就個體生命之共同點而言，仁義禮智之性為人所共同本有，亦由天所賦與，這是天命「有以理言者」。由於「天地之性」必然附屬於「氣質之性」，而人所稟的「氣質之性」有清濁厚薄之不同，「得之不得曰有命」，則在天所賦與之命裡，又有了限制。

朱子說得非常清楚，「氣稟物欲之私」雖然不是心之本體，但也是出自於心。「心是初底物事」，自然有善有惡。「離著善，便是惡」，譬如孟子所說的「惻隱之心」是善；「見孺子入井而無惻隱之心，便是惡」。

◘「志」與「意」

在「人心亦兼善惡」的情況下，為了說明「心」如何「統性情」，朱熹曾經對「性、情、心、意、志」等相關概念作過定義式的解釋：

性者，即天理也，萬物稟而受之，無一理之不具。心者，一身之主宰；意者，心之所發；情者，心之所動；志者，心之所之，比於情、意尤重；氣者，即吾之血氣而充乎體者也，比於他，則有形器而較粗者也。（《朱子語類・卷五・性理二・性情心意等名義》）

志是公然主張要做底事，意是私地潛行間發處。志如伐，意如侵。（《朱子語類・卷五・性理二・性情心意等名義》）
論材氣，曰：「氣是敢做底，才是能做底。」（《朱子語類・卷五・性理二・性情心意等名義》）

這裡最值得吾人注意的是朱子對「意」、「志」的界定。這樣的定義跟他要求門人「立志做聖賢」有密切的關聯：

濂溪有言：士希賢，賢希聖，聖希天。某十數歲時讀孟子言「聖人與我同類者」，喜不可言，以為聖人亦易做，今方覺得難。（《朱子語類・卷一百零四・自論為學功夫》）

濂溪就是周敦頤。他在《通書》上說：

聖希天，賢希聖，士希賢。伊尹、顏淵，大賢也。伊尹恥其君不為堯舜，一夫不得其所，若韃於市。顏淵不遷怒，不貳過，三月不違仁。志伊尹之所志，學顏子之所學；過則聖，及則賢，不及則亦不失於令名。（《通書・志學第十》）

在《太極圖說》中，周敦頤認為：宇宙萬物間，「惟人也得其秀而最靈」。這個「得其秀而最靈」的人，該如何「志伊尹之所志，學顏子之所學」呢？他認為：「誠」為「五常之本，百行之原」。五常百行，「誠則無事矣」，「聖，則誠而已矣」。可是，「誠」這件事，卻是「至易而行難」（《通書・誠下第二》），我們該如何解決這個難題呢？周敦頤的答案是：

故聖人主敬，俾人自易其惡，自至其中而止矣。故先覺覺後者，暗者求明，則師道至矣。（《通書・師第七》）

針對這個問題，朱熹特別強調「立師道」的重要性（陳雪麗，2018）。朱熹是周子思想的繼承者，他經過數十年的實踐，才發現：「士希賢，賢希聖，聖希天」是一個不易達成的文化理想。為什麼呢？

> 今之朋友，固有樂聞聖賢之學，而終不能去世俗之陋者，無他，只是志不立爾。學者大要立志，才學，便要做聖人是也。（《朱子語類‧卷八‧總論為學之方》）

朱子認為：對於這個問題的主要答案是「志不立爾」。所謂「志」，是「公然主張要做底事」。用〈自我的曼陀羅模型〉（見圖 8-1）來說，有些人「樂聞聖賢之學」，想要以之作為「做人」的典範，但卻「終不能去世俗之陋」。所以儒家希望：學者要「立大志」，才學，不僅要「公然主張」，而且要在「私地潛行間發處」，立志「做聖人」。然而，「做聖人」之事其實並不容易。

> 誠是天理之實然，更無纖毫作為。聖人之生，其稟受渾然，氣質清明純粹，全是此理，更不待修為，而自然與天為一。若其餘，則須是「博學、審問、慎思、明辨、篤行」，如此不已，直待得仁義禮智與夫忠孝之道，日用本分事，無非實理，然後為誠。（《朱子語類‧卷六十四》）

義理義之「天理」，在天表現為「天道」之元亨利貞等實然之理；在人則表現為「仁道」之仁義禮智等本然之理。天道之流行是自然成就的，所以說「天理之實然，更無纖毫作為」，「自然不假修為」。人道雖然亦無不具，然而其本身並不是實然地存在，而是個人的努力成就，所以說它「實其實理，則是勉而為之者」。然而，聖人與一般人又有不同，「聖人之生，其稟受渾然，氣質清明純粹，全是此理，更不待修為，而自然與天為一」；一般人在道德生活的實踐過程中，必須經過「博學、審問、慎思、明辨、篤行」，才能「直待得仁義禮智與夫忠孝之道」，體現其本然的「仁道」，才能將本然的「仁道」實然化，完成理想的人格，達到天人合德的最高境界。

本章小結：浩然正氣

《中庸》第一章〈天命之謂性〉有一句很重要的話：「喜怒哀樂之未發，謂之中；發而皆中節，謂之和。中也者，天下之大本也；和也者，天下之達道也。」朱子的治學生涯，就是始自李侗問他：「喜怒哀樂之未發是何氣象？」

本書的析論指出：「喜怒哀樂之未發」的「中」，是包括「意識」與「潛意識」在內的整體「自性」，作為基礎之「中」，也是儒家「道統」主張「允執厥中」之「中」，跟傳統儒學只考量「意識」所主張的「心即理」並不相同。這一點，我們將留待本書第十四章〈傳承儒家的實踐進路〉再作進一步的細論。

這裡要指出的是：朱子耗用許多年思考這個問題，並且跟師友反覆論辯，直到「中和新說」階段，才提出「仁說」，認為聖人就是以其「自性」實踐「仁道」，而無一毫私欲的人。所以他說：

> 天地之氣無所不到，無處不透，是他氣剛，雖金石也透過。人便是稟得這個氣無欠闕，所以程子曰：「天人一也，更不分別。浩然之氣，乃吾氣也，養而無害，則塞乎天地。一為私意所蔽，則慊然而餒，卻甚小也。」（《朱子語類・卷五十二》）
>
> 然人所稟氣亦自不同：有稟得盛者，則為人強壯，隨分亦有立作，使之做事，亦隨分做得出。若稟得弱者，則委靡巽懦，都不解有所立作。唯是養成浩然之氣，則卻與天地為一，更無限量！（《朱子語類・卷五十二》）

朱子認為，天地之氣無形質、無私意，故其本身可以「塞乎天地」，伸張到無限空間。但人已有形質、有私意之障礙，故無法伸張到無限空間。因為人已稟得天地之性，無所欠闕，所以人與天可以同一體而無分別。其前提條件是：人必須要能「養吾浩然之氣」，才有可能達到「與天地為一，更無限量」。

本節的析論指出：朱子對於「道」和「天」的態度是十分明確的。對儒家而言，它們雖然是儒家倫理與道德的根源，但它們的「本體」卻是超越而不可知的。朱子非常明確地反對把天「人格化」，人當然更不可能變成「天」。所謂「天人合一」，其實是「天人合德」的意思。人唯有在反思「自性」時，才可能感受到這種「無所不到、無處不透」的「天地正氣」，經過不斷地自我修養，以及在生活世界中的力行實踐，它也可能使個人感覺到「與天地為一」的「浩然正氣」，其關鍵取決於個人的「心志」，其實踐則有賴於朱子所主張的「窮理致知」、「居敬集義」。下面兩章將針對這一點做更深入的析論。

第十章　「窮理致知」的知識論

本書第五章指出：朱子治學的目標在於將先秦儒學打造成一種「理學」，它對先秦時期的「道學」，是一種具連續性的新知識型。朱子理學主張「性即理」，跟先秦儒學主張的「心即理」並不相同。朱子所謂的「性」，並不只是本書第八章所說的「自性」，而是包括「事事物物」之性。因此，本章將要以作者在本書第八章所建構的「自我」和「自性」的理論模型作為基礎，說明他如何將先秦儒家的「格物致知」之說，調整成為「窮理致知」的知識論，藉以突顯其「性即理」的主張和「心即理」的不同。最後，本章將分析朱子對於《中庸》和《大學》中「君子慎其獨」的解釋，區分本章所談的知識論，以及下一章所要談的「敬義挾持」的實踐論。

第一節　「大人之學」

朱子一生宦途並不顯赫，19 歲登榜進士，為官四十八年中，先後任地方官二十七年，直到 64 歲，才有機會入朝擔任侍講官四十天。錢基博《四書題解及其讀法》序言說：「其教人也，以大學、語、孟、中庸為入道之序。而後及諸經。」1194 年 10 月，朱熹為宋寧宗準備的〈經筵講義〉上說：

> 大學者，大人之學也。古之為教者，有小子之學，有大人之學。小子之學，灑掃應對進退之節，詩書禮樂射御之文，是也。大人之學，窮理修身治國平天下之道，是也。

在朱子的理想裡，「古之聖王設為學校，以教天下之人。使自王世子、王子、公、侯、卿大夫、士之世子，以至庶人之子，皆以八歲而入小學，十有五歲而入大學」。對於朱子而言，「灑掃應對進退之節，詩書禮樂射御之文」，是用來教育一般「庶人」的「小子之學」；它跟用來教育「士」的「大人之學」並不相同。「大人之學」的主要內容，是「窮理修身治國平天下」，而不是《大學》所說的「八條目」。這個改變有非常重要的意義，必須仔細予以析論。

在西周封建時代，「士」本是封建制度中地位最低一級的貴族。當時「國之大事，惟祀與戎」，平常時候，他們學習禮樂，演練射御，有些人還必須下田耕作，從事農業生產。一旦發生戰事，他們便必須「執干戈以衛社稷」，甚至「斷頸裂腹」，報效國家。到了春秋末期，舊有的封建社會秩序瀕臨解組，庶人經過私學而晉入士之階層者，日益增多，士的角色也發生了轉變。

◘「士」的使命

孔子便是導致此種轉變的關鍵性人物。他用「本天道以立人道」的方法，發展出以「仁」為核心的「仁、義、禮」倫理體系，他相信這套倫理體系是「天經地義」之「道」，足以用來挽救崩潰中的封建社會制度。由於孔子一心想恢復商周早期的封建社會秩序，因此他刻意提倡以「仁」為核心的倫理體系，聚徒講學的目的，是要培養出一批有德行的「君子」，希望他們能夠出仕為「士」，推行「仁道」於天下。他擴大了傳統教育的內容，不僅教導學生六藝，而且授之以「道」，希望他們「志於道」，如果有機會出仕，能夠承擔起實踐儒家理想並傳播文化理念的使命。

> 子曰：「朝聞道，夕死可矣。」（《論語・里仁》）
> 子曰：「人能弘道，非道弘人。」（《論語・衛靈公》）

儒家希望：弟子們能夠「志於道」，要立志「弘道」，不要把「道」當做是弘揚個人名聲的工具。由於儒家認為：「道」的追求具有絕對的價值，是一件必須「生死與之」之事，孔子不僅要求弟子「篤信善學，守死善道」（《論語・泰伯》），甚至說出「朝聞道，夕死可矣」（《論語・里仁》）的話。

孔子認為：整個社會的安寧、秩序及和諧都是建立在個人的道德修養之上，因此每一個人都有義務成為「君子」，這是孔子對於作為一個「人」的基本要求。而「君子不可以不修身」，故道德方面的自我修養（self-cultivation）也變成一種漫長、艱辛而永無止境的歷程（Tu, 1985）。曾子更進一步闡述儒家的這種理想：

> 曾子曰：「士不可以不弘毅，任重而道遠。仁以為己任，不亦重乎？死而後已，不亦遠乎？」（《論語・泰伯》）

說出這段千古名言的曾參，就是《大學》的作者，他是孔子最年輕的弟子之一，比孔子小 46 歲，孔子死時，他只有 27 歲，但平日跟從孔子學習，隨事省察，卻能夠領會孔子論述中的「一貫之道」。孔子死後，他所寫的《大學》雖然只有五百多字，卻包含了儒家修養中最重要的「三綱領」、「八條目」和「六步驟」，提綱挈領地說出了儒家思想的內容，成為先秦儒家思想最重要的入門經典。

◘「大人之學」與「小子之學」

朱熹在為宋寧宗準備的〈經筵講義〉裡，「大人之學」中，「齊家」一條不見了。把「八條目」中的「正心、誠意、格物、致知」，改為「窮理修身」；「齊家治國平天下」則改為「治國平天下」，這樣的調整反映出朱子在時代的要求下，對先秦儒家思想所作的調整，在此必須細加析論。

> 蓋古人由小學而進於大學，其於灑掃應對進退之間，持守堅定，涵養純熟，固已久矣。是以大學之序，特因小學已成之功，而以格物致知為始。今人未嘗一日從事於小學，而曰必先致其知，然後敬有所施，則未知其以何為主，而格物以致其知也。（《朱文公文集・卷四十二・答胡廣仲》）

朱熹在南宋時期發展出「理學」的思想體系，其目的在於培養儒家的「士」，他們學成之後，必須要有「治國平天下」的能力。他認為：八條目中的「齊家」一條，包括「灑掃應對進退」之節，是每一個庶人都應當會的「小子之學」；由小學而進於大學，不可躐等，也不可有所偏廢，他主張：「大人之學」的內容則是「窮理修身治國平天下」，「修身齊家」被調整成「窮理修身」，「正心誠意」則調整為「居敬集義」。

上一章的析論顯示：朱子集北宋諸子思想之大成所主張的「性即理」，是一種「不為堯存，不為桀亡」的「天理」，它可以是本書第六章所說的「物理」，或是第七章的「義理」，朱子的業師李侗一再提示他：「理一不難，難在分殊」，他在思想成熟後主張的「窮理」因而是「事事物物之理」。不過這樣的「理」，仍然是以陰陽氣化宇宙觀作為基礎的「事事物物之理」，跟先秦儒家所強調的「心即理」並不相同。

第二節　「三綱領」：止於至善

由於朱子理學跟先秦儒學有其根本的差異，朱熹作《四書章句集注》時，對《大學》的內容，也作了相當幅度的調整。「三綱領」原本是說「大學之道，在明明德，在親民，在止於至善」。其中，「在親民」一句，朱子繼承程頤的說法，認為「親當作新」，他說：「今親民之者，以文義推之則無理。」為什麼呢？

▣「親」、「新」之辨

徐復觀（1999）在《中國人性論史》中指出，所謂「親民」，原本有兩層意義：

1. 養民：指為政者必須照顧人民的生活，使其安居樂業，各得其所。
2. 教民：使百姓在生活上有保障之後，能夠接受教育，提高知識水平及品德修養。

朱熹基於其「理學」的立場，認為：「新者，革其舊也。言既自明其明德，又當推己及人，使之亦有以去其舊染之汙也。」由此可見，朱子主張「親當作新」，其實只側重於「教民」，而不強調「養民」，所以王陽明批評他：「說親民，便是兼教、養義，說新民，便偏了。」

用〈自我的曼陀羅模型〉（見圖 6-2）來看，王陽明對朱熹的批評，代表了傳承儒家的兩種進路：朱熹強調「道問學」，他所重視的是「知識／智慧」的增長，但他心目中的理學，卻是以源自《易經》的陰陽氣化宇宙觀作為基礎，所以本書稱之為「宇宙論的進路」；王陽明強調「尊德性」，他所重視的是「行動／實踐」，本書第十四章將仔細分析他承襲先秦儒學的「道德進路」。本書主張的「科學進路」希望將儒家思想建構成客觀理論，使其成為社會科學研究的對象，「文化系統」的研究取徑偏向「道問學」，所以採用朱子「親當作新」的觀點。

▣ 釋「明德」

「在明明德」的第一個「明」是動詞，「明白」之義；第二個「明」是名詞，指「自明之德」。朱熹的解釋是：「明德者，人之所得乎天，而虛靈不昧，以具眾理而應萬事者也」。依照這樣的定義看來，「明德」跟他所主張的「天理」並不相同，「天理」是一種客觀的範疇，跟在「止於至善」一詞中的「至善」可以說是「異名而同謂」。「明德」則是主客交融的結果，是個人以其「得乎天，而虛靈不昧」的「良知」，在生活世界中能夠「具眾理而應萬事」的一種「智慧」。

> 德無不實而明無不照者，聖人之德，所性而有者也，天道也。先明乎善而後能實其善者，賢人之學，由教而入者也，人道也。（《四書章句集注‧中庸章句》）

朱熹認為：「聖人之德」是「德無不實而明無不照」，是天生「所性而有者也」。他鼓勵門人學做聖賢，「先明乎善而後能實其善」，這是「由教而入」的「賢人之學」，放在〈自我的曼陀羅模型〉（見圖 8-1）中來說，其目的在於學習「做人」的「人道」。之所以必須如此，是因為：

> 誠者，真實無妄之謂，天理之本然也。誠之者，未能真實無妄，而欲其真實無妄之謂，人事之當然也。

在解釋孔子在《中庸》第二十章所說的「誠者，天之道；誠之者，人之道」時，朱熹認為：唯有聖人，才能「真實無妄」地展現出「天理之本然」，一般人因為「未能真實無妄，而欲其真實無妄」，所以必須立志做聖賢，學習「人事之當然」，構成宋明儒者所強調的「存天理，去人欲」（見圖 8-1）的格局。

▣ 釋「止於至善」

在解釋「止於至善」中「止」的意義時，《大學‧傳三章》曾引用《詩經》上的兩句話：「邦畿千里，維民所止」；「緡蠻黃鳥，止於丘隅」，朱熹所著的《四書章句集注‧大學章句》進一步說明：「止，居也。言物各有所當止之處也。」

「邦畿千里，維民所止」出自《詩經商頌‧玄鳥》。〈玄鳥〉是〈商頌〉中的一篇，是宋國君王祭祀殷高宗武丁時所唱的樂歌，歌頌武丁中興的功業。其意為：都邑周邊千里之地，都是商民居住的所在，正如活潑的黃鳥聚居在山丘上的林蔭深處歡唱。

孔子是宋人之後，周滅商後，封其族人於宋地，所以《詩經》會有〈商頌〉之作，孔子也以此作為切入點，說明「危邦不入，亂邦不居」的道理。引申到德性修養方面，該章先稱讚：「穆穆文王，於緝熙敬止。」然後說：「為人君，止於仁；為人臣，止於敬；為人子，止於孝；為人父，止於慈；與國人交，止於信。」「穆穆」是「莊嚴深遠」之意；「於」，音「烏」，贊詞；「緝」是「持續不斷」；「熙」是「光明」。「於緝敬止」之後的一段話，說明在「君／臣」、「父／子」、「與國人交」的各種社會互動的情境中，周文王不論扮演何種角色，都有足夠的「智慧」，能夠持續地「居」、「止」於「仁、敬、慈、孝、信」等「自明之德」（明德）。

◘「意志」與「意願」

用「自我」與「自性」的心理動力模型來看，「止於至善」中的「止」字，指的是一種出於「自我」之意志（volition）的「行動」或「實踐」。用西方心理學「知（認知，cognition）、情（感情，affection）、意（意願，conation）」三分架構來說，「止於至善」的意思，是用個人的「意志」來引導其「認知」與「情緒」表達，使之朝向於「至善」，其目的則是要達到《中庸》上所說的「君子尊德性而道問學，致廣大而盡精微，極高明而道中庸」。然而，在「知、情、意」的三分架構中，「知、情、意」三者都是「自我」的功能，所謂「認知」並不足以說明朱熹「心統性情」之主張中所說之「性」，它其實是指「自性」。在「自我」與「自性」的心理動力模型（見圖 8-3）裡，〈自我的曼羅陀模型〉（見圖 8-1）是懸浮在其中的一個切片，它是「緊扣於時間上的自我」，也是存在於當下的「精準自我」。倘若我們將「自性」由「現在」到「未來」的部分取下，則可以繪成一個朝向至善的自性模型（見圖 8-3）。

在這個模型裡，「至善」位於金字塔的頂端，它代表儒家最高德性的範疇，「天理」與其同格。「仁、敬、慈、孝、信」是儒家認為：作為「人」的「自我」在跟不同的角色對象進行互動時必須堅持的「德性」，是統屬於「至善」之下的德目。

▣「智慧」的兩面性

「自我的曼羅陀模型」原本的結構是「內圓外方」，圓表示「慈悲」，方表示「智慧」。圖 8-4 取其圓而捨其方，其意為：一個有慈悲心的人，他的「知識」與「行動」、「德性」與「欲望」都能整合良好，朝向「至善」。這就是朱熹思想成熟之後，所說的「心統性情」，也是《中庸》首章所講的「喜怒哀樂之未發，謂之中；發而皆中節，謂之和」。喜怒哀樂之未發，是指「本自清淨」的「自性」（見圖 8-1）；因為它「能生萬法」，所以說「中也者，天下之大本也」；當它以「仁」居心，或居心於「慈悲」時，便能「發而皆中節」，所以說「和也者，天下之達道也」。

〈自我的曼陀羅模型〉（見圖 8-1）中的內圓外方，在朝向「至善」的自性模型中不取其代表「智慧」的外方，這表示「智慧」的使用可能變成道家哲學中所講的「機心」；圖 8-3 中的「智慧」則是發自「慈悲」的「仁」心，或追求「至善」的「良知」，這就是王陽明所講的「致良知」。在圖 8-3 中，「良知」一詞刻意括弧標出，表示它是出自於個人自由「意志」的行動。

▣ 四句教

《孟子・盡心上》主張：「居仁由義，大人之事備矣。」它蘊涵的意思是：在現實的生活裡，並不是每個人都是「大人」，也不是每個人都能夠成為「大人」。要成為《大學》中所謂的「大人」，其「自由意志」必須先選擇要「居仁由義」。這一點，王陽明晚年在天泉橋上「證道」時，囑咐弟子的「四句教」講得最清楚：「無善無惡心之體，有善有惡意之動。知善知惡是良知，為善去惡是格物。」更清楚地說，「無善無惡心之體」可以用圖 8-1

「出生時的八面體」來加以表示；「有善有惡意之動」，是指人的意志可以指向「德性」，也可以指向個人欲望的滿足；「知善知惡是良知」意為「良知」是判斷是非、善惡的心智活動。在陽明看來，儒家所講求的「格物」，則是「為善去惡」，使心由「不正」，而歸之於「正」（見圖 8-1）。

第三節　六步驟：內斂致知

為了實踐「八條目」中的前四條「正心、誠意、格物、致知」，曾子提出了著名的修身「六步驟」：

> 知止而後有定，定而後能靜，靜而後能安，安而後能慮，慮而後能得。

孔子在〈哀公問政〉章中的相關說法是：

> 凡事豫則立，不豫則廢；言前定，則不跲；事前定，則不困；行前定，則不疚；道前定，則不窮。（《中庸》第二十章）

兩者相較之下，「六步驟」關注的焦點是追求內心的「定、靜、安、慮、得」，「凡事豫則立」，則是考量個人展現外在的「言、行、事、道」；後者重視「君子」如何處理日常生活不同情境脈絡中的事務，可以用〈自我的曼羅陀模型〉來加以解釋；前者則著眼於「士」如何作長程的人生規劃，必須用本書第八章「自我」與「自性」的心理動力模型來加以理解。

回 自由意志與道德實踐

《大學・經一章》對修養「六步驟」所作的詮釋中，最重視的是「知止」中的「止」字，也就是「止於至善」一詞中的「止」字，其原意為「止息」。上一節引用朱子對於「止」的詮釋，說明它更恰當的解釋應當是一種「個人意志基於『良知』之抉擇，所作出的道德行動」。本節將再以本書的理論為基礎，從各種不同角度說明：為什麼這種道德行動的抉擇，有助於個人發揮「定、靜、安、慮、得」的心理功能。

朱子繼承了張載的說法，將心性分為「天地之性」和「氣質之性」。「天地之性，則太極本然之妙，萬殊之一本」，可以用個人初生時的「自性」（見圖 8-1）來加以表示。「氣質之性，則二氣交運而生，一本而萬殊者也」，每個人在各種條件下所形成的「自我」都會有所不同，可以用〈自我的曼陀羅模型〉（見圖 8-1）來加以表示。

《朱子語類》上說：「論天地之性，則專指理言，論氣質之性，則以理氣雜而言之。」又說：「以理言之，則無不全。以氣言之，則不能無偏。」在「自我」與「自性」的心理動力模型裡，〈自我的曼陀羅模型〉是懸浮在其中的一個切片（見圖 8-3），它是「理氣雜而言之」的「氣質之性」；而「天理」則是位於「自性」的頂端，與「至善」同格（見圖 8-4），所以說：「以理言之，則無不全。以氣言之，則不能無偏」；「人性本善，只為嗜欲所迷，利害所逐，一齊昏了」。

◘ 存天理，去人欲

朱熹在解釋《大學》所謂「明明德」時，曾經說：「明德者，人之所得乎天，而虛靈不昧，以具眾理而應萬事者也。」由此可見，在朱熹的觀念裡，「明德」、「天理」都和「至善」同格（見圖 8-4），而「虛靈不昧」的「良知」，則可以讓個人在不同的時空裡，「具眾理而應萬事」。更清楚地說，存在於當下的「精準自我」，其意識可能明確地察覺到：他「個體的欲望」（人欲），和「作為人的德性」（天理）之間存有一種緊張關係，他必須要有足夠的「智慧」，從個人的「知識」庫中搜尋出適當的材料，幫助自己作出合宜的行動。這就是宋明儒者所謂的「存天理，去人欲」。

然而，個體的欲望隨著時間的變化而不斷改變，任何人都不可能長久處在這種「存天理，去人欲」的狀態中，所以朱子說：「但為氣稟所拘，人欲所蔽，則有時而昏；然其本體之明，則有未嘗息者，故學者當因其所發而遂明之，以復其初也。」所以他主張「復性」、「復初」、「以道心主宰人心」、「親當為新」，這跟王陽明「致良知」的主張，其實是一致的。

▣ 西方的觀點

本書第八章在析論建構「自我」與「自性」的心理動力模型時，曾經指出：在榮格心理學裡（Jung, 1957），大寫的「自性」（the Self）是意義與人格取向的原型（archetype of orientation and meaning），「自性」的中心是「至善」（Good），個人所有的作為，都必須朝向此一中心。曼陀羅的中心不是「自我」，而是人格的總體取向，「自我」僅只是人格的一部分。每件事都必須朝向中心，朝向中心就是人格整體朝向「至善」，因此會有療癒的功能。

榮格是精神病學家。他在處理許多精神病患的個案時，發現許多人在其早期的生命史中都有遭遇過創傷的經驗，而把這種受創的「情結」壓抑在「個人潛意識」中，而無法以自己的「智慧」，來處理日常生活中所遭遇到的問題。用朱熹的語言來說，這就是「但為氣稟所拘，人欲所蔽，則有時而昏」。如果協助他，使其人格整體朝向至善，「因其所發而遂明之，以復其初」，他的心理困擾便可痊癒。

然而，儒家的道德修養跟西方的心理治療畢竟有所不同，這一點必須追溯中、西文化的根源，來加以說明。亞里斯多德（Aristotle，前 384-前 322）在其所著的《尼各馬可倫理學》中，曾經提出一個很重要的概念 Eudaimonia，跟儒家所談的「至善」十分類似。在近年流行的正向心理學中，這個希臘字通常被譯為「幸福」（well being）或者「快樂」（happiness），其實它是指個人天賦潛能完全發揮（full flourishing）的自我實現，也是一種生命圓滿狀態。對於亞氏而言，Eudaimonia 是靈魂符合德性的實踐活動，是人類行為的終極目的，而不是達到任何其他目的的工具。

亞里斯多德將「智慧」分為「理論智慧」（theoretical wisdom）和「實踐智慧」（practical wisdom）兩大類，所謂「實踐智慧」是一種作「思慮」或「謀劃」（deliberate）的理性能力，它能夠使個人依照「正確理由」（right reason），做出某種在感覺靈魂方面符合「中道原則」的恰當行為：「在適宜的時間，根據適宜的情況，對適宜的人，為適宜的目的，以適宜的方式，來感受（快樂或痛苦）的情感，那就是中道」（Aristotle, 1984）。

乍看之下，亞氏所謂的「實踐智慧」似乎跟「六步驟」「定、靜、安、慮、得」中的「慮」非常相似。但這僅只是「心理功能」的相似而已。如果從「文化系統」的角度來加以比較，兩者還是有極大的不同。其間差異，必須由儒家「八條目」中的「正心、誠意、格物、致知」來加以說明。

第四節　由「格物」到「窮理」

曾子繼承了孔子的理想，在《大學》中提出作為「士」之指導原則的「八條目」；孔子主張「自天子以至於庶人，壹皆是以修身為本」，曾參的「八條目」將「正心」與「誠意」並列，認為一個人不論是要走出自己的「人生之道」，或是要落實儒家的「仁道」，他在情緒方面，都必須維持心情的平靜。

正其心

> 所謂修身在正其心者：身有所忿懥，則不得其正；有所恐懼，則不得其正；有所好樂，則不得其正；有所憂患，則不得其正。心不在焉，視而不見，聽而不聞，食而不知其味。（《大學‧傳七章》）

自我受到忿懥、恐懼、好樂、憂患等情緒干擾的時候，心境無法保持在「喜怒哀樂之未發」的平靜狀態，他很可能「視而不見，聽而不聞，食而不知其味」，不能冷靜地反思自己的生命處境，也很難學習新的事物，所以曾子把「正心」列為「修身」的第一步。

用本書第八章「自我」與「自性」的心理動力模型（見圖 8-3）來看，所謂身有所「忿懥」、「恐懼」、「憂患」，其實就是他「個人潛意識」中存有許多「被壓抑的情結」（repressed complex），無法獲得紓解，所以做任何事，都會顯得「心不在焉」。然而，朱熹並不是心理分析學家，心理療癒也不是他所要處理的問題。他關注的是儒家傳統中「士大夫」的養成教育。因此，他用了數十年的時間，從各種不同面向思索「喜怒哀樂未發前是何氣象？」

▣ 誠其意

先秦儒者認為：「正心」的關鍵在於「誠其意」。根據《中庸》第二十章的記載，孔子告訴哀公：

> 誠者，天之道也，誠之者，人之道也。誠者，不勉而中，不思而得，從容中道，聖人也；誠之者，擇善而固執之者也。

對於「八條目」所說的「誠意」，《大學・傳六章》的詮釋是：

> 所謂誠其意者，毋自欺也，如惡惡臭，如好好色，此之謂自謙，故君子必慎其獨也！

「自謙」是如「好好色，惡惡臭」一樣，「真誠地面對自己」。如何走出個人的「人生之道」，完全是一己之事，與他人毫不相干，所以《大學》主張「君子慎獨」。《中庸》第二十一章中，對「誠」的意義，作了更深一層的解釋：

自誠明，謂之性；自明誠，謂之教。誠則明矣，明則誠矣。

《中庸》在此處特別註明：「右第二十一章，子思承上章，夫子天道人道之意，而立言也。自此以下十二章，皆子思之言，以反覆推明此章之意。」用朱熹中年思想成熟之後的哲學來看，「自誠明，謂之性」中的「性」，是指不為「氣質之性」所拘，而能展現出「天地之性」或「本然之性」。這句話的意思是說：唯有聖人能夠自然而然、毫不做作地實踐「明德」的行動，彰顯出他的「天地之性」；對於一般人，則必須「自明誠，謂之教」；儒家教育的目的，就是「教民」或「新民」，使一般人能夠「正心誠意」，努力做出「明德」的行動。

◘「載物」和「覆物」

《中庸》上有一句十分重要的話：

誠者，非自成己而已也，所以成物也。成己，仁也；成物，知也；性之德也，合外內之道也，故時措之宜也。（《中庸》第八章）

這段話，可以放置在皮亞傑「發生認識論」的脈絡中，來加以解釋（Piaget, 1968/1984）。先秦儒家認為：他們之所以會提出「誠」的哲學，不僅是要「成己」，而且是要「成物」。所謂「成己」，是要求「行動的自我」實踐「仁道」，所以說：「成己，仁也。」所謂「成物」，是「反求諸己」，以自己作為認識主體，去認識外在世界中客觀事物的變化，所以說：「成物，知也。」緊接著這段話，《中庸》又說：

故至誠無息。不息則久，久則徵，徵則悠遠，悠遠則博厚，博厚則高明。博厚，所以載物也；高明所以覆物也。悠久所以成物也。博厚配地，高明配天，悠久無疆。（《中庸》第二十六章）

這段話，完全是在談客觀「知識」的學習。「載物」是指知識廣博，足以承載相關的事物；「覆物」是指見解高明，可以涵蓋相關事物；「成物」是指知識淵博，能夠說明事物的演變過程。「載物」和「覆物」是指對於客體物存在於空間的「共時性知識」，「成物」則是指其在時間向度上變化的「歷時性知識」。三者合在一起，則是指作為認識對象的「物」，在特定空間和時間中所展現出來的屬性。

◘「格物」與「窮理」

這裡特別值得注意的是「物」的意義。王陽明說：「物者，事也。凡意之所發，必有其事。意所在之事，謂之物。」「如意在於事親，即事親便是一物。意在於事君，即事君便是一物。意在於仁民愛物，即仁民愛物便是一物。意在於視聽言動，即視聽言動便是一物。所以某說無心外之理，無心外之物。」

皮亞傑發生認識論主張：個人認識客體的方法，必須藉由主體和客體的交互作用，這就是所謂的「合內外之道」。王陽明的修養論雖然也要求個人對外在世界作反思，但其反思的焦點卻是生活世界中的社會事務，而不是物理世界中的客觀存在之「物」。王陽明關注的焦點並不是客觀知識，而是「人道」的合理安排，他所謂的「物」，是個人主觀意識投射的對象，所以他說：「物者，事也。」「意所在之事，謂之物。」因為他主張：「無心外之理，無心外之物。」有人因此認為他是「主觀唯心論者」，對王陽明而言，所謂「格物」之義是：「格者，正也；正其不正以歸於正之謂也。正其不正者，去惡之謂也；歸於正者，為善之謂也。夫是之謂格。」

從心理學的角度來看，朱子對於「格」的認識，要比王陽明深刻得多。在他所編的《四書章句集注》中，附有一篇著名的〈朱子格物致知補述〉：

> 所謂致知在格物者，言欲致吾之知，在即物而窮其理也。蓋人心之靈，莫不有知；而天下之物，莫不有理；惟於理有未窮，故知其有

不盡也。是以大學始教，必使學者即凡天下之物，莫不因其己知之理而益窮之，以求至乎其極。至於用力之久，而一旦豁然貫通焉，則眾物之表裡精粗無不到，而吾心之全體大用無不明矣。此謂格物，此謂知之至也。

這段引文很清楚地顯示：對於朱子而言，所謂「格物」之「物」，是存在於客觀世界的「物」，亦即上述引文中的「天下之物」。

朱熹主張「即物而窮其理」，找出每一件事物的道理，因為「天下之物，莫不有理」，如果「理有未窮」，則必「知有不盡」。然而，個人該如何「窮其理」呢？先秦儒者提出的對策是「誠意」：唯有冷靜認識外在世界中客觀事物的變化，才能知道該一事物的來龍去脈，以及自身處理方式的是非對錯（性之德）。所以說：「誠者，物之始終，不誠無物。」作出對於該一事物的客觀判斷，才能夠在特定時空中，採取正確的行動，來對待外在世界中的事物，這就是所謂的「時措之宜」。

回「心即理」與「性即理」

朱子「心統性情」的修養理論，使宋明之後儒家修養的工夫，分成兩支：程朱一系，主張以「道問學」為宗旨的「窮理致知」；陸王一系則是主張以「尊德性」為主的「涵養居敬」。他們都將「正心誠意」的「誠」字，改為「敬」字，反映出北宋以來儒學發展的趨勢，我們將留待下一章再作細論，這裡要談的是，他們對於「格物致知」的見解卻有明顯的不同。在〈答江德功書〉中，朱子很清楚地說明了他的立場：

格物之說，程子論之詳矣。而其所謂格至也，格物而至於物，則物理盡者，意句俱到，不可移易。熹之謬說，實本其意，然亦非苟同之也。

蓋自十五、六歲時，讀是書，而不曉格物之義，往來於心三十餘年。近歲就實用功處求之，而參以他經傳記，內外本末，反復證驗，乃知此說之的當，恐未易以一朝卒然立說破也。

夫，天生蒸民，有物有則。物者，形也；則者，理也。形者，所謂形而下者也；理者，所謂形而上者也。人之生也，固不能無是物矣。而不明其物之理，則無以順性命之正。而處事物之當，故必即是物以求之。知求其理矣，而不至夫物之極，則物之理有未窮，而吾之知亦未盡。故必至其極而後已。此所謂格物而至於物，則物理盡者也。物理皆盡，則吾之知識廓然貫通，無有蔽礙。而意無不誠，心無不正矣。

從這封信中，我們可以看出：王陽明的「心學」和朱熹的「理學」對於「格物」的不同看法。王陽明的「心學」在意的是人際事物，為了要維持個人在其生活世界中的「心理社會均衡」，陽明學的修養「工夫論」主張對於心內的每一個「物」都要「正其不正以歸於正」，務期做到「心外無理，心內無物」的境界，所以他重視「正心」的每一步驟。

朱子的「理學」則不僅止如此而已。朱熹 15、16 歲時，讀程子之書，提到「格，至也。窮理而致於物，則物理盡」，卻「不曉格物之義」，這個感受很像王陽明 18 歲時相信「一草一木，皆涵至理」之說，而去「格竹子」，結果因此病倒。但兩個人的反應卻是大不相同。朱子對於這個問題「往來於心三十餘年」，「近歲就實用功處求之，而參以他經傳記，內外本末，反復證驗」，才提出他「窮理致知」的「得當之說」。而王陽明卻是看到朱子上光宗書，談到「居敬持志，循序致精」的讀書之法，才下定決心，「遍讀考亭之書」，又「出入佛、老之門」，才「欣然有會於心」。

第五節　「合內外之理」的心理分析

在《四書章句集注・中庸章句》中，朱子在注釋「天命之謂性」時，說道：

> 性，即理也。天以陰陽五行化生萬物，氣以成形，而理亦賦焉，猶命令也。於是人物之生，因各得其所賦之理，以為健順五常之德，所謂性也。（《四書章句集注・中庸章句》）

這句話顯示：朱熹在作《中庸》的章句注疏時，已經受到大易哲學「陰陽氣化宇宙觀」的影響。先秦儒家經典原本沒有「陰陽五行」的概念，朱子卻引入北宋諸子「象數派」的觀點，認為：「天以陰陽五行化生萬物，氣以成形，而理亦賦焉，猶命令也。」這種天命觀不僅適用於「人」，而且適用於「物」。「人物之生，因各得所賦之理，以為健順五常之德」，這就是所謂的「性」，所以說：「性，即理也。」在《四書章句集注》中，朱熹反覆闡述這個理學的核心命題：

> 性者，人之所得於天之理也。
> 性即天理，未有不善者也。
> 性是理之總名，仁義禮智，皆性中一理之名。

這是指「天地之性」。然而，除了「天地之性」，人還有「氣質之性」，所以朱子說：

> 大抵人有此形氣，則是此理始具於形氣之中，而謂之性。才是說性，便已涉乎有生而兼乎氣質，不得為性之本體也。（《朱子語類・卷四十六・程子之書一》）

◘《孟子・盡心》篇新詮

朱子思想成熟之後，曾經寫過一篇〈盡心說〉，以他的理學思想重新解釋孟子的〈盡心〉篇：

> 「盡其心者知其性也，知其性則知天矣。」言人能盡其心，則是知其性，能知其性，則知天也。蓋天者，理之自然，而人之所由以生者也；性者，理之全體。而人之所得以生者也；心則人之所以主於身而具是理者也。天大無外，而性稟其全，故人之本心，其體廓然，亦無限量，惟其梏於形器之私，滯於見聞之小，是以有所蔽而不盡。人能即事即物，窮究其理，至於一日會通貫徹而無所遺焉，則有以全其本心廓然之體，而吾之所以為性與天之所以為天者，皆不外乎此，而一以貫之矣。

這是理解朱子思想非常重要的一篇文獻。「言人能盡其心，則是知其性，能知其性，則知天也」，這裡所說的「性」，是作為認識對象之「物」的「性」，「人」為萬物之靈，所以說：「蓋天者，理之自然，而人之所由以生者也。」

「性者，理之全體。而人之所得以生者也；心則人之所以主於身而具是理者也」，這段話非常完整地表達了朱子思想中的兩個核心概念「性即理」與「心具理」。因為「性者，理之全體，而人之所得以生者也」，所以說，「性即理」，因為作為主體的「人」有是心，而「具是理」，所以說「心具理」。因為「天者，理之自然」，「性者，理之全體」，作為萬物之靈的「人」又「性稟其全」，「能知萬物備於我」，所以說「人之本心，其體廓然，亦無限量」。然而，「天大無外，而性稟其全」，人自天稟得的「性」，既有「天地之性」，又有「氣質之性」；他學習到的知識，既有「德性之知」，又有「聞見之知」，如果人「梏於形器之私，滯於見聞之小」，其心必然「有所蔽而不盡」；相反的，如果「能即事即物，窮究其理」，總有一日能「會通貫徹而無所遺」，就可以悟得「本心廓然之體」。朱子認為：這樣才能對孟子的「盡心知性以知天」作通貫性的詮釋。

回「合內外之理」

朱子思想成熟之後，才充分體會到：「物者，形也」。「形者，所謂形而下者也」；「理者，所謂形而上者也」。所謂「窮理」，就是「自家知得物之理如此，則因其理之自然而應之」。他很清楚地說：

> 必欲訓致知以「窮理」，則於主賓之分有所未安；知者吾心之知，理者事物之理。以此知彼，自有主賓之辨，不當以此字訓彼字也。訓格物以「接物」，則於究極之功有所未明。人莫不與物接，但或徒接而不求其理，或粗求而不究其極，是以雖與物接，而不能知其理之所以然與其所當然也。（《朱文公文集・卷四十四・答江德功二》）

以「吾心之知，知事物之理」的「窮理」，是一種「合內外之理」的歷程，不宜有「主賓之分」，「訓格物以接物」，因為「徒接而不求其理」，或「粗求而不究其極」，並不能「知其所以然與所當然」。如果「物之理有未窮」，則「吾知之亦未盡」，所以必須窮理「至其極而後已」，這樣才能使吾之知識「廓然貫通，無有蔽礙」。

> 問：「格物須合內外始得？」曰：「他內外未嘗不合。自家知得物之理如此，則因其理之自然而應之，便見合內外之理。目前事事物物，皆有至理。如一草一木，一禽一獸，皆有理。草木春生秋殺，好生惡死。『仲夏斬陽木，仲冬斬陰木』，皆是順陰陽道理。」（《朱子語類・卷十五・大學二・經下》）

上而無極太極，下而至於一草一木昆蟲之微，亦各有理。（《朱子語類・卷十五・大學二》）

朱子所謂的「窮理」，顯然是以大易哲學的陰陽氣化宇宙觀作為基礎。依照這樣的宇宙觀，天地間的事事物物，「上而無極太極」，「下而至於一草一木昆蟲之微」，都是遵循著「草木春生秋殺」，禽獸「好生惡死」的自然之理。

由於「自家知得物之理」是「因其理之自然而應之」，朱子認為這是一種「合內外之理」的過程，他並不贊同孟子「反身」或「求其放心」的說法：

孟子曰：「萬物皆備於我矣。反身而誠，樂莫大焉。強恕而行，求仁莫近焉。」

孟子曰：「求則得之，舍則失之，是求有益於得也，求在我者也。求之有道，得之有命，是求無益於得也，求在外者也。」

相反的，他經常把「求其放心」和「窮理致知」的問題放在一起討論：

學問之道無他，求其放心而已。舊看此只云：但求其放心，心正則自定。近看儘有道理。須是看此心果如何。須是心中明盡萬理方可。不然，只是空守此心，如何用得？如平常一件事合放重，今乃放輕，此心不樂，放重則心樂，此可見此處乃與大學致知格守得？曰：然。又問：舊看放心一段，第一次看謂不過求放心而已？第二次看謂放心既求，儘當窮理，今聞此說，乃知前日第二說已是隔作兩段，須是窮理而後求得放心，不是求放心而後窮理。曰：然。（《朱子語類・卷五十九》）

放置在本書的論述脈絡中來看，孟子似乎是採用榮格心理學的觀點，認為「良知」是一種得自天賦的「原型」，它儲存在集體潛意識裡，自我可以用其「意識」、「反身而誠」、「求其放心」，而且「求則得之」，「捨則失之」。

回「心具萬理」

孟子的「求其放心」是儒家思想中的核心概念。宋明時期陸王一系即是承接此一思路，發展出所謂的「心學」。然而，朱子思想成熟之後，卻提出「性即理」與「心具理」的主張，旗幟鮮明地反對孟子的這個觀點，整體而言，朱熹則像是個文化心理學家，他認為：人雖然具有認識「事物之理」的潛能，但這樣的「良知」、「良能」卻必須經過個人意識的整理，才能夠儲存在潛意識中，供作日後之用，所以他主張：「須是心中明盡萬理方可」，否則「只是空守此心，如何用得」？因此，他將知識的獲得和使用分為兩段：「須是窮理而後求得放心」，「不是求放心而後窮理」。《朱子語類・卷九》便收錄了朱子對於這個問題的許多看法：

> 窮理以虛心靜慮為本。
>
> 一心具萬理，能存心而後可以窮理。
>
> 心包萬理，萬理具於一心。不能存得心，不能窮得理。不能窮得理，不能存得心。
>
> 問：窮事物之理，還當窮究個總會處，如何？曰：不消說總會，凡是眼前底都是事物，只管恁地逐項窮，教到極至處。漸漸多，自貫通。然為之總會者，心也。
>
> 人生天地間都有許多道理，不是自家硬把與它，又不是自家鑿開它肚腸，白放在裡面。
>
> 理不是在面前別為一物，即在吾心。人須是體察得此物誠實在我，方可。譬如修養家所謂鉛汞龍虎皆是我身內之物，非在外也。

依照我所主張的文化心理學（見本書第八章），朱子所說的「心包萬理」，「一心具萬理」，應當是指：人具有認識「事物之理」的「潛能」（potentiality），它是一種「先驗性形式架構」，儲存在個人的「集體潛意識」，或是佛教所說的「阿賴耶識」裡。在人初生之時，這種形式架構雖然沒有「實質的內涵」，卻是個人認識外界萬事萬物的基礎，所以朱子說：「能存心而後可以窮理」，「不能存得心，不能窮得理」。

▣「窮理」與「存心」

因為這種潛能是與生俱來的，所以朱子說：「人生天地間都有許多道理，不是自家硬把與它，又不是自家鑿開它肚腸，白放在裡面」。個人在一個特定的文化中成長，其文化傳統會藉由語言和文字符號的學習而傳遞給個人，並儲存在個人的「集體潛意識」裡，而成為其實質的內涵。然而，「百姓日用而不知」，這些儲藏在「集體潛意識」中的「理」，可能是雜亂無章的，用本書第六章〈自我的曼陀羅模型〉來說，作為一種文化智慧，它們可能指導個人在其生活世界中的行動，但卻不為個人所知。然而，如果個人能經過朱熹主張的「窮理致知」，將其轉化成為其「意識」之中的「知識」，它才更可能清晰地指引個人道德「實踐」，所以朱熹說：「不能窮得理，不能存得心。」

在〈從「心具理」觀念看朱子道德哲學的特性〉一文中，黃甲淵（1999）指出：朱子所謂的「心具理」，有「先天存在的含具理」與「後天格物的攝具理」雙重意義。放置在本書的脈絡中來看，所謂「先天存在的含具理」，是指「集體潛意識」中的「潛能」；「後天格物的攝具理」則是指：「自我」「體察得此物誠實在我」之後，將之由「潛意識」轉變到「意識」層次，而能夠以「智慧」「為之宰」（見圖 8-1）。用朱子的話來說，前者是「不能存得心，不能窮得理」；後者則是「不能窮得理，不能存得心」。

▣「夜氣」與「平旦之氣」

朱熹對於「性」與「天道」的探討和榮格心理學相互比較，我們可以看出兩者之間的明顯差別：朱熹是在儒家文化的脈絡中探討這個問題，而榮格則是為了解決精神病的問題，才展開他對東方文化的研究，兩人的共同交集是人的「自性」。榮格心理學對潛意識作了深入的探討，本書第六章亦認為：在「中西會通」的工作上，我們要以西方的科學哲學為基礎，來整理「儒、釋、道」三教合一的華人文化傳統，必須建立「自性的心理動力模型」。以這個模型作為基礎，我們才能對儒家思想史上的一些難題提供較為合理的解釋。

孟子在討論「良心」議題時，曾經說過一段引起後人爭議的話：

> 孟子曰：「牛山之木嘗美矣。以其郊於大國也，斧斤伐之，可以為美乎？是其日夜之所息，雨露之所潤，非無萌蘖之生焉，牛羊又從而牧之，是以若彼濯濯也。人見其濯濯也，以為未嘗有材焉，此豈山之性也哉？雖存乎人者，豈無仁義之心哉！其所以放其良心者，亦猶斧斤之於木也。旦旦而伐之，可以為美乎？其日夜之所息，平旦之氣，其好惡與人相近也者幾希。則其旦晝之所為，有梏亡之矣。梏之反覆，則其夜氣不足以存；夜氣不足以存，則其違禽獸不遠矣。人見其禽獸也，而以為未嘗有才焉者，是豈人之情也哉？故苟得其養，無物不長；苟失其養，無物不消。孔子曰：『操則存，舍則亡；出入無時，莫知其鄉。』惟心之謂與？」（《孟子・告子上》）

上述引文的關鍵詞為「夜氣」。「夜氣」到底是什麼樣的氣？「夜氣」和「平旦之氣」又有何關聯？為什麼孟子說「夜氣不足以存，則其違禽獸不遠矣」，存夜氣和遠禽獸又有什麼關係？

◘「夜氣」與潛意識

劉述先（1996）在他所著的〈孟子心性論的再反思〉中也曾經討論過這些議題，但他仍然是在哲學的層次上作討論，而未涉及心理學。其實所謂的「夜氣」與潛意識的作用脫離不了關係，放置在「自性的心理動力模型」裡，便不難作出合理的解釋。

在孟子所說的這段話中，「夜氣」是和「平旦之氣」相提並論的。「平旦」是指清晨太陽剛露出地平線，曙光乍現的寅時，即三至五點之間。依照朱子的說法，「平旦之氣」是一種「清明自然之氣」，「只是夜間息得許多時節，不與事物接，才醒來便有得這些自然清明之氣，此心自恁地虛靜」（《朱子語類・卷十九》）。因為這是一天的開始，個人必須恢復意識清醒的狀態，才能與生活世界中的他人進行交往。所以孟子說「其好惡與人相近也者幾希」。

至於「夜氣」的問題，《朱子語類・卷五十九》也記載了朱熹和門人的許多對話：

> 敬子問：「旦晝不梏亡，則養得夜氣清明？」曰：「不是靠氣為主，蓋要此氣去養那仁義之心。如水之養魚，水多則魚鮮，水涸則魚病。養得這氣，則仁義之心亦好，氣少則仁義之心亦微矣。」（《朱子語類・卷五十九》）
>
> 又問：「『平旦之氣』，何故如此？」曰：「歇得這些時後，氣便清，良心便長。及旦晝，則氣便濁，良心便著不得。如日月何嘗不在天上？卻被些雲遮了，便不明。」（《朱子語類・卷五十九》）
>
> 曰：「夜氣靜。人心每日梏於事物，斲喪戕賊，所餘無幾，須夜氣靜，庶可以少存耳。至夜氣之靜而猶不足以存，則去禽獸不遠，言人理都喪也。」（《朱子語類・卷五十九・朱子答仁父問「平旦之氣」》）

☐「類比」與「理論」

不論是「水之養魚」也好，「日月被雲遮」也罷，和孟子所說的「牛山之木」一樣，都是一種「類比」。以「類比」來詮釋「類比」，結果仍然是不清楚。因此，李侗在與朱熹討論這個問題的時候，很坦率地告訴朱熹：

> 來喻以為「人心之既放，如木之既伐。心雖既放，然夜氣所息，而平旦之氣生焉，則其好惡猶與人相近。木雖既伐，然雨露所滋，而萌蘖生焉，則猶有木之性也」。恐不用如此說。大凡人禮義之心何嘗無，唯持守之即在爾。若於旦晝間不至梏亡，則夜氣存矣；夜氣存，則平旦之氣未與物接之時，湛然虛明，氣象自可見。此孟子發此夜氣之說，於學者極有力。若欲涵養，須於此持守可爾。恐不須說心既放、木既伐，恐又似隔截爾。如何如何。（《延平答問・戊寅十一月十三日》）

朱熹引用孟子「牛山之木」的比喻，認為「人心之既放，如木之既伐」、「木雖既伐，然雨露所滋，而萌蘖生焉，則猶有木之性也」。這種「心既放，木既伐」的比喻，「恐又似隔截爾」。如果我們把李侗對孟子原來文本的詮釋放在「自性的心理動力模型」中來進一步分析，我們應當更能夠了解：孟子所說的「夜氣」究竟是什麼。

李侗所謂「大凡人禮義之心何嘗無」，是指人的「自性」（包括意識與潛意識）中有一股朝向「至善」的力量（見圖 8-4 或圖 8-1）。如果平日做事不違背「良心」、「唯持守之」、「若於旦晝間不至梏亡」，則在潛意識中不會形成難以化解的負面情緒，晚上睡覺可以睡得很安穩。這就是孟子所說的「夜氣存焉」。「夜氣存」則連「平旦之氣」都能保持「湛然虛明」。反過來說，如果個人違背「良心」，做了「傷天害理」的事，這樣的負面經驗留在他的「個人潛意識」裡，他的「夜氣」受到干擾，連他的「平旦之氣」

都很難保持「湛然清明」。

《朱子語類・卷五十九・「廣」問「夜氣」》中提到：「今且看那平旦之氣，自別。」廣云：「如童蒙誦書，到氣昏時，雖讀數百遍，愈念不得；及到明早，又卻自念得。此亦可見平旦之氣之清也。」

這個現象其實也是潛意識的作用。夜晚氣昏時讀書，「雖讀數百遍」，仍然不解其意，「愈念不得」。但在睡夢中，「個人潛意識」卻會自動將這些材料加以整理，「及到明早，又卻自念得」，讓人感受到「平旦之氣之清」。析論至此，我們可以更加清楚地了解朱子〈答張欽夫書〉中所謂：「心者，因所以主於身而無動靜語默之簡者也。然方其靜也，事物未至，思慮未萌，而一性渾然，道義全具，是乃心之所以為體，而寂然不動者也。」等到他開始跟他人進行社會互動，「及其動也，事物交至，思慮萌焉，則七情迭用，各有悠主，其所謂和，是乃心之所以為用，感而遂通者也」。

▣「寂然不動，感而遂通」

本書第一章提到，《易經符號詮釋學》與胡塞爾詮釋現象學對應的四個步驟，是「寂然不動，感而遂通；以通神明之德，以類萬物之情」。朱子的〈答張欽夫書〉是他思想成熟後的作品，在這項作品中，他只用「寂然不動，感而遂通」，來解釋他「窮理致知」的主張，顯示他已經將卜筮中的卦象詮釋，轉換成理學中的修養工夫。更清楚地說，《周易・繫辭上》第十章說：

> 易有聖人之道四焉：以言者尚其辭，以動者尚其變，以制器者尚其象，以卜筮者尚其占。以君子將有為也，將有行也，問焉而以言，其受命也如嚮，無有遠近幽深，遂知來物。

來知德註曰：「以者，用也」，「尚者，取也。」在《周易經傳象義闡釋》一書中，朱維煥（1980）認為：《周易》為聖人所作，作為聖人的「要道」（必要條件）有四，即解釋《易經》的：辭、變、象、占。「辭」為繫辭，其蘊涵的意義「至精」；「變」為演蓍成爻，以經緯天地；「象」為「通變極數」成卦，以象徵事物，皆為「至變」；所以《周易・繫辭上》第十章緊接著說：

> 非天下之至精，其孰能與於此！參伍以變，錯綜其數，通其變，遂成天地之文；極其數，遂定天下之象。非天下之至變，其孰能與於此！易無思也，無為也，寂然不動，感而遂通天下之故；非天下之至神，其孰能與於此！

朱子對於《周易》的卜筮功能當然有深入的了解。在《周易本義》中，他先解釋《周易・繫辭上》中「有聖人之道四焉」的這段話，然後說：

> 此尚辭、尚占之事，言人以蓍問易，求其卦爻之辭，而以之發言處事，則易受人之命而有以告之。如嚮之應聲，以決其未來之吉凶也。
>
> 此四者，易之體所以立，而用所以行者也。易，指蓍卦。無思、無為，言其無心也。寂然者，感之體。感通者，寂之用。人心之妙，其動靜亦如此。（《周易本義・卷三》）

◘ 由「卜筮」到「理學」的轉化

本書的析論一再強調：朱子在他所處的時代，要打造「純儒」的知識型，只能以陰陽氣化宇宙觀作為背景視域，走「義理」派的道路，不是「象數」派。《朱子語類》記載了幾則他跟弟子們有關「寂然不動，感而遂通」的對話，可以看出：他很清楚地自覺，自己必須在「卜筮」和「理學」之間，作一種轉化工作。譬如，他告訴弟子：

若《易》，只則是個空底物事，未有是事，預先說是理，故包括得盡許多道理，看人做甚事，皆撞著他。（《朱子語類・卜筮》）
又曰：「易無思也，無為也。」易是個無情底物事，故「寂然不動」；占之者吉凶善惡隨事著見，乃「感而遂通」。（《朱子語類・卜筮》）

上述對話中的第一段顯示：《周易》六十四卦中的每一卦，雖然都可以從「象、數、氣、理」四個面向來加以析論，但朱子最重視的是「理」。在他看來，《周易》六十四卦，「只則是個空底物事，未有是事，預先說是理」，六十四卦，都各有其理，所以說它「包括得盡許多道理」。第二段對話，更進一步說明：《周易》六十四卦的結構，是「無思、無為」的「無情底物事」，所以說它「寂然不動」。但一旦有人用它來占卜問事，則「吉凶善惡隨事著見」，所以說它「感而遂通」。然而，另外兩則對話，就清楚地說明他所要做的轉化工作：

「寂然不動，感而遂通天下之故」與「窮理盡性以至於命」，本是說易，不是說人。諸家皆是借來就人上說，亦通。（《朱子語類・右第九章》）
問：「昨日先生說：『程子謂：「其體則謂之易。」體，猶形體也，乃形而下者。《易》中只說個陰陽交易而已。』然先生又嘗曰：『在人言之，則其體謂之心。』又是如何？」曰：「心只是個動靜感應而已。所謂『寂然不動，感而遂通』者是也。看那幾個字，便見得。（《朱子語類・伏羲卦畫先天圖》）

朱子很清楚地告訴門人：「寂然不動，感而遂通」和「窮理盡性以至於命」，原本都是《周易》卜筮的用語，「不是說人」。但《易》為諸經之首，包括他自己在內的諸子百家，都是借用它的概念來說人。說《易》時，

「其體謂之易」，說人時，「則其體謂之心」。朱子用這些概念說明「窮理致知」，必須放置在本章的論述脈絡中，來作整體性的闡明。

> 陳厚之問「寂然不動，感而遂通」。曰：「寂然是體，感是用。當其寂然時，理固在此，必感而後發。如仁感為惻隱，未感時只是仁；義感為羞恥，未感時只是義。」（《朱子語類・右第九章》）

在朱子「窮理致知」的知識論裡，「寂然是體，感是用」，「其體謂之心」。「理固在此，必感而後發。如仁感為惻隱，未感時只是仁；義感為羞恥，未感時只是義」這一段話，可以放置在本書第七章的脈絡中來做析論。

▣ 《荀子・解蔽》篇

其中「理固在此，必感而後發」對於「窮理致知」的意義，則可以用荀子在其〈解蔽〉篇中所描述的「大清明」來加以說明：

> 凡以知，人之性也；可以知，物之理也。以可以知人之性，求可以知物之理。
>
> 凡人之患，蔽於一曲，而闇大理。
>
> 故為蔽：欲為蔽，惡為蔽；始為蔽，終為蔽；遠為蔽，近為蔽；博為蔽，淺為蔽；古為蔽，今為蔽。凡萬物異，則莫不相為蔽，此心術之公患也。

荀子認為：人生而有認知的能力，而人所存在的世界也有可以為人所認知的「物之理」。個人在認知每一件事物時，其發生各有始終，發生的時間或在古，或在今；距離個人的空間或在近，或在遠；認知主體對各事件有欲、惡之分，其見解又有博、淺之別：「凡萬物異，則莫不相為蔽」。因此他便很容易「蔽於一曲，而闇大理」。蔽，既然是「心術之公患」，然則個人應當如何解蔽？

> 聖人知心術之患，見蔽塞之禍，故無欲無惡，無始無終，無近無遠，無博無淺，無故無今，兼陳萬物，而中懸衡焉；是故眾異不得相蔽以亂其倫也。何謂衡？曰：道。故心不可以不知道。

在這段引文中，最值得注意的是「兼陳萬物，而中懸衡」這句話。荀子在討論人心之蔽時，指出：「夫道者，體常而盡變，一隅不足以舉之。曲知之人，觀於道之一隅而未之能識也。」

◙ 「道」與大清明

為了避免這種「一隅之見」式的「曲知」，荀子主張：個人應當排除各種主觀（無欲無惡、無博無淺）和客觀（無始無終、無近無遠、無古無今）因素的干擾，以「虛壹而靜」的純粹認知心，來體驗每一件事物（兼陳萬物），並在心中建立起一套「道」的標準（而中懸衡），以之衡量萬事萬物。這時候，新的經驗不但不會使他原先的知識體系失效，反倒會使它擴充成為更為完整的參考架構。

> 未得道而求道者，謂之虛壹而靜……知道察、知道行，體道者也。虛壹而靜，謂之大清明。萬物莫形而不見，莫見而不論，莫論而失位。坐於室而見四海，處於今而論久遠……

在荀子看來，「虛壹而靜」既是求道必備的工夫，又是得道之後澄明的存在狀態，這種狀態便是他所謂的「大清明」。因此，他認為：對於未得道而求道的人，必須教他「虛壹而靜」的工夫，用明察事理的方法來「知道」，用親身經驗的方法來「體道」。一旦他悟道而達到「大清明」的境界，他便能突破時間和空間的限制，「坐於室而見四海，處於今而論久遠」，對於他所感受到的萬物，凡有形者莫不能見知，凡見知者莫不能加以論說，凡加以論說，莫不恰如其分而不失其位。

▣ 認知基圖的轉換

儒學在中國的發展，經歷過三個明顯的階段：先秦時期以「心即理」作為核心的「道學」；到了宋明時期，為了和當時盛行的「三玄」思想抗衡，發展成為主張「性即理」的「理學」；經過鴉片戰爭之後的「百年羞辱」，在五四意識形態衝擊之下出現的新儒學，則必須吸納西方文明的精華，對其核心論旨作出科學詮釋。

荀子所說的「道」，可以說是朱子哲學所指的「理」（見本書第七章）；《大學》所說的「致知」，也是朱子主張的「即物而窮其理」：

> 是以大學始教，必使學者即凡天下之物，莫不因其已知之理而益窮之，以求至乎其極。至於用力之久，而一旦豁然貫通焉，則眾物之表裡精粗無不到，而吾心之全體大用無不明矣。此謂物格，此謂知之至也。（《大學・傳五章》）

我們還可以用皮亞傑的發生認識論來說明這種學習過程中知識轉換的歷程（Piaget, 1977）。皮亞傑認為任何一個人對他生活中經歷過的事物，都會產生一定的「圖式」，這種「基圖」通常都有一定的結構，而處於平衡狀態之中。當一個科學家針對某一特定領域中的對象，透過「內斂致知」的方法，從事越來越深入的研究，他對於該一對象的認知「基圖」，也會不斷發生變化；他或者能夠將新進來的訊息「同化」到既有基圖的結構之中；或者必須改變既有的圖式結構，以「順化」於新進來的訊息。這些訊息可能彼此並不一致，而使他陷入於高度的緊張之中。經過長期的深思熟慮之後，他可能突然經歷到「現象學的移轉」，許多不一致的訊息終於融貫在一起，使他獲得「更高層次的基圖」（higher-order schema），使他長期感到困惑的問題忽然豁然開朗！

當他對自己長年苦思的問題獲得「更高層次的基圖」，整個圖式的結構處於平衡的狀態，跟圖式有關的各個部分都能在結構中找到適當的地位，他的感受，便很像是荀子所說的「大清明」：「萬物莫形而不見，莫見而不論，莫論而失位」。

▣ 精神之極，非鬼神之力

我們還可以用朱子晚年所著的《周易參同契考異》，來說明荀子所謂的「大清明」，藉以闡明先秦儒學發展的大方向。本書的析論指出，朱子以《周易》中蘊含的「陰陽氣化宇宙觀」作為視域，編定《四書章句集注》，其目的是要打造出一種「純儒」的知識型，跟當時盛行的「釋、老、易」三玄思想相抗衡。

在朱子的生活世界裡，「三玄」的代表人物是白玉蟾（1134-1129）。白氏祖籍福建閩清，生於海南瓊山，故號海瓊子，武夷散人。幼時聰慧過人，9 歲能頌儒家九經，21 歲自稱「三教之書，無所不究」，「世間有字之書，無不經目」。初試科舉落榜後，到儋耳山修道，拜道教金丹派南宗四祖陳楠為師，陳楠授之以丹法、雷法。宋寧宗時應詔赴闕，受封為「紫清明道真人」。他繼陳楠成為「金丹派五祖」，立「建宗傳法」之所，「四方學者，來如牛毛」。

《周易參同契》是東漢時期道教煉丹家魏伯陽（151-221）所寫的一本煉丹術專著。為了要跟丹道派別苗頭，朱子年老時，刻意以「空同道士鄒訢」為名，根據五代後蜀彭曉的注本，採隨文注解的方式，著成《周易參同契考異》一書。依照朱熹的考證，將之解釋為：「參，雜也；同，通也；契，合也。謂與周易理通而義合也」，這是說魏伯陽的著作是和《易經》的義理相通的。

然而，彭曉《參同契通真義後序》原本卻是說：「參同契者，參，雜也；同，通也；契，合也。謂與諸丹經理通而契合也」。兩者互相比較，可以看出：朱熹已經將彭曉原本說的「諸丹經」置換成「周易」。

朱熹晚年所著《周易參同契考異》，有一段非常重要的文字：「學者但能讀千周萬遍，則當自曉悟，如神明告之也。董遇云：讀書千遍，其義自見。又曰：思之思之又重思之；思之不通，鬼神將教之，非鬼神之力也，精神之極也。非妄語也。」

道家的煉丹術分為開爐煉藥的「外丹」，和以清淨養性為主的「內丹」，朱熹的這段話是用他主張的理學重新詮釋道家的「內丹」。朱子在此所強調的「讀書千遍，其義自見」，反映出他一貫主張的「窮理致知」；「當自曉悟，如神明告之也」，和荀子所說的「大清明」是相通的；「思之思之又重思之；思之不通鬼神將教之」，則是「自我」與「自性」中「潛意識」的一種心理動力（見本書第八章）。朱子在此特別強調「非鬼神之力也，精神之極也」，由此可以看出：儒學第二期發展的大方向，是從先秦時期所追求的「悟道」、「體道」，轉向宋明時期的「窮理致知」；想要體會這樣的「精神之極」，則必須對傳統儒家主張「定於一」的「慎獨」工夫作進一步的詮釋。

第六節　慎獨：知識與實踐

用〈自我的曼陀羅模型〉（見圖 8-1）來看，先秦儒學所講的修養工夫，到朱子理學發展成為本章所講的「窮理致知的知識論」，以及下一章所要談的「敬義挾持的實踐論」，前者談「知識」的獲得，後者論其「實踐」，兩者的連結，則有賴於「自我」「慎獨」的工夫。

在《四書章句集注》中，「慎獨」一詞，首見於《大學・傳十章》的第七章〈釋誠意〉，列於〈朱子格物致知補述〉之後。其次，又見於《中庸》第一章〈天命之謂性〉中。《大學》和《中庸》本來是《禮記》中的兩篇文章，朱子將之取出，和《論語》、《孟子》合併為四書，並予以注疏。從他對《四書》中有關「君子慎獨」這兩段文字的注疏，我們可以看出：由先秦儒學到宋明理學的轉變。《中庸》第一章開宗明義地說：

> 天命之謂性，率性之謂道，修道之謂教。道也者，不可須臾離也，可離，非道也。是故君子戒慎乎其所不睹，恐懼乎其所不聞。莫見乎隱，莫顯乎微，故君子慎其獨也。

對於這一段話，朱熹的注釋是：

> 道者，日用事物當行之理，皆性之德而具於心，無物不有，無時不然，所以不可須臾離也。若其可離，則為外物而非道矣。是以君子之心常存敬畏，雖不見聞，亦不敢忽，所以存天理之本然，而不使離於須臾之頃也。（《四書章句集注·中庸章句》）

從朱子對於「道」的解釋，我們可以看到：他努力地想把先秦時期的「道學」轉化成為宋明時期的「理學」。對朱子而言，「道」就是「日用事物當行之理」。因為事物之「理」是「無物不有，無時不然，所以不可須臾離也」。上一節的析論指出：朱子理學跟孟子主張「心即理」的差異之處，在於朱子認為「心具萬理」，客觀的「理」，「皆性之德而具於心」，知識的獲得，有賴於「合內外之理」，所以君子之心必須「常存敬畏，雖不見聞，亦不敢忽」。

對於「莫見乎隱，莫顯乎微，故君子慎其獨也」一段，朱熹的解釋是：

> 隱，暗處也。微，細事也。獨者，人所不知而己所獨知之地也。言幽暗之中，細微之事，跡雖未形而幾則已動，人雖不知而己獨知之，則是天下之事無有著見明顯而過於此者。是以君子既常戒懼，而於此尤加謹焉，所以遏人欲於將萌，而不使其滋長於隱微之中，以至離道之遠也。

由於朱子重視的是外在事物的客觀之「理」，他認為：所謂「慎獨」，就是處於「人所不知而己所獨知之地」，對於「人所不知而己所獨知之地」的「細微之事」，也要常存戒懼之心，「於此尤加謹焉」。因為理學家認為：「人欲」會使人無法認識客觀的「天理」，所以他一再強調「遏人欲於將萌，而不使其滋長於隱微之中，以至離道之遠也」。

朱子對於《中庸》首章的詮釋跟宋代之前儒者的詮釋完全不同。舉例言之，東漢時期的經學大師鄭玄在他所著的《禮記・中庸》裡，對「故君子慎其獨也」一語的注釋是：「慎獨者，慎其閒居之所為。小人於隱者，動作言語自以為不見睹，不見聞，則必肆盡其情也。若有占聽之者，是為顯見，甚於眾人之中為之。」由此可見，鄭玄將「慎獨」的「獨」理解為獨居、獨處（閒居），認為「慎獨」就是指「慎其閒居之所為」。這種理解方式，跟朱子對《大學》傳〈釋誠意〉一章的解釋並不完全一致。該章對於「君子慎其獨」的論述分為兩段，第一段是：

> 所謂誠其意者，毋自欺也。如惡惡臭，如好好色，此之謂自謙；故君子必慎其獨也。

這一段引文中的「慎獨」主要是對「誠其意」而言，並沒有提到獨居或獨處的問題。因此，朱熹對這一段的解釋是：

> 誠其意者，自修之首也。毋者，禁止之辭。自欺云者，知為善以去惡，而心之所發有未實也。謙，快也，足也。獨者，人所不知而己所獨知之地也。言欲自修者知為善以去其惡，則當實用其力，而禁止其自欺。使其惡惡則如惡惡臭，好善則如好好色，皆務決去，而求必得之，以自快足於己，不可徒苟且以徇外而為人也。然其實與不實，蓋有他人所不及知而己獨知之者，故必謹之於此以審其幾焉。（《四書章句集注・大學章句》

在「誠其意」的語境之下，朱子認為：「君子慎獨」的意思是「欲自修者知為善以去其惡」，「實用其力，而禁止其自欺」，「以自快足於己」，「不可徒苟且以徇外而為人」。第二段則是以「君子」這種「內外一致」的修養與「小人」互相比較：

> 小人閒居為不善，無所不至；見君子而后厭然，揜其不善，而著其善。人之視己，如見其肺肝然，則何益矣？此謂誠於中，形於外，故君子必慎其獨也。

朱子對這段文字的注釋是：

> 閒居，獨處也……此言小人陰為不善，而陽欲掩之，則是非不知善之當為與惡之當去也；但不能實用其力以至此耳。然欲掩其惡而卒不可掩，欲詐為善而卒不可詐，則亦何益之有哉！此君子所以重以為戒，而必謹其獨也。（《四書章句集注‧大學章句》

朱子這席話說得十分明白。在《大學》「誠其意」的語境裡，他對「君子慎其獨」的詮釋，是思考個人實踐德行的問題，所以可以藉此區辨「君子」和「小人」的分別。《中庸》首章「天命之謂性，率性之謂道，修道之謂教」，談的是先秦儒家對於「道」的基本觀點，因此朱子就沿著北宋五子的思路（見本書第四章），將「道」轉成「理」，並順著先秦儒學「天命之謂性」的見解，主張「性即理」。同時發展出本章析論的「窮理致知的知識論」。

本章小結

朱子對於《中庸・天命之謂性》的態度是十分明確的。有一次，他跟弟子黃灝討論《中庸》首章中有關「慎獨」的議題，他很清楚地告訴黃灝：所謂「道也者，不可須臾離也」，就是指「天理」，「莫見乎隱，莫顯乎微」，就是指「天理」的展現。因此，他認為：

> 「戒慎一節，當分為兩事，戒慎不睹，恐懼不聞，如言聽於無聲，視於無形，是防之於未然，以全其體。謹獨，是察之於將然，以審其幾。」
> 黃灝謂：「戒懼是統體做工夫，謹獨是又於其中緊切處加工夫，猶一經一緯而成帛。」先生以為然。「戒謹恐懼是普說，言道理逼塞都是，無時而不戒謹恐懼。到得隱微之間，人所易忽，又更用謹，這個卻是喚起說。」（《朱子四書語類・卷四十九・中庸一》）

朱子認為：在《中庸》的語境裡，所謂「戒懼」，應當分為兩件事來談，「戒慎不睹，恐懼不聞」，是要知道「理之全體」，「防之於未然」；此時「君子慎其獨」的「獨」，應當解釋成「謹獨」，為了避免「人欲」干擾個人對於「天理」的理解，所以要「察之於將然」，「以審其幾」。黃灝以「織帛」作比喻，加以闡釋，認為：「戒懼」是對「理」之「統體」做工夫，「謹獨」是再於「其中緊切處」加工夫；朱子同意他的解釋，認為：「天理」無所不在，「道理逼塞都是」，所以必須「無時而不戒謹恐懼」，到一般人容易輕忽的「隱微之間」，「又更用謹」，這就是他平常一再強調的「理一不難，難在分殊」。由此可見，《中庸》有關「慎獨」的論述讓朱子有充分的空間，可以將先秦時期的「道學」轉化成宋明時期的「理學」，並發展出徐復觀所謂的「形而中學」。

針對《大學》中有關「慎獨」的論述，朱子認為：「誠，實也。意者，心之所發也」，誠其意即是要「實其心之所發，欲其一於善而無自欺也」。然而，當內心的意念剛剛發動，尚未表現於外時，「其實與不實，蓋有他人所不及知而己獨知之者，故必謹之於此以審其幾焉」。所以這是「實踐」的問題，而不僅僅是「知識」的問題。在這方面，朱子理學也有獨到的創發，我們將留待下一章〈敬義挾持的實踐論〉，再作進一步細論。

第十一章　「敬義挾持」的實踐論

朱子編撰《四書章句集注》，旨在以他的理學思想為基礎，將之打造成為內容自洽、首尾一貫的文化系統。《中庸》和《大學》本來是《禮記》中的兩篇文章，在宋代的政治文化中受到朝野的重視，朱子將其取出，分別獨立成書。《孟子》原本列在「經、史、子、集」中的「子」部，朱子亦將之取出，列為《四書》之一。朱子對於孟子思想，既有「批判的繼承」，又有「創造的發展」。所謂「批判的繼承」，是將孟子主張的「性即理」，調整成為「合內外之理」；其具體內容，已如前一章所述；至於「創造的發展」，則有待進一步析論。

上一章最後一節以朱子對《中庸》和《大學》中有關「君子慎其獨」的詮釋作為分水嶺，在談完其「窮理致知」的知識論之後，本章將先討論孟子思想中「道尊於勢」的「民本主義」主張，以及他據此而生的「知言養氣」論；然後說明朱子如何將其中蘊涵的「窮理集氣」工夫，轉化成為「敬義挾持」的實踐論。不論是「窮理致知」的知識論，或「敬義挾持」的實踐論，都可以放在「自我」與「自性」的心理動力模型（見第八章），重新予以詮釋。

第一節　「道尊於勢」與「王霸之別」

本書〈導論〉指出，孔子行教的主要目的，是希望每一個人都能夠作「義、利之辨」，成為有德行修養的「君子」。從曾子之後，儒家教育的重心逐漸移轉到「士」的培養。「士」仍然必須重視「義、利之辨」：

> 子曰：「君子喻於義，小人喻於利。」（《論語・里仁》）

到了孟子時代，孔子去世已經一百多年，中國歷史也進入了戰國時代。大家對周天子不再寄予任何希望，戰國七雄相繼以「合縱」、「連橫」等方式，進行慘烈的鬥爭。「爭地以戰，殺人盈野；爭城以戰，殺人盈城」，在這樣的時代背景之下，孟子所謂的「義、利之辨」也有了完全不一樣的意義：

> 孟子曰：「雞鳴而起，孳孳為善者，舜之徒也；雞鳴而起，孳孳為利者，蹠之徒也。欲知舜與蹠之分，無他，利與善之間也。」（《孟子・盡心上》）

「蹠」是古代的盜帥，是柳下惠之弟，但是連柳下惠、孔子都拿他沒辦法。孔子勸他改過向善，他反倒跟孔子講了一大篇「盜亦有道」的大道理，典出《莊子・雜篇》。在這段引文中，孟子以「舜之徒」和「蹠之徒」作為對比，顯示教育弟子的目的，是要培養可以「說諸侯」的「士」，而不僅僅是孔子當年行教要養成的謙謙「君子」。

> 孟子見梁惠王。王曰：「叟，不遠千里而來，亦將有以利吾國乎？」孟子對曰：「王何必曰利？亦有仁義而已矣。王曰：『何以利吾國？』大夫曰：『何以利吾家？』士庶人曰：『何以利吾身？』上下交征利，而國危矣。萬乘之國，弒其君者，必千乘之家；千乘之國，弒其君者，必百乘之家。萬取千焉，千取百焉，不為不多矣。苟為後義而先利，不奪不饜。未有仁而遺其親者也，未有義而後其君者也。王亦曰仁義而已矣，何必曰利！」（《孟子・梁惠王上》）

自孔子以降，儒家一向是以恢復商周時期的封建社會秩序為己任。孟子

「說諸侯」所持的理由是：如果每一個人都變成「喻於利」的小人，「雞鳴而起，孳孳為利」，甚至是「先利而後義」，將「義」置諸腦後，「上下交征利」的結果，最後一定是「萬乘之國，弒其君者，必千乘之家；千乘之國，弒其君者，必百乘之家」，導致封建社會秩序的瓦解。反過來說，如果每一個人都能夠「先義而後利」，則「未有仁而遺其親者也，未有義而後其君者也」，既有的社會秩序便可以繼續維持。因此，儒家要求人們：「見利思義」。

▣「以道事君」

先秦儒家相信：他們所主張的倫理體系以及勸導君王行仁政的學說，都是救世濟民的不二法門，也是「治國」、「平天下」的重要途徑。得此道者昌，失此道者亡，士人必須「以道事君」，只要能夠堅持「道」的原則，便可以巍然聳立，抗禮王侯：

> 曾子曰：「晉、楚之富，不可及也。彼以其富，我以吾仁，彼以其爵，我以吾義；吾何慊乎哉！」……天下有達尊三：爵一，齒一，德一。朝廷莫如爵，鄉黨莫如齒，輔世長民莫如德。惡得有其一，以慢其二哉！（《孟子‧公孫丑下》）

這段話可以放置在本書的論述脈絡中來加以解釋。孟子說「輔世長民莫如德」，他所謂的「德」，是指儒家的「道統」。至於他所說的「彼以其富，我以吾仁，彼以其爵，我以吾義」，則必須用「仁、義、禮」倫理體系來加以解釋（見圖 7-1）。孟子勸諸侯「行仁政」的意思，就是希望他們在處理涉及各種人際衝突的事務時，能夠多考量彼此互動應當遵循的「仁、義、禮」，而不能只以對方為工具，「見利忘義」。

在孟子看來，以「爵」（爵位）為主的政統，和以「德」為主的道統，兩者應當彼此互相尊重，君王不得「有其一，以慢其二」，真正的賢士更能

「見大人則藐之」，「樂其善而忘人之勢」：

> 故將大有為之君，必有所不召之臣，欲有謀焉則就之；其尊德樂道，不如是，不足與有為也。（《孟子‧公孫丑下》）
> 孟子曰：「古之賢王，好善而忘勢；古之賢士，何獨不然：樂其道而忘人之勢。故王公不致敬盡禮，則不得亟見之；見且由不得亟，而況得而臣之乎？」（《孟子‧盡心上》）

在孟子的理想裡，一個真正的賢士是「樂其道而忘人之勢」的。王公大臣不對他致敬盡禮，他甚至可以拒絕見面，更別想要以他作為臣下。孟子說這話的時候，他心中很明顯地存有「道」和「勢」兩個不同的系統，這兩個系統中所重視的價值觀往往並不一致，甚至可能構成彼此競爭的關係。在這種狀況下，孟子始終是堅持「道尊於勢」的立場。他為什麼能做到這一點呢？

▣「民本主義」

孟子承襲了儒家的傳統，認為「德」是統治者保有其位的根本要件：

> 齊宣王曰：「德何如，則可以王矣？」曰：「保民而王，莫之能禦也。」（《孟子‧梁惠王上》）
> 孟子曰：「民為貴，社稷次之，君為輕。是故得乎丘民而為天子，得乎天子為諸侯，得乎諸侯為大夫。諸侯危社稷，則變置。犧牲既成，粢盛既絜，祭祀以時，然而旱乾水溢，則變置社稷。」（《孟子‧盡心下》）
> 孟子曰：「桀紂之失天下也，失其民也。失其民者，失其心也。得天下有道，得其民，斯得天下矣。得其民有道，得其心，斯得民矣。得其心有道，所欲，與之聚之，所惡，勿施爾也。」（《孟子‧離婁上》）

從這幾段引文可以看出孟子「民本主義」的基本主張。在孟子看來，「民為貴，社稷次之，君為輕」，統治者是為人民的幸福而存在的，所以他很清楚地告訴齊宣王：王者之德，最重要者，就是「保民而王」。他了解：在當時的封建體制下，諸侯的權力是由上往下授的，所以他說「得乎天子為諸侯，得乎諸侯為大夫」。然而，他卻強調「得乎丘民而為天子」，要得到民心，才能得到天下；桀紂之所以失去天下，便是因為他們失去民心。因此，哪一個諸侯的作為危害到國家，便應當撤換（變置）諸侯。更值得注意的是：針對商周時期的神權思想，孟子激烈地主張：社稷之神責在保佑國家，如果「犧牲既成，粢盛既絜，祭祀以時」，仍然發生水旱之災，「旱乾水溢」，那麼連社稷之神都可以撤廢更新。

基於這樣的觀念，孟子雖然也主張「德治」，他卻不認為：君王之德會「登聞於天」，受到上帝的監督。相反的，他認為：君王的「德」會直接反映在民心之上，君王以「仁」、「德」爭取民心的最根本原則，是「所欲，與之聚之；所惡，勿施爾也」。

▣ 尊德樂義

這裡我們不難看出：面對掌握「權力」的諸侯，作為儒家的「士」，要想「格君心之非」，「引其君於正道」，並不是件容易之事。他除了要有豐富的「知識」之外，更要有足夠的智慧，能夠判斷當時君王的處境，能不能接受他所講的整套說辭。孟子本人就是這樣的一個人：

> 孟子謂宋句踐曰：「子好遊乎？吾語子遊。人知之，亦囂囂；人不知，亦囂囂。」
> 曰：「何如斯可以囂囂矣？」
> 曰：「尊德樂義，則可以囂囂矣。故士窮不失義，達不離道。窮不失義，故士得己焉；達不離道，故民不失望焉。古之人，得志，澤加於民；不得志，修身見於世。窮則獨善其身，達則兼善天下。」（《孟子・盡心上》）

「囂囂」是「自得」之意。這不是 Taylor（1989）所批評的「自由」，而是「自在」。「遊」是戰國時代，士人流行的「遊說諸侯」，希望自己能夠為諸侯所用。孟子教宋句踐的「遊說諸侯」之道，是「尊德樂義」，「窮不失義」，「達不離道」，認為只要「窮不失義」，作為儒家的士，就可以過得很「自在」（得己）。他因此而說出兩句千古名言：「得志，澤加於民；不得志，修身見於世。窮則獨善其身，達則兼善天下。」

第二節　「知言養氣」與「窮理集氣」

《孟子》一書中的〈知言養氣〉章是很難得的一篇「夫子自道」，說他自己平日如何「養氣」，也因此而對他的修養理論，作了十分完整的論述，後世學者因而從各種不同的角度，不斷加以詮釋和討論。

「隧道效應」

黃俊傑（1997）在他所著的《孟學思想史論》一書中，曾經從思想史的觀點，深入回顧中國歷代重要思想家對孟子思想所提出的解釋與批判，藉以說明其詮釋學內涵及其所蘊涵的思想史意義。他在該書中說明「孟學詮釋史中的一般方法論」問題時，非常精闢地指出：

> 詮釋者透過他們思想系統的「歷史性」而對經典思想提出解釋，常會造成一種所謂的「隧道效應」。更清楚地說，史學家常常將複雜萬端的歷史現象加以區隔化（或「隧道化」），而成為政治史、經濟史、社會史……等，並且在無意中假定每個「隧道」之間互不相關，由此形成研究歷史的盲點，而形成所謂的「隧道效應」。這種「隧道效應」原是指從單一觀點看整體歷史現象，但是思想史上經典詮釋者對經典的解釋上，也常出現這種「區隔化」地解釋思想系統的現象。其實際表現方式有二：第一是對經典思想解釋的單面化，造成「見樹木不見林」的結果。（黃俊傑，1997，頁 74-78）

黃俊傑（1997，頁 75）提出了一張圖來說明這種「隧道效應」：

假定經典中原有思想的內涵包括ABCDEF等六個思想要素，它們隨著時間的經過，在不同時代的詮釋者心目中逐漸被遺忘，到了第六個時代點的詮釋者，他很可能只從他自己思想系統中的某一個觀點，去重新解釋經典的思想內涵及其在歷代的傳承變化，而形成一種以F思想要素為基調的「隧道效應」。

時代	思想要素
1	ABCDEF
2	BCDEF
3	CDEF
4	DEF
5	EF
6	F

第二種情況則是以詮釋者比較複雜的思想系統，來解釋經典中比較素樸的思想，而形成一種以今釋古的現象。

時代	思想要素
1	A
2	AB
3	ABC
4	ABCD
5	ABCDE
6	ABCDEF

在這種情況裡，經典中的A思想要素原來比較素樸，但是到了不同時代的詮釋者手上，被置於 ABCDEF 相關的思想脈絡中來重新詮釋，因此不僅具有不同的「脈絡性」（contextuality），而且其涵義也更形豐富。

▣〈知言養氣〉章的要素

為了說明以上兩種不同狀況中，由於詮釋者思想的「歷史性」所形成的「隧道效應」，黃俊傑（1997）特別以朱熹注釋《孟子‧公孫丑上》的〈知言養氣〉章為例，把〈知言養氣章〉的思想要素分為四項：（A）知言；（B）集義；（C）養氣；（D）存心。黃氏認為：

當朱子重新詮釋孟子思想時，他是站在他自己「理」的哲學立場上，認為〈知言養氣〉章「專以知言為主。若不知言，則自以為義，而未必是義。〔……〕」，認為「集義工夫，乃在知言之後」，他明確地安頓「知言」與「集義」的優先順序，而且指出「知言」就是指知識論意義的「窮理」。他說：「熹竊謂孟子之學蓋以窮理集義為始，不動心為效。蓋唯窮理為能知言；唯集義為能養浩然之氣。理明而無可疑，氣充而無所懼，故能當大任而不動心，考於本章次第可見矣。」

黃俊傑認為：朱熹對孟子的詮釋，形成了一種所謂的「隧道效應」，如下圖所示：

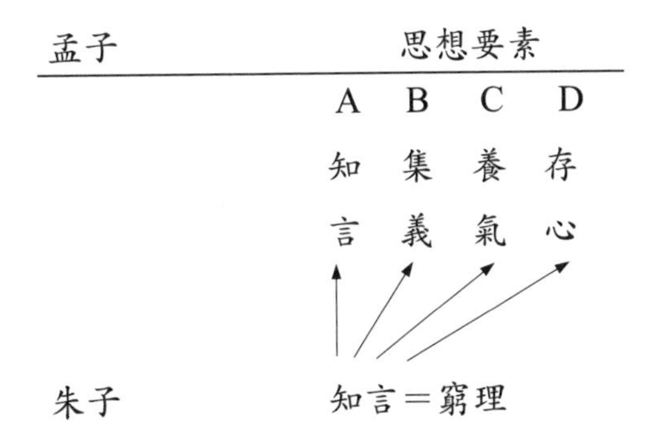

黃俊傑（1997，頁 76）認為：

> 當孟子說：「我知言，我善養吾浩然之氣」、「我四十不動心」，以及「其為氣也，至大至剛〔……〕集義所生者〔……〕」這些話的時候，他只是描述一種生命狀態或境界，並未明確地觸及這四個思想要素發生在程序上的先後問題。

可是在朱子的解釋系統裡，朱子將孟子學中探索生命的本質狀態的問題，轉化而為知識論意義下的優先性問題。朱子明確地提出「知言」與「養氣」的優先順序問題，並試圖加以解決，黃俊傑認為：經過朱熹的詮釋，孟子的思想變得更為複雜化與豐富化；但從朱子以上圖 A 通貫 B、C、D 這種詮釋方式，同時也使他對孟子思想的詮釋產生了第二種的「隧道效應」，而變得「狹窄化」了。黃氏認為：自王陽明之後，近三百年來，東亞儒者大多批駁朱子以「知言」等於「窮理」的立場，來詮釋孟子的養氣之學（黃俊傑，1997，頁 78）。

然而，本書第十章指出：朱子是儒家思想史上承先啟後的關鍵人物，他以「窮理致知」作為核心所發展出來的理學，對於詮釋《四書》產生過極大的貢獻，能夠彰顯先秦儒家內在一貫的精神。本章的析論顯示：孟子本人既是這種精神的詮釋者，又是這種精神的實踐者，朱子從中國傳統宇宙論的觀點，對孟學所作的詮釋，應當是有其道理的。因此，我們有必要從本書的角度，對孟子的修養論再作進一步的析論。因此，這裡我將依循學術界的慣例，將〈知言養氣〉章分為「存心」、「養氣」、「集義」、「知言」四個部分，置放在本書的分析架構中，分別討論其意義。

回「王、霸之別」

> 公孫丑問曰：「夫子加齊之卿相，得行道焉，雖由此霸王不異矣。如此，則動心否乎？」孟子曰：「否。我四十不動心。」
> 曰：「若是，則夫子過孟賁遠矣！」曰：「是不難。告子先我不動心。」
> 曰：「不動心有道乎？」曰：「有。北宮黝之養勇也，不膚橈，不目逃；思以一毫挫於人，若撻之於市朝。不受於褐寬博，亦不受於萬乘之君；視刺萬乘之君，若刺褐夫，無嚴諸侯；惡聲至，必反之。孟施舍之所養勇也，曰：『視不勝猶勝也。量敵而後進，慮勝而後會，是畏三軍者也。舍豈能為必勝哉？能無懼而已矣。』孟施舍似曾子，北宮黝似子夏。夫二子之勇，未知其孰賢；然而孟施舍守約也。昔者曾子謂子襄曰：『子好勇乎？吾嘗聞大勇於夫子矣：自反而不縮，雖褐寬博，吾不惴焉？自反而縮，雖千萬人，吾往矣！』孟施舍之守氣，又不如曾子之守約也。」（《孟子・公孫丑上》）

孟子與公孫丑的這段對話，顯然是發生在他40歲之後。孔子說他「四十而不惑」，孟子說他「四十不動心」，其實都反映同樣一種心智完全成熟的狀態。用Taylor（1989）「道德空間」的理論來說，孟子所說的「不動心」，不是在「魚與熊掌」之間，作個人偏好的抉擇，也不是在社會規範展現的場域中，作「義」和「利」之間的抉擇，而是公孫丑問他：「加齊之卿相，得行道焉，雖由此霸王不異矣」，是否會動心，他在「道」與「勢」之間所作的抉擇。

▣「動心忍性」

孟子所說的「不動心」，可以先用他在〈動心忍性〉章中所謂的「動心」來加以理解：

> 孟子曰：「舜發於畎畝之中，傅說舉於版築之間，膠鬲舉於魚鹽之中，管夷吾舉於士，孫叔敖舉於海，百里奚舉於市。
> 故天將降大任於是人也，必先苦其心志，勞其筋骨，餓其體膚，空乏其身，行拂亂其所為；所以動心忍性，增益其所不能。人恆過，然後能改；困於心，衡於慮，而後作；徵於色，發於聲，而後喻。入則無法家拂士，出則無敵國外患者，國恆亡。然後知生於憂患，而死於安樂也。」（《孟子・告子下》）

這段引文中，最重要的一段話是「動心忍性，增益其所不能」。從其上下文的脈絡中，我們可以看出：對於他所舉的這些聖賢先例，孟子最重視的是他們由自己生命體驗中得來的知識，是「苦其心志，勞其筋骨，餓其體膚，空乏其身」的結果，而不是外在於個人的客觀知識，這種知識的獲得必須經過「動心忍性」的歷程。方能「增益其所不能」，所以說：「人恆過，然後能改；困於心，衡於慮，而後作；徵於色，發於聲，而後喻。」

我們還可以用孟子跟公孫丑的另一段對話，說明他對個人生命體驗的重視：

> 魯欲使樂正子為政。孟子曰：「吾聞之，喜而不寐。」公孫丑曰：「樂正子強乎？」曰：「否。」「有知慮乎？」曰：「否。」「多聞識乎？」曰：「否。」「然則奚為喜而不寐？」曰：「其為人也好善。」「好善足乎？」曰：「好善優於天下，而況魯國乎？夫苟

好善，則四海之內，皆將輕千里而來告之以善。夫苟不好善，則人將曰：『訑訑，予既已知之矣。』訑訑之聲音顏色，拒人於千里之外。士止於千里之外，則讒諂面諛之人至矣。與讒諂面諛之人居，國欲治，可得乎？」（《孟子‧告子下》）

樂正子，名克，是孟子的學生。魯國要任命他為大夫，孟子「喜而不寐」。公孫丑問他：「樂正子強乎？」「有知慮乎？」「多聞識乎？」孟子的回答都是否定的。然而，孟子為什麼聽到這消息，竟然是「喜而不寐」呢？孟子的回答是：「其為人也好善。」如果一個人不好善，別人會覺得他「自足其智，不嗜善言」（朱注），而認為他「拒人於千里之外」，其結果是「讒諂面諛之人至矣」。因此，孟子認為：以「善」，「養氣存心」，是出仕從政的第一要務。

▣「養氣存心」

接著公孫丑又問孟子：

曰：「敢問夫子之不動心，與告子之不動心，可得聞與？」
「告子曰：『不得於言，勿求於心；不得於心，勿求於氣。』不得於心，勿求於氣，可；不得於言，勿求於心，不可。夫志，氣之帥也；氣，體之充也。夫志至焉，氣次焉，故曰：『持其志，無暴其氣。』」
「既曰『志至焉，氣次焉』，又曰『持其志，無暴其氣』者，何也？」
曰：「志壹則動氣，氣壹則動志也。今夫蹶者，趨者，是氣也；而反動其心。」（《孟子‧公孫丑上》）

孟子認為：告子的「不動心」是「不得於言，勿求於心；不得於心，勿求於氣」。所謂「不得於言，勿求於心」，是指：與人話不投機，彼此不能相契，就避開問題不去想它。孟子認為：「不得於心，勿求於氣」，對自己想不通的事，不妄亂動情緒，是可以的；但「不得於言，勿求於心」卻不可以。他的主張是：「困於心，衡於慮，而後作；徵於色，而後喻」，不但自己要把問題想清楚，而且要「發於聲」，面對面跟對方把話說清楚。這就是孔子告訴曾子的「大勇」：「自反而不縮，雖褐寬博，吾不惴焉？自反而縮，雖千萬人，吾往矣！」

孟子認為：這是他跟孟賁、北宮黝和告子的最大不同。他之所以會有這樣的主張，主要是因為他相信：「志，氣之帥也；氣，體之充也」，這種「氣」，不僅只是「身體」中的氣，更重要的是「德性」之氣，後者和個人人生追求的目標有關，所以說：「志至焉，氣次焉」；孟子也因此主張：「持其志，無暴其氣」。

⊡ 集義聚氣

然而，「志壹則動氣，氣壹則動志」，許多人無法做到「持其志，無暴其氣」，不是太過（趨者），就是不及（蹶者），問題在於他們不懂得「養氣」，而「反動其心」。因此，當公孫丑問孟子：

「敢問夫子惡乎長？」

曰：「我知言，我善養吾浩然之氣。」

「敢問何謂浩然之氣？」

曰：「難言也。其為氣也，至大至剛，以直養而無害，則塞於天地之間。其為氣也，配義與道；無是，餒也。是集義所生者，非義襲而取之也；行有不慊於心，則餒矣。我故曰告子未嘗知義，以其外之也。必有事焉而勿正，心勿忘，勿助長也。無若宋人然：宋人有閔其苗之不長而揠之者，芒芒然歸，謂其人曰：『今日病矣！予助苗長矣！』其子趨而往視之，苗則槁矣！天下之不助苗長者寡矣。

以為無益而舍之者，不耘苗者也。助之長者，揠苗者也；非徒無益，而又害之。」（《孟子・公孫丑上》）

孟子相信：儒家所主張的「仁道」，是與「天道」相通的。「士志於道」，只要自己的一切作為都朝著「至善」的方向，以真誠正直的心，「配義與道」，予以培養，就會感受到「德性」的浩然正氣，「充塞天地之間」（見圖 8-4）。這種「浩然之氣」是：遇到「不正」之事，即放在心中，深思熟慮，反覆思考後，以「集氣」的工夫，由內心產生出來的；而不是套用外在社會規範的結果（非義襲而取之也）。如果自己的作為違背良心，「理不直，氣不壯」，自然就會感到氣餒。

▣「德性主體之充實」

公孫丑又進一步追問：

「何謂知言？」曰：「詖辭，知其所蔽；淫辭，知其所陷；邪辭，知其所離；遁辭，知其所窮。生於其心，害於其政；發於其政，害於其事。聖人復起，必從吾言矣。」（《孟子・公孫丑上》）

這是孟子〈知言養氣〉章中引起最多爭議的一段話。朱熹對這段話的基本觀點是：

熹竊謂孟子之學蓋以窮理集義為始，不動心為效。蓋唯窮理為能知言，唯集義為能養浩然之氣。理明而無可疑，氣充而無所懼，故能當大任而不動心。考於本章次第可見矣。（《朱文公文集・與郭冲晦》）

黃俊傑（1997）認為：朱子站在「理學」的哲學立場，以「窮理」貫穿

「知言」與「養氣」，把孟子學的道德主體活動解釋為知識活動。他回顧孟學思想史上許多學者對朱熹的批評，指出：孟學之作為一個德行之學，「養氣」在發生程序上應是在「知言」之前。因為，從孟子思想體系而言，世界乃是一個錯綜複雜的意義結構。作為這個意義結構之一部分的「言」（包括詖辭、淫辭、邪辭、遁辭），其對於整體意義結構的偏頗之處（蔽、陷、離、窮）之可以能被察知，必有待人的主體性的觀照。人的主體性正是以德性主體之充實（養吾浩然之氣）為其前提。依此推論，孟子在〈知言養氣〉章裡雖然並未明白提示「養氣」先於「知言」，但通觀孟學體系，這種看法是可以成立的（黃俊傑，1997，頁214）。

回 「窮理集氣」

這是企圖彰顯儒家「道德主體」的說法，固然不無道理，然而如果我們考量孟子所處的時代和他的整體人格，朱熹的論點其實更有說服力。《孟子》中還記載了一段他跟公都子的對話：

> 公都子曰：「外人皆稱夫子好辯，敢問何也？」
> 孟子曰：「予豈好辯哉？予不得已也。天下之生久矣，一治一亂：
> ……
> 世衰道微，邪說暴行有作，臣弒其君者有之，子弒其父者有之。孔子懼，作春秋。春秋，天子之事也。是故孔子曰：「知我者，其惟春秋乎！罪我者，其惟春秋乎！」
> 聖王不作，諸侯放恣，處士橫議，楊朱、墨翟之言盈天下。天下之言，不歸楊，則歸墨。楊氏為我，是無君也；墨氏兼愛，是無父也。無父無君，是禽獸也。公明儀曰：「庖有肥肉，廄有肥馬，民有飢色，野有餓莩，此率獸而食人也。」楊、墨之道不息，孔子之道不著，是邪說誣民，充塞仁義也。仁義充塞，則率獸食人，人將相食！吾為此懼，閑先聖之道，距楊、墨，放淫辭，邪說者不得

作。作於其心，害於其事；作於其事，害於其政。聖人復起，不易吾言矣。

昔者禹抑洪水而天下平，周公兼夷狄、驅猛獸而百姓寧，孔子成春秋而亂臣賊子懼。詩云：「戎狄是膺，荊舒是懲，則莫我敢承。」無父無君，是周公所膺也。我亦欲正人心，息邪說，距詖行，放淫辭，以承三聖者，豈好辯哉？予不得已也。能言距楊、墨者，聖人之徒也。（《孟子・藤文公下》）

這段「夫子自道」，不僅說明了孟子的人格特色，同時也讓我們看出孔子和孟子「終極關懷」（人生目標）的不同。本文一再指出：孔子教育的目標是要培養出有「仁德」的君子，因此他重視「義、利之辨」，晚年時，「成春秋，而亂臣賊子懼」。孟子所處的時代，已經是戰國末期，「聖王不作，諸侯放恣，處士橫議，楊朱、墨翟之言盈天下」，「楊、墨之道不息，孔子之道不著，是邪說誣民，充塞仁義也」。他不再以培養有「仁德」的君子為滿足，而進一步致力於培養「尚義」的「行道」之士。他自己更是採取實際行動，「正人心，息邪說，距跛行，放淫辭」，不斷展現他雄辯滔滔的才能，四處遊說諸侯。這種雄辯的能力當然必須以「知識」作為基礎，「理直」方能「氣壯」，也就是朱子所謂的「以窮理集義為始」：

孟子曰：「說大人則藐之，勿視其巍巍然。堂高數仞，榱題數尺，我得志弗為也。食前方丈，侍妾數百人，我得志弗為也。般樂飲酒，驅騁田獵，後車千乘，我得志弗為也。在彼者，皆我所不為也。在我者，皆古之制也。吾何畏彼哉？」（《孟子・盡心下》）

「孟子道性善，言必稱堯舜」（《孟子・滕文公上》），他之所以能夠雄辯滔滔，「說大人則藐之」，主要是以他的「歷史知識」作為基礎，「在我者，皆古之制也」，這是「寓德性於知識」。這樣的例子在《孟子》一書中，可謂多得不勝枚舉。這些例子都可以用來支持朱子所說的「窮理集氣論。」

第三節　「敬義挾持」的心理分析

在〈敬義挾持：朱子居敬窮理的實踐工夫〉中，陳振崑（2018）回顧以往哲學家對於朱子「窮理修身」的相關探討。在該文的結尾部分，他提到《朱子語類》中的兩段記載：

> 問：「格物之義，故要就一事一物上窮格。然如呂氏楊氏所發明大本處，學者亦須兼考。」曰：「識得，即事事物物上便有大本。不知大本，是不曾窮得也。若只說大本，便是釋老之學。」（《朱子語類・卷十五・大學二・經下》）
>
> 「致知，則理在物，而推吾之知以知之也；知至，則理在物，而吾心之知已得其極也。」或問：「『理之表裡精粗無不盡，而吾心之分別取舍無不切。』既有個定理，如何又有表裡精粗？」曰：「理固自有表裡精粗，人見得亦自有高低淺深。有人只理會得下面許多，都不見得上面一截，這喚做知得表，知得粗。又有人合下便看得大體，都不就中間細下工夫，這喚做知得裡，知得精。二者都是偏，故大學必欲格物、致知。到物格、知至，則表裡精粗無不盡。」（《朱子語類・卷十六・大學三・傳五章釋格物致知》

陳振崑（2018）認為：朱子言「格物致知」，其實兼具「理／事」、「本／末」、「體／用」的交互辯證關係，不落入「發明大本」或「事用上體會」等片面單向的偏執之見，並能表現為涵蓋「表裡精粗」不同層度的差別。朱子所謂「致知」，並不是片面表面經驗或抽象之邏輯知識，而是兼具不同體證層次的道德知識與實踐智慧，既不同於只講究本體智慧之玄思的

「釋、老之學」（「合下便看得大體，都不就中間細下工夫」）；亦不同於世俗實用經驗之學（「只理會得下面許多，都不見得上面一截」）。

◘ 由「主靜」到「主敬」

基本上，這個說法是正確的。本書一再強調：朱子畢生治學的方向，就是要打造出一種新的「知識型」，他既能傳承儒家的核心精神，又能跟魏晉南北朝以來盛行的「三玄」思想做適度的區隔。他思想成熟以後，以「窮理致知」作為核心的理學思想，就是這樣的一套文化系統。朱子理學的出現，象徵著儒家思想第二期發展的朝向世俗化、客觀化和理性化；先秦儒家《中庸》所強調對「天道」的「誠」，也轉向對「天理」的「敬」。

黃宗羲曾經對宋代理學家們致力發展的「主靜敬德」修養工夫作過簡要的描述：

> 自周元公主靜立人極開宗；明道以靜字稍偏，不若專主於敬，然亦唯恐以把持為敬，有傷於靜，故時時提起。伊川則以敬字未盡，益之以窮理之說，而曰「涵養須用敬，進學在致知」，又曰「只守一個敬字，不知集義，卻是都無事也」……自此旨一立，至朱熹又加詳焉。於是窮理、主敬，若水火相濟，非是則隻輪孤翼，有一偏之義矣。後之學者不得其要，從事於零星補湊，而支離之患生。……（《宋元學案・伊川學案》）

周敦頤以「主靜立人極」闡明先秦儒家修養工夫的「六步驟」，但明道卻擔心「主靜」可能流於佛老偏向「空」、「無」之弊，因此想以「主敬」替代。他經常跟伊川討論這個議題，伊川因此想用窮理補其不足，而提出「涵養須用敬，進學在致知」的主張。《二程遺書》記載，明道之所以特別標舉出敬德的重要性，是因為他的思想脈絡是《易・繫辭》中的「天地人三才之道」，他說：

> 「天地設位而易行乎其中」，只是敬也。敬則無間斷，體物而不可遺者，誠敬而已矣，不誠則無物也。詩曰：「維天之命，於穆不已，於乎不顯，文王之德之純」，「純亦不已」，純則無間斷。「毋不敬，儼若思，安定辭，安民哉」，君道也。君道即天道也。「出門如見大賓，使民如承大祭」，此仲弓之問仁而仲尼所以告之者，以仲弓為可以事斯語也。「雍也可使南面」，有君之德也。「毋不敬」，可以對越上帝。（《二程遺書》）

周文王被紂王囚於羑里，推演《周易》，思索「天地設位而易行乎其中」的道理。他之所以能發展出文王卦，「體物而不可遺者」，秉持的就是「無間斷」的「誠敬之心」，所以說「文王之德之純」，「誠敬而已矣，不誠則無物也」。

回「君道即天道」

文王演《易》，展現的是「天道」。《詩經》裡「維天之命，於穆不已，於乎不顯」中的「於」字，音烏；「於穆」、「於乎」都是讚嘆之詞。程明道認為：「君道即天道」，一個人既然稟承天命，而居於君王之位，他就應當像演《易》的周文王那樣，展現出「無間斷」的誠敬之心。

「毋不敬，儼若思，安定辭」是《禮記・曲禮》的第一句話，其意為：待人接物不可以不敬，態度必須莊重，經過審慎的思考，再以安定的語氣表達。程子認為：這就是安定民心最重要的「君道」。「君道即天道」，像雍也那樣的人，「出門如見大賓，使民如承大祭」，孔子認為他「可使南面」，因為他行君之道，「毋不敬」，即可以對越上帝。針對這一點，二程兄弟作了更進一步的闡述：

> 學者先務，固在心志。有謂欲屏去聞見知思，則是「絕聖棄智」，有欲屏去思慮患其紛亂，則是須坐禪入定，如明鑑在此，萬物畢

照，是鑒之常，難為使之不照。人心不能不交感，萬物亦難為使之不思慮。若欲免此，唯是心有所主。如何為主？敬而已矣。有主則虛，虛為邪不能入。無主則實，實謂物來奪之。今夫瓶瓮有水實內，則雖江海之浸無所能入，安得不虛？無水於內，則停注之水不可勝注，安得不實？大凡人心不可二用，用於一事，則他事更不能入者，事為之主也。事為之主，尚無思慮紛擾之患，若主於敬，又焉有此患乎？所謂敬者，主一之謂敬，所謂一者，無適之謂一。且欲涵泳主一之義，一則無二三矣。言敬無如聖人之言，易所謂敬以直內，義以方外，須是直內乃是主一之義，至於不敢欺、不敢慢、尚不愧於屋漏，皆是敬之事也。但此涵養久，自然天理明。（《程氏遺書‧卷十五》）

「絕聖棄智」是老子進路。「坐禪入定」則是佛家進路。北宋諸子要在《易》學傳統中開創出儒家的一條大道，必須要另闢蹊徑。他們從「心」的作用，找到了一條儒家的道路。因為「人心不能不交感萬物」，欲使此心有主，唯有「敬」一字而已。為什麼呢？

他們認為：「大凡人心，不可二用，用於一事，則他事更不能入」，因為在這種狀況下，心是「事為之主」，儒家傳統認為：「有主則虛，虛為邪不能入；無主則實，實謂物來奪之」。所謂「敬」，就是「主一」，《易經》上說：「敬以直內，義以方外。」所謂「直內」，就是「主一」之義。儒家經典所說的不敢欺、不敢慢、尚不愧於屋漏，都是指同樣的修養。因此，朱熹認為：

程先生所以有功於後學者，最是敬之一字有力。人之心性，敬則常存，不敬則不存。如釋老等人，卻是能持敬。但是他只知得那上面一截事，卻沒下面一截事。覺而今恁地做工夫，卻是有下面一截，又怕沒那上面一截。那上面一截，卻是個根本底。

> 敬字工夫，乃聖門第一義，徹頭徹尾，不可頃刻間斷。敬之一字，真聖門之綱領，存養之要法。一主乎此，更無內外精粗之間。（《朱子語類・卷十二》）

朱子認為：釋老「持敬靜坐」的工夫，很可能流於「空」、「無」，所以說：「只知得那上面一截事，卻沒下面一截事」，先秦儒家主張「知止而後有定」，以「仁義禮智」作為自我反思的基礎，「恁地做工夫，卻是有下面一截，又怕沒那上面一截」，所以他主張理學，以根本的「太極」，作為「那上面一截」。在這樣的思路下，他主張以「敬」代「靜」，認為「敬字工夫」是「聖門之綱領，存養之要法」，「徹頭徹尾，不可頃刻間斷」。

◘「允執厥中」

古文《尚書》有「人心惟危，道心惟微，惟精惟一，允執厥中」之語，宋明理學家稱之為十六字心傳，朱子非常重視這個問題。在《四書章句集注・中庸章句序》上，他說：

> 自上古聖神，繼天立極，而道統之傳，有自來矣。其見於經，則允執厥中者，堯之所以授舜也。人心惟危，道心惟微，惟精惟一，允執厥中者，舜之所以授禹也。（中略）蓋嘗論之，心之虛靈知覺，一而已矣，而以為有人心道心之異者，則以其或生於形氣之私，或原於性命之正，而所以為知覺者不同，是以或危殆而不安，或微妙而難見耳。然人莫不有是形，故雖上智不能有是形，亦莫不有是性，故雖下愚不能無道心。二者雜於方寸之間，而不知所以治之，則危者愈危，微者愈微，而天理之公，卒無以勝乎人欲之私矣。

在儒家的文化傳統裡，「上古聖神，繼天立極」，道統之傳，其來有自。堯以天下授舜，同時以十六字心訣傳給他，希望他能夠保持「心之虛靈知覺」。用〈自我的曼陀羅模型〉（見圖 8-1）來說，人性「生於形氣之私」，道心「原於性命之正」，在這兩種對反力量的拉扯之下。他可能因為「知覺者不同」，「或危殆而不安，或微妙而難見」，無法保持「心之虛靈知覺」。然則，什麼叫做「惟精惟一」呢？朱熹的解釋是：

> 精則察夫二者之間而不雜也。一則守其本心之正而不離也。從事於斯，無少間斷，必使道心常為一身之主，而人心每聽命焉，則危者安，微者著，而動靜云為，自無過不及之差矣。
> 夫堯舜禹，天下之大聖也，以天下相傳，天下之大事也。以天下之大聖，行天下之大事，而其授受之際，丁寧告戒，不過如此，則天下之理，豈有以加於此哉？（《朱子語類・卷七十六》）

朱熹認為：在「人心」與「道心」兩種力量的拉扯之下，「惟精惟一」就是要「察夫二者之間而不雜」，「守其本心之正而不離」，一定要使「道心」常為一身之主，能夠宰制「人心」，使自身的「動靜云為，自無過不及之」，這就是儒家所強調的「允執厥中」。

▣「心處其道，九竅循理」

這裡最值得注意的是：這十六字心傳原本是「上古聖神，繼天立極」所傳下來的道統，朱子卻將它普遍化，認為「人莫不有是形」，「亦莫不有是性」。不論是「上智」或是「下愚」，都一樣可能感受到「道心」和「人心」兩種力量「雜於方寸之間」，如果「不知所以治之」，結果一定是「天理之公，卒無以勝乎人欲之私矣」。

朱熹在這裡以「天理／人欲」取代了「道心／人心」。第九章提到，早在孔子時代，管子在〈心術〉一文中，就曾經把君臣關係比擬成人的身體：「心之在體，君之位也；九竅之有職，官之分也。心處其道，九竅循理。」在中國文化傳統裡，「道」和「理」是兩個不同的範疇，「道」可傳不可授，可悟不可學；「理」雖然也是形而上的概念，但它卻是既可以傳授，又可以學習的。

當管子將君臣關係比擬成人的身體，說「心處其道，九竅循理」時，其蘊涵的意義是：扮演「臣」之角色的人，應當遵循天理，竭盡所能，「以道事君」；扮演「君」之角色的人，應當本著「允執厥中」的十六字心法，作出決策。然而，當孔子說：因為雍也不管做任何事情，都抱持虔敬的態度，「出門如見大賓，使民如承大祭」，這就是《易經》所謂的「敬以直內，義以方外」，跟「允執厥中」的「君道」並沒有兩樣，所以說：「雍也可使南面。」

▣「窮理」與「敬義挾持」

了解這一點，我們便可以說明：為什麼朱子講「窮理致知」的知識論，同時必須講「敬義挾持」的實踐論。上一章提到，朱子說：

> 天下之物則必個有所以然之故，與其所當然之則，所謂理也。（《大學或問・卷一》）
> 窮理者，欲知事物之所以然與其所當然者而已。知其所以然故志（知）不惑，知其所當然故行不謬。（《朱文公文集・卷六十四・答或人》）

用本書的分析架構來看，「知事物之所以然」是知其「物理」；知「其所當然」是知其「義理」，朱子強調：「知其所以然故志（知）不惑，知其所當然故行不謬」，這是一種以知識作為道德判斷之基礎的歷程，朱子因此強調：

> 格物者，窮理之謂也。蓋有是物必有是理，然理無形而難知，物有跡而易睹，故因是物以求之，使是理瞭然心目之間而無毫髮之差，

則應乎事者自無毫髮之謬。（《朱文公文集・卷十三・癸未垂拱奏劄一》）

「格物」二字最好。物，謂事物也。須窮極事物之理到盡處，便有一個是，一個非，是底便行，非底便不行。凡自家身心上，皆須體驗得一個是非。（《朱子語類・卷十五・大學二・經下》）

唯有「理瞭然心目之間而無毫髮之差」，方有可能「應乎事者自無毫髮之謬」，所以朱子非常強調「集義」的重要性：因為「窮極事物之理到盡處，便有一個是，一個非，是底便行，非底便不行」，凡在自家身心上，對事事物物皆「體驗得一個是非」，就是朱子所謂的「集義」。朱子的「集義」一詞，亦是源自二程：

問：「必有事焉，當用敬否？」曰：「敬只是涵養一事。必有事焉，須當集義。只知用敬，不知集義，卻是都無事也。」（《河南程氏遺書・卷十五》）

程氏兄弟認為：「敬義挾持」是「上達天德」最基本的修持工夫。朱子接受了這樣的論點。他思想成熟後，作〈中和新說〉，改變〈中和舊說〉的主場，主張以「敬」貫通未發、已發工夫。他說：

殊不知經文所謂致中和者，亦曰當其未發，此心至虛，如鏡之明，如水之止，則但當敬以存之，而不使其小有偏倚；至於事物之來，此心發見，喜怒哀樂各有攸當，則又當敬以察之，而不使其小有差忒而已，未有如是之說也。（《四書或問・中庸或問》）

這裡所謂「此心至虛，如鏡之明，如水之止」，應當是承襲二程子的主張：「有主則虛，虛謂邪不能入；無主則實，實謂物來奪之」，其關鍵在於

「敬以存之」，不使其小有偏倚；至於事物之來，此喜怒哀樂之發見，各有攸當，又當「敬以察之」，不使其小有差錯。朱子進一步解釋「敬」和「察」這兩種修持工夫之間的關係：

> 大凡學者須先理會「敬」字，敬是立腳去處。程子謂：「涵養須用敬，進學則在致知。」此語最妙。……人固有事親孝，事兄弟，交朋友亦有信，而終不識其所以然者，「習矣，而不察也」。此「察」字，非「察物」之「察」，乃識其所以然也。習是用功夫處，察是知識處。今人多於「察」字用功，反輕了「習」字。……故夫子教人，只說習。如「克己復禮」，是說習也；視聽言動，亦是習；「請事斯語」，亦是習。孟子恐人不識，方說出「察」字。而「察」字最輕，「習」字最重也。（《四書或問・中庸或問》）

本章小結：「敬知雙修」

本書第七章〈「義理」：「仁道」的演化系譜〉曾經提到：一般學者對於「仁、義、禮」倫理體系在其生活世界中的運作，大多是如《孟子・盡心上》所言：「行之而不著，習焉而不察，終身行之而不知其道。」朱子在此引述孟子的說法，特別強調：此「察」字，不僅要「識其所當然」，而且要「視其所以然」。孔子教人，大多是「因事說理」。他所講的話，許多人聽了都會覺得「理所當然」，孟子重「義」，他恐人不識，才會點出「察」字，希望儒門弟子反省自己「習焉而不察」所形成的「習氣」。

朱子同意孟子的這個觀點。他認為敬、義是同一事，「涵養須用敬，處事須是集義」，所謂「敬」，是「守於此而不易之謂」；所謂「義」，是「施於彼而合宜之謂」。「方未有事時只得說敬以直內。若事物之來，當辨別一個是非」，就需要「義以方外」。因此，「敬；義不是兩事」。他特別指出：

> 敬有死敬，有活敬。若只守著主一之敬，遇事不濟之以義，辨其是非，則不活。若熟後，敬便有義，義便有敬。靜則察其敬與不敬，動則察其義與不義。如「出門如見大賓，使民如承大祭」，不敬時如何？「坐如尸，立如齊」，不敬時如何？須敬義挾持，循環無端，則內外透徹。（《朱子語類・卷十二・學六・持守》）

「靜則察其敬與不敬，動則察其義與不義」，這種修持工夫，朱子稱之為「敬義挾持」，兩者循環無端，則可內外透徹。束景南（2016）指出：朱子雖然刻意與佛家「心寂理空」的修行方法保持區隔，但是他「敬知雙修」的工夫論，仍然可以看到佛學「實慧雙修，止觀並重、寂然兼用」的影響，舉例來說，智顗的《修習止觀坐禪要法》說：「定慧二法，如車之雙輪，鳥之兩翼，若偏修習，即墮邪倒。」慧遠的《盧山出修行方便禪經統序》說：「禪非智無以窮其寂，智非禪無以深其照」，「照不離寂，寂不離照」。朱熹的「敬知雙修」則是以敬立本，以知窮理；以敬定心專一，以知窮盡物理，他也說：「涵養、窮索，二者不可廢一，如車兩輪，如鳥兩翼。」

智顗（538-597）是漢傳佛教天臺宗的實際創始人，其說以《法華經》為主教依據，故天臺宗亦稱法華宗。陳、隋兩朝，智顗深受帝王禮遇，隋煬帝楊廣授予「智者」之號，世稱「智者大師」，並有「東土釋迦」之美譽。從「儒佛會通」的角度來看，束景南的這個論點是正確的。然而，要落實朱子「教知雙修」的主張，我們不僅要了解他「窮理致知的知識論」，更應當注意：他所主張的「教義挾持」，繼承了孟子「說諸侯」的實踐論。用今天的角度來看，孟子所謂的「說諸侯」，其實就是知識分子在各種不同的專業社群中實踐高達美的「辯證詮釋學」，為自己主張的「知識」，跟不同背景的專家進行辯論（見本書第二章）。以「辯證詮釋學」，重振儒家「論學」的傳統，是儒家第三期發展必然要走的道路，學者萬勿等閒視之！

第五部分

內聖外王的理想與現實

第十二章　「道統」與「政統」：儒家的民本主義

前兩章分別以「窮理致知」的知識論和「敬義挾持」的實踐論，說明「允執厥中」的意義。本章將更進一步將「允執厥中」的十六字心傳放在朱子理學的整體脈絡中，對儒家「仁道」的演化系譜作整全式的詮釋，然後以之作為基礎，重新解釋朱熹與陳亮之間的「王霸之辯」，藉以批判余英時堅持用「有考據、無義理」的方法研究思想史可能造成的缺失，最後再以一項大規模的跨國實徵研究，來闡明儒家「民本主義」的治術。

第一節　儒家「仁道」的演化系譜

本書〈導論〉最後一節談「朱子的價值世界」提到：余英時（2003）所著的《朱熹的歷史世界》一書，曾經以相當長的篇幅，討論儒家「道統」與「道學」之間的關係。他根據詳實的考據指出：

> 朱熹有意將「道統」與「道學」劃分為兩個歷史階段：自「上古聖神」至周公是「道統」的時代，其最顯著的特徵為內聖與外王合而為一。在這個階段中，在位的「聖君賢相」既已將「道」付諸實行，則自然不需要另有一群人出來，專門講求「道學」了。周公以後，內聖與外王已分裂為二，歷史進入另一階段，這便是孔子開創的「道學」的時代。（余英時，2003，頁 42）

◘「道統」、「道學」與「仁道」

這個論點基本上是可以接受的。儒家的「道統」，通常是指堯傳給舜的十六個字：「人心惟危，道心惟微，惟精惟一，允執厥中」。「道學」是孔子所創立的儒學，其核心為「仁道」。本書第七章析論「義理」的根源為《易經》，《易傳・繫辭中一章》說：

> 古者庖義氏之王天下也，仰則觀象於天，俯則觀法於地，觀鳥獸之文，與地之宜，近取諸身，遠取諸物，於是始作八卦，以通神明之德，以類萬物之情。

《易傳・序卦下》認為：個人生命的起源和天地、人倫是密不可分的：

> 有天地，然後有萬物。有萬物，然後有男女。有男女，然後有夫婦。有夫婦，然後有父子。有父子，然後有君臣。有君臣，然後有上下。有上下，然後禮義有所錯。夫婦之道，不可以不久也，故受之以恒，恒者久也。

孔子在《中庸・哀公問政》中闡述「仁、義、禮」三者之間的關係，本書採取傳承儒家的科學進路，將之建構成「仁、義、禮」倫理體系（見圖7-1），接著又引入〈自我的曼陀羅模型〉（見圖7-2），說明孟子所謂的「四端」、董仲舒的「五常」（見圖 7-3），以及孔子所強調的「一貫之道」、「忠恕」而已；構成本書所謂「仁道的演化系譜」。

◘「道統」與「治統」

余英時（2003）寫《朱熹的歷史世界》時，只重考據而輕義理，所以他只知道「道統」跟「道學」之間的關係，卻不知道「仁道」的「演化系譜」。

該書提到：

> 至正5年（1345年）宋、遼、金三史修成之後，楊維禎曾上〈三史正統辯〉表，其中有以下一段話：
> 道統者，治統之所在也。堯以是傳之舜，舜以是傳之禹、湯、文、武、周公、孔子。孔子沒幾不得其傳百有餘年，而孟子傳焉。孟子沒，又幾不得其傳千有餘年，而濂、洛周、程諸子傳焉。及乎中立楊氏，而吾道南矣；既而宋亦南渡矣。楊氏之傳，為豫章羅氏，延平李氏，及於新安朱子。朱子沒，而其傳及於我朝許文正公。此歷代道統之源委也。然則道統不在遼、金，而在宋；在宋而後及於我朝。君子可以觀治統之所在矣。（陶宗儀：《輟耕錄・卷三・正統辨》）

余院士感到大惑不解的是：許衡繼承了朱熹的道學，為什麼憑著這一事實，楊維禎便可以將元朝「正統」的開始，向後推延四十五年（金亡於1234年，南宋亡於1279年）？他說：

> 他所加給「道統」的政治分量之重，真到了令人驚詫的地步。他的「道統者，治統之所在」一語可以說是理學政治思想史上一個劃時代的標誌；用現代的語言表述之，即「治統」的合法性（legitimacy，亦可做「正當性」解）依附於「道統」。

更讓余院士感到訝異不已的是：楊維禎在〈三史正統辨〉中的主張並非孤例。明代的劉宗周在崇禎丙子年（1636年）作〈三申皇極之要疏〉，開頭便說：

> 臣聞古之帝王，道統與治統合而為一，故世教明而人心正，天下之

所以久安長治也。及其衰也，孔、孟不得已而分道統之任，亦惟是託之空言，以留人心之一線，而功固在萬世。又千百餘年，有宋諸儒繼之。（《劉蕺山集・卷三》）

在《朱熹的歷史世界》中，余院士展現他鉅細靡遺的考據功力，將「道統」與「治統」合而為一的觀念追溯到朱熹的大弟子黃幹。他在宋嘉定 7 年（1214 年）所撰的〈徽州朱文公祠堂記〉，對這一「道統」新義表達得十分清楚。他說：

道源於天，具於人心，著於事物，載於方策：明而行之，存乎其人。（中略）堯、舜、禹、湯、文、武、周公生而道始行；孔子、孟子生而道始明。孔、孟之道，周、程、張子繼之；周、程、張子之道，文公朱先生又繼之。此道統之傳，歷萬世而可考也。（《勉齋集・卷十九》）

從各種歷史文獻的考據來看，這種「道統」的觀念確實是始於朱子。要了解朱子為什麼會主張「道統」與「治統」合而為一，而且這種主張又被歷代的儒家學者所接受，必須將它放置在本書析論朱子理學的整體脈絡中來加以詮釋。由於余英時堅持拒絕探討朱子的價值世界，他既無法理解儒家的「道統」和「治統」為什麼會合而為一，也無法對朱熹和陳亮之間的「王霸之辯」作出合理的解釋。

第二節　朱熹與陳亮的王霸之辯

朱子 48 歲那一年，他同時完成《周易本義》和《四書章句集注》。翌年，他知南康軍（軍是宋代行政單位，略大於縣）。到任後，復建白鹿洞書院，訂「白鹿洞書院學規」。他勤於政務，以厚人倫、美風俗為要務。1183

年，武夷精舍落成，54 歲的朱子移居武夷山。再過一年，學術聲望達到巔峰的朱子開始跟陳亮展開長期的反覆辯論。

◘ 王道與霸道

陳亮（1143-1194），浙江永康人，字同甫，號龍川先生，南宋哲學家及著名詞人。他的曾祖父陳知元在汴京保衛戰中犧牲。陳亮「自少有驅馳四方之志，常欲求天下豪傑之士，而與之論今日之大計」，淳熙 4 年（1177 年），參加禮部考試不中。翌年，陳亮至臨安上孝宗三書，對外力主抗金，對內改革積弊；在〈上孝宗皇帝第一書〉中，即表達出他對當時理學家空談性命的強烈不滿：「今世之儒士自以為得正心誠意之學者，皆風痺不知痛癢之人也。」但不見用，憤而歸鄉，「以與世不合，甘自放棄於田夫樵子之間」（《宋史・陳亮傳》）。

淳熙 11 年（1184 年）春，因為鄉宴上「同坐者歸而暴死」，「因藥人之誣，就逮棘寺，更七、八十日不得脫獄」（〈陳春坊墓碑銘〉），幸由辛棄疾設法奔走援救，亮遂得不死。朱熹在陳亮獲釋後，修書一封，藉機對其進行規勸，希望陳亮「絀去義利雙行，王霸並用之說，而從事於懲忿窒欲，遷善改過之事，粹然以醇儒之道自律」。

朱熹平日講學，注重「天理／人欲」之辨，他在制定《白鹿洞書院揭示》時，特別強調「處世之要」為：「正其誼，不謀其利；明其道，不計其功。」北宋理學家一向認為：王道之治就是得天理之正的統治，而王霸之別也就是天理人欲之別。譬如，程顥〈答王霸劄子〉一文就以天理論王道，以人欲、私心論霸道：「臣伏謂得天理之正，極人倫之至者，堯舜之道也；用其私心，依仁義之偏者，霸者之事也。」「堯舜之道」上得天理，下及人倫，所以是道，在他們看來，「兩漢以下，皆把持天下者也」。

同樣的，朱熹也認為：人主之心術乃綱紀之所繫，人主心術正，則天下萬事無不正。「然而綱紀不能以自立，必人主之心術公平正大，無偏黨反側之私，然後綱紀有所繫而立」。相反的，如果人主假仁義以濟私欲，即是霸道，在他看來，像齊桓公、晉文公，都是「假仁義以濟私慾」，雖然「僥倖於一時，遂得王者之位而居之，然其所由，則固霸者之道也。故漢宣帝自言：漢家雜用王霸，其自知也明矣」。

◘ 義利雙行，王霸並用

陳亮完全反對這樣的觀點。他在回覆朱熹的信上說：「然謂三代以道治天下，漢唐以智力把持天下，其說固已不能使人心服。」針對近世諸儒主張「三代專以天理行，漢唐專以人欲行，其間有與天理暗合者，是以亦能長久」。他質問道：在這「千五百年之間，天地亦是架漏過時，而人心亦是牽補度日，萬物何以阜蕃，而道何以常存乎？」因此，陳亮認為：「漢唐之君，本領非不宏大開廓，故能以其國與天地並立，而人物賴以生息。」有人批評他們的作為是「雜霸」，陳亮卻認為：「其道固本於王也。」他很直率地批評理學家將「義／利」、「王／霸」對立二分的論點：「諸儒自處者曰義曰王，漢唐做得成者曰利曰霸，一頭自如此說，一頭自如彼做；說得雖甚好，做得亦不惡：如此卻是義利雙行，王霸並用，如亮之說，卻是直上直下，只有一個頭顱做得成耳」（《又甲辰秋書》）。

陳亮主張：「王霸可以雜用，天理人欲可以並行」，朱熹卻認為這種論點錯誤至極。他在回信中批駁陳亮的觀點：「嘗謂『天理』、『人欲』二字，不必求之於古今王伯之跡，但反之於吾心義利邪正之間，察之愈密，則其見之愈明；持之愈嚴，則其發之愈勇。」漢高祖、唐太宗縱然功績蓋世，但卻用心不正，尤其是唐太宗，「無一念之不出於人欲」。因此，王與霸之分，「在心不在跡」，「太宗誅建成，比於周公誅殺管蔡，只消以公私斷之。周公全是以周家天下為心，太宗則假公義以濟私欲也」（《朱文公文集・答陳同甫・之六》）。

◘ 亙古常存之「道」

對於陳亮「道何以常存」的提問，朱熹認為：道「是亙古常在不滅之物，雖千百年被人作壞，卻殄滅它不得」（《朱文公文集・答陳同甫・之六》）。他在跟陳亮的往復辯論中，一再強調「道是獨立於人而存在的」，「蓋道未嘗息而人自息之，所謂『非道亡也，幽厲不由也』，正謂此耳」。由於「道」具有獨立性，不論是三代或是漢唐，各代君王都必須遵道而行，順應天道：「夫人只是這個人，道只是這個道，豈有三代漢唐之別？但以儒者之學不傳，而堯、舜、禹、湯、文、武以來轉相授受之心不明於天下，故漢唐之君雖或不能無暗合之時，而其全體卻只在利欲上」《朱文公文集・答陳同甫・之八》），他們在「利欲場中頭出頭沒」，只是為一己之私利（《朱文公文集・答陳同甫・之九》）。

陳亮完全不同意朱熹的觀點。在隨後幾封回信中，他一面替漢高祖辯護，認為：他們都是「禁暴戢亂、愛人利物」的帝王，本領宏大開闊，他們推行的「霸道」都是以實現「王道」作為目的。「察其真心」，「發於仁政」，「無一念不在斯民」，體現出「赤子入井之心」。在他看來，「使漢唐之義不足接三代之統緒，而謂三四百年之基業可以智力而扶持者，皆後世儒者之論也」（《龍川集・卷三・問答》）。同時又堅決反駁朱熹所謂「三代專以天理行」的觀點，「以為三代以前都無利欲，都無要富貴底人，今《詩》《書》載得如此淨潔，只此是正大本子。亮以為才有人心便有許多不淨潔」，在他看來，聖賢人物看起來似乎「不食人間煙火」，只是「聖賢建之於前，後嗣承庇於後，又經孔子一洗，故得如此淨潔」。

◘ 兩種不同的視角

放置在本書的論述脈絡中來看，朱熹主張：道是一種客觀的存在，「道者，古今共由之理」，「堯所以修此道而成堯之德，舜所以修此道而成舜之德，自天地以先，羲皇以降，都是這一個道理，亙古今未嘗有異」（《朱文公文集・答陳同甫・之八》）。這個「道理」，必須用本書第七章所說的「義理」，或「五常」、「四德」和「恕道」來加以表述，所以他把「天理」當成一種客觀的「知識」，主張「道問學」、「先知後行」。

陳亮則是從「人」的角度在看這個議題。對陳亮而言，每一個人都是處在作為「人」的「天理」和來自「個體」的「人欲」之緊張中（見圖 6-2 之〈自我的曼陀羅模型〉），其區別在於「三代做得盡者也，漢唐做不到盡者也」，更清楚地說，只要「本領宏闊，工夫至到，便做得三代；有本領無工夫，只做得漢唐」。朱熹堅持：漢唐只是在「利欲場中走」，「並無些子本領，只是頭出頭沒，偶有暗合處，便得功業成就」。但陳亮卻認為：這種說法「使二千年之英雄豪傑不得近聖人之光，猶是小事」，理學家一昧強調「存天理，去人欲」，堅持「只是這些子殄滅不得」，這種論調真的是「好說話，無病痛乎」（《又乙巳秋書》）。

第三節　朱子立場的科學詮釋

由此可見，他們兩人根本是在不同的層次上，「雞同鴨講」。這種不同視角之間的溝通困難，必須放置在本書的論述脈絡中，才能獲得充分的理解。在《朱文公文集・答陳同甫・之八》中，朱熹很清楚地說明了自己的立場：

> 所謂「人心惟危，道心惟微；惟精惟一，允執厥中」者，堯、舜、禹相傳之密旨也。（中略）夫堯、舜、禹之所以相傳者，既如此矣，至於湯、武則聞而知之，而又反之（按：「反之」見《孟子・盡心下》），以至於此者也。夫子之所以傳之顏淵、曾參者，此也；曾子之所以傳之子思、孟軻者，亦此也。（中略）此其相傳之妙，儒者相與謹守而共學焉，以為天下雖大，而所以治之者，不外乎此。（中略）夫人只是這個人，道只是這個道，豈有三代、漢、唐之別？但以儒者之學不傳，而堯、舜、禹、湯、文、武以來轉相授受之心不明於天下。……此其所以堯、舜、三代自堯、舜、三代，漢祖、唐宗自漢祖、唐宗，終不能合而為一也。今若必欲撤去限隔，無古無今，則莫若深考堯、舜相傳之心法，湯、武反之之功

夫，以為準則，而求諸身，卻就漢祖、唐宗心術隱微處，痛加繩削。取其偶合而察其所自來，黜其悖戾而究其所從起，庶幾天地之常經，古今之通義，有以得之於我。不當坐談既往之跡，追飾已然之非，便指其偶同者以為全體，而謂其真不異於古之聖賢也。（《朱文公集‧卷三十六》）

◉「道統」與「治統」合而為一

本書第十、十一兩章以「窮理致知」的知識論和「敬義挾持」的實踐論說明：堯、舜、禹相傳之密旨「人心惟危，道心惟微，惟精惟一，允執厥中」。他們三人不僅以民為本行「仁道」，而且毫無私心地實行禪讓政治，把天下傳給最可能實踐「仁道」的人。對朱子理學而言，這是「天理」的最佳展現，所以說「夫堯、舜、禹之所以相傳者，既如此矣」。

「湯、武革命，順乎天而應乎人」，他們的革命行動也是為了要以「允執厥中」的精神實踐「仁道」，但得天下之後，卻把帝位傳給兒子，所以朱子認為他們的革命行動是「聞而知之，而又反之，以至於此者也」，不能算是「生而知之」的聖人。「夫子之所以傳之顏淵、曾參者」，「曾子之所以傳之子思、孟軻者」，都是為了要傳揚這樣的「仁道」。朱子堅信：儒家以「仁道」作為核心的「道統」，應當與「治統」合而為一，所以他說「天下雖大，而所以治之者，不外乎此」，他之所以編注《四書》，闡揚理學，目的亦是希望「儒者相與謹守而共學焉」。

從本書的論述中，我們可以很清楚地看出：朱子所要傳揚的「天理」，是「無一毫人欲之私」的，是獨立於人的客觀存在，所以他一再強調：「夫人只是這個人，道只是這個道，豈有三代、漢、唐之別？」但是，在歷史事實中，他所看到的卻是「儒者之學不傳，而堯、舜、禹、湯、文、武以來轉相授受之心不明於天下」，「堯、舜、三代自堯、舜、三代，漢祖、唐宗自漢祖、唐宗，終不能合而為一」，所以他必須與陳亮反覆辯論，希望能「深考堯、舜相傳之心法，湯、武反之之功夫，以為準則，而求諸身」。同時又能夠「就漢祖、唐宗心術隱微處，痛加繩削」。

▣ 余英時的誤解

然而，朱子的這個心願畢竟是落空了。不僅跟他同一時代的陳亮不了解他所說的「天地之常經，古今之通義」；活躍於他千年之後的史學泰斗余英時（1976），在〈反智論與中國政治傳統〉的結尾引用朱子答陳亮的一段說詞：

> 老兄視漢高帝、唐太宗之所為而察其心，果出於義耶，出於利耶？出於邪耶，正耶？若高帝則私意分數猶未甚熾，然已不可謂之無；太宗之心則吾恐其無一念之不出於人欲也。直以其能假仁借義以行其私，而當時與之爭者才能智術既出其下，又不知有仁義之可借，是以彼善於此而得以成其志耳。若以其能建立國家，傳世久遠，便謂其得天理之正，此正是以成敗論是非，但取其獲禽之多而不羞其詭遇之不出於正也。千五百年之間，正坐為此，所以只是架漏牽補過了時日。其間雖或不無小康，而堯、舜、三王、周公、孔子所傳之道，未嘗一日得行於天地之間也。（《朱文公文集・卷三十六・答陳同甫》）

當時，余院士的結論是：

> 從朱子到今天，又過了八百年，因此我們只好接著說：
> 二千三百年之間，只是架漏牽補過了時日。堯、舜、三王、周公、孔子所傳之道，未嘗一日得行於天地之間也。（余英時，1976，頁45-46）

三十年後，臺灣清華大學歷史學教授楊儒賓批評余英時《朱熹的歷史世界》，說道：

> 理學家多相信一個不比此世的事世界不真實的理世界，而這樣的理世界卻又和事世界一體難分的，學者的要務，即是體證這兩者的渾融。（楊儒賓，2003，頁 135）

為了反駁楊教授的論點，在〈我摧毀了朱熹的價值世界嗎？〉一文中，余院士又舊話重提，他說：

> 朱熹明明說「千五百年之間……堯、舜、三王、周公、孔子所傳之道，未嘗一日得行於天地之間也」（本書上冊，頁四七引）。可見在他的眼中，「此世」幾乎無一「事」合「理」。試問哪一個「學者」能「體證」這千五百年間實然的「事世界」與朱熹構想的「理想世界」，而得到「兩者的渾融」？（余英時，2008，頁 234）

這段話嚴重扭曲了朱子的原意。朱子講這句話的指稱對象，是「治天下」的帝王，而不是一般人。他所強調的是：「天理」是「天地之常經，古今之通義」，是獨立於人而存在的；他從來沒說：「此世」幾乎無一「事」合「理」。從本書第七章的析論中，我們可以很清楚地看出：儒家的「義理」，包括「四德」、「五常」與「恕道」，是支撐住華人社會的先驗性形式架構，一般人可能「行之而不著，習矣而不察，終身由之而不知其道」，孔子所傳之道，怎麼可能「未嘗一日行於天地之間」？

第四節　宋代的政治文化

更清楚地說，只要採用本書主張的「科學進路」，建構「含攝文化的理論」，對朱子理學的「價值世界」有整全式的理解，我們便不難看出：儒家文化傳統在當前華人社會中的作用。我們不妨再以余英時無法解釋的「道統」與「治統」合而為一的議題作為切入點，說明朱子心目中的「治統」，其實就是儒家主張的「民本主義」。

回「親愛一體」的君臣關係

本書第十一章在討論「允執厥中」的相關議題時，曾經提到管子〈心術〉上的一個比喻：「心之在體，君之位也；九竅之有職，官之分也。心處其道，九竅循理。」在管子所處的時代，君臣之間的分際是十分清楚的，儒家「道統」的十六字心傳當然是供「心處其道」的「君」所用，而不及於「九竅循理」的「臣」。

到了儒學第二期發展的宋朝，朱子一方面將先秦儒家的「格物致知」改造成「窮理致知」的知識論；一方面又將孟子主張的「集義養氣」轉化成為「敬義挾持」的實踐論，先秦儒家所主張「道統」十六字心傳的適用對象，也跟著發生了變化：朱子一再強調，「道即理也」，他的理學重視的又是任何人都可以習得的客觀的「理」，對朱子而言，君臣之間的分際淡化了，理想的君臣關係不再是「心處其道，九竅循理」，而是雙方可以較為平等的立場「論事說理」。且看朱子本人對這件事的說法：

> 這也只是自渡江後，君臣之勢方一向懸絕，無相親之意，故如此。古之君臣所以事事做得成，緣是親愛一體。因說虜人初起時，其酋長與部落都無分別，同坐同飲，相為戲舞，所以做得事。（《朱子語類．卷八十九．禮文．冠昏喪》）

這是理解朱子心目中「道統」與「政統」關係非常重要的一篇文獻，我們必須在本書的整體脈絡中，用第二章所講的詮釋學，對朱子理學所蘊含的意義作「創造性的詮釋」，才能了解儒家「民本主義」在華人社會中的意義與價值。

「虜人」是指滅亡北宋，迫使宋室南遷的金人。朱子說：「虜人初起時，其酋長與部落都無分別，同坐同飲，相為戲舞，所以做得事」。金（虜）人完全不知道何謂儒家的「道統」，朱子非常推崇他們「酋長與部落」之間的上下關係，認為他們「都無分別，同坐同飲，相為戲舞，所以做得事」，由此可見，這是朱子心目中理想的「治統」。

他認為：「古之君臣所以事事做得成，緣是親愛一體」，跟金人的上下關係沒有兩樣。從前一節對「道統」的析論來看，朱子認為：堯、舜、禹所要建立的「道統」，其實是跟他心目中理想的「治統」合而為一的。

任何一個思想家會殫精竭慮提出一套完整的思想體系，都是為了要解決他當時所面對的現實問題，朱子窮一生之力，建構理學體系，當然亦不例外。然則，朱子理想中的「治統」究竟是什麼樣的呢？上述引文說，「自渡江後，君臣之勢方一向懸絕，無相親之意」。那麼，渡江前呢？北宋時期有朱子理想中的「治統」嗎？

◘「棄紀綱法度為虛器」的蔡京

這個問題的答案應當是肯定的。朱熹出生於北宋滅亡後的第五年。理學家一向講究「國事、家事、天下事，事事關心」，朱子對於北宋亡國的原因當然了然於胸。《朱子語類》中記載了一段他跟程子門人楊中立之間的對話：

> 又曰：「蔡京當國時，其所收拾招引，非止一種，諸般名色皆有。及淵聖即位，在朝諸人盡攻蔡京，且未暇顧國家利害。朝廷若索性貶蔡京過嶺，也得一事了。今日去幾官，分司西京；明日去幾官，又移某州；後日又移某州，至潭州而京病死。自此一年間，只理會

得個蔡京。這後面光景迫促了，虜人之來，已不可遏矣！京有四子：攸絛翛鞗。鞗尚主。絛曾以書諫其父，徽宗怒，令京行遣，一家弄得不成模樣，更不堪說。攸翛後被斬。是時王黼、童貫、梁師成輩皆斬，此數人嘗欲廢立，欽宗平日不平之故也。及高宗初立時，猶未知辨別元祐熙豐之黨，故用汪黃，不成人才。汪黃又小人中之最下、最無能者。及趙丞相居位，方稍能辨別；亦緣孟后居中，力與高宗說得透了；高宗又喜看蘇黃輩文字，故一旦覺悟而自惡之，而君子小人之黨始明。」（《朱子語錄・卷一百零一・程子門人楊中主》）

朱子對楊中立解釋宋朝政事敗壞的原因，先提到宋徽宗和權臣蔡京之間的「君臣關係」。宋徽宗趙佶（1082-1135）是北宋第八位皇帝，也是中國歷史上唯一的「藝術家皇帝」。他酷愛藝術，其瘦金體書法，自創一格；他的花鳥畫亦獨步藝壇。但他崇信道教，親政後自稱「教主道君皇帝」，荒淫好色，奢侈浪費，任用貪官宦官，橫徵暴斂，其中以丞相蔡京及宦官童貫導致的問題最為嚴重，不僅激發各地民變，並且招徠金兵入侵。

蔡京是著名的書法家。其字體與蘇東坡、黃魯直、米元章齊名，並稱宋朝「四絕」。他曾經四次擔任宰相，掌權共達十七年之久。但人品極差，《宋史》說他：「天資凶譎，舞智御人。」當權後，常奉勸徽宗：為了鞏固權位，應當打破世俗拘束，「竭四海九州之力以自奉」。帝亦知其奸，而且故意選擇反對他的人來取代他，但他因為善於替皇帝聚斂，所以能「屢罷屢起」。他每次聽到自己將被罷官，「輒入見祈哀，蒲伏扣頭，無復廉恥」。他有四個兒子從政，出仕後，公然與父親爭權，「見利忘義，至於兄弟為參、商，父子如秦、越」，所以朱子說他：「暮年即家為府，營進之徒，舉集其門，輸貨僮隸得美官，棄紀綱法度為虛器。患失之心無所不至，根株結盤，牢不可脫。」

◘「敗祖宗之盟，失中國之信」的童貫

宦官童貫生性巧媚，「狀魁梧，偉觀視」，善於奉承。深獲徽宗賞識。他曾向徽宗推薦蔡京書法，使其得以重返朝政，人稱蔡京為「公相」，童貫為「媼相」。後來在西北監軍，曾攻破西夏，收復四川、洮州，「握兵二十年，權傾一時」。

宋真宗（968-1022）與北方遼國簽訂澶淵之盟後，雙方維持和平達約一百年。到了徽宗時期，遼國東北的女真族，在金太祖完顏阿骨打的領導下，迅速崛起，屢敗遼軍，並建金國，遼國國力迅速下滑。政和元年（1111年），徽宗派童貫出使遼國，與遼國南院大臣馬植密謀，擬收回澶淵之盟失去的燕雲十六州。後來馬植化名為趙良嗣，潛入北宋，獻聯金抗遼之計。徽宗與蔡京、童貫認為：遼國亡國在即，金國會取而代之。宣和 2 年（1120年），宋、金雙方約定：金攻取遼中京，宋取遼南京。遼亡後，宋將原給遼的歲幣轉納於金國。金國將燕雲十六州歸還於宋朝。當時雙方因受遼國阻隔，需經渤海往來，故稱「海上之盟」。

宣和 3 年（1121 年），金軍按照約定，出兵攻遼，勢如破竹，最後終於滅掉遼國。另一方面，由於北宋境內民變不斷，北伐遼國之事一拖再拖，宣和 4 年（1122 年），宋廷終於派童貫領兵二十萬北伐燕京，結果卻是大敗而回，嚴重暴露宋兵的腐敗和無能。

宣和 7 年（1125 年），太學生陳東上書說：「今日之事，蔡京壞亂於前，梁師成陰賊於內，李彥結怨於西北，朱參結怨於東南，王黼、童貫又從而結怨於二虜。敗祖宗之盟，失中國之信，創開邊隙，使天下勢危如絲髮。此六賊者，異名同罪。伏願陛下誅此六賊，傳首四方，以謝天下。」翌年，李彥遭賜自盡。當時宋徽宗因為無法應付金兵的需索，乾脆讓位給兒子欽宗，自己當太上皇。靖康元年（1126 年），其餘五人先後伏誅。8 月，金兵再度入侵欽徽二帝，父子倆人一起被俘，受盡屈辱，北宋滅亡，史稱靖康之變。

所以朱熹告訴楊中立：「是時王黼、童貫、梁師成輩皆斬，此數人嘗欲

廢立」，欽宗平日對這些人，心中即有不平，他一旦掌權，當然是先除之而後快。

回「君子小人之黨」

朱子說，宋高宗趙構（1107-1187）即位之初，猶未知辨別北宋時期的「元祐熙豐之黨」。後來才能夠辨明「君子小人之黨」，這段話對於了解他的「政統」觀有十分重要的涵義，必須仔細分析。

所謂的「熙豐」，是指宋神宗熙寧、元豐年間，由王安石推動的新政，旨在清除北宋建國以來的積弊，史稱「熙豐變法」。因為施行過程中造成人民很多額外負擔，遭到保守派的激烈反對。元豐 8 年 5 月，宋神宗病逝，由子趙煦年幼即位，是為宋哲宗。宣仁太后垂簾聽政，重用司馬光，攻擊王安石「不達政體，變亂舊章，誤先帝任使」，幾盡罷新法，史稱「元祐更化」。

「元祐、熙豐」的黨爭發生於北宋期間。靖康之變發生，宋高宗即位後的黨爭，變成對金人「主戰派」和「主和派」之爭。主戰派的李綱主政七十五天，便遭罷相；繼之而起的主和派汪伯彥、黃潛善，在朱熹的認知中，是「小人中之最下、最無能者」。

這是非常值得注意的一段話。在朱子認為，高宗時期的「主戰派」和「主和派」之爭，是「君子」和「小人」之間的黨爭；北宋時期，王安石和司馬光之間的新、舊黨爭，歷時長久，影響極大，朱熹本人的政治立場偏向司馬光，但他並沒有用「君子小人之黨」來指稱他們之間的黨爭。言下之意，中國歷史上這次著名的黨爭，可以說是儒家所謂的「君子之爭」。

回「君子黨」之爭

這是非常重要的文化現象。自從孔子說：「君子無所爭，必也射乎！揖讓而升，下而飲，其爭也君子」（《論語・八佾》），所謂「君子之爭」，就變成了一種儒家文化上的理想。在華人的生活世界裡，我們可以看到個別的君子，也可以看到君子與君子之間的互動，然而「君子黨」這個概念的出現，卻是歷史上的第一次，「君子黨」之間的「黨爭」，更是第一次。

更清楚地說，孔子說「君子群而不黨，矜而不爭」（《論語・衛靈公》），這句話的反義就是「小人黨而不群」。在一般人的觀念裡，只有「小人」才會「成群結黨」；再就一般人的心理而言，成群結黨的人大多會把自己的黨稱為「君子黨」，他們的對手理所當然的就成為「小人黨」，所以朱子認為宋高宗時代「主戰派」和「主和派」之爭是「君子小人之爭」。

然而，王安石與司馬光兩人之間的新舊之爭，卻是中國歷史上第一次的「君子黨」之爭。王安石和司馬光兩人的品格和修養，都完全符合儒家「君子」的標準，但是他們的政治主張卻完全相反。當時朱子也找不到適當的詞彙來描述他們之間的黨爭，只好稱之為「天佑熙豐之黨」。

從「分析二元說」的觀點來看（Archer, 1996），任何一種行之久遠的政治實踐，都可能形塑出一種新的文化型態。我們有充分的理由相信：北宋諸子的理學思想，是在宋代特殊的政治文化中形成的；中國歷史上首次出現的「君子黨之爭」，則對朱子本人的理學思想產生了莫大的影響。朱子是儒學第二期發展的集大成者。本書第五章的析論指出：他先和呂祖謙一起整理北宋諸子的思想，編著成《近思錄》，後來又整合「象數派」邵康節的思想，獨立著成《周易本義》及《四書章句集注》，邵雍跟司馬光有極為深厚的友誼，司馬光在宦途不得意，返居開封的時候，通曉《易》理的邵康節是他最重要的道義之交。朱子本人支持司馬光的政治立場，但是也十分敬重王安石。

▣ 余英時「混接的謬誤」

余英時（2003）晚年精心著成《朱熹的歷史世界》，上冊對宋代政治文化的開端、「士」的政治地位、君臣同治天下的理想，以及君權與相權之間的關係都有極為深入的分析，考據詳實，立論精闢，堪稱是同類作品中的佼佼者。然而，他所採取的「思想史」進路，跟本書所堅持的「科學」進路並不相同，必須在此詳為分辨。

本書第一章指出，我的文化分析係以建立普世性的「自我」與「社會互動」理論模式作為基礎，這是本書採用「科學詮釋」為名的主要理由。余氏的研究仍然不脫中國傳統「考據派」的特色，只能做到實證主義式的「考據詳實，立論精闢」，並不能建構「含攝文化的理論」。

第二，本書採取「文化系統」的研究取向（cultural system approach），堅持朱子理學建立的儒學第二期發展的「文化型態學」。但余氏的取徑卻堅持研究他所謂的「內聖外王連續體」，只關注儒者在特定時空中的社會互動，所以《朱熹的歷史世界》下冊聚焦於研究「權力世界中的理學家」。

正因為余氏的研究進路不可能建構任何理論模式，因此他對該書〈緒說〉部分最為關注的「道統」一詞，始終無法給予明確的定義，同時也說不清它跟「道學」之間的關係。這一點，則是本章所要解決的首要問題。

本章以本書前揭各章對朱子理學的析論作基礎，析論「道統」與「道學」之間的關係，然後進一步討論「道統」與「治統」的關係。唯有如此，我們才能說清楚「儒家政治文化」的特色。相較之下，本書〈導論〉裡「朱子的價值世界」一節已經指出：因為余氏的研究進路在方法上犯了「混接的謬誤」，所以他誤認為：「理學家關於人間世界的意義系統」已經「失去了存在的基礎」，「不再有現實的意義」、「退藏於密」，回到那個「淨潔空闊底世界」去了。

本書之作，原本不是為了批余。本書〈導論〉既已嚴厲批評《朱熹的歷史世界》，本書作成後，若是不作本章，不能回答余氏的謬誤之見，則是為德不卒，不是儒者應有之義。了解作者的基本立場，我們才能從北宋的政治文化，討論儒家「道統」、「道學」與「治統」之間的關係。

第五節　儒家的「政統」

本書第五章指出，朱子當年殫精竭力，綜合北宋五子思想之大成，目的是要打造一種能夠傳承儒家的新知識型，以完成張載對於儒者的期待：「為生民立命，為天地立心，為往聖繼絕學，為萬世開太平。」用「批判實在論」的觀念來說，這種新知識型是在宋太祖趙匡胤開國後建構的政治氛圍中逐步「浮現」出來的，一如本書之作，是在中西文明交會後的劇烈衝擊中「浮現」的；兩者都是儒家的「文化衍生學」。

⊡ 士大夫的言論空間

宋太祖趙匡胤（927-976）在後周世宗逝去前一年，受命為殿前都點檢，執掌殿前司諸軍。翌年元月初一，北漢及契丹聯兵犯境，他受命防禦。初三夜晚，大軍開至陳橋驛時，發生兵變，將士擁立趙匡胤為帝。宋太祖登基後，鑑於五代時期藩鎮武將專權，以致國政紊亂，因而採取「重文抑武」政策，「大重讀書人」，「用文吏奪武臣之權」，凡國家高階實權職位，均由文官擔任，並且在太廟立誓碑。此後新天子即位，謁廟禮畢，奏請恭讀誓詞，群臣近侍，皆不知所誓何事。靖康之變，太廟洞開，人們才看清，誓詞三行，其中之一是「不得殺士大夫及上言當事人」。

《孟子・公孫丑下》曰：「吾聞之也：有官守者，不得其職則去；有言責者，不得其言則去。」對孟子而言，這是士人氣節的表現。在戰國時期，他認為自己能夠遊說諸侯，原因在於「我無官守，我無言責也：則吾進退，豈不綽綽然有餘裕哉？」

秦漢之後，大一統的政治局勢卻大幅度地限縮了士大夫的言論空間。大臣因為「言事」，觸怒皇帝，而遭到殺身之禍者，大有人在，中國政治也演變成「君尊臣卑」的格局。宋太祖自己對天立誓，三行誓詞中的另一行又告誡其接班人：「子孫有違此誓者，天必殛之。」對宋代的政治文化造成了重大的影響。北宋時期，程頤便曾經說過：

> 嘗觀自三代而後，本朝有超越古今者五事：如百年無內亂；四聖百年；受命之日，市不易肆；百年未嘗誅殺大臣；至誠以待夷狄。此皆大抵以忠厚廉恥為之綱紀，故能如此，蓋睿主開基，規模自別。（《程氏遺書・卷十五・伊川先生語一》）

北宋超越古今五事之一，是「百年來未嘗誅殺大臣」。本書第七章提到，孔子周遊列國十四年，回到魯國時已經68歲，魯哀公代他甚厚，並且經常向他請教治國之道。孔子乃綜合一生行教的心得，坦誠相告，這段對話，記載於《中庸》第二十章，即〈哀公問政〉章，其中有一段話：

> 凡為天下國家有九經，曰：修身也，尊賢也，親親也，敬大臣也，體群臣也，子庶民也，來百工也，柔遠人也，懷諸侯也。

這九經中的「修身」是先秦儒家認為君主應當致力追求的「內聖」境界，其餘諸經，則屬於「為天下國家」的「外王」範疇。以之與程頤所說的「五事」相較，我們可以很有信心地說，北宋初開國後百年內的四位皇帝：太祖、太宗、真宗、仁宗，確實是在實行儒家所主張的「治道」，因為他們「大抵以忠厚廉恥為之綱紀」，所以程頤很自豪地說「自三代而後，本朝有超越古今者」。

▣ 儒家的民本思想

〈哀公問政〉章在析論「為天下國家有九經」時，對於君主跟人民之間關係的說法是「子庶民也」。該章更進一步地詮釋「子庶民，則百姓勸」，「時使薄歛，所以勸百姓也」。用現代的標準來看，這並不是西方意義中的「民主」，而是儒家主張的「民本」，其要義在「民為國本，本固邦寧」。

◘「命在養民」的邾文公

民本主義是儒家極具特色的價值理念，可以追溯到春秋時期邾文公的一段歷史故事。根據《左傳・文公十三年》的記載：

> 邾文公卜遷於繹。史曰：「利於民，而不利於君。」邾子曰：「苟利於民，孤之利也。天生民而樹之君，以利之也。民既利矣，孤必與焉。」左右曰：「命可長也，君何弗為？」邾子曰：「命在養民。死之短長，時也。民苟利矣，遷也，吉莫如之！」遂遷於繹。五月，邾文公卒。君子曰：「知命。」（《春秋左傳注・上》）

邾是春秋時期魯國附近的一個小諸侯國，位於山東鄒縣一帶。西元前666年，邾國國君邾鎮死後，其子蘧蒢即位，史稱邾文公，在位時間五十二年。或許因為他是小國寡民之君，史書有關他的記載不多，但卻留下了一則不朽的故事：他晚年時，想要遷都於繹。史筮告訴他，求卜的結果是「利於民，而不利於君」，他的回答是：「如果對人民有利，那就是我應當追求的利益」，因為「天生民而樹之君」，就是要對他們有利。「既然對人民有利，那我非做不可」。群臣勸阻他：一動不如一靜，這樣可保長命。他卻坦然說道：「命在養民。死之短長，時也。民苟利矣，遷也，吉莫如之」。遷都之後不久，邾文公就死了，邾國人民都稱讚他是「知命」的君子。

「命在養民」的「命」是指「使命」。君子曰「知命」的「命」，則兼具「使命」與「命（死）之短長」二義。邾文公的政治理念從此成為鄒魯文化的核心價值，也為後世孟子「民本君輕」的民本思想奠立下基礎。

◘「眾所向者，必是理也」

宋代儒者對於這樣的民本主義當然會從自己的立場來加以詮釋，譬如張載在《經學理窟・詩書》篇上說：

民雖至愚無知，惟於私己然後昏而不明，至於事不干礙處，則自是公明。大抵眾所向者，必是理也。（《張載集》）

程頤也說：

夫民，合而聽之則聖，散而聽之則愚。（《二程遺書卷二一三・伊川先生語九》）

本書第四章指出：宋朝理學發展的大方向是「道」的理性化，將先秦儒家的「道學」改造成為以「理」作為核心的「理學」。理學講求的，是客觀的「理」，張載的說法代表了理學家的基本態度。他說一般庶民「至愚無知」，因為他們在考慮私己的利益時，都是「昏而不明」的；然而，當他們在討論跟自己利益不相干的事務時，就變得「公明」了，所以他的結論是「眾所向者，必是理也」。

這種說法可以說是宋代儒者對於先秦儒家「民本主義」的重新詮釋。《尚書・泰誓》記載武王伐紂時的著名宣告：「天視自我民視，天聽自我民聽，百姓有過，在予一人。」這段話經過《孟子・萬章上》的引述，成為儒家「民本」思想的濫觴。張載對這樣的「民本」思想做了客觀的分析，程頤則將之概括為「夫民，合而聽之則聖，散而聽之則愚」，陸九淵也有類似的說法：

夫民，合而聽之則神，離而聽之則愚。（《象山全集・卷三十四・語錄上》）

▣「至愚而神」的眾庶

這種說法必須放在儒家「民本主義」的脈絡中來加以注解。事實上，唐代陸贄對於庶民的「至愚而神」，有更為客觀的分析：

> 所謂眾庶者，至愚而神。蓋以蚩蚩之徒，或昏或鄙，此其似於愚也。然而上之得失靡不辯，上之好惡靡不知，上之所祕靡不傳，上之所為靡不效，此其類於神也。（《陸宣公翰苑集‧卷十三‧奉天請數對群臣兼許令論事》）

用〈自我的曼陀羅模型〉（見圖 7-2）來看，說庶民「至愚而神」，是指人民在日常生活裡通常都只顧自己的利益，「昏而不明」；但是他們在討論跟當政者有關之事務時，卻是「上之得失靡不辯，上之好惡靡不知，上之所祕靡不傳，上之所為靡不效」，既似「聖」，又「類於神」。這是非常客觀的分析，並沒有貶抑之意，我們不能因為其中有「至愚」字眼，就斷章取義，批評這是「愚民」、「反智」。

余英時（1976）早年的成名作《歷史與思想》便犯了這樣的謬誤。當時胡秋原（1979）以《中華雜誌》編輯部的名義，發表兩萬字的長文，批評他的〈反智論語與中國政治傳統〉，認為所謂的「反智論」是「出於誤解英文並羅織」。他說：就政治傳統而言，兩漢以來，中國政治一直是專制政治，這不足為奇。因為在法國大革命之前，全世界都是奉行專制政治，無一例外。西洋是絕對專制（absolutism），中國則是開明專制。其所以開明，是因為中國還有一個「道統」。為什麼中國之開明專制能維持兩千年之久，而西方的絕對專制只有四百年歷史，到了十八世紀，就能夠有所突破，發展出工業經濟與民主政治？

◘ 「與士大夫治天下」

認為庶民「至愚而神」，雖然肯定人民有「議政」的能力，但這並不等於西方式的「民主政治」。它跟儒家的「道統」思想實不可分，是其「政統」的一個主要構成分。必須釐清三者之間的關係，才能了解儒家政治的特色。

前文提到程頤的觀點，認為北宋開國後的一百年，是儒家政治理想得以落實的時代，宋代的政治文化是如何形塑成功的呢？《續資治通鑑長編》記載了熙寧 4 年（1071 年）宋神宗、文彥博和王安石三人之間進行的一場廷爭，提供我們解答這個問題的重要線索：

彥博又言：「祖宗法制具在，不須更張以失人心。」上曰：「更張法制，於士大夫誠多不悅，然於百姓何所不便？」彥博曰：「為與士大夫治天下，非與百姓治天下也。」上曰：「士大夫豈盡以更張為非，亦自有以為當更張者。」安石曰：「法制具在，則財用宜足，中國宜強。今皆不然，未可謂之法制具在也。」彥博曰：「務要人推行爾。」（《續資治通鑑長編・卷二百二十一・「熙寧四年三月戊子」條》）

當時王安石是宰相，文彥博的職位是樞密使，主掌軍政之權，其權勢可與宰相並匹。王安石主張新政，文彥博反對他推行的新政認為：「不須更張以失人心。」兩人在宋神宗之前發生爭議。當文彥博說，皇帝之責是「與士大夫治天下，非與百姓治天下」，宋神宗和王安石卻沒有表示罷議，而且王、文兩人還能夠在神宗面前持續進行他們原先的爭議，意味著這一點已經是他們三人之間的共識。所以程頤後來說：

帝王之道也，以擇任賢俊為本。德仁而後與之同治天下。（《河南程氏經說・卷二》）

◘「士，牧民者也」

這裡我們便面對了一個問題，胡秋原（1979）說：兩漢以來，中國一直是專制政治。君王掌握有絕對的「君權」，士大夫有何能耐，憑什麼可以與皇帝「共治天下」？

王安石秉政後，在治平元年（1064年）寫了一篇〈虔州學記〉，討論士大夫與皇帝同治天下的觀念。他說：

> 夫士，牧民者也。牧知地之所在，則彼不知者驅之爾。然士學而不知，知而不行，行而不至，則奈何？先王於是乎有政矣。夫政，非為勸阻而已也，然亦所以為勸阻。故舉其學之成者，以為卿大夫；其次雖未成而不害其能至者，以為士，此舜所謂「庸」之者也。若夫道隆而德駿者，又不止此，雖天子北面而問焉，而與之迭為賓主，此舜所謂「承」之者也。（《臨川先生文集・卷八十二》）

這篇文章對於《中庸》第二十章所說的「子庶民，則百姓勸」作了很清楚的闡釋。〈哀公問政〉章說：「時使薄歛，所以勸百姓也」，主張變法改革的王安石則認為：「夫政，非為勸阻而已也，然亦所以為勸阻。」誰來執行這樣的任務呢？王安石的答案是：「夫士，牧民者也。牧知地之所在，則彼不知者驅之爾。」

「彼不知者」是指「至愚而神」的「眾庶」。這裡最值得注意的是：針對「士學而不知，知而不行，行而不至」的問題，王安石將之分成兩大類：「故舉其學之成者，以為卿大夫」；學「雖未成而不害其能至者」，只能擔任基層的「士」，來執行「牧民」的任務。

◘ 君相相知，義兼師友

至於「道隆而德駿者」，則是可以直接面對皇帝，共商國事的人。這樣的「有道之士」跟「天子」是完全平等的，所以說「雖天子北面而問焉，而與之迭為賓主」，這就是「承」相的意義。

王安石有這樣的見解，他本人也確實以「道」自任，《石林燕語・卷七》記載了一則故事：

> 神宗初即位，猶未見群臣，王樂道、韓國持（維）等以宮僚先入，慰於殿西廊。既退，獨留維，問王安石今在甚處？維對在金陵。上曰：「朕召之肯來乎？」維言：「安石蓋有志經世，非甘老於山林者。若陛下以禮致之，安得不來？」上曰：「卿可先作書與安石，道朕此意，行即召矣。」維曰：「若是，則安石必不來。」上問何故，曰：「安石平日每欲以道進退，若陛下始欲用之，而先使人以私書道意，安肯遽就？然安石子雱見在京師，數來臣家，臣當自以陛下意語之，彼必能達。」上曰：「善。」於是荊公始知上待遇眷屬之意。

這一則故事讓人想到孟子的一段話：「天下有達尊三：爵一，齒一，德一。朝廷莫如爵，鄉黨莫如齒，輔世長民莫如德。惡得有其一，以慢其二哉！故將大有為之君，必有所不召之臣，欲有謀焉則就之；其尊德樂道，不如是，不足與有為也。」

韓國持是王安石的知交，神宗即位後，仰慕王安石的名聲，也相信他有「輔世長民」的本事，因此問韓國持：「朕召之肯來乎？」留下了這麼一則故事。雙方相見後，根據陸佃所寫的〈神宗皇帝實錄敘〉：

> 熙寧之初，銳意求治。與王安石議政意合，即倚以為輔，一切屈己聽之。……安石性剛，論事上前，有所爭辯時，辭色皆厲。上輒改容，為之欣納。蓋自三代而後，君相相知，義兼師友，言聽計從，了無形跡，未有若茲之盛也。（《陶山集・卷十一》）

王安石為什麼會有這樣的能耐，能使「銳意求治」的宋神宗與他「議政意合」，「倚以為輔」？這個問題，必須從他的學識和人品兩方面來加以分析。王安石才氣縱橫，文思敏捷，為唐宋八大家之一。他除了文學造詣之外，對傳統經學也極有研究。平日治學秉持實務主義，對周禮、荀子、韓非子、商君書都潛心研讀。

王安石於慶曆2年考中進士，以後在江蘇、浙江、安徽、河南等地為官，任職治事，儒法並用，用本書對朱子理學的析論來看，他求學時，講究「窮理致知」的知識論（見第十章），出仕後，則致力於「敬義挾持」的實踐論（見第十一章），因此他跟神宗議論國事，經常「論事上前，有所爭辯時，辭色皆厲」。

▣ 中國式的「民主」

本章第一節指出，本書採取了「傳承儒家的科學進路」，在第七章中建構了一系列的理論模型，說明「仁道」的演化系譜。從這個角度來看，儒家聖王的十六字心得「人心惟危，道心惟微，惟精惟一，允執厥中」，只是要求扮演「君王」角色的人，盡心竭力，綜觀全局，並以大公無私的態度，實踐「仁道」，亦即做到《中庸》第二十章所說的「凡為天下國家有九經」，他跟宰相以及群臣之互動，符合本書第七章所說的「絜矩之道」；凡有施政，又能贏得「至愚而神」之眾庶的支持，在這種狀況下，儒家的「道統」和「治統」就是合而為一的。

這種境界當然不容易達到，不過宋初四帝之一的神宗，跟王安石之間的互動，庶幾近之。「銳意求治」的神宗，「與王安石議政意合」，即「一切屈己聽之」，「有所爭辯時，辭色皆厲。上輒改容，為之欣納」。所以寫〈神宗皇帝實錄敘〉的陸佃說：「蓋自三代而後，君相相知，義兼師友，言聽計從，了無形跡，未有若茲之盛也。」他認為宋神宗跟王安石兩人之間的君臣關係是「義兼師友」，這就是本書第七章所謂「絜矩之道」的實例。

本書第七章引述毛子水對嚴復將英哲穆勒所著 *On Liberty* 一書譯為《群己權界論》的評論，認為儒家的「絜矩之道」蘊涵了「自由」的真義；本章的析論顯示：它同時也蘊涵了中國式的「民主」。這一點，必須從世界近代歷史發展的宏觀角度來加以說明。1990年代，前蘇聯及東歐共產國家崩解之後，日裔美籍政治學者福山（Francis Fukuyama）出版了一本名著《歷史的終結》（*The End of History*）（Fukuyama, 1992），他認為：二戰後東、西二元對立的冷戰局勢已經走到了歷史的終結點，從此全世界都將走向資本主義體制。

◘ 穩定政權的治理能力

可是，他很快地就發現：這種主張跟世界發展的方向並不相符，因而出版了《政治秩序與政治衰敗》一書，修改他的理論，認為穩定的政權的治理能力取決於三項要件（Fukuyama, 2014）：(1)強大的現代化國家；(2)依法治國；(3)政府問責的能力，能夠使人民產生信心。

這三項要件中的第三項，用本書第七章的「五常模式」（見圖 7-3）來看，可以說是「眾庶」跟君王之間的「絜矩之道」，對於了解儒家的「治統」，有十分重要的義涵，可以用孔子和子貢之間的著名對話來加以解釋：

> 子貢問政。子曰：「足食。足兵。民信之矣。」子貢曰：「必不得已而去，於斯三者何先？」曰：「去兵。」子貢曰：「必不得已而去，於斯二者何先？」曰：「去食。自古皆有死，民無信不立。」

本書一再強調：「五常」是支持華人社會先驗性形式架構。我們可以用一次大規模的實徵研究來說明這樣的論點。社會學家 Inglehart（1997）編了一份「價值量表」（World Value Survey）。他以此作為工具，自 1996 之後的二十年間，在六十五個以上的地區，作了四波的調查，然後用各種不同的統計方法分析資料，並將其結果發表在 *American Journal of Sociology* 之上（Inglehart & Baker, 2000）。其中有一種分析方式，列如圖 12-1。

這張圖以世界銀行統計的「國民生產毛額」（GNP）作為橫座標，以該文化群體：「信任他人的百分比」作為縱座標，結果顯示：這些地區可以依其宗教信仰分成：儒教、新教（Protestant）、天主教（Catholic）、東正教（Orthodox）、伊斯蘭（Islamic）等幾個區塊。在這張圖中，中國、臺灣、

圖 12-1　全世界六十五個地區之「國民生產毛額」與「信任他人的百分比」關係之分布圖

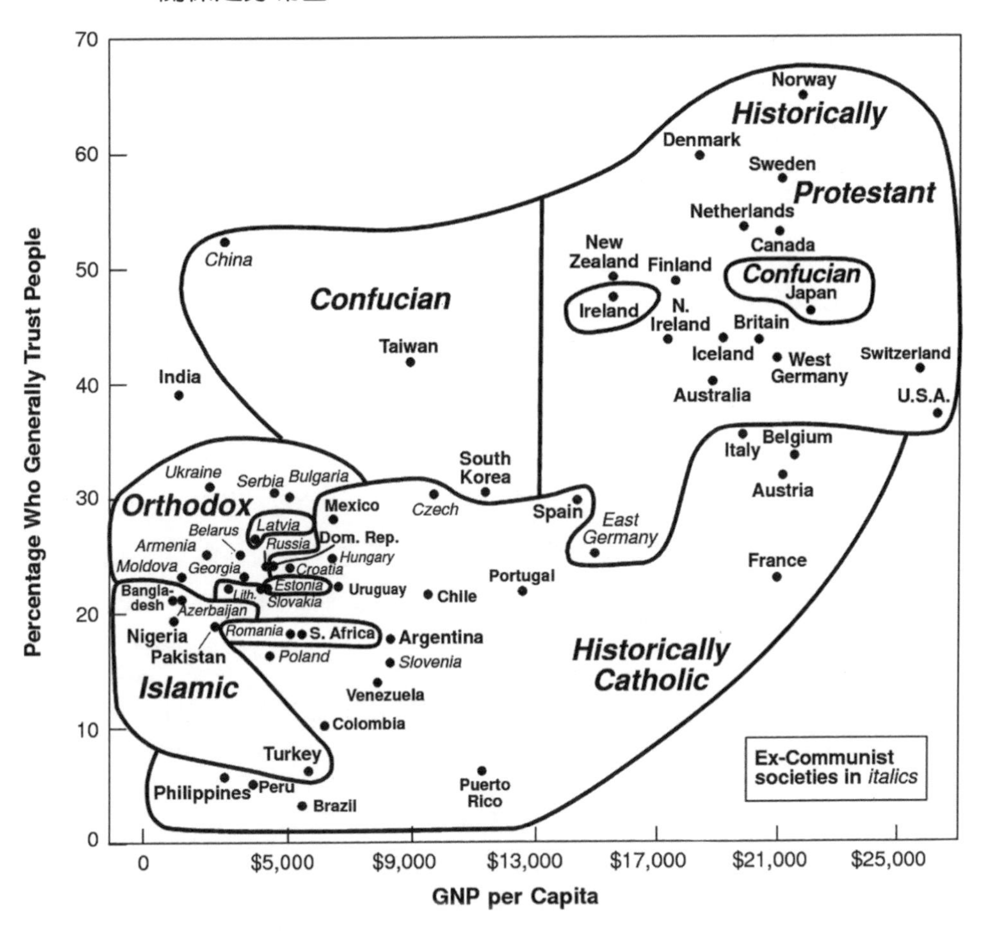

南韓、日本等幾個儒家社會在縱座標上的位置相差無幾，在橫座標（GNP，國民生產毛額）上的位置，中國遠遠落後於其他儒家社會。值得注意的是，這張圖的資料是 1996 年蒐集的。時至今日，中國的 GNP 已經超過日本及其他地區。

在解讀這張圖的時候，我引用本書第七章的「五常模式」，主張：「仁、義、禮、智、信」是支撐住儒家社會的先驗性形式架構，不管是在哪個地區、不論時代怎麼變動，儒家的「義理」都是保持不變的。至於中國在橫座標（GNP）上的快速變化，則必須放置在本書整體的脈絡之中，考量世界各國的現實條件，才有可能作出合理的解釋。

本章小結

牟宗三（1982）在他的《道德的理想主義》中，說他最大的心願是達成儒家人文主義的「三統並建」。他耗用一生的心血，獨力將康德的三大批判書翻成中文，以之作為參考架構，整理宋明理學，寫成三巨冊的《心體與性體》（牟宗三，1968a，1968b，1969），這是要確立「儒家人文主義」的「道統」。在「全盤反傳統主義」席捲中國知識界的五四時代，他非常明確地指出：要完成「儒家人文主義」的三統並建，「道統之確立」，僅只是第一步，除此之外，還必須吸納西方文明之長，建立自主的社會科學傳統，這就是他所謂的「學統的開出」。在這個基礎之上，我們才能確知中國需要什麼樣的政治體制。這就是所謂的「政統的肯定」。在《道德的理想主義》一書中，牟宗三（1982）承認：他窮一生之力，只能梳理出儒家的「道統」，至於要開創出「儒家人文主義」的學術傳統，他力有未逮，必須由後世學者繼續努力。

牟宗三宣稱：他窮一生之力梳理儒家「道統」，令人遺憾的是：他在作這種「梳理」工作的時候，並沒有嚴格區分中、西兩種「文化系統」，而是用「中哲化西哲」或「西哲化中哲」的方式，將兩者混在一起，互相詮釋。這種傳承儒家的哲學進路，根本不可能開出「儒家人文主義」的「學統」，有關這一點，我將留待本書第十三章再作細論。

傳承儒家的科學進路於此完全不同。我的「科學進路」一開始便嚴格區分這兩種不同的「文化系統」，因此本書系第一、二兩章先釐清本書「分析儒家文化系統的知識論策略」，建構出「關係」與「自我」的形式性理論，再以這些普世性的理論模型作為架構，分析朱子理學的內容。這樣建構出來的「含攝文化的理論」不僅可以開創出「儒家人文主義」的「學統」，而且連儒家文化的「政統」或「治統」爭議，也可以迎刃而解。這一點，我們將在後續兩章繼續申論。

第十三章　傳承儒家的哲學進路

本書系題為「中西會通四聖諦」，本書列在該書系「苦、集、滅、道」中的「道」部，希望能夠幫助華人走出本土社會科學之道。上一章批評余英時的「思想史」研究取徑，「畫地自限」，將「哲學史」的研究畫在自己的研究領域之外，因而無法看清楚朱子理學的「價值世界」。本章所要指出的是，不論余英時的「思想史」研究，或是港臺新儒家的「哲學」論述，都受到「五四意識形態」的影響，懷有「現代化」的迷思，沒有堅持「文化系統」的研究進路。余氏的著作宛如一座大迷陣，一入其中，再也找不到中國文化的出路；港臺新儒家採用「中哲化西哲」的論述方式，雖然有所偏誤，只要採用「文化系統」的研究取徑，指出其偏誤所在，仍然不失為傳承儒家的一種進路。因此本章將批判劉述先和牟宗三的哲學進路，希望在儒學發展史上，為朱子理學找到合理的定位。

第一節　現代化的迷思

西元 1313 年，元仁宗下詔恢復科舉，以朱熹編撰的《四書章句集注》作為所有科舉考試的指定用書，為明清兩朝所沿用，朱子理學成為儒家的「正統」。鴉片戰爭挫敗之後，中國陷入了「百年羞辱」。西元 1905 年，清廷廢止科舉，朱子理學和其他的中華文化傳統一樣，變成「五四意識形態」的抨擊對象，而為全盤西化論者所摒棄，此後百年期間，中國知識分子最關心的議題是「現代化」，而不是整理自己的文化傳統。

傳統與現代的鬥爭遊戲

在《傳統與現代的鬥爭遊戲》一書中，葉啟政（2001）指出：「現代化」原本是一種以西方理性為主軸所建構出來的歷史形式，其內含有一定的文化構成理路，極具邏輯一致性（logical consistency），因而在相當程度上具有有機體的「體系性」（systemness），其特質必須以論述（discourse）為優位，並以「實作」（practice）為手段來加以貫徹。中國經過鴉片戰爭的「百年羞辱」以及五四運動的洗禮，許多知識分子不再深入思考「現代化」的意義，反倒把它看作是「救亡圖存」與「富國強兵」的希望所在。

中國社會中主張「現代化」的知識菁英，通常是以「論述」帶動「政策」，並以集體成就作為目標，而推動「現代化」的實踐活動，打的是「總體陣地戰」，對整個社會規範理路進行全盤轉化和顛覆。菁英們挾持著種種足以支配別人的社會資源，以有整體系統之「理性」考量為戰略，在社會中各個重要據點布陣，採取嚴陣以待、蓄勢待發的方式，進行攻擊戰。這種攻擊戰的目標在於摧毀舊有體制，進而重建秩序。

他們通常會以「我們」作為中心，而以諸如國家、社會、區域或人民為考量的「整體」意識，來推動「現代化」。相反的，一般社會大眾通常只是環繞著自己的身軀，來建構以「我」為中心的世界觀，或是以「我」中心，而依親疏遠近向外擴散之人際網絡，或以利益或情感作為分殊基礎，建構區域聯防性的「區域」世界觀。

面對知識菁英所發動的「現代化」大規模總體陣地戰，社會大眾並無力發動另一種以本土傳統作為論述理路的總體陣地戰，而只能以其有限的生活場域，靠種種掩飾手法，利用空隙，在被「現代化」所征服大地上，進行小規模、零星、片面、不定時、不定點，但卻也是隨時隨地推動的游擊戰。這種游擊戰基本上沒有戰略，有的只是以個體或有限數量之個體聯防，並強調視機而動的戰術（tactic）（葉啟政，2001，頁 63）。

▣ 傳統中的近代性因子

我們可以用本書所提到的三位著名學者為例子來說明：五四之後，對於「現代化」或「現代性」的追求，幾乎已經成為中國知識分子的共業，不僅「全盤西化派」趨之若鶩，甚至連以捍衛「道統」自命的港臺新儒家，亦難以豁免。

嚴格說來，余英時並不屬於「全盤西化派」，他只能說是「現代化派」。在〈「君尊臣卑」下的君權與相權〉一文中，余英時（1976）說：自從德國社會學大師韋伯以來，在一般社會學和政治學的用法中，「傳統」（tradition）和「現代」（modernity）久已成為互相排斥的對立性的東西。但是韋伯的二分法近年來已受到社會科學家的挑戰。L. I. Rudolph與S. H. Rudolph（1967）研究印度的傳統及其現代化的過程，便對此二分法提出了有力的駁正。照他們的分析，傳統與現代化之間具有非常複雜，甚至可以稱為「辯證的」（dialectic）關係。不僅傳統之中含有近代性的因子，而且現代化本身亦絕非全屬現代，其中也有脫胎於傳統的成分。甘地（Tushar Gandhi, 1869-1948）便很善於運用印度傳統中的舊因子，來誘發近代化的變革。

不僅如此，C. J. Friedrich（1972）在其所著的《傳統與權威》（*Tradition & Authority*）一書中，也指出：任何傳統都不是靜止的，也不是單純的；傳統本身便包含著內在的矛盾，而足以導致改變。就傳統和現代化的關係來說，傳統內部自有其合理的成分，並能繼續吸收合理性（rationality），因而可以與現代化接筍。余英時說：他個人頗傾向於接受對韋伯的傳統觀的重要修正，根據這個新的看法，我們便不可以對傳統採取任何籠統的論斷，無論是全面讚美，或一筆抹殺，都同樣是不符合實際的。相反的，我們必須從各種不同的角度對傳統加以分解，然後再分別地衡量其得失。

▣ 余英時的謬誤

這些論點都是正確的，用分析二元說的角度來看，要了解什麼叫做「傳統」，一定要嚴格區分「文化系統」和「社會與文化的交互作用」，先掌握住「文化型態學」，再設法了解「文化衍生學」，仔細檢視後來的人在特定的時空中，如何詮釋自己的文化傳統，並且「古為今用」，不可以把兩者混為一談，否則就可能犯了「混接的謬誤」。

本書〈導論〉的最後一節指出：余英時不肯探討「朱熹的價值世界」，認為那是屬於「哲學史」的研究範疇。他堅持「思想史」必須研究的「內聖外王連續體」，其實只是儒者在特定時空之下「社會與文化的交互作用」，兩者混為一談，犯了「混接的謬誤」而不自知，所以他的著作會不斷受到學術界的批判。

第二節　劉述先的「解消神話」

在「現代化」的時代潮流衝擊下，港臺新儒家的出現，成為一股「反潮流」的中流砥柱。他們義無反顧地承擔起重整「道統」的使命，牟宗三是這股清流的代表人物。他所開出的研究取向，可以說是「傳承儒家的哲學進路」。

然而，這種研究取向並沒有嚴格區分中國和西方的文化系統。他們採取「中哲化西哲」的詮釋方式，雖然可能有助於人們對於中華文化傳統的理解，但卻很難為社會科學研究者所接受。因此，本書〈導論〉特別提到：費孝通一生歷盡滄桑之後，晚年才發出衷心感嘆：我們已經找不到和傳統理學溝通的方法！

◘ 劉述先的系統哲學

在港臺新儒家陣營中，劉述先最先採取「思想史」的進路，深入研究過朱子的價值世界，並且三次為文批判余英時的研究取向，但他卻沒有嚴格區分中、西兩種文化系統的差異，無法跳脫中國知識分子追求「現代化」的共業，所以我們必須先以朱子所主張的「敬義挾持」，來檢視其研究成果。

劉述先（1934-2016），江西吉安人，美國南伊利諾大學哲學博士，是海內外公認的宋明理學專家，當代新儒家第三代的代表人物，一生筆耕不輟，致力於重新闡釋中國的智慧，以貢獻於現代世界。

劉述先早年深受卡西勒（Ernst Cassirer, 1874-1945）文化哲學的影響，著有《文化哲學的試探》（劉述先，1970）。在〈哲學的起點與終點〉（劉述先，1987a）一文中，他總結早年的探索，認為：「意義」就是主客和合的產物，既不專屬於主，也不專屬於客，所謂的「意義」，是人存在和他的世界的原生結構（primordial structure）。一方面，「世界」不是把人抽離出去後，所剩下的純然客觀的存在，它是人所面對的、所必須去理解及揭示其意義結構的世界。人所理解及揭示的意義世界，是可以有多面的，這就是卡西勒提出的不同的符號形式。另一方面，人也不是把世界抽離開來後，所剩下的人存在，因為這根本是不可能的；人一向都是存在於世界中。此一事實也驅迫著吾人去尋找自身及其所處的世界的意義。

在〈系統哲學的探索〉中，劉述先（1987b）總結他構想中的「意義哲學」為：「把握一種全觀，全盤省察人存在和他的世界，企圖如實地加以了解，而為之尋求一種理想的歸趨」。這一全觀或全盤省察，即是劉述先（1987b，頁 322）後來提出的具開放性的系統哲學：

> 系統哲學的探索包含著一種廣闊的視野。它可以向各方面吸取靈泉，卻又不侷限在一個特定的角度以下。它所關懷的基本問題有兩個：
>
> （一）我們有沒有可能為這麼豐富雜多的世界人生的內容尋覓到一個共同的根源或基礎，然後才逐漸分化成為不同的存有與價值的領域？
>
> （二）我們有沒有可能建構一個系統來涵蓋世界人生如此豐富雜多，乃至表現了深刻的、矛盾衝突的內容，把它們熔為一爐，結合成為一個整體，卻又井然有序，分別在這個系統之內得到它們適當的定位？

▣ 創造的創造性

這裡必須特別指出的是：劉述先（1987b）所謂的「系統哲學」和本書所主張的「文化系統」並不相同。針對他在〈系統哲學的探索〉一文中所提兩項問題，劉述先（1966）在他早年的著作《新時代哲學的信念與方法》中指出：「理一分殊」的觀念蘊涵了「異質的和諧性」（heterogeneous harmony）的深刻意義，可以將雜多豐富卻極可能是矛盾衝突的不同文化內容，化為一個和諧的整體，並於其中各得其適當的定位：

> 我們並不能夠用一種抽象的和諧的觀念消解去事實上存在的矛盾與衝突，和諧是要透過努力來創獲的，它並不是一個自動的過程。但是我們確有必要創獲這樣的和諧，因為如果我們終於無法獲致和諧，那麼我們的生命便不免陷於魯莽滅裂，走上覆亡的道路。然而獲致和諧之道卻是多樣性的，所以和諧的意義並不是一致（conformity），「理一分殊」，這是傳統中國哲學中體驗的最高的人文的至理，我們必須進一步用徹底現代的概念與術語來解剖開其中所蘊藏的深微的意義。（劉述先，1966，頁 271）

在該書中，劉述先區分心靈創造的「外延意義」和「內容意義」。所謂心靈創造的「外延意義」，是指「把我們的生命的內在的體驗投注出來，形成一些外在的成就」，如音樂、藝術、文學等的作品；心靈創造的「內容意義」，則是指「由外延的意義追溯到它內心的泉源」。「我們不僅要生活在一個外延的意義世界中，我們一定要把它點化成為一個活潑潑的內容的意義的世界。我們要不斷地創造，再創造，但是所彰顯的卻不僅在所創造的事物，而在創造性本身」。唯有如此，「我們才能由『創造』的觀念更進一層跳躍到『創造的創造性』」。

從這樣的區分回頭看卡西勒的符號形式哲學，劉述先雖然肯定卡西勒明確指出意義的觀念在哲學上的重要性，卻批評它的哲學「仍然是外延的，並不是內容的」；「他並不曾逼進一步了解生命的內在的『創造的創造』的泉源」。

◘ 元亨利貞

在〈「理一分殊」的現代解釋〉一文中，劉述先（1993a，頁 161）先引用朱子〈仁說〉中的一段話：

> 天地以生物為心者也，而人物之生，又各得夫天地之心以為心者也。故語心之德，雖其總攝貫通，無所不備，然一言以蔽之，則曰仁而已矣。請試詳之。蓋天地之心，其德有四，曰元、亨、利、貞，而元無不統。其運行焉，則為春、夏、秋、冬之序，而春生之氣無所不通。故人之為心，其德亦有四，曰仁、義、禮、智，而仁無不包。其發用焉，則為愛恭宜別之情，而惻隱之心無所不貫。故論天地之心者，則曰乾元、坤元，則四德之體用不待悉數而定。

從本書的論述脈絡來看，朱子在講「天地之心，其德有四，曰元、亨、利、貞，而元無不統」，「人之為心，其德亦有四，曰仁、義、禮、智，而仁無不包」，他對天人關係的解釋是：

> 問「保合大和，乃利貞」。曰：「天之生物，莫不各有軀殼。如人之有體，果實之有皮核，有個軀殼保合以全之。能保合，則真性長存，生生不窮。如一粒之穀，外面有個殼以裹之，方其發一萌芽之始，是物之元也；及其抽枝長葉，只是物之亨；利得生實欲熟之際，此便是利；及其既實而堅，此便是貞矣。（《朱子語類・乾上》）
>
> 蓋乾道變化發生之始，此是元也；各正性命，小以遂其小，大以遂

其大，則是亨矣；能保合矣，全其太和之性，則可利貞。（《朱子語類・乾上》）

人之所以為人，其理則天地之理，其氣則天地之氣。理無跡，不可見，故於氣觀之。要識仁之意思，是一個渾然溫和之氣，其氣則天地陽春之氣，其理則天地生物之心。今只就人身己上看有這意思是如何。才有這意思，便自恁地好，便不恁地乾燥。將此意看聖賢許多說仁處，都只這意。（《朱子語類・仁義禮智等名義》）

本書一再強調：朱子是儒家「承先啟後」的集大成者，他為了要把儒家思想打造成「內外自洽、前後一貫」的文化系統，刻意揉合北宋儒家諸子中「象數派」和「義理派」對於大易哲學的詮釋，而打造出自己的理學思想體系。上述引文，顯然是以本書第三章所說的《易》理為基礎，是大易哲學陰陽氣化宇宙觀的一部分。然而，劉教授卻不以為然，他強烈地批評朱子的說法：

天之四德見之於乾文言，但原文並沒有說為何天只能有四德；人之四德自源出孟子，但孟子也沒有說為何人只能有四德，這些德行與季節更拉不上關係。但自陰陽家以後，秦漢之際，呂覽、淮南，喜歡把宇宙、人事的現象編織成為一個複雜的秩序，也就是象數派最喜歡弄的那些東西。如此，天人合一不再是「天命之為性」那樣德行上的關聯，而是天象、人事有著嚴格的互相對應的關係。這樣弄得既繁瑣而又跡近於迷信。（劉述先，1993a，頁 163）

從這段論述很清楚地顯示：劉教授非常反對「象數派最喜歡弄的那些東西」。在他看來，說什麼「仁之意思，是一個渾然溫和之氣，其氣則天地陽春之氣，其理則天地生物之心」、「就人身己上看有這意思是如何」、「才有這意思，便自恁地好，便不恁地乾燥」，都是像漢代以後的陰陽家那樣，

「喜歡把宇宙、人事的現象編織成為一個複雜的秩序」，「弄得既繁瑣而又跡近於迷信」，因此他認為：

> 從方法學來看，對於「理一分殊」提出新釋，就必須在同時像當代基督教的神學家那樣，要做「解消神話」（demythologization）的手續，才能夠把儒家的中心信息，由一套中世紀的世界觀解放出來。（劉述先，1993a，頁 163）

▣ 解消神話的工作

看到這一段話，令我感到十分的錯愕！劉教授釋研究宋明理學的大家，他對朱子相關文獻的嫻熟，在當代新儒家中恐怕無人能出其右。在同一篇文章中，他很正確地說：

> 朱子把仁和生關聯在一起，這並不是朱子的創舉，自二程以來即乃是宋明儒者接受的共法，文獻上的根據則在《易經》。北宋由濂溪開始，會通易庸，在思想上開闢出一條新的路徑，這是儒學可以發展的一條線索，並無背於孔孟的宗旨。宋明新儒學與先秦儒學之間本來就有一種既傳承又創新的關係，朱子的哲學正是一個典型，在內容上取資於二氏，在精神上則繼承孔孟，這才能把新的生命注入儒學之中，而開創出一個新的局面。（劉述先，1993a，頁 163）

劉教授非常了解朱子在中國文化史上的地位，他也肯定朱子綜合北宋諸子思想的精華，會通《易》、《庸》，在思想上開創出一個新的局面，然而，他卻認為：

> 朱子無疑是個綜合性的大心靈，他能夠兼容並包，所以成其大；但也因為他吸納了許多異質的成分，結果不免逾越範圍，造成了駁雜不純的效果。（劉述先，1993a，頁 163）

因此，他要像「當代基督教的神學家那樣」，做「解消神話」的工作，把「儒家的中心信息，由一套中世紀的世界觀解放出來」！

坦白說，我完全無法同意這樣的說法。從本書的析論中，我們可以清楚地看出：朱子畢生治學的方向，是要建構出一套有別於當時盛行的「三玄」思想、而又能彰顯出「純儒」特色的「文化系統」。我從不認為：以《易經》作為基礎的陰陽氣化宇宙觀是一種「中世紀的世界觀」，我也不認為陰陽家所作的工作是「跡近於迷信」。

▣「現代化」的魔咒

劉述先在寫完他的扛鼎之作《朱子思想的完成與開展》（劉述先，1982）一書之後，曾經寫一篇文章，回想他寫這本專著時的心情：

> 我不願意像一些人說的，在中國販賣外國的東西，在外國販賣中國的東西，永遠在賣野人頭，騙外行人。我定要繼承新亞的傳統，在錢先生的考據和牟先生的思辨之上，做出新的綜合，自成一家言說。（劉述先，1994，頁 28）

劉教授治學的態度是非常嚴謹的。他在學術生命的巔峰時期，從思想史的觀點，研究朱子思想形成的歷程，他完全知道朱子在當時理學家中獨排眾議，自創新說的經過，為什麼他看不出來朱子治學努力的方向？

本文的析論顯示：劉述先早年即形成的「系統哲學」，旨在追求「創造的創造性」，而不在於本書所主張的「文化系統」。這樣的哲學定向，決定了劉教授一生努力的目標：在《新時代哲學的信念與方法》一書中，劉教授指出：

> 東西文化精神雖各有偏重（分殊），而其為人類心智的創造即一（理一），故只要給與它們適當的定位，東西方才能以最好的方式貢奉給世界而開創出未來光輝的世界文化。（劉述先，1966，頁283）

這個說法是十分正確的。然則，我們該如何給予「東西文化精神」適當的定位呢？

經過二十餘年的多方思索，在〈「理一分殊」的現代解釋〉中，劉教授說：

> 生生不已的天道要表現它的創造的力量，就必須具現在特殊的材質以內而有它的侷限性。未來的創造自必須超越這樣的侷限性，但當下的創造性卻必須通過當下的時空條件來表現。這樣，有限（內在）與無限（超越）有著一種互相對立而又統一的辯證關係。（劉述先，1993a，頁 172）

「理一分殊」的原則必須「理一」與「分殊」兩面兼顧、不可偏廢，此即所謂「兩行之理」。

在〈新儒家與新回教〉一文中，劉教授說：

> 新儒家對於「理一分殊」的解釋是：「理一」固然貫通中外古今，「分殊」卻必須在今日覓取現代的表達。我們必須把超越的信息與中世紀的世界觀徹底解構，與現代的情況結合在一起，故此宗教傳統並不能避免「現代化」的問題，必須理解「現代性」的特質，與時推移作出相應的變化，才能打動現代人的心弦，解決現代人的問題。（劉述先，1996，頁 130-131）

從這一系列的論述中，我們可以很清楚地看出：劉教授雖然自命為當代儒家的第三代，但是他畢生努力的方向，卻是要告訴世人：儒家思想的中心訊息「理一分殊」，「理一」可以貫通中外，「分殊」可以「在今日覓取現代的表達」，這樣就可以「把超越的信息與中世紀的世界觀徹底解構，與現代的情況結合在一起」！

坦白說，我實在看不出這樣的努力方向跟「全盤西化派」的主張有什麼不同。這個問題的癥結，在於劉教授堅持的「系統哲學」，使他不知不覺陷入「中哲化西哲」的陷阱，因而像大多數中國知識分子一樣，難以擺脫「現代化」的魔咒。

▣「彈正」西方哲學？

這個問題從劉教授對「兩行之理」解釋可以看得更為清楚。「兩行」一詞出自莊子《齊物論》，劉述先（1993b）將之刪節成：

> 是亦彼也，彼亦是也。彼亦一是非，此亦一是非，果且有彼是乎哉？果且無彼是乎哉？彼是莫得其偶，謂之道樞。樞始得其環中，以應無窮，是亦一無窮，非亦一無窮也。故曰：莫若以明。……
> 道通為一。其分也，成也，其成也，毀也。凡物無成而毀，復通為一。惟道者知通為一。……是以聖人和之以是非，而休乎天鈞，是之謂兩行。

依照傳統的解釋，是非為兩行，能夠超越兩行，就能夠與道合而為一。劉教授認為：這樣的解釋固然有其根據，但接受了這樣的解釋，就明顯地偏向「理一」一邊，而忽視了「分殊」。因此，劉教授提議給與一種新的解釋，「理一」與「分殊」才是兩行，「兼顧到兩行，這才合乎道的流行的妙諦」。

在〈全球與本土之間的哲學探索〉一文中，鄭宗義（2014）回顧劉述先的哲學思想，指出：劉教授試圖用「兩行之理」逐一回應當代西方哲學的一些流行思潮：

> 他批評：羅蒂（Richard Rorty）的「實用主義的限制在只見內在，不見超越」；海德格（Martin Heidegger）、沙特（Jean-Paul Sartre）等的歐洲哲學「卻墮入到一股激進的相對主義的迴流之中」；福柯（Michael Foucault）對理性的過度懷疑、對權力的過分強調，是「把理性的規約原則也加以捨棄，卻使得我們陷落在相對主義的深淵之中」。姑勿論劉先生對當代西方哲學的彈正是否恰當，他的用心其實是在於指示出理一分殊的原則是今天我們可以不跌落絕對主義與相對主義兩邊的中道。

劉教授的主張固然是「用心良苦」。可是，從本書的立場來看，他對西方哲學的「彈正」並不恰當。我非常欣賞他在〈「兩行之理」與安身立命〉（劉述先，1993b）一文中對東方哲學的析論，但是要用同樣的思維方式來「彈正」西方哲學，便大有商榷的餘地。

第三節　牟宗三的「系統性偏誤」

在我看來，要用東方哲學「彈正」西方哲學，並不是不可能，而是必須先對這兩種哲學的「文化系統」有相應的理解，否則便可能犯下嚴重的學術謬誤而不自知。我們可以港臺新儒家代表人物牟宗三的故事，來說明這一點。

回 牟宗三的「前有」

牟宗三是山東棲霞人。天資聰穎，自青年時期，即潛心精研中、西哲學，並以會通中西、重建儒家道統作為終身志業。成年後，獨立將康德的三大批判書翻成中文，並以之作為參考架構，整理儒家的道統，撰成三巨冊的

《心體與性體》（牟宗三，1968a，1968b，1969）。他採取「中哲化西哲」的「哲學進路」，想要「消化康德」（牟宗三，1988），完成自己的思想體系。臨終時自謂：「一生著述，古今無倆。」被推崇為現代新儒家的代表人物。

在《「中國哲學」的牟宗三時代》一書的導論中，鄭家棟（2021）回顧中國大陸 1950 年代以後哲學研究的整體走向，包括：1950 年代以後與政治意識形態相糾結的「唯心唯物」模式；形成於 1930、1940 年代而在 1990 年代重新引起重視的馮友蘭模式；形成於 1980 年代的李澤厚模式；當代「中國哲學」佔據主導地位的詮釋理路。他的結論是：中國哲學思想距離理論意義上的「後牟宗三時代」還很遙遠，繼續闡釋和消化牟先生的思想創獲及其理論成果，仍然是今後二十年間「中國哲學」研究領域最重要，而且最富於挑戰性的課題之一。

他引述劉述先（2003）在《牟宗三先生全集》出版時的說法，將牟先生在當代中國哲學的地位比之於康德在西方哲學的地位，「你可以超過他，卻不可以繞過他」。更清楚地說，他認為：牟宗三的思想系統深刻地彰顯出「中國哲學」現代發表所必須面對的一些問題。人們可以不贊同，甚至全然反對牟先生的論斷，卻必須面對牟先生所突顯出的問題。

我贊同他們這樣的論點。然則，牟宗三哲學所遺留下來的問題是什麼？盧雪崑師從牟宗三研習哲學，1990 年獲哲學博士學位後，留所任教迄今，可以說是牟宗三的衣缽傳人。她在《牟宗三哲學：二十一世紀啟蒙哲學之先河》中，以「護師」的姿態，逐一批駁華人（尤其是中國大陸）學術界對於牟宗三哲學之誤解（盧雪崑，2021），包括：梁濤（2018）的道德要素「欲性、仁性、智性」三分法；唐文明（2012）誤解康德的自律道德為「一種律法主義」，並批判牟宗三「將儒家倫理精神化約為道德主義」。

盧雪崑（2021）認為：牟宗三所論「道德的形上學」是吸納康德批判哲學之洞見，而自建的哲學系統，並不是照搬康德的術語來套中國傳統哲學，也並非跟從西方哲學的分析架構來講「形而上」學。其本旨是論明孔子哲學傳統，作為人類理性的本性之學。因此，她強調：牟宗三哲學是一個「客觀地建立的創造性哲學體系」。

我完全同意盧雪崑教授的論點。可是，我們也必須承認，牟宗三在建立他自己的「創造性哲學體系」的時候，也不得不對康德的批判哲學作某種程度的「系統性扭曲」，這樣的扭曲是源自於中、西文明的根本差異，是任何想用「哲學取徑」解決「中西會通」問題的哲學家都必須面對的難題。

以本書第二章所提海德格的詮釋學來看，人在詮釋某一特定領域中的事物時，被詮釋的對象必須已經預先存在其「生活世界」之中。人必須透過三重「先設結構」，才能夠清楚地詮釋或理解某一對象，這可說是理解或詮釋活動的預設條件。理解的「先設所有」或譯為「前有」。人在有自我意識或反思意識之前，他已經置身於其「生活世界」之中。他的文化背景、風俗習慣、生活經驗，以及他生活時代的知識水平、物質條件、思想狀況等等，都是從他意識到自身的存在時，即已經為他所有，並成為不斷影響他、形成他的力量，這就是所謂的「前有」。

▣「善」的形式條件

從這個角度來看，牟宗三整理儒家道統的「前有」，是五四時期在中國知識界交匯的中、西文化思潮，其核心則為康德的「自律倫理學」。康德（Immanuel Kant, 1724-1804）是歐洲啟蒙時期非常重要的思想家。他在 1785 年出版的《道德形上學原論》中指出：道德形上學的重要課題，是要找出作為道德之根本「善」的純粹形式條件。依循「善的意志」所表現出來的行為，必須具備三項形式條件：(1)純粹來自義務，並非源自個人對外在功利的好惡傾向；(2)純粹義務性的行為，係由意志上的形式原理所規定，絕不帶有任何現實動機；(3)義務是遵循道德法則而導致的「行為必然性」。因此，所有道德法則都是以「定然律令」（categorical imperative）所表述的，其表述方式為：「你應當依被意志轉化為普遍自然法則的行動箴規而行動。」（Act as if the maxim of the action were to become by the will a universal law of nature.）。

「定然律令」和「假言律令」（hypothetical imperative）全然不同，後者是條件式的陳述，告訴行動者其行為可能導致的經驗性後果，例如：「你若想致富，便應當努力工作」。

康德認為：人以其「善的意志」規律自己的行為，為義務而義務地實踐「定然律令」的道德法則，這種行為是「自律」的（autonomous）。反之，依「假言律令」而作的行為則是「他律」的（heteronomous）。任何享樂主義或功利主義所建立的道德理論，都是他律性道德，缺乏普遍而先驗的道德意義。

回「上帝存在」的前提

這裡最值得注意的是：康德的自律性道德是以「上帝存在」作為前提的。他所提出「純粹實踐理性之三大設準」，即意志自由、靈魂不朽、上帝存在（Kant, 1788/1963）。第一設準（意志自由）使意志能夠脫離感觸界而獨立，並能依循智思界的法則作出決定。第二設準（靈魂不朽）使人有恆長的時間實踐道德法則。第三設準（上帝存在）則保證超越的道德和永恆的幸福能夠合而為一。

牟宗三一生治學的終極關懷，是要重建儒家的「道統」。從康德倫理學的角度來看，儒家倫理本質上也是一種「義務性道德」。然而，儒家的倫理與道德卻是以「良心」對於「天」及「鬼神」的雙重信仰作為基礎（黃光國，2015；Hwang, 2014），而不是以相信「上帝存在」為基礎。朱熹講「天理」，王陽明講「良知」，對於新儒家而言，儒家的倫理與道德顯然是「自律」的。然而，許多社會科學家受到西方二元對立哲學思維的影響，卻傾向於認為中國人是「他律」的。

牟宗三非常反對這樣的觀點。在西方「主─客」二元對立的文化傳統影響之下，康德哲學先嚴格區分「感觸界」（sensible world）與「智思界」（intelligible world），認為：人類有「感觸的直覺」（sensible intuition），能夠在現象學中探索；只有上帝才有智的直覺（intellectual intuition），才能及於物自身。

⊡「系統性的扭曲」

牟宗三也不同意康德的這個論點。他寫了一系列的皇皇巨著，包括《心體與性體》（牟宗三，1968a，1968b，1969）、《才性與玄理》（牟宗三，1963）、《佛性與般若》（牟宗三，1977），從多面深入研究中國傳統文化。他認為：在「天人合一」的東方文化裡，只要通過不同的修養工夫，就可以證成儒家的「性智」、道家的「玄智」、佛家的「空智」，可以開啟康德所說的「智的直覺」，而能移及於物自身。牟宗三據此主張人有「無限智心」、「人雖有限卻可以無限」。

康德哲學認為：「智的直覺」屬於上帝，人類感觸的直覺受限於經驗的現象界，不能及於「物自身」。但人類的理論理性（theoretical reason）卻能夠用「先驗的理念」（transcendental ideas）建構理論，來探索物自身。這樣的理論卻必須用經驗現象來加以檢驗，康德的知識論因此稱為「先驗理念論」（transcendental idealism）和「經驗實在論」（empirical realism），兩者必須同時成立，缺一不可。

牟宗三深入研究中華文化「三教合一」的文化傳統，他相信人有「智的直覺」，可以及於「物自身」。他在翻譯康德著作的時候，刻意將「先驗的理念」（transcendental idea）翻譯成「超驗的觀念」，並且在《現象與物自身》一書中，非常清楚地說明了他為什麼必須如此做（牟宗三，1975）。

在《牟宗三哲學思想研究》一書中，王興國（2007）順著牟宗三自己的思路，將西方哲學分成三個傳統：柏拉圖傳統，萊布尼茲、羅素傳統，康德傳統。嚴格來說，牟宗三的哲學進路是萊布尼茲、羅素的傳統，他認為：這是西方哲學的主流。與之對照之下，康德的批判哲學，反而是異數，跟牟宗三本人的哲學進路並不相應。

萊布尼茲的邏輯思辨開始使用「先天」（a priori）與「後天」（a posteriori）這個概念，而「先驗的」（transcendental）與「超越的」（transcendent）之分，則是康德批判哲學所作的獨特區辨。牟宗三受到當時西方流行邏輯論的影響，一開始就走萊布尼茲與羅素的邏輯思辨路線，他保留康德知識論中「經驗實在論」的立場，以為單靠邏輯的先天性（a priority）與必然性（necessity）就是以保證知識之所以可能的條件，並不同意康德所主張的「先驗理念論」，後者認為：科學知識必須藉由時空的先天形式，來決定經驗對象。為了完成他自己的哲學思想體系，所以牟宗三刻意將康德知識論中的「先驗理念論」譯成「超驗觀念論」。

林安梧（2005）認為：牟宗三這種「消化康德」的作法，其實是一種「格義、融道、轉化與創造」；Hwang（2017）則稱之為「系統性偏誤」（systematic error）。更清楚地說，牟宗三對康德知識論的「誤譯」，並不是因為他不懂康德哲學所犯的謬誤，而是因為他精通康德哲學，為了要完成自己的哲學體系經過深思熟慮之後，故意「有系統地」作出這樣的「誤譯」。

牟宗三系統性地誤譯康德的知識論，雖然是可以理解的，但是這種「系統性的偏誤」卻很可能妨礙華人理解科學哲學的演化系譜。「中西會通四聖諦：苦、集、滅、道」書系的第二部「集」，我將《社會科學的理路》（第四版思源版）（黃光國，2018）改寫成《科學哲學的演化系譜》，其中自然科學的哲學演化，歷經「實證主義」、「後實證主義」、「批判實在論」三個階段，其知識論分別為「經驗實在論」、「先驗理念論」、「先驗實在論」（見本書第一章）。如果依照牟氏的譯法，將「先驗」一詞譯成「超驗」，後代的華人學者勢必難以理解科學哲學的演化系譜；甚至可能無法達成牟宗三「三統並建」的心願。為什麼呢？

▣「三統並建」的宏願

在《歷史哲學》一書中，牟宗三（1988）說他畢生研究中國文化，目的在於重建中國文化，開出中國文化的新形態。他認為：唯有道統、學統、政統三統並建，儒家式人文主義徹底透出，才能開出中國文化的新形態。他說：

道統之肯定，此即肯定道德宗教之價值，護住孔子所開闢之人生宇宙之本源。

學統之開出，此即轉出「知性本體」以融納希臘傳統，開出學術之獨立性。

政統之繼續，此即由認識政體之發展而肯定民主政治為必然。

道統是道德宗教，學統核心是科學，政統就是民主政治。牟宗三認為：道統是一種比科學知識更具綱維性的聖賢之學，是立國之本，是文化創造的源泉，是政統和學統的生命和價值之源，政統和學統是道德的客觀實現，失去了道統，政統和學統就會步步下降，日趨墮落；而失去政統與學統，道統也會日益枯萎和退縮。他以為，三統之建立，就是「儒家人文主義」的真正完成，也就是儒家真正轉進第三期之發展。

牟宗三說他畢生所做的學術工作，旨在肯定儒家的「道統」，至於「融納希臘傳統」，開出獨立之「學統」，則他力有未逮，有待後人繼續努力。放置在本書的論述脈絡中來看，所謂「融納希臘傳統」，開出獨立之「學統」，就是本書第一章所主張的知識論策略，建立華人本土科學的自主學術傳統。

因此，「中西會通四聖諦」書系分「苦、集、滅、道」四部分，其中「苦」部的一本書，題為《超越與實在：牟宗三的科學觀》，主旨即在析論：為什麼牟宗三的「系統性偏誤」將使新儒家承受難以為繼之苦；「集」部的一本書，題為《科學哲學的演化系譜》，旨在聚集西方文明的精華，協助華人發展本土社會科學。

回「科學民主開出論」

五四時期中國知識分子在「救亡圖存」的強烈動機促動之下，普遍相信「傳統中國文化不能發展出民主與科學」，而「民主」與「科學」又是可以救中國的兩尊「洋菩薩」；在社會達爾文主義「物競天擇」、「適者生存」

的大前提下，當年盛行的「五四意識形態」發展成「全盤反傳統主義」。牟宗三為了替中國文化傳統辯護，一方面深入研究中國文化傳統，肯定「儒、釋、道」三教合一的中國文化可以開出「無限智心」，一方面提出「科學民主開出論」，主張經由「良知的自我坎陷」，可以開出「知性主體」，這個「知性主體」能夠面對現象界，開出「民主」與「科學」。

在《歷史哲學》一書中，牟宗三（1988）認為：中國文化的特長在於「綜合的盡理精神」，是一種「理性的運用表現」。相對的，西方文化則擅長「分解的盡理之精神」，以「理性的架構表現」，通過一種「主、客對立」的「對待關係」，形成一種「對列之局」（co-ordination），從而撐出一個整體的架構。由於中國文化向來注重運用表現，強調「攝所歸能」、「攝物歸心」，在主體中以「天人合一」的方式，將對象收攝進來，成為絕對自足的存在。在這種狀況下，要轉換成「架構表現」，便只能「曲通」，而不可能「直通」。

什麼叫做「曲通」呢？針對這個議題，牟宗三提出了良知或道德理性的「自我坎陷」說，也就是絕對自足的良知，暫時地對其「運用表現」存而不論，轉而讓知識主體及政治主體，能夠依據各該領域的獨特性發展；在創造科學與民主的活動之後，再用道德理性加以貫穿。

道德主體如何通過良知的「自我坎陷」而開出知識主體和民主政體，牟宗三本人沒有交待清楚，步武其後的「新儒家」恐怕也很難說清楚。牟宗三之所以會有此一說，主要是他在不知不覺中受到康德的影響，假設西方式的「民主」與「科學」是中國所必需，所以華人必須「坎陷」良知以接納之。

這樣的主張跟本書的立場也不相同。針對這個議題，本書的立場是「科學民主學習論」，而不是「科學民主開出論」。更清楚地說，中國跟西方是兩種截然不同的文化系統，從中國文化內部，誠然無法「開出」西方式的科學與民主，然而儒家文化卻蘊含有一種強烈的學習動力，可以視自身的需要，「中學為體，西學為用」，吸納西方文明的精華。

▣「科學學習論」

這樣的見解跟我所主張的知識論策略是完全一致的。我主張兩步驟的文化分析知識論策略，其理論基礎是芝加哥大學教授 Shweder 提出的一項文化心理學基本原則：「一種心智，多種心態；普世主義，考量分殊」（One mind, many mentalities; universialism without uniformity）（Shweder et al., 1998, p. 871）。所謂「心智」是指「人類認知歷程實際或可能之概念內容的整體」（totality of actual and potential conceptual contents of human cognitive process）（Shweder, 2000, p. 210），它主要是由生物因素所決定的。所謂「心態」是被認知及被激發之「心智」的子集合（that cognized and activated subset of mind），某些特定個人或人們曾經投注並擁有它，因此可以作為文化心理學者研究的對象。

人類共有的「心智」是由自然因素所決定的，某一文化中所獨有的「心態」則是由社會文化因素決定的。語言是文化最重要的載體，任何一種文化的產品只要被翻譯成某文化的文字，而進入該文化，它就有可能被該文化的個人或人們所用。

本書所主張的文化系統研究取向認為：任何一種文化的產品如果已經被整理成有系統的方式，個人便比較可能以它作為學習的「知識」材料。邵康節的〈觀象吟〉說：「天向一中分造化，人於心上起經綸」，將任何一種文化產品整理成文化系統，它便可能方便「人於心上起經綸」。科學哲學是西方近代文明的精華，在「中西會通四聖諦」書系中，必須列入《科學哲學的演化系譜》，其理由即在於此；本書以科學哲學為基礎，對作《宋明理學的科學詮釋》，其理由亦在於此。這是實踐「科學學習論」的一個例子，不是「開出論」。

第四節　朱子學的歷史定位

了解本書「科學民主學習論」的基本立場，我們便可以重新審視朱子學在儒家思想史上的地位。牟宗三認為：中國哲學之「理」，乃是「存在之理」，它跟西方哲學的「形構之理」本質並不同。不僅如此，中國哲學中的「存在之理」亦有兩種：一是動態的「存在之理」；一是靜態的「存在之理」。兩者和「形構之理」的不同之處，在於它們都是「超越的」；但是在是否能「活動」（創生）方面，兩者卻有所不同。他將前者稱為「即存有即活動」的本體；後者稱為「只存有而不活動」的本體。

◘「道學」與「順取」

依牟宗三的看法，在《孟子》、《中庸》、《易傳》中，先秦儒家所談的道體、性體是屬於前者，是「即存有即活動」的動態的「存在之理」；程伊川與朱子所說的道體、性體則是屬於後者，是「只存在而不活動」的靜態的「存在之理」。換句話說，伊川與朱子提出了與傳統不同的新見解，因此牟宗三將程伊川到朱子之系統，從「宋明儒家之大宗」的「正統儒家」中排除，並視之為正統儒家思想的歧出。

牟宗三認為：這兩者的差別，在於他們究竟是透過何種「工夫論」來掌握「存在之理」的。《孟子》、《中庸》、《易傳》的傳統儒家，採用「反身」的方法，追溯自己的本性（理），而來體證作為本體的「存在之理」，牟宗三稱之為「逆覺之路」。相對的，伊川、朱子卻是根據《大學》，採用「格物窮理」的方法，認為心外的萬事萬物各具有「理」，必須一件一件地認知各個外在事物之「理」，最後才能獲得唯一、超越而絕對的「存在之理」，以貫串個別之理。這樣的方法，牟先生稱作為「順取之路」。

太極作為「存在之理」的性體或道體，本來具有創造道德或創生萬物之作用，它必須透過「逆覺體證」才能完全掌握。然而伊川、朱子卻採取「格物窮理」的認知方式，要求最後的「豁然貫通」，將「知識問題」與「道德問題」混雜，並非「即存有即活動」的動態「存在之理」。在《心體與性體》一書中，牟宗三（1968a）反覆指出：

> 朱子後來所謂「太極只是理」，或「性只是理」乃是所謂「但理」。動靜闔闢是氣，心與神亦屬於氣。理氣雖不離，亦不雜。……將其所理解之性體、道體、仁體（都只是理）著落於致知格物之言之。（頁 18）
>
> 其言致知格物只成為散列之「順取」，而只落實於存有之理之靜攝。（頁 527）

▣「別子為宗」

藉由「順取之路」雖然能夠建構出「橫攝系統」的客觀知識，但是卻背離了儒家正統的「逆覺體證」，跟王陽明「心學」的「縱貫系統」並不相同。所以他認為宋明理學中陸王一系是儒家的正統，程朱一系只能說是「別子為宗」。他將朱子的進學之路歸諸於其「家學與師承」（牟宗三，1968a）：

> 其家學與師承俱以《大學》、《中庸》為首出也。（頁 1）
>
> 朱子因膠著於大學，卻擰轉而為橫列的靜涵靜攝之系統；主觀地說，是認知的靜涵靜攝系統，客觀地說，是本體論的存有之系統。（頁 54）

然而，從本書的立場來看，牟宗三對朱子的這項評論其實並不公平。本書的析論指出：朱熹和呂祖謙兩人整理北宋四子「義理派」思想的精華，撰成《近思錄》，他自己又加入邵雍的「象數派」思想，發展出理學思想體系。朱子的思想體系誠然是如牟宗三所說的走「順取之路」的「橫攝系統」；可是，朱子畢生努力的方向，都是要將儒家文化傳經重新打造成完整的文化系統，使它能夠和當時盛行的佛老思想抗衡。從這個角度來看，朱子應當說是傳承儒家思想的集大成者，而不是牟氏所謂的「別子為宗」。

▣「自律」或「他律」

牟宗三深受康德「自律倫理學」的影響，他透過細膩的義理分析，指出朱子懷有一種「實在論的心態」，他用「直線分解的思考方式」，「以大學格物致知惟定本」，致使朱子理學落入成就思辨推論的「橫攝系統」：

> 原朱子之言太極，言性理，初亦是本天道一元、天命流行之體、天命之為性、性善等義說下來，但因其實在論的心態、直線分解的思考方式，以大學格物致知為定本，說來說去，便不自覺說成橫攝系統，而不能還其本義。（牟宗三，1969，頁 484）

從科學哲學的角度來看，牟宗三的這個論點是可以接受的。然而，當他說：朱子的宇宙論進路不能成就道德創生與逆覺體證相貫通的「縱貫系統」，這個論點便有商榷的餘地：

> 若如孟子所言之性本義，性乃是具體、活潑、而有力者，此其所以為實體（性體心體）創生之立體的直貫也。而朱子卻只轉成主觀地說為靜涵靜攝之型態，客觀地說為本體論的存有型態。而最大之弊病即在不能說明自發自律之道德，而只流於他律之道德。此即為性之道德義之減殺。（牟宗三，1969，頁 242）

從本書的立場來看，儒家倫理和西方倫理是兩種截然不同的文化系統，硬要用西方任何倫理學的觀點，來論斷儒家倫理是「自律」或「他律」之道德，都必須先釐清儒家倫理特有的結構，否則便可能陷入「格義」的窠臼。

這一點，從本書第七章〈「義理」：「仁道」的演化系譜〉的析論，可以看得更為清楚。牟宗三以「中哲化西哲」的哲學進路，判定朱子學為「靜攝順取」的存有型態，「只流於他律之道德」，是否為一種新的「格義」，其實留有極大的討論空間。

▣「空頭的涵養」

牟宗三（1969）從哲學分析的角度，指出朱子在「中和舊說」期間，雖然了解到「天命流行之體」為「天下之大本」，承認有「未發之中、寂然不動」的實體，與致察操存良知之萌蘖，可以「感之而通、觸之而覺」，但他對於此「天命流行之體、寂感真幾、創生之實體、孟子之本心」等，並無真切而相應之契悟，只是彷彿有一個「儱侗的影像」。由於此時朱子對於「本體」的契悟尚未確定，他對於「未發已發」的界說，也不能夠確定；所以牟先生斷定朱子「混同本心發見之發為喜怒哀樂已發之發」。

朱子思想成熟後，牟宗三又根據朱子作「中和新說」時期的〈答張欽夫書〉所言：「心者固所以主於身，而無動靜語默之間者也。然方其靜也，事物未至、思慮未萌，而一性渾然，道義全具，其所謂中，是乃心之所以為體，而寂然不動者也。及其動也，事物交至，思慮萌焉，則七情迭用，各有攸主，其所謂和，是乃心之所以為用，感而遂通者也。」所以他判斷：朱子所說的「心性合一」並不是「本一」，而是「心」湊泊地與識相符。

在康德「自律倫理學」的影響之下，牟宗三一再強調：儒學是否正統，取決於它是否能夠承接「孟子本心」。他批評朱子之所論「理」為「只存有而不活動」，「心」為「氣心」，他進一步評判針對朱子「涵養須用敬」之涵養工夫為「空頭的涵養」：

> 蓋朱子所謂涵養是空頭的並無察識體證之意在內，而《中庸》之言慎獨，則正是在不睹不聞之中，自覺地要面對森然之性體而體證之。……朱子所說之「主宰」，卻只是空頭的涵養之外部的主宰，

而不是所體證的實體內部的主宰，即不是內部的性體本心之實體自身為主宰。（牟宗三，1969，頁 183）

⊡「性智顯發」的「無限智心」

從本書的立場來看，牟宗三的這種說法對朱子其實也不公平。在佛教影響之下，儒者卻喜歡談「明心見性」、「洞見本體」，牟宗三甚至以是否「承接孟子本心」，作為判斷「儒學是否正統」的依據。在「儒、釋、道」三教合一的文化傳統裡，牟宗三的這種論點是可以接受的。從〈自我的曼陀羅模型〉（見圖 7-2）來看，儒家確實是一種重視「實踐」的文化傳統，經由修養或修煉，個人也很可能「性智顯發」（熊十力語），並發展出牟宗三所說的「無限智心」。

可是，我們必須指出的是：所謂「洞見本體」、「承接本體」或「無限智心」的「性智顯發」，跟佛教禪宗所謂的「開悟」一樣，都是純粹個人主觀的體驗，我們很難以之作為學術判斷的標準。《西遊記》中有一首詞寫孫悟空求道，與《紅樓夢》首篇的〈好了歌〉及《三國演義》開頭的〈西江月〉齊名：

試問禪關，參求無數，往往到頭虛老。
磨磚作鏡，積雪為糧，迷了幾多年少？
毛吞大海，芥納須彌，金色頭陀微笑。
悟時超十地三乘，凝滯了四生六道。
誰聽得絕想崖前，無陰樹下，杜宇一聲春曉。
曹溪路險，鷲嶺雲深，此處故人音杳。
千丈冰崖，五葉蓮開，古殿簾垂香裊。
那時節，識破源流，便見龍王三寶。

「曹溪路險，鷲嶺雲深」，曹溪就是六祖惠能大師弘揚禪宗的地方，靈鷲山位於古印度王舍城西方，佛陀曾經在此開示佛法，玄奘、法顯都曾經前往參訪，如今卻是「故人音杳」。「試問禪關，參求無數，往往到頭虛老」，每個人在其生命經驗所遭到的困境各不相同，可以導致某人「開悟」的解方，另一個人卻可能不為所動。主要癥結在於：禪宗故事中「磨磚作鏡，積雪為糧」，或「毛吞大海，芥納須彌」的公案，有人聽了後，立即開悟，如「超十地三乘」；更多的人聽了，卻只是一片茫然，凝滯於「四生六道」。

本章小結：客觀的文化系統

明代末年，王陽明「心學」大為盛行，王學末流耽迷於「修心養性」、「洞見本體」，導致「滿街都是聖人」，到了清代，黃宗羲甚至說這是明朝覆亡的主要原因，其問題即在於此。

朱子以「寂然不動，感而遂通」，描述「發而皆中節」的心理歷程，牟宗三卻認為：他所說的「心性合一」，並不是「本一」，而是「心」湊泊地與識相符，是「空頭的涵養」，「並無察識體證之意在內」。在我看來都難免失之主觀，難免遭到「子非魚，安知魚之樂」的反詰。牟宗三自己可以「逆覺體證」其「無限智心」，為什麼朱熹經由反思體會到「寂然不動，感而遂通」，就是「空頭的涵養」？

朱熹是中國歷史上第一個深入思考「自性」問題的儒家學者。他對孔子未曾明言的「性」與「天道」作了極為細微分疏。對於「天道」的問題，他繼承了儒家傳統「存而不論」的態度。但是對於「自性」的問題，他卻像榮格一樣，窮一生之力，作了極為深入的探討。本書第四、五兩章的論述指出：儒家思想發展到宋明時期，其「知識型」正在醞釀著一個巨大的變化：這個變化的方向是發展出一套世俗化且客觀化的文化系統，跟盛行於中國社會中的佛、老思想相抗衡。

▣「功能」與「本體」

朱子就是促成這種轉向的關鍵人物。從本書第八章的析論可以看出：朱子所說的「寂然不動，感而遂通」，跟榮格的心理分析或玄奘的《成唯識論》一樣，都是想從「自性」的「功能」（function），去探索其「本體」。中國傳統的「體用觀」認為「體用不離不即」，或「體用不一不二」，不論是從西方的「本體論」，或是從中國傳統的「體用觀」來看，「自性」的作用都是「即存有即活動」；朱子主張「性即理」，牟宗三因此判定：朱子所說的「理」是「只存有而不活動」，其實也無法成立，為什麼呢？

在《圓善論》一書中，牟宗三（1985，頁 361）本人都認為：

> 誠體之「動而無動」非實是「不動」也，只是不顯動相而已。茲順其不動之動而若一露動相即是陽之有。一露動相即是限定於動。一限定於動，即是氣邊事，非神之自身也。「靜而無靜」非實是「不靜」也，只是不顯靜相而已。茲順其無靜之靜而若一露靜相即是陰之有。一露靜相即是限定於靜。一限定於靜，亦是氣邊事，非神之自身也。

從心理學的立場來看，不論是「誠體」也好，「性體」也罷，人們都只能從其「功能」去探索其本體。牟宗三認為：「靜而無靜」非實是「不靜」也，只是不顯靜相而已。本書第九章在析論朱子的「性即理」時，亦採取了同樣的觀點。牟宗三認為：「誠體」是「即存有即活動」，為什麼「性體」就變成了「只存有而不活動」？

▣「第一度詮釋」與「第二度詮釋」

不僅如此，朱子畢生治學的貢獻，反映出儒學的轉向。這種轉向的可貴之處，在於它不僅只是「探索自性」，而且致力於發展一套以「陰陽氣化宇宙觀」作為基礎的理學思想體系。以儒家傳統「語錄」或「語類」的表述方式，朱子學必然會留下許多有待後人詮釋的「蘊謂」或「當謂」。本書以《內聖與外王》一書中所建構的普世性理論模型作為架構，重新整理朱子的言論，可以清楚看出：朱子理學是一套以「易理」作為基礎，由「天理」、「物理」、「義理」，而至於「性理」的完整思想體系。

用德國社會學家徐志所主張的「社會現象學」來說（Schultz, 1967），人們在日常生活中使用的語言，通常是在對自己的行動作「第一度詮釋」。他反思自己平日所作所為整理而成的論述，則是「第二度詮釋」，譬如《論語》記載孔子平日的言談或者跟弟子的對話，是「因事言理」的「第一度詮釋」。《中庸》第二十章記載他晚年跟魯哀公的對話，則是他總結其思想所作的「第二度詮釋」。任何一個思想家都會試圖將自己平日的所言所思整理成客觀的「第二度詮釋」。孔子如此，朱子亦不例外。儒家固然重視「逆覺體證」的實踐，但一個儒者如果沒有親身的「逆覺體證」，恐怕也很難將之建構成客觀的「橫攝系統」。為什麼朱子窮一生之力，將自己所思所學建構成理學思想體系，竟然變成了儒門的「別子為宗」？如果這個說法可以成立，孔子晚年在《中庸・哀公問政》整理自己的思想，豈不也變成了自己的「別子為宗」？牟宗三（1968a，1968b，1969）耗盡畢生心血，整理儒家的道統，傳成三巨冊的《心體與性體》，不就變成最大的「別子為宗」（林安梧，2011）？

第十四章　傳承儒家的實踐進路

在一篇題為〈「性」與「天道」概念辨析：從人文學詮釋到社會科學詮釋〉的論文中，周琬琳（2018）指出：

> 儒家談論「性」一詞，牟宗三區分有兩種不同的進路：「宇宙論的進路」及「道德的進路」。前者以《中庸》、《易傳》為代表的系統，主要圍繞「天命之謂性」來探究；後者是以孟子為代表的系統，核心思想為「仁義內在」、「即心說性」。孟子堅主仁義內在於人心，可謂「即心見性」，即就心來說性。心就是具有仁、義、禮、智四端的心。這一思路可稱為「道德的進路」（moral approach）。《中庸》、《易傳》代表的一路不從仁義內在的道德心講，而是從天命、天道的下貫講。這一思路開始已與孟子的不同，但是它的終結可與孟子一路的終結相會合。它可以稱為「宇宙論的進路」（cosmological approach）（牟宗三，1984，頁59）。按照這個區分，姑且可以說，在儒家第二期現代化的時期，也就是宋明理學時期，當中，二程、朱子的「性即理」思路較傾向於「宇宙論的進路」，而從陸九淵已降到王陽明的「心即理」思路則是偏屬「道德的進路」。這種區分縱然沒有非常明確嚴格的標準，然而對於釐清儒家概念當中言「性」的概念是有所助益的。特別是當我們試圖進行黃光國所謂的「第三期儒家現代化」，即試圖透過儒家思想與西方科學哲學的對話即會通，開展出華人自主社會科學理論，進而建構「含攝儒家文化之修養心理學」系統。

周琬琳引用牟宗三的論點，區分出儒家談論「性」，在儒學第二期發展化時期，有朱熹主張的「宇宙論」的進路，和王陽明堅持的「道德的進路」：在儒家第三期現代化時期，則有牟宗三採取的「哲學的進路」，和我所主張的「科學的進路」。從科學哲學演化系譜的觀點來看，這四種進路也可以看作是「傳承儒家的四種進路」，它們之間的關係應當構成高達美所謂的歷史辯證關係，而不能僅止於海德格所說的「詮釋學循環」。

▣ 四種進路的歷史辯證

本書第一部分「分析儒家文化系統的知識論策略」，先以兩章的篇幅，分別說明傳承儒家的「科學的進路」和「詮釋學的進路」，希望讀者了解：本書如何以「多重哲學典範」，分析儒家的「文化系統」。本書第十二章說明：港臺新儒家中，對朱子思想研究比較深入的劉述先和牟宗三，採取「中哲化西哲」的方式，析論朱子思想。這種「哲學的進路」雖然能夠完成他們個人的哲學思想體系，但卻與本書採取的「科學的進路」形成明顯的對比，兩種不同進路對傳承儒家的效果，必須做仔細的辯證。

本書第二部分「朱子理學溯源」包含三章，第三章《易》理以道教奇人陳摶繪製的河圖、洛書，說明何謂「陰陽氣化宇宙觀」；第四章說明北宋五子共同的追求，是客觀的「天理」。第五章說明：朱子如何以這種宇宙觀作為背景視域，整合北宋五子思想的精華，打造出「純儒」的新知識型，跟當時社會中盛行的「三玄」思想抗衡，成為儒學第二期發展的集大成者。

然而，由於受到中國傳統經學「語錄體」表述方式的限制，朱子傳承儒家的「宇宙論的進路」不僅不為當時人所理解，甚至連當代號稱「中國學術第一人」的思想史大師余英時也明確表示：儒家的「道統」已經消亡，而拒絕分析朱子的價值世界。

本書第三部分認為：在中西文化交會的今日，要完成朱子未了的心願，並為朱子思想作合理的定位，必須以普遍人性作為基礎，重新分析朱子的價值世界。因此，第六章先以科學哲學作為基礎，建構普通性的「關係」與「自我」的形式性理論；第七章再以此作為參考架構，分析儒家的「義理」，藉此說明：作為儒家「道統」之核心的「仁道」反映人類心靈的深層結構，是持久而不會消亡的。

本書第四部分認為：心性之學是中華文化的特長，第八章整合玄奘與榮格對於「自性」的多元文化探索，再以作者所建構的「自我」與「自性」的形式性理論，分析朱子「心統性情」的修養論、「窮理致知」的知識論，以及「敬義挾持」的實踐論。

本書第九章已經說明：朱子理學主張的「性即理」，跟傳統儒學主張的「心即理」，構成了一種相當緊張的辯證性關係。本書在說明朱子的「宇宙論的進路」之後，本章將進一步說明：王陽明的「道德的進路」。

第一節　王陽明的「道德的進路」

首先我要強調的是：以「科學的進路」建構出客觀的「含攝文化的理論」，可以用來解釋陸王一系的「道德的進路」或程朱一系的「宇宙論的進路」，並解決這兩種進路的爭議；但這兩種進路卻未必有「科學的進路」的這種功能。舉例言之，劉蓉蓉（2018）在她的論文〈試論陽明心學在建構華人自主社會科學中的應用〉中，曾經提到蕭惠和王陽明之間的一場對話：

> 蕭惠曰：「惠亦頗有為己之心，不知緣何不能克己？」先生曰：「且說汝有為己之心是如何？」惠良久曰：「惠亦一心要做好人，便自謂頗有為己之心。今思之，看來亦只是為得個軀殼的己，不曾為個真己。」先生曰：「真己何曾離著軀殼！恐汝連那軀殼的己也不曾為。且道汝所謂軀殼的己，豈不是耳目口鼻四肢？」惠曰：「正是。為此，目便要色，耳便要聲，口便要味，四肢便要逸樂，所以不能克。」

從這段對話，可以很清楚地看出：蕭惠不了解所謂「真己」和「軀殼的己」之間究竟有什麼關係，所以有此一問。王陽明的回答顯示：他非常了解這兩者之間的關聯，所以他斬釘截鐵地回答：「真己何曾離著軀殼！恐汝連那軀殼的己也不曾為。」蕭惠承認：他所謂的「軀殼的己」，就是作為生物體的「目便要色，耳便要聲，口便要味，四肢便要逸樂，所以不能克」。

◘ 王陽明的侷限

王陽明說：

> 先生曰：「『美色令人目盲，美聲令人耳聾，美味令人口爽，馳騁田獵令人發狂』，這都是害汝耳目口鼻四肢的，豈得是為汝耳目口鼻四肢？若為著耳目口鼻四肢時，便須思量耳如何聽，目如何視，口如何言，四肢如何動；必須非禮勿視聽言動，方才成得個耳目口鼻四肢，這個才是為著耳目口鼻四肢。……所謂汝心，卻是那能視聽言動的，這個便是性，便是天理。有這個性才能生。這性之生理便謂之仁。這性之生理，發在目便會視，發在耳便會聽，發在口便會言，發在四肢便會動，都只是那天理發生，以其主宰一身，故謂之心。這心之本體，原只是個天理，原無非禮，這個便是汝之真己。這個真己是軀殼的主宰。若無真己，便無軀殼，真是有之即生，無之即死。汝若真為那個軀殼的己，必須用著這個真己，便須常常保守著這個真己的本體。」

王陽明說這話的時候，心中彷彿有個〈自我的曼陀羅模型〉（見圖6-2），蕭惠所說的「目便要色，耳便要聲，口便要味，四肢便要逸樂」，都是源生自生物之「個體」的欲望；王陽明說：「必須非禮勿視聽言動，方才成得個耳目口鼻四肢」，這是儒家對於作為「人」的要求。他非常了解：在個人心性的「力場」中，這兩者之間可能有一種緊張關係。然則，這個「非禮勿視聽言動」的社會要求源自何處？

可是，王陽明心中似乎並沒有「自我」與「自性」的心理動力模型（見圖 6-2 及 6-3）。對於王陽明而言，「性之生理」、「仁」、「天性」、「心之本體」、「真己」，都是「異名而同謂」，不必再細作分辨。「這『心之本體』，原只是個天理，原無非禮，這個便是汝之真己」。對於一個主張「知行合一」而又講究實踐的哲學家而言，這種論述只要能夠說服跟從他的學者接受他「致良知」的訴求，他的主張便可以說是成功的。

然而，王陽明跟另一位學生的對話，就令人十分費解了：

> 朱本思問：「人有虛靈，方有良知。若草木瓦石之類，亦有良知否？」先生曰：「人的良知，就是草木瓦石的良知。若草木瓦石無人的良知，不可以為草木瓦石矣。豈惟草木瓦石為然，天地無人的良知，亦不可為天地矣。蓋天地萬物與人原是一體，其發竅之最精處，是人心一點靈明。風、雨、露、雷、日、月、星、辰、禽、獸、草、木、山、川、土、石，與人原只一體。故五穀禽獸之類，皆可以養人；藥石之類，皆可以療疾：只為同此一氣，故能相通耳。」

從中國傳統哲學「陰陽氣化宇宙觀」、「通天下一氣」的觀點來看，王陽明所說的是儒家「天人合一」的最高境界。然而，要一個不懂中國傳統文化的人接受王陽明的哲學論辯，便要花費許多唇舌，作出許多解釋。王陽明雖然認為「天地萬物與人原是一體，其發竅之最精處，是人心一點靈明」，但他在教導學生時，卻不得不判明他們是否「利根之人」，而設法「因材施教」。他晚年跟弟子在「天泉論道」時，更說出著名的四句偈：「無善無惡心之體，有善有惡意之動，知善知惡是良知，為善去惡是格物。」這難道不是要在「心之本體」、「意圖」、「良知」、「格物」等儒家的核心概念之間作出適度的區辨？

▣ 朱熹的「心統性情」

和王陽明相較之下，朱熹像是個認知心理學家，他走的是「道問學」的進路。旗幟鮮明地要在「心」、「性」之間作出分辨。周琬琳（2018）的論文提到：《朱子語錄》中曾經提到「性」字3398次，這在中國學術史上確實是空前的。

> 金問：「公都子問性，首以情對，如曰『乃若其情，則可以為善矣』，是也。次又以才對，如曰『若夫為不善，非才之罪』，是也。繼又以心對，如曰『惻隱羞惡』之類，是也。其終又結之曰：『或相倍蓰而無算者，不能盡其才者也。』所問者性，而所對者曰才、曰情、曰心，更無一語及性，何也？明道曰：『稟於天為性，感為情，動為心。』伊川則又曰：『自性之有形者謂之心，自性之動者謂之情。』如二先生之說，則情與心皆自夫一性之所發。彼問性而對以情與心，則不可謂不切所問者。然明道以動為心，伊川以動為情，自不相侔。不知今以動為心是耶，以動為情是耶？或曰：『情對性言，靜者為性，動者為情。』是說固然也。今若以動為情是，則明道何得卻云『感為情，動為心』哉？橫渠云：『心統性情者也。』既是『心統性情』，伊川何得卻云『自性之有形者謂之心，自性之有動者謂之情耶』？如伊川所言，卻是性統心情者也。不知以心統性情為是耶，性統心情為是耶？此性、情、心，道者未有至當之論也。」（《朱子語錄・性無善無不善》）

上述對話顯示：朱子和弟子之間思辨的主要問題，在於區辨儒家文化傳統中性、情、心、道等核心概念之間的異同，希望能夠判斷究竟；「心統性情為是耶？性統心情為是耶？」在這樣的反覆思辨與對話中，朱熹才能發展出他以「心統性情」作為中心的修養理論（劉述先，1982）。從這個角度來看，如果像王陽明那樣，把「仁」、「心之本體」、「性」、「真心」都混為一談，豈有可能發展出所謂的「至當之論」？

第二節　「信」、「解」、「行」、「證」：道德進路的科學詮釋

在中華文化傳統中，這不是王陽明一個人獨有的問題，而是「儒、釋、道」三教共有的問題。用〈自我的曼陀羅模型〉（見圖 6-2）來說，中華文化系統基本上是一種「實踐」的「智慧」，而不是科學家所追求的「客觀知識」。這種重視「實踐」的「智慧」，如何藉由文字之助，傳遞給他人？

⊡「解」與「行」

傳統佛教講究的是：「信」、「解」、「行」、「證」；以〈自我的曼陀羅模型〉來說，「信」是在做「人」方面認同於佛陀這位覺者；「解」是個人的「智慧」可以了解佛陀所傳授的「知識」；「行」是個人以「行動」來「實踐」佛陀所說的道理；「證」是個人體悟到佛法的真義。就佛教的立場而言，它當然是希望每一位佛門弟子都能做這四點。然而，佛教傳入中國之後，卻面臨了「解」與「行」之間的矛盾（許谷鳴，1998）。佛教的基本教義是「緣起性空」，中觀派的龍樹在他所著的《中論・卷四》，有一首著名的偈頌：

> 眾因緣生法，我說即是無，亦為是假名，亦是中道義。
> 未曾有一法，不從因緣生，是故一切法，無不是空者。

既然一切法，「無不是空者」，得「道」的高僧該如何把這樣的佛法傳授給他人呢？龍樹在同卷的偈頌中，進一步說道：

諸佛依二諦，為眾生說法，一以世俗諦，二第一義諦。
若人不能知，分別於二諦，則於深佛法，不知真實義。
若不依俗諦，不得第一義；不得第一義，則不得涅槃。

世間的道理稱為「世俗諦」，解脫的道理稱「第一義諦」，如果荒廢世間事務，必然無法明白解脫的真理。因此，佛教從創始之初，即分「上座部」和「大眾部」；「上座部」專注於經義的解讀，「大眾部」致力於佛法的傳播。小乘佛法所談的是超越世間的「空」，並不重視世間的價值。這無異於承認世間苦惱的真實性，所以必須速證涅槃，脫離世間。這樣的「空」，無異於「有」，所以上座部常被大乘佛教批評為「自了漢」、「焦芽敗種」。

為了回應社會的需要，大乘佛教繼承了「大眾部」的傳統，反對部派佛教的形式化，希望恢復佛陀的時代精神，他們從佛傳文學中取得菩薩的概念，而以「救世濟人」的菩薩自居，進一步產生「人人皆可成佛」的思想，實踐佛教「救渡眾生」的精神。

回〈朱子晚年定論〉

從宏觀歷史的角度來看，儒家思想的發展也面臨了類似的問題。先秦之後，儒家第二階段最重要的發展是朱熹編注《四書》，成為後世科舉考試的主要材料，對近代中國社會造成了重大影響。但在南宋淳熙 2 年的鵝湖之會上，主張「尊德性」的陸九淵認為只要「明心見性」、「六經皆我注腳」，他批評朱熹下的苦功是「支離事業」，並質問他：「堯、舜之前有何書可讀？」

到了明代，主張以「知行合一」、「致良知」的王陽明，在〈朱子晚年定論〉一文中指出：先秦儒學正傳，「至孟氏而息，千五百餘年」。「自後辨析日詳。然亦日就支離決裂，旋復湮晦。吾嘗深求其故。大抵皆世儒之多言，有以亂之」。他回想自己「早歲業舉，溺志詞章之習。既乃稍知從事正學。而苦於眾說紛擾，茫無可入，因求諸老、釋，欣然有會於心。以為聖人之學在此矣」。後來「謫官龍場，居夷處困，動心忍性之餘，恍若有悟。體驗探求，再更寒暑。證諸《五經》、四子，沛然若決江河而放諸海也」。這時候，他才體會到：「聖人之道，坦如大路。而世之儒者，妄開竇逕」，是「蹈荊棘，墮坑塹」！

他因此「竊疑朱子之賢，而豈其於此尚有未察？及官留都，復取朱子之書而檢求之，然後知其晚歲固已大悟舊說之非，痛悔極艾。至以為自誑誑人之罪，不可勝贖。世之所傳《集注》、《或問》之類，乃其中年未定之說。自咎以為舊本之誤，思改正而未及。而其諸《語類》之屬，又其門人挾勝心以附己見。固於朱子平日之說，猶有大相謬戾者」。所以他蒐集朱子晚年與師友往來的三十四封書信，撰成〈朱子晚年定論〉一文，希望能夠「私以示夫同志，庶幾無疑於吾說」。

朱子晚年是否真的「大悟舊說之非，痛悔極艾」，在此無法深究。這裡要指出的是：王陽明此一「行動」旨在彰顯：儒家聖學，乃是「實踐」的「智慧」；不是紙上之「知識」。港臺新儒家代表人物牟宗三更因此而判定：陽明學才是「孔孟正傳」，朱子一系只是「別子為宗」！

◙ 王陽明的「自我認同」

本書第八章用「自我」與「自性」的心理動力模型，重新詮釋朱熹的理學思想。希望藉由我所主張的「科學的進路」，讓朱子理學獲得新生。我們也可以用同樣的理論作為架構，回顧王陽明的一生，讓現代人更容易接受陽明心學。更清楚地說，任何一位有創造力的文化傳承者，他在傳承並創造某種文化傳統時，必然要經過「信」、「解」、「行」、「證」的歷程，朱熹如此（劉述先，1997），王陽明亦不例外。他一生追求「自我認同」的歷程，也可以用同樣的理論模型來作「科學的詮釋」。

王陽明是明代將儒家「心學」精神發揚光大的主要人物。王守仁，浙江餘姚人，字伯安，世稱陽明先生。11 歲時曾問塾師：「何為第一等事？」塾師的回答是：「讀書登第。」他不以為然地說：「登第恐怕不是第一等事，應當是讀書學聖賢罷？」

用〈自我的曼陀羅模型〉來說，「聖賢」是他青年時期找尋「個人認同」時所認同的「人」；「讀書學聖賢」則是他所「信」靠的途徑。18 歲時，他相信朱熹「格物致知」之說，提到「一草一木，皆涵至理」，逐取官署中之竹「格之」，結果是「沉思其理不得」其「解」，反而因此病倒。他「自念辭章藝能不足以通至道，求師友於天下不數遇」，不論是「辭章藝能」所記載的「知識」，或者是「求師友於天下」，都找不到通往「至道」的「智慧」，所以「心生惶惑」。一日讀到朱熹上光宗書，有文：「居敬持志，為讀書之本，循序致精，為讀書之法。」乃後悔自己「探討雖博，而未嘗循序以致精，宜無所得」，自此「始氾濫辭章，繼而遍讀考亭之書」，同時又「出入於佛、老之門」，「欣然有會於心」（秦家懿，1987）。

▣ 龍場悟道

王陽明 28 歲時，考中進士，觀考工部，歷任刑部主事、兵部主事。明武宗正德元年，宦官劉瑾專權，陷害忠良，王陽明抗疏營救，結果被施廷杖四十，並貶至貴州龍場當驛丞。

> 龍場在貴州西北萬山叢棘中，蛇虺魍魎，蠱毒瘴癘，與居夷人鴃舌難語，可通語者，皆中土亡命。舊無居，始教之範土架木以居。時瑾撼未已，自計得失榮辱皆能超脫，惟生死一念尚覺未化，乃為石墩自誓曰：「吾惟俟命而已！」（《王陽明全集・年譜一・卷三十三》）

在這段期間，王陽明自己「日夜端居澄默，以求靜一；久之，胸中灑灑」。但跟隨他的人卻沒辦法如此灑脫。

> 從者皆病，自析薪取水作糜飼之；又恐其懷抑鬱，則與歌詩；又不

> 悅，復調越曲，雜以詼笑，始能忘其為疾病夷狄患難也。因念：「聖人處此，更有何道？」（《王陽明全集・年譜一・卷三十三》）

「死中求生」是作為生物之「個體」最為根本的欲望。王陽明被貶到龍場驛之後，「自計得失榮辱皆能超脫，惟生死一念尚覺未化」，他時刻自問：「聖人處此，更有何道？」，而在37歲那一年的某一天夜裡，「寤寐中若有人語之」，「不覺呼躍」，而「大悟格物致知之旨」，他拿自己「意識」中的領會，與舊日所讀儲存於「個人潛意識」中的《五經》相互驗證，發現兩者「莫不吻合」，他也因此而更加肯定「聖人之道」，「自計得失榮辱皆能超脫」，同時也勘破了生死一關。這可以說是其「實踐」「智慧」中最重要的「體證」。

在〈祭劉仁徵主事〉一文中，王陽明很明確地表達出他已經勘破生死的生命觀。

> 死也者，人之所不免。名也者，人之所不可期。雖修短枯榮，變態萬狀，而終必歸於一盡。君子亦曰：「朝聞道，夕死可矣。」視若夜旦。其生也，奚以喜？其死也，奚以悲乎？其視不義之物，若將浼己，又肯從而奔趨之乎？而彼認為己有，變而弗能捨，因以沉酗於其間者，近不出三四年，或八九年，遠及一二十年，固已化為塵埃，蕩為沙泥矣。而君子之獨存者，乃彌久而益輝。（《王陽明全集・續編三・卷二十八・祭劉仁徵主事》）

「彼認為己有，變而弗能捨，因以沉酗於其間者」，是常人在其生活世界中認為有價值而致力於追求之物。對開悟後的王陽明而言，這些東西，「近不出三四年」，「遠及一二十年」，都將「化為塵埃，蕩為沙泥」。每一個人的生命都是「面對死亡的存在」，「修短榮枯，變態萬狀，而終必歸於一盡」，在這個前提下，什麼是「君子之獨存」、「彌久而益輝」的東西呢？

▣「良知」與行動

在《大學問》一書中，王陽明認為所謂的「大人」，就是具有「仁心」的人，他能夠「以天下萬物為一體」，「視天下猶一家，中國猶一人」。在儒家看來，「心之仁本」是「根於天命之性」，是「自然靈昭而不昧者」，「人皆有之」，小人亦不例外。用〈自我的曼陀羅模型〉來說，「仁心」是「人」天生的稟賦，在「未動於欲，而未蔽於私」之時，每個人都有「良知」。「心即理也。此心無私無欲之蔽，即是天理」，既然如此，為什麼有些人會「良知」泯滅呢？王陽明的說法是：

> 惟乾問：「知如何是心之本體？」先生曰：「知是理之靈處。就其主宰處說便謂之心，就其稟賦處說便謂之性。孩提之童，無不知愛其親，無不知敬其兄。只是這個靈能不為私欲遮隔，充拓得盡，便完全是他本體，便與天地合德。自聖人以下，不能無蔽，故須格物以致其知。」（《傳習錄・上卷・118》）

可是，在「個體」欲望的牽扯之下，「自我」的「良知」受到「私欲」的「遮隔」，「動於欲，蔽於私，而利害相攻，忿怒相激」，便可能成為小人，做出違反「良知」的行動，「無所不為其甚，至有骨肉相殘者」。因為每個人都有「私欲」，「自聖人以下，不能無蔽，故須格物以致其知。」

▣ 知行合一

所以王陽明主張「致良知」，所謂「大人之學」，就是指「去其私欲之蔽，以明其明德，復其天地一體之本然耳」，「非能於本體之外，而有所增益之也」。王陽明求學「三變而至道」，在貴陽龍場驛「居夷處困」，才真正豁然有得於聖賢之旨。隔一年，他開始講「知行合一」：

> 知是行的主意，行是知的工夫；知是行之始，行是知之成。只說一個知，已自有行在；只說一個行，已自有知在。（《傳習錄・上卷・5》）
>
> 知之真切篤實處，即是行。行之明覺精察處，即是知。知是行本意，行是知工夫，本不可離。只為後世學者分作兩截用功，失卻知、行本體，故有合一併進之說，真知即所以為行，不行不足謂之知。……然知、行之體本來如是，非以己意抑揚其間，姑為是說，以苟一時之效者也。專求本心，遂遺物理，此蓋先其本心者也。（《傳習錄・上卷・5》）

王陽明所說的「知行合一」：「知是行的主意，行是知的工夫；知是行之始，行是知之成」，其實是指「良知」，一個人是否有「良知」，必然會表現在他的行動之上。「知行合一」的主張是針對「後世學者」將知與行「分作兩截用功」而提出的。可是，他從 12 歲「立志當聖賢」，歷經生命波折，到了 37 歲才大悟聖賢之旨；他要如何讓沒有類似生命經驗的門下弟子領會「體用一源」的「知、行本體」？

◘ 四句教

> 「吾良知二字，自龍場以後，便已不出此意，只是點此二字不出，於學者言，費卻多少辭說。今幸見出此意，一語之下，洞見全體，真是痛快，不覺手舞足蹈。學者聞之，亦省卻多少尋討工夫。學問頭腦，至此已是說得十分下落，但恐學者不肯直下承當耳。」又曰：「某於良知之說，從百死千難中得來，非是容易見得到此。此本是學者究竟話頭，可惜此理淪埋已久，學者苦於聞見障蔽，無入

頭處，不得已與人口一說盡。但恐學者得之容易，只把作一種光景玩弄，孤負此知耳。」（《傳習錄拾遺・十條》）

從這段論述來看，王陽明即使是在思想成熟之後，仍然經常感到理論論述語言不足的困擾。他自龍場悟道之後，便認為：「良知二字」、「一語之下，洞見全體，真是痛快」可是他也十分了解：「古人言語，俱是自家經歷過來，所以說得親切。遺之後世，典當人情。若非自家經過，如何得他許多苦心處？」

第三節　「道德的進路」的歷史侷限

王陽明在洞見「心之本體」之後，知道這是「學者究竟話頭」，他擔心弟子們「苦於聞見障蔽，無入頭處，不得已與人一口說盡」，但他非常了解：一般人不可能有像他那樣的生命體驗，反倒可把它當作「一種光景玩弄，孤負此知」，所以他 55 歲那一年，在「天泉證道」時，特別以「四句教」交付弟子：「無善無惡心之體，有善有惡意之動，知善知惡是良知，為善去惡是格物。」這一段話講得非常清楚：「心」的「本體」是「超越的」，所以它「無善無惡」。王陽明「悟」到的「先驗的」「良知」，雖然具有「知善知惡」的功能，他卻告誡弟子：「人心自有知識以來，已為習俗所染」，「有善有惡意之動」，所以必須「格物」，「在良知上實用為善去惡工夫」。如果「只去懸空想個本體，一切事為俱不著實，此病痛不是小小，不可不早說破」。

「四句教」顯示：王陽明本人非常了解「本體」和「良知」的區別。他認為「良知」二字，可以「洞見全體」。他一方面擔心弟子們「只去懸空想個本體」，一方面又要教弟子們「在良知上實用為善去惡工夫」，在論述語言不足的情況下，要在這兩者之間，取得平衡，只能靠「師父領進門，修行在個人」了。

◘ 陽明學到日本

陸九淵所創的「心學」經其弟子的發揮，在王陽明時集其大成，成為中國哲學史上著名的「陸王學派」。《盡己與天良：破解韋伯的迷陣》第十五章提到，1650 年，明儒朱舜水東渡日本，將陽明學傳授給日本人（黃光國，2015）。當時在日本提倡陽明學的主要人物之一，是被奉為「泰山北斗」的佐藤一齋（1772-1859）。

佐藤一齋的高徒佐久間象山（1811-1864），原名啟之助，因為崇拜陸象山，改名象山。他從 1839 年起，在江戶開設「象山書院」。門下有兩位高徒，一位是輔佐幕府，後來在倒幕軍圍攻江戶時，同意「無血開城」的勝海舟（1823-1899）。另一位是吉田松陰（1830-1859），22 歲時，拜在佐久間象山門下。兩年後的 1854 年，培里（Matthew Perry）率領美艦，再次來到日本。吉田和金子重輔兩人違反幕府禁令，登上美艦，希望能夠前往美國，汲取西學。培里將兩人送回岸上，他們立即向幕府自首。

吉田被押返原籍，關押在囚禁武士的野山監獄。他在獄中寫下《幽囚錄》，成為日後日本發展軍國主義的藍圖。同時又向同囚的十一個人講授《孟子》，宣揚他「尊王攘夷，開國倒幕」的主張。1855 年，吉田獲准出獄，開設「松下村塾」，大量講授中國經典，也培養出高杉晉作、木戶孝允、山縣友朋、伊藤博文等一大批倒幕維新的志士。

安政 5 年（1858 年），幕府大老井伊直弼未經天皇批准，締結「日米修好通商條約」，國內輿論沸騰，井伊派老中間部詮勝入京都逮捕倒幕派志士。吉田企圖說服長州藩主政者，刺殺間部，結果長州藩反倒將他逮捕。他對幕府坦白招供自己的暗殺計畫，以及「尊王討幕」的主張。江戶奉行本來要判他流放外島，他卻認為：判「死罪」比較妥當。安政 6 年 10 月 27 日，吉田被處斬刑。臨刑前，留下辭世詩〈留魂錄〉：「縱使身朽武藏野，生生不息大和魂。」時年 29 歲。他的學生繼承了他的遺志，奮鬥不懈，最後終於達成他「倒幕維新」的心願。

王陽明思想傳入日本之後，廣泛流傳，形成了積蘊深厚的日本陽明學統，並成為武士道精神、大和魂的重要部分。很多學者都指出，日本近代以來能「立國維新」，建立一個強大的現代國家，主要就是因為陽明學所提供的精神支柱。

▣ 陽明學在中國

明代之後，陸王心學大盛於華夏，並出現諸多流派。黃宗羲所著的《明儒學案》以地域分類，將王門後學分為浙中王門、江右王門、南中王門、楚中王門、北方王門、粵閩王門、泰州王門七大體系。後來的陽明學研究者認為：這種劃分太過簡單，牟宗三仍以地域區分為：陽明家鄉的「浙中派」（以王龍溪、錢德洪為代表）、江蘇的「泰州派」（以王艮、羅汝芳為代表）、江西的「江右派」（以聶雙江、羅念庵為代表）。

日本學者島田虔次（1970）則將陽明學分為左、右兩派。「左派」王學指的是王龍溪和泰州學派，岡田武彥（1970）稱之為「現成派」，他們認為：良知是現成的，我心率直、自然的流露即為本體，強調直下的承當，排斥漸修的工夫論，並主張在本體上下工夫，甚至認為本體即工夫。其中有些人主張放任自我性情之自然，終致於蔑視人倫道德與人間綱紀。明末社會道德頹廢，此派難辭其咎。

「右派」王學認為：陽明學說區別「虛寂之體」和「感發之用」，因而主張「歸寂立體」而以之為達用，岡田武彥（1970）稱之為「歸寂派」。此派思想雖然開始時能免於偏靜，但因為致力於體證動靜一體的虛寂之真體，結果是遠離陽明充滿生命動能的心學，而接近宋儒以敬肅為主的理學。

▣ 「空言」與「實學」

岡田認為：除此之外，還有「修正派」，他們充分體認良知是天理、道德法則，企圖矯正「現成派」的流蕩和「歸寂派」的靜偏。然而，這一派的努力並不能挽救明朝的覆亡。明朝滅亡後，黃宗羲甚至認為：明朝的覆亡是儒生空談誤國的結果。他指責王學末流「言心言性，舍多學以求一貫之方，置四海之困不言，而終日講危微精一之說」，「以明心見性之空言，代修己治人之實學，股肱惰而萬事荒，爪牙亡而四國亂，神州盪覆，宗社丘墟」（《日知錄・卷七》）。他批評晚明王學末流提倡的心學，其實是「內釋外儒」，違背了孔孟旨意，其罪「深於桀紂」。

日本學者高瀨武次郎（2022）在《日本之陽明學》一書中因此指出：「大凡陽明學含有二元素，一曰事業的，一曰枯禪的。得枯禪元素者，可以亡國。得事業元素者，可以興國。中日兩國，各得其一，可以為事例之證明。」對於這個問題，我最擔心的是：如果我們不能建構客觀的理論來說明儒家的「修養工夫」，我們便很可能重蹈明末「王學末流」的覆轍，「得枯禪元素者，可以亡國」！

本書總結

儒家是一種非常重視實踐的文化傳統。王陽明的「道德的進路」，也可以因此稱為「傳承儒家的實踐進路」。從這個角度來看，牟宗三認為：宋明理學中講究「尊德性」的陸王一系，是儒家的「正統」，程朱一系講求的「道問學」，只能算是「別子為宗」，這個論點可以說是正確的。

從儒家第三期發展的角度來看，本書主張「傳承儒家的科學進路」，是有其必要性的；而港、臺新儒家主張的「哲學的進路」，則是有所不足的。在中、西文化快速交流的今日，華人學術社群必須吸納西方文明之優長，建構「含攝文化的理論」，來說清自己的文化傳統，才能真正恢復儒家人文主義的道統、學統和政統，達成牟宗三（1988）「三統並建」的心願。

參考文獻

自序

牟宗三（1982）。儒家學術之發展及其使命。載於**道德的理想主義**（頁 1-12）。臺灣學生書局。

牟宗三（1988）。**歷史哲學**。臺灣學生書局。

黃光國（2009）。**儒家關係主義：哲學反思、理論建構與實徵研究**。心理出版社。

黃光國（2018）。**內聖與外王：儒家思想的完成與開展**。心理出版社。

Feyerabend, P. (2010). *Against method* (new ed.). Verso.

Kant, I. (1766/1989). *Dreams of a spirit-seer*. 李明輝（譯）。**通靈者之夢**。聯經出版公司。

Kuhn, T. S. (1962). *The structure of scientific revolutions*. University of Chicago Press.

導讀

牟宗三（1968a）。**心體與性體（一）**。正中書局。

牟宗三（1968b）。**心體與性體（二）**。正中書局。

牟宗三（1969）。**心體與性體（三）**。正中書局。

余英時（1976）。反智論與中國政治傳統：論儒、道、法三家政治思想的分野與匯流。載於**歷史與思想**（頁 1-46）。聯經出版公司。

余英時（2003a）。道學、道統與「政治文化」。載於**朱熹的歷史世界**（頁 32-67）。允晨文化。

余英時（2003b）。**朱熹的歷史世界（上、下）**。允晨文化。

余英時（2008a）。「抽離」、「回轉」與「內聖外王」。載於**宋明理學與政治文化**（頁 215-223）。吉林出版集團。

余英時（2008b）。我摧毀了朱熹的價值世界嗎？**當代，197**，224-251。

余英時（2008c）。試說儒家的整體規劃。載於**宋明理學與政治文化**（頁 252-264）。吉林出版集團。

余英時（2008d）。**宋明理學與政治文化**。吉林出版集團。

周飛舟（2017）。「志在富民」到「文化自覺」：費孝通先生晚年的思想轉向。**社會**，**37**（4），143-187。

林毓生（1972/1983）。五四時代的激烈反傳統思想與中國自由主義的前途。載於**思想與人物**（頁 139-196）。聯經出版公司。

金岳霖（1992）。審查報告二。載於**中國哲學史**（上冊）（頁 376-380）。三聯書店。

胡適（1986）。**胡適演講集**（二）。遠流出版公司。

徐復觀（1988）。心的文化。載於**中國思想史論集**（頁 242-249）。臺灣學生書局。

陳來（2003）。從「思想世界」到「歷史世界」：余英時朱熹的歷史世界述評。**二十一世紀**，**79**，130-139。

費孝通（1948）。**鄉土中國**。觀察社。

費孝通（2003）。試談擴展社會學的傳統界限。**北京大學學報（哲學社會科學版）**，**40**（3），5-16。

費孝通（2009）。秦淮風味小吃。**費孝通全集**（第 13 卷）。內蒙古人民出版社。

黃光國（1988）。**儒家思想與東亞現代化**。巨流圖書公司。

黃光國（2009）。**儒家關係主義：哲學反思、理論建構與實徵研究**。心理出版社。

黃光國（2018）。**內聖與外王：儒家思想的完成與開展**。心理出版社。

黃光國（2021）。余英時治學的三大「罩門」。**觀察**，**100**，70-74。

黃光國（2022）。余英時的「迷陣」與牟宗三的「偏誤」。**中國評論**，**288**，71-75。

楊儒賓（2003）。如果再迴轉一次「哥白尼的迴轉」：讀余英時先生的朱熹的歷史世界。**當代**，**195**，125-141。

劉述先（1993）。「理一分殊」的現代解釋。載於**理想與現實的糾結**（頁 157-188）。臺灣學生書局。

劉述先（2004）。對於余英時教授的回應。**九州學林**，**2**（2），294-296。

Archer, M. S. (1995). *Realist social theory: The morphogenetic approach*. Cambridge University Press.

Hwang, K. K. (2012). *Foundations of Chinese psychology: Confucian social relations*. Springer.

Hwang, K. K. (2015a). Cultural system vs. pan-cultural dimensions: Philosophical reflection on approaches for indigenous psychology. *Journal for the Theory of Social Behaviour, 45*(1), 1-24.

Hwang, K. K. (2015b). Culture-inclusive theories of self and social interaction: The approach of multiple philosophical paradigms. *Journal for the Theory of Social Behaviour, 45*(1), 39-62.

Hwang, K. K. (2019). Enhancing cultural awareness by the construction of culture-inclusive theories. *Journal of Theoretical and Philosophical Psychology, 39*(2), 67.

Kwok, D. W. Y. (郭穎頤) (1965/1987). *Scientism in Chinese thought, 1900-1950*. Yale University Press. 雷頤（譯）。**中國現代思想中的唯科學主義（1900-1950）**。江蘇人民出版社。

第一章

王興國（2006）。**契接中西哲學之主流：牟宗三哲學思想淵源探要**。光明日報出版社。

朱伯崑（1986）。**易學哲學史**。北京大學出版社。

牟宗三（1982）。儒家學術之發展及其使命。載於**道德的理想主義**（頁 1-12）。臺灣學生書局。

牟宗三（2003）。**宋明儒學的問題與發展**。聯經出版公司。

林毓生（1983）。五四時代的激烈反傳統思想與中國自由主義的前途。載於**思想與人物**（頁 139-196）。聯經出版公司。

林毓生（1988）。**中國意識的危機：五四時期激烈的反傳統主義**（穆善培譯）。貴州人民出版社。

林端（2002）。全球化下的儒家倫理：社會學觀點的考察。載於黃俊傑（編），**傳統中華文化與現代價值的激盪**（頁 92-126）。社會科學文獻出版社。

洪謙（1990）。**邏輯經驗主義論文集**。遠流出版公司。

張易生（2022）。**易經符號詮釋學：當代華人格物的理論與實踐**。文史哲出版社。

郭沫若（1978）。**中國古代社會研究**。三聯書店。

馮友蘭（1992）。**中國哲學史**。三聯書店。

黃光國（2001）。**社會科學的理路**。心理出版社。

黃光國（2015）。**盡己與天良：破解韋伯的迷陣**。心理出版社。

黃光國（2018a）。**社會科學的理路**（第四版思源版）。心理出版社。

黃光國（2018b）。**內聖與外王：儒家思想的完成與開展**。心理出版社。

Achinstein, P., & Baker, S. F. (1969). *The legacy of logical positivism: Studies in the philosophy of science*. Johns Hopkins University Press.

Allwood, C. M. (2018). *The nature and challenges of indigenous psychologies*. Cambridge University Press.

Archer, M. S. (1995). *Realist social theory: The morphogenetic approach*. Cambridge University Press.

Archer, M. S. (1996). *Culture and agency: The place of culture in social theory* (Rev. ed.). Cambridge University Press.

Archer, M. S. (1998). Introduction: Realism in the social sciences. In M. Archer, R. Bhaskar, A. Collier, T. Lawson, & A. Norrie (Eds.), *CR: Essential readings* (pp. 189-205). Routledge.

Archer, M. S. (2005). Structure, culture and agency. In M. D. Jacobs, & N. W. Hanrahan (Eds.), *The Blackwell companion to the sociology of culture* (pp. 17-34). Blackwell.

Archer, M. S., & Elder-Vass, D. (2012). Cultural system or norm circles? An exchange. *European Journal of Social Theory, 15*, 93-115.

Bhaskar, R. A. (1975). *A realist theory of science*. Verso.

Bhaskar, R. A. (1978). *The possibility of naturalism*. Humanities Press.

Comte, A. (1855/1974). *The positivistic philosophy* (Trans. and Condensed by H. Martineau). AMS Press.

Comte, A. (1908/1953). *A general view of positivism*. Academic Press.

Foucault, M. (1966/1970). *The order of things: An archaeology of the human sciences* (Trans. by A. Sheridan-Smith). Random House.

Hwang, K. K. (2019). *Culture-inclusive theories: An epistemological strategy*. Cambridge University Press.

Kant, I. (1783/2008). *Prolegomena zu einer jeden künftigen Metaphysik, die als Wissenschaft wird auftreten können*. 李明輝（譯注）。**一切能作為學問而出現的未來形上學之序論**。聯經出版公司。

Kolakowski, L. (1972/1988). *Positivist philosophy*. Penguin Books. 高俊一（譯）。**理性的異化：實證主義思想史**。聯經出版公司。

Kuhn, T. S. (1970). *The structure of science revolution*. The University of Chicago Press.

Magee, B. (1986). *Modern British philosophy*. Oxford University Press.

Needham, J. (1969/1978). *Grand titration: Science and society in east and west*. University of Toronto Press.

Piaget, J. (1968/1984). *Le Structuralisme*. Presses Universitaires de France. 倪連生、王琳（譯）。**結構主義**。北京商務印書館。

Piaget, J. (1971/1989). *Biology and knowledge: An essay on the relations between organic regulations and cognitive processes*. The University of Chicago Press. 尚建新、杜麗燕、李浙生（譯）。**生物學與認識**。北京三聯書店。

Piaget, J. (1972/1981). *The principle of genetic epistemology* (Trans. by W. Mays). Knowledge & Kegan Paul. 王憲鈿等（譯）。**發生認識論原理**。北京商務印書館。

Pickering, M. (1993). *Auguste Comte: An intellectual biography*. Cambridge University Press.

Popper, K. (1963/1986). *Conjectures and refutations: The growth of scientific knowledge*. Routledge & Kegan Paul.

Popper, K. (1972/1989). *Objective knowledge: An evolutionary approach*. Oxford University Press. 程實定（譯）。**客觀知識**。結構群文化公司。

Popper. K. (1976). *Unended quest: An intellectual autobiography*. Fontana Press.

Schlick, M. (1936/1972). Meaning and verification. *The Philosophical Review, 45*, 339-369.

Schluchter, W. (1986/2013). *Wolfgang schluchter: Rationalismus der welt-beherrschung*. 顧忠華、錢永祥（譯）。**超釋韋伯百年智慧：理性化、官僚化與責任倫理**。聯經出版公司。

Weber, M. (1951). *The religion of China: Confucianism and Taoism*. The Free Press.

Weber, M. (1958). *The protestant ethic and the spirit of capitalism*. Scribner's Press.

Wittgenstein, L. (1953). *Philosophical investigations* (Trans. by G. E. M. Anscombe & R. Rhees, Introduction by G. E. M. Anscombe). Basil Blackwell. 范光棣、湯潮（譯）（1986）。**哲學探討**。水牛出版社。尚志英（譯）（1995）。**哲學研究**。桂冠圖書公司。

第二章

高亨、池曦朝（1974）。試談馬王堆漢墓中的帛書老子。**文物，11**，1-7。

張汝倫（1988）。**意義的探索**。古風出版社。

陳榮華（1992）。**海德格哲學：思考與存有**。輔仁大學出版社。

傅偉勳（1985）。老莊、郭象與禪宗：禪道哲理聯貫性的詮釋學初探。**哲學與文化，12**（12），2-18。

傅偉勳（1986）。**批判的繼承與創造的發展**。東大圖書公司。

傅偉勳（1990）。創造的詮釋學及其應用。載於**從創造的詮釋學到大乘佛學：哲學與宗教四集**。東大圖書公司。

黃光國（2018）。**內聖與外王：儒家思想的完成與開展**。心理出版社。

黃俊傑（1997）。**孟學思想史論**（卷二）。中央研究院中國文哲研究所籌備處。

Heidegger, M. (1927/1990). *Sein und Zeit, 15*. Max Niemeyer.

Hwang, K. K (2015). Cultural system vs. pan-cultural dimensions: Philosophical reflection on approaches for indigenous psychology. *Journal for the Theory of Social Behavior, 45*(1), 1-24.

Needham, J. (1969/1978). *Grand titration: Science and society in east and west*. University of Toronto Press.

第三章

朱伯崑（1991）。**易學哲學史**。藍燈文化公司。

朱漢民（2011）。**玄學與理學的學術思想理路研究**。國立臺灣大學出版中心。

林麗貞（1977）。**王弼及其易學**。國立臺灣大學出版中心。

林麗貞（1988）。**王弼**。東大圖書公司。

胡厚宣（1944）。**甲骨學商史論叢初集**。大通書局。

韋政通（1981）。**中國思想史**。大林出版社。

高懷民（1986）。**先秦易學史**。東吳大學中國學術著作獎助委員會。

張易生（2022）。**易經符號詮釋學：當代華人格物的理論與實踐**。文史哲出版社。

陳夢家（1956）。**殷墟卜辭綜述**。科學出版社。

項退結（1995）。兩種不同的超越與未來中國文化。載於**詮釋與創造：傳統中華文化及其未來發展**（頁 505）。聯合報系文化基金會。

馮友蘭（1992）。**中國哲學史**。三聯書店。

葛兆光（1988）。**中國思想史第一卷：七世紀前中國的知識、思想與信仰世界**。復旦大學出版社。

劉述先（1989/1992）。**由天人合一新釋看人與自然之關係。儒家思想與現代化**。中國廣播電視出版社。

戴璉璋（2002）。**玄智、玄理與文化發展**。中央研究院中國文哲研究所。

羅振玉（2006）。**殷墟書契考釋**（三種）。中華書局。

Archer, M. S. (1995). *Realist social theory: The morphogenetic approach*. Cambridge University Press.

Archer, M. S. (1996). *Culture and agency: The place of culture in social theory* (Rev. ed.). Cambridge University Press.

Bhaskar, R. A. (1978). *The possibility of naturalism*. Humanities Press.

Dreyfus, H. L., & Rabinow, P. (1982). *Michel Foucault: Beyond structuralism and hermeneutics*. Harvester.

Foucault, M. (1966/1970). *The order of things: An archaeology of the human sciences* (Trans. by A. Sheridan-Smith). Random House.

Foucault, M. (1973). *The order of things: An archaeology of the human sciences*. Vintage Books.

第四章

牟宗三（1968a）。**心體與性體（一）**。正中書局。

牟宗三（1968b）。**心體與性體（二）**。正中書局。

徐復觀（1988）。**中國思想史論集**。臺灣學生書局。

陳郁夫（1990）。**周敦頤**。東大圖書公司。

馮友蘭（1962）。**中國哲學史新編**（第一冊）。人民出版社。

黃秀璣（1987）。**張載**。東大圖書公司。

第五章

朱伯崑（1991）。**易學哲學史**（第四冊）。藍燈文化公司。

朱高正（2010）。**近思錄通解**。臺灣商務印書館。

牟宗三（1979）。**從陸象山到劉蕺山**。臺灣學生書局。

傅偉勳（1986）。**批判的繼承與創造的發展**。東大圖書公司。

劉祥光（2010）。宋代風水文化的擴展。**臺大歷史學報，45**，1-78。

鄭吉雄（2004）。**易圖象與易詮釋**。國立臺灣大學出版中心。

戴景賢（2018）。**宋元學術思想史論集**。香港中文大學出版社。

魏國彥（2022）。祖靈的視角。**聯合報**，2022 年 1 月 18 日。

Archer, M. S. (1995). *Realist social theory: The morphogenetic approach*. Cambridge University Press.

Archer, M. S. (1996). *Culture and agency: The place of culture in social theory* (Rev. ed.). Cambridge University Press.

Foucault, M. (1966/1970). *The order of things: An archaeology of the human sciences* (Trans. by A. Sheridan-Smith). Random House.

第六章

牟宗三（1968a）。**心體與性體（一）**。正中書局。

牟宗三（1968b）。**心體與性體（二）**。正中書局。

牟宗三（2003）。**宋明儒學的問題與發展**。聯經出版公司。

黃光國（2011）。**心理學的科學革命方案**。心理出版社。

黃俊傑（2014）。**儒家思想與中國歷史思維**。國立臺灣大學出版中心。

Archer, M. S. (1995). *Realist social theory: The morphogenetic approach*. Cambridge University Press.

Archer, M. S. (1996). *Culture and agency: The place of culture in social theory* (Rev. ed.). Cambridge University Press.

Baltes, P. B., & Kunzmann, U. (2004). Two faces of wisdom: Wisdom as a general theory of knowledge and judgment about excellence in in mind and virtue vs. wisdom as everyday realization in people and products. *Human Development, 47*, 290-299.

Baltes, P. B., Staudinger, U. M., Maercker, A., & Smith, J. (1995). People nominate as wise: A comparative study of wisdom-related knowledge. *Psychology and Aging, 10*, 155-166.

Bhaskar, R. A. (1975). *A realist theory of science*. Verso.

Bhaskar, R. A. (1983). Beef, structure and place: Notes from a critical naturalist perspective. *Journal for the Theory of Social Behaviour, 13*(1), 81-96.

Bhaskar, R. A. (1986). *Scientific realism and human emancipation*. Verso.

Bourdieu, P. (1990). *In other words: Essays towards a reflexive sociology* (Trans. by A. Mattew). Stanford University Press.

Clayton, V. P. (1982). Wisdom and intelligence: The nature and function of knowledge in the later years. *International Journal of Aging and Human Development, 15*, 315-321.

Fiske, A. P. (1991). *Structures of social life: The four elementary forms of human relations*. The Free Press.

Foa, E. B., & Foa, U. G. (1980). Resource theory: Interpersonal behavior in exchange. In K. J. Gerger, M. S. Greenberg, & R. H. Willis (Eds.), *Social exchange: Advances in theory and research*. Plenum.

Foa, U. G., & Foa, E. B. (1974). *Societal structures of the mind*. Charles C. Thomas.

Foa, U. G., & Foa, E. B. (1976). Resource theory of social exchange. In J. W. Thibaut, J. T. Spence, & R. C. Carson (Eds.), *Contemporary topics in social psychology*. General Learning Press.

Freud, S. (1899/1913). *The interpretation of dreams* (3rd ed.) (Trans. by A. A. Brill). The Macmillan Company.

Giddens, A. (1993). *New rules of sociological method: A positive critique of interpretative sociologies* (2nd ed.). Stanford University Press.

Harris, G. G. (1989). Concepts of individual, self, and person in description and analysis. *American Anthropologist, 91*, 599-612.

Hwang, K. K. (1987). Face and favor: The Chinese power game. *American Journal of Sociology, 92*, 944-974.

Hwang, K. K. (2011). The mandala model of self. *Psychological Studies, 56*(4), 329-334.

Jaffe, A. (1964). Symbolism in the visual arts. In C. G. Jung (Ed.), *Man and his symbols*. Dell Pub.

Jullien, F. (2004). *Un sage est sans idée ou l'autre de la philosophie*. **聖人無意：或哲學的他者**。北京商務印書館。

Jung, C. G. (1964) (Ed.). *Man and his symbols*. Dell Pub.

Kramer, D. A. (1990). Conceptualizing wisdom: The primacy of affect-cognition relations. In R. J. Sternberg (Ed.), *Wisdom: Its nature, origins, and development* (pp. 279-323). Cambridge University Press.

Kramer, D. A. (2000). Wisdom as a classical source of human strength: Conceptualization and empirical inquiry. *Journal of Social and Clinical Psychology, 19*, 83-101.

Lévi-Strauss, C. (1976/1995). *Structural anthropology* (Trans. by M. Layton). Basic Books. 謝維揚、俞宣孟（譯）。**結構人類學**。上海譯文出版社。

Piaget, J. (1977). *The development of thought: Equilibration of cognitive structures*. Viking Press.

Popper, K. (1972/1989). *Objective knowledge: An evolutionary approach*. Oxford University Press. 程實定（譯）。**客觀知識**。結構群文化公司。

Popper, K., & Eccles, J. C. (1977). *The self and its brain*. Routledge & Kegan Paul.

Soekmono, R. (1976). *Chandi Borobudur: A monument of mankind*. The UNESCO Press.

Sternberg, R. J. (2000). Intelligence and wisdom. In R. J. Sternberg (Ed.), *Handbook of intelligence* (pp. 629-647). Cambridge University Press.

Sundararajan, L. (2015). Indigenous psychology: Grounding science in culture, why and how? *Journal for the Theory of Social Behaviour, 45*(1), 64-81.

第七章

牟宗三（1982）。儒家學術之發展及其使命。載於**道德的理想主義**（頁 1-12）。臺灣學生書局。

杜維明（1997）。**儒家思想：以創造轉化為自我認同**。東大圖書公司。

林端（2002）。全球化下的儒家倫理：社會學觀點的考察。載於黃俊傑（編），**傳統中華文化與現代價值的激盪**（頁 92-126）。社會科學文獻出版社。

徐復觀（1963）。以禮為中心的人文世紀之出現及宗教的人文化：春秋時代。載於**中國人性論史：先秦篇**（頁 36-62）。東海大學。

徐復觀（1979）。為什麼要反對自由主義。載於**儒家政治思想與民主自由人權**（頁 284-290）。八十年代出版社。。

徐復觀（1982）。**中國思想史論集續篇**。時報文化。

徐復觀（1988）。心的文化。載於**中國思想史論集**（頁 242-249）。臺灣學生書局。

郭志嵩（譯）（1987）。**論自由及論代議政治**。協志工業叢書。

黃光國（1988）。**儒家思想與東亞現代化**。巨流圖書公司。

黃光國（1995）。**知識與行動：中華文化傳統的社會心理詮釋**。心理出版社。

黃光國（2018）。**內聖與外王：儒家思想的完成與開展**。心理出版社。

Archer, M. S. (1995). *Realist social theory: The morphogenetic approach*. Cambridge University Press.

Archer, M. S. (1996). *Culture and agency: The place of culture in social theory* (Rev. ed.). Cambridge University Press.

Garfikel, H. (1967). *Studies in ethnomethodology*. Prentice-Hall.

Gergen, K. (2009). *Relational being: Beyond self and community*. Oxford University Press.

Hegel, G. W. F. (1956). *Philosophy of history* (Trans. by J. Sibree). Dover.

Hwang, K. K. (1987). Face and favor: The Chinese power game. *American Journal of Sociology, 92*, 944-974.

Hwang, K. K. (2011). The mandala model of self. *Psychological Studies, 56*(4), 329-334.

Leventhal, G. S. (1976a). Fairness in social relationships. In J. Thibant, J. T. Spence, & R. T. Carson (Eds.), *Contemporary topics in social psychology* (pp. 221-239). General Learning Press.

Leventhal, G. S. (1976b). The distribution of reward and resources in groups and organizations. In L. Berkowitz (Ed.), *Advances in experimental social psychology* (Vol. 9) (pp. 91-131). Academic Press.

Leventhal, G. S. (1980). What should be done with equality theory? In K. J. Gergen, M. S. Greenberg, & R. H. Willis (Eds.), *Social exchange: Advance in theory and research* (pp. 27-55). Plenum Press.

Levi-Strauss, C. (1976/1995). *Structural anthropology* (Trans. by M. Layton). Basic Books. 謝維揚、俞宣孟（譯）。**結構人類學**。上海譯文出版社。

Miller, J. S. (1859/1903). *On liberity, mobile reference*. 嚴復（譯）。**群己權界論**。上海商務印書館。

Piaget, J. (1968/1984). *Le Structuralisme*. Presses Universitaires de France. 倪連生、王琳（譯）。**結構主義**。北京商務印書館。

Schultz, A. (1967). *The phenomenology of the social world.* Northwestern University Press.

第八章

申荷永、高嵐（2018）。**榮格與中國文化**。首都大學出版社。

印順（1978）。**中國禪宗史**。中央研究院胡適紀念館。

胡適（1986）。荷澤大師神會傳。**胡適校敦煌本唐寫本神會和尚遺集**。中央研究院胡適紀念館。

常若松（2000）。**人類心靈的神話：榮格的分析心理學**。貓頭鷹出版社。

張易生（2022）。**易經符號詮釋學：當代華人格物的理論與實踐**。文史哲出版社。

勞思光（1981）。**中國哲學史**。三民書局。

黃光國（1973）。**禪之分析**。莘莘出版。

黃光國（2018）。**內聖與外王：儒家思想的完成與開展**。心理出版社。

楊惠南（1993）。**惠能**。東大圖書公司。

楊儒賓（譯）（1993）。**東洋冥想的心理學：從易經到禪**。商鼎文化。

Freud, S. (1899). *The interpretation of dreams* (3rd ed.) (Trans. by A. A. Brill). The Macmillan Company, 1913; Bartleby.com, 2010.

Hwang, K. K. (2011). The mandala model of self. *Psychological Studies, 56*(4), 329-334.

Hyde, M. (1992/2001). *Jung and astrology*. Aquarian Press/Thorsons. 趙婉君（譯）。**榮格與占星學**。立緒文化。

Jung, C. G. (1929/1967). Commentary on "The secret of the golden flower". In R. F. C. Hull, M. Fordham, & G. Adler (Eds.), *Alchemical studies: The collected works of C. G. Jung* (Volume 10). Princeton University Press.

Jung, C. G. (1936). *The psychology of dementia praecox (1906)* (Trans. by A. A. Brill). Nervous & Mental Disease Publishing.

Jung, C. G. (1939/1994). Psychological commentary on the Tibetnri Book of the Great Libeuntiori. In D. J. Meckel, & R. L. Moore (Eds.), *Selfarid liberatiori: The /icrig/ Birddhisiii Dialqyrtc*. Paulist Press.

Jung, C. G. (1952/1993). *Synchronicity: An acausal connecting principle*. Bollingen Foundation.

Jung, C. G. (1954). *On the nature of the psyche*. Ark Paperbacks.

Jung, C. G. (1965). *Memories, dreams, reflections*. Vintage Books.

Jung, C. G. (1969). *Aion (1951)* (2nd ed.) (Trans. by R. F. C. Hull). Princeton University Press.

Stein, M. (1998). *Jung's map of the soul*. Carus Publishing Company.

Taylor, C. (1989). *Sources of the self: The making of the modern identity*. Harvard University Press.

第九章

陳雪麗（2018）。惟人也得其秀而最靈。載於**周敦頤誕辰 1000 周年慶典國際研討會論文集**（頁 298-307）。中國社會科學出版社。

黃光國（2018）。**內聖與外王：儒家思想的完成與開展**。心理出版社。

劉述先（1982）。**朱子哲學思想的發展與完成**。臺灣學生書局。

Wundt, W. M. (1874/1904). *Principles of physiological psychology* (Trans. by E. B. Titchner). Harvard University Press.

第十章

朱維煥（1980）。**周易經傳象義闡釋**。臺灣學生書局。

徐復觀（1999）。**中國人性論史：先秦篇**。臺灣商務印書館。

黃甲淵（1999）。從「心具理」觀念看朱子道德哲學的特性。**鵝湖學誌，23**，43-70。

劉述先（1996）。孟子心性論的再反思。載於**當代中國哲學論：問題篇**（頁 139-158）。八方文化企業。

Aristotle (1984). *Nicomachean ethics* (Trans. by I. Bywater). Oxford.

Jung, C. G. (1957). *The undiscovered self (present and future)*. Princeton University Press.

Piaget, J. (1968/1984). *Le Structuralisme*. Presses Universitaires de France. 倪連生、王琳（譯）。**結構主義**。北京商務印書館。

Piaget, J. (1977). *The development of thought: Equilibration of cognitive structures*. Viking Press.

Tu, W. M. (1985). *Confucian thought: Selfhood as creative transformation*. State University of New York Press.

第十一章

束景南（2016）。**朱子大傳：「性」的救贖之路**。復旦大學出版社。

陳振崑（2018）。敬義挾持：朱子居敬窮理的實踐工夫。載於**朱子成德之學的理論與實踐**。文津出版社。

黃俊傑（1997）。**孟學思想史論**（卷二）。中央研究院中國文哲研究所籌備處。

Taylor, C. (1989). *Sources of the self: The making of the modern identity*. Harvard University Press.

第十二章

牟宗三（1968a）。**心體與性體**（一）。正中書局。

牟宗三（1968b）。**心體與性體**（二）。正中書局。

牟宗三（1969）。**心體與性體**（三）。正中書局。

牟宗三（1982）。儒家學術之發展及其使命。載於**道德的理想主義**（頁 1-12）。臺灣學生書局。

余英時（1976）。反智論與中國政治傳統：論儒、道、法三家政治思想的分野與匯流。載於**歷史與思想**（頁 1-46）。聯經出版公司。

余英時（2003）。道學、道統與「政治文化」。載於**朱熹的歷史世界**（頁 32-67）。允晨文化。

余英時（2008）。我摧毀了朱熹的價值世界嗎？**當代**，**197**，224-251。

胡秋原（1979）。評余英時院士的「反智論與中國政治傳統」。**中華雜誌**，**191**，31-49。

楊儒賓（2003）。如果再迴轉一次「哥白尼的迴轉」：讀余英時先生的朱熹的歷史世界。**當代**，**195**，125-141。

Archer, M. S. (1996). *Culture and agency: The place of culture in social theory* (Rev. ed.). Cambridge University Press.

Fukuyama, F. (1992). *The end of history and the last man*. The Free Press.

Fukuyama, F. (2014). *Political order and political decay: From the industrial revolution to the globalization of democracy*. Farrar, Stratus and Girouz.

Inglehart, R. (1997). *Modernization and post modernization: Cultural economic, and political change in 43 societies*. Princeton University Press.

Inglehart, R., & Baker, W. E. (2000).Modernization, cultural change, and the persistence of traditional value. *American Sociological Review, 65*, 19-51.

第十三章

王興國（2007）。**牟宗三哲學思想研究：從邏輯思辯道哲學架構**。人民出版社。

牟宗三（1963）。**才性與玄理**。人生出版社。

牟宗三（1968a）。**心體與性體**（一）。正中書局。

牟宗三（1968b）。**心體與性體**（二）。正中書局。

牟宗三（1969）。**心體與性體**（三）。正中書局。

牟宗三（1975）。**現象與物自身**。臺灣學生書局。

牟宗三（1977）。**佛性與般若**。臺灣學生書局。

牟宗三（1985）。**圓善論**。臺灣學生書局。

牟宗三（1988）。**歷史哲學**。臺灣學生書局。

余英時（1976）。「君尊臣卑」下的君權與相權：「反智論與中國政治傳統」餘論。載於**歷史與思想**（頁 47-76）。聯經出版公司。

林安梧（2005）。格義、融道、轉化與創造：牟宗三的康德學及中國哲學之前瞻。**鵝湖，32**（2），12-24。

林安梧（2011）。**牟宗三前後：當代新儒家哲學思想史論集**。臺灣學生書局。

唐文明（2012）。**隱秘的顛覆：牟宗三、康德與原始儒家**。生活・讀書・新知三聯書店。

梁濤（2018）。中國哲學的新思考（序）。載於梁濤（主編），**中國哲學新思叢書**。中國人民大學出版社。

黃光國（2015）。**盡己與天良：破解韋伯的迷陣**。心理出版社。

黃光國（2018）。**社會科學的理路**（第四版思源版）。心理出版社。

葉啟政（2001）。**傳統與現代的鬥爭遊戲**。巨流圖書公司。

劉述先（1966）。**新時代哲學的信念與方法**。商務印書館。

劉述先（1970）。**文化哲學的試探**。志文出版社。

劉述先（1982）。**朱子哲學思想的發展與完成**。臺灣學生書局。

劉述先（1987a）。哲學的起點與終點：人存在與他的問題和答案的追求。載於**中西哲學論文集**（頁 310）。臺灣學生書局。

劉述先（1987b）。系統哲學的探索。載於**中西哲學論文集**（頁 322）。臺灣學生書局。

劉述先（1993a）。「理一分殊」的現代解釋。載於**理想與現實的糾結**（頁157-188）。臺灣學生書局。

劉述先（1993b）。「兩行之理」與安身立命。載於**理想與現實的糾結**（頁189-239）。臺灣學生書局。

劉述先（1994）。**傳統與現代的探索**。正中書局。

劉述先（1996）。新儒家與新回教。載於**當代中國哲學論：問題篇**（頁130-131）。八方文化企業。

劉述先（2003）。現代新儒學與臺灣儒學的開展。載於**儒學與社會實踐：第三屆臺灣儒學研究國際學術研討會論文集**（頁1-13）。國立成功大學中國文學系。

鄭宗義（2014）。全球與本土之間的哲學探索。載於**全球與本土之間的哲學探索：劉述先先生八秩壽慶論文集**（頁1-39）。臺灣學生書局。

鄭家棟（2021）。為什麼是牟宗三？「中國哲學」的牟宗三時代導論。**中國文哲研究通訊，31**（2），71-116。

盧雪崑（2021）。**牟宗三哲學：二十一世紀啟蒙哲學之先河**。萬卷樓圖書公司。

Friedrich, C. J. (1972). *The modernity of tradition-political development in India*. University of Chicago Press.

Hwang, K. K. (2014). Dual belief in heaven and spirits: Metaphysical foundations of Confucian morality. In B. Turner, & O. Salemink (Eds.), *Handbook of Asian religions*. Routledge.

Hwang, K. K. (2017). Intellectual intuition and Kant's epistemology. *Asian Journal of Social Psychology, 20*(2), 150-154.

Kant, I. (1788/1963). *The critique of practical reason* (Trans. by T. K. Abbott). Longmans.

Rudolph, L. I., & Rudolph, S. H. (1967). *Tradition & authority*. Praeger.

Schutz, A. (1967). *The phenomenology of social world* (Trans. by G. Walsh & F. Lehert). Northwestern University Press.

Shweder, R. A. (2000). The psychology of practice and the practice of the three psychologies. *Asian Journal of Social Psychology, 3*, 207-222.

Shweder, R. A., Goodnow, J., Hatano, G., LeVine, R. A., Markus, H., & Miller, P. (1998). The cultural psychology of development: One mind, many mentalities. In W. Damon, & R. M. Lerner (Eds.), *Handbook of child psychology: Theoretical models of human development* (pp. 865-937). John Wiley & Sons.

第十四章

牟宗三（1984）。**中國哲學的特質**。學生出版社。

牟宗三（1988）。**歷史哲學**。臺灣學生書局。

周琬琳（2018）。**「性」與「天道」概念辨析：從人文學詮釋到社會科學詮釋**。發表於第二十四屆世界哲學大會暨「學以成人」國際學術研討會。北京大學。

岡田武彥（1970）。**王陽明明末儒**。東京明德出版社。

島田虔次（1970）。**中國近代思維挫折**。東京筑摩書房。

秦家懿（1987）。**王陽明**。東大圖書公司。

高瀨武次郎（2022）。**日本之陽明學**（張亮譯）。山東人民出版社。

許谷鳴（1998）。「解」與「行」之間：大乘佛法哲思的空疏及其危機。**人類與文化，32 & 33**，104-118。

黃光國（2015）。**盡己與天良：破解韋伯的迷陣**。心理出版社。

劉述先（1982）。**朱子哲學思想的發展與完成**。臺灣學生書局。

劉述先（1997）。論王陽明的最後定見。**中國文哲研究集刊**（頁 165-188）。中央研究院中國文哲研究所。

劉蓉蓉（2018）。**試論陽明心學在建構華人自主社會科學中的應用**。發表於 2017 哲學應用與應用哲學國際學術研討會暨中國哲學會年會。中山醫學大學。

附　錄

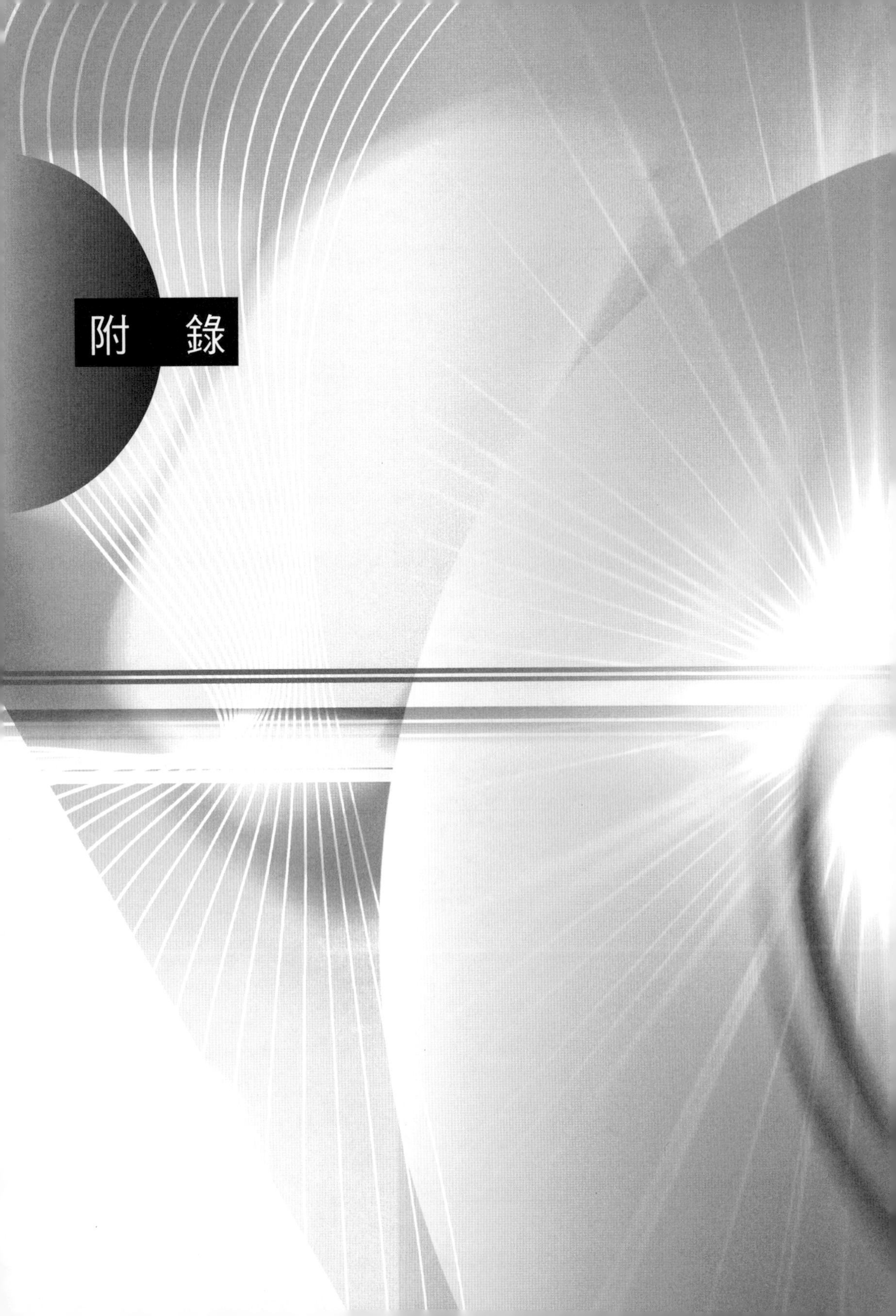

附錄 1　護國元君九天玄姆娘娘代述朱文公紫陽夫子求度文

詩曰：學達性天道中庸，廣大光明盡微衷，

理氣合一天主裁，儒風師表仁義宮。

又詩：天機文采學無踪，神道教化禮佛宗，

三曹普度人鬼仙，點度諸神歸先天。

聖示：天宙華輝，人道道微，德俱本衷，仁義通虧。怡然自悟，有心難顯，大道傳世，歷代有述，上皇下地，應者通天。紀歷所錄，失佚散摧，真宗微渺，萬教細紛，其心有命，性者何為？儒世三千，道炁無邊，佛光罩頂，圓法合明。吾道不孤，遵天奉為，天命永昌，道脈常流，祖祖相續，真命獨傳。

儒宗正道，下元甲子，皇天諭命，點示圓通，一炁傳道，度化三千。天曹氣界，通天閣內，數萬雲仙，三教聖賢，欽命差點，良日吉辰，扶鸞點機，大仙正殿候傳，吾准入點，簡述仙評。

大成殿朱文公紫陽夫子，字元晦，齋號晦庵，又號紫陽先生、雲谷老人，生於南宋高宗建炎四年，南劍州尤溪人氏，祖籍徽州婺源縣。生來天賦異稟，五歲知《孝經》，奇哉明道，身有異象，北斗星宿，寄於眼眉。

紹興十七年，入鄉貢，成進士，正直廉潔，入官為江西南康、福建漳州知府、浙東巡撫，官宦門庭，奸佞臣多，近其師李侗，學其北宋二程之理學。一生極力學達性天之功，揉合太極敦頤夫子學說、張載氣本之論，佛道精微亦有參詳，面諫孝宗、光宗、寧宗三代帝王，極力護守儒風道統，排斥佛、老之異端，修書院，敦民風，講學立教，以端八德綱目。

晚年受朝臣彈劾，宋寧宗慶元二年，因黨禍偽學之禍，連及眾人，削其府祿，因病發數次病危，檢修史錄，一生完成甚多巨作，為元、明、清代封建科舉，拔賢之考鉅，並將聖典《論語》、《孟子》、《禮記》中之《大學》、《中庸》集大成為《四書章句集注》，並作《周易本義》、《西銘解》、《太極圖說解》、《通書解》，寒泉精舍與呂祖謙合註記《近思錄》，為學子知禮修身之法。

宋寧宗賜謚號為文，宋理宗加贈太師、徽國公，此生接伊川之淵源，開閩海之鄒魯，宋寧宗慶元六年，一生無愧仙逝，仙壽七十一歲。康熙年間，並准入祀大成殿十哲之配，萬年香火，儒風道表，洙泗之風，傳揚萬里，靈光上昇大成文華殿朱紫陽夫子，萬人崇仰。

機緣難得，求仙者知天時，龍華會再證九品，求明師脫輪迴，功德圓滿。

【資料來源：護國九天宮，護國元君九天玄姆降鸞，2011 年 3 月】

附錄 2　文華殿周濂溪仙翁求度文

詩曰：月岩悟道明天理，陰陽五形定太極，
濂花君子濟人極，立德仁義歸無極。

聖示：吾元皓真人濂溪是也。奉帝命下蓬萊儒宗正道護國九天宮，求度指月，仙評簡述。太極陰陽，動靜二分，聖賢仁義，主靜人極，覺知慎知，誠意明性，無極之道，萬化一疏。

吾本北宋真宗天禧元年，生於道州樓田堡人氏，先祖汝南周氏一門，書香門第，父輔成，母鄭氏，吾名敦實，字茂叔，又號濂溪，本為武曲星宿下凡，奉命承揚孔、孟儒義，開啟三教同合之論，自幼好讀經史，五經通章，明天道、人倫精髓，不問功名，以隱居勤學，盡其心而問道，素其心而問學。

仁宗天聖七年，天光指引，北斗星宿，見月岩之洞，靜聽月華朔望中圓，而體悟真道，其中不明之意，求問母舅鄭向。天聖八年，母知吾有學問，宜求取功名，以利人群。父逝而千里探親，隨母舅得其機而蔭後，龍圖閣學士之引薦，遂有監主簿之職。

利祿非吾所取，青山餘薪，總須安頓家計，勉為官職，仕途斷續，尚稱可就，路隨前因未知果，好道明天我心知，何時立下鴻鵠志，願學顏聖之好學，願志伊尹之求志，天心常照吾心靈。

州通判官職，因緣而聚廬山，猶如家鄉道縣，山川溪澗，蓮花峰下寄書堂，安靜省心知端詳，一理遂通誠意至，中庸不二感應通。

人生無常夢幻影，同修邵雍，同研佛理，親近常總禪師、晦堂祖心禪師，問道太極之妙，儒學問道穆修夫子，上承種放夫子，直承陳摶真人。學道問誠，明道問理，《無極圖》傳承天人妙理，吾得之其妙，惟人也得其秀而最靈，明《易》之傳，知陰陽二氣，化作天地之理，天地化作人道仁義之理，人道仁義，明其剛柔之理，全其一而實，實而萬，萬而體，無所密，無所實，皆為太極所化，太極同歸無極，人之正性，陰陽同理，無此理難育而成。

一生無所作，《太極圖說》、《易通》二部而已，予獨愛蓮之清幽，出淤泥而不染，濯清漣而不妖，中通外直，不蔓不枝，好蓮近君子，非好菊近隱士，更非好牡丹而近富貴，不求名卻因鴻鵠大志，舍我其誰，立人極，知聖人，中正仁義而已矣！問心無愧，心胸坦蕩，上不愧天地，下不怍父母養育之恩。

吾一生清廉不爭，宋神宗熙寧五年，因染疫癘之疾，告老返廬山，濂溪書堂養身，此心如月皓明光，通天無悔靈元昌，至誠如神感天地，留得儒心照汗青。熙寧六年，一點真靈上報穹天，仙壽五十有七，天恩垂憫，理學大宗，開下濂、洛、關、閩，五星聚奎，作為日后宋明心學之根基。上帝慈宏，金闕正名，元神昇至文華殿孔儒之后，配祀孔廟，萬年馨香，永證青史。

天道流行，一炁證焉，玄姆天尊掌運道盤，圓通聖祖立人極，掌人間心法，以儒宗正道傳此先天不傳之訣。吾奉帝命再臨九天求度點玄，此身無緣，今宵神機顯運，應運明師再化，不二玄牝，吾樂比顏回，聞一得善，拳拳服膺。

【資料來源：護國九天宮，文華殿周濂溪仙翁降鸞，2020 年 10 月】

NOTE
ink

NOTE

NOTE

國家圖書館出版品預行編目（CIP）資料

宋明理學的科學詮釋／黃光國著. --初版.-- 新北市：
心理出版社股份有限公司, 2023.05
面； 公分. --（名家講座系列；71013）
ISBN 978-626-7178-47-8（平裝）

1.CST: 宋明理學 2.CST: 科學哲學 3. CST: 知識論

161 112004944

名家講座系列 71013

宋明理學的科學詮釋

作　　者：黃光國
總 編 輯：林敬堯
發 行 人：洪有義
出 版 者：心理出版社股份有限公司
地　　址：231026 新北市新店區光明街 288 號 7 樓
電　　話：(02) 29150566
傳　　真：(02) 29152928
郵撥帳號：19293172　心理出版社股份有限公司
網　　址：https://www.psy.com.tw
電子信箱：psychoco@ms15.hinet.net
排 版 者：辰皓國際出版製作有限公司
印 刷 者：辰皓國際出版製作有限公司
初版一刷：2023 年 5 月
I S B N：978-626-7178-47-8
定　　價：新台幣 600 元